“十三五”高职高专会计专业工学结合规划教材

财务会计实务

（第 2 版）

主　编　汪小华　谭清风
副主编　汪国平　马苏湘　许光胜
参　编　杨　剑　周剑飞

中国财富出版社

图书在版编目（CIP）数据

财务会计实务/汪小华，谭清风主编．—2版．—北京：中国财富出版社，2017.6

（“十三五”高职高专会计专业工学结合规划教材）

ISBN 978-7-5047-6507-9

Ⅰ.①财…　Ⅱ.①汪…②谭…　Ⅲ.①财务会计—高等职业教育—教材　Ⅳ.①F234.4

中国版本图书馆CIP数据核字（2017）第140720号

策划编辑　寇俊玲　　责任编辑　赵　翠

责任印制　方朋远　　责任校对　孙丽丽　胡世勋　　责任发行　王新业

出版发行　中国财富出版社

社　　址　北京市丰台区南四环西路188号5区20楼　　邮政编码　100070

电　　话　010-52227588转2048/2028（发行部）　　010-52227588转307（总编室）

010-68589540（读者服务部）　　010-52227588转305（质检部）

网　　址　http://www.cfpress.com.cn

经　　销　新华书店

印　　刷　北京京都六环印刷厂

书　　号　ISBN 978-7-5047-6507-9/F·2772

开　　本　787mm×1092mm　1/16　　版　　次　2017年9月第2版

印　　张　25　　印　　次　2017年9月第1次印刷

字　　数　624千字　　定　　价　52.00元

“十三五”高职高专会计专业工学结合规划教材编审委员会

出版说明

财会行业一直是传统行业里的常青树。随着我国经济环境的发展变化，会计行业有了新的发展趋势和职业亮点。国家经济发展与企业发展的需求，催生了对大量新生力量以及优质专业教材的需求。在此背景下，我们组织人员编写了本套“‘十三五’高职高专会计专业工学结合规划教材”系列丛书。

本套丛书具有如下特点：

(1) 体现了最新的高职高专教育理念。按照“工学结合”人才培养模式的要求，采用“基于工作过程导向”的设计方法，以工作过程为导向，以项目和工作任务为载体进行应知应会内容的整合，符合教学规律。

(2) 定位准确。准确体现财会专业培养方案及课程大纲的要求，内容紧贴财会专业的教学、就业实际，以“必需、够用”为标准进行取舍；充分考虑高职高专院校学生认知特点，语言简练、形式新颖、整体风格活泼，符合现代教学授受规律。

(3) 内容最新。根据最新《企业会计准则》、《营业税改增值税实施办法》等全面“营改增”的相关法规。内容上突出了《会计法》和《税法》的新变化，反映了对企业会计业务的最新要求。

(4) 校企合作开发教材。本套丛书由企业人员与学校一线教师共同开发完成。教师和企业相关人员共同研究教材内容，企业人员提供一线工作资料，教师执笔写作，编写完成后请企业专家审定，保证了教材内容更贴近会计工作实际。

(5) 配有电子教学资料包。教师可以登录中国财富出版社网站（http：//www. cfpress. com. cn）“下载中心”下载教学资料包，该资料包包括教学指南、电子教案、习题答案，为老师们教学提供全面的服务支持。

本套丛书在编写过程中，得到了众多编写教师、企业人员的大力支持和帮助，他们对教、学、研一体化教学进行了艰辛而有益的探索，对本套丛书的完成奉献了大量的精力和宝贵的时间，在此表示衷心感谢！并恳请各位专家、同行对本套丛书存在的不足之处给予批评和指正。

前　言

面对21世纪充满活力的市场经济的变化，现代会计日趋完善，会计实务工作的重要性也越来越突出。财务会计课程是高职高专财务会计、税务、审计、财务管理等专业的一门专业必修课，是会计专业知识结构中的主体部分，重在让学生更熟练掌握会计操作的基本技能和会计实务。

本教材特色主要体现在以下几个方面。

1. 突出会计岗位能力

本书按会计岗位安排具体内容，以岗位所需的实际工作能力为主线，将教学内容与社会需求相结合，突出实践教学，强化岗位技能，更好地为培养学生的执业能力服务。

2. 注重最新教学理念

采用项目教学的最新教学理念，力求使课本内容尽量展示实际课堂教学情境，从每一个任务安排到相应情境设置、具体的知识准备，完成一个个具体问题的学习，再到任务检测，环环相扣、条理分明、要求明确。同时，通过动脑筋栏目，引导学生发散性思维，帮助学生将知识融会贯通，培养学生的分析能力及会计职业判断能力。

3. 内容与时俱进，语言轻松、活泼

本书采用最新《企业会计准则》、最新税收法规等新知识，力求与时俱进，避免教学内容陈旧落后。学生可以根据个人兴趣及对知识的掌握程度，选择性地学习“会计园地”“兴趣拓展”内容，这些内容语言生动，具有一定的趣味性，学生更容易接受。

4. 业务操作形式新颖，教、学、做一体化

本书中的业务题采用“做中学”和“学中做”的形式：“做中学”是教师的引导和经典性操作范例，让学生在教师的引导下边做边学，并且对于系统性强、业务操作有难度的内容都以表格的形式展示给学生；“学中做”是指在教师提供了适当的理论知识后，让学生自己独立去解决问题，是检验学生课堂学习效果的随堂实训，让学生边学边做。“做中学”和“学中做”充分体现了教、

学、做一体化的教学思想。

5. 实务性强

本书每一个项目教学内容都适当穿插了经济业务原始凭证，避免学生空洞地学习，突出学生的视觉印象。任务检测中都有实训操作练习，真正让学生动起来。案例分析可以培养学生的分析处理能力。

6. 任务安排游刃有余

充分考虑各个学校的实际教学情况，任务安排上适量、充分地加入了选学内容，既适合一学期教学，又适合两学期教学，老师们可根据实际情况选择相应教学内容。

本书的编者来自南通科技职业学院、广东省电子商务技师学院、江苏南通理工学院、广东省电子信息技工学校以及江苏洋河集团、联通华盛通信有限公司等单位。本书由汪小华、谭清风担任主编；汪国平、马苏湘、许光胜担任副主编；杨剑、周剑飞参编。全书由汪小华、谭清风负责总纂、修改和定稿。江苏洋河集团的财务总监丛学年先生、联通华盛通信有限公司的孙永飞先生在审稿中为本书的编写提出了很多宝贵的建议。

本书在编写过程中，参考、借鉴了大量文献资料（详见参考文献），在此向作者致以诚挚的谢意。同时，本书得到中国财富出版社编辑深入细致的加工，在此深表感谢。

由于编者水平有限，加之时间仓促，本书难免存在疏漏和不当之处，恳请各位专家和读者给予批评指正。

编　者

2017年5月

目 录

项目一 出纳岗位核算

任务一 出纳岗位核算任务与业务流程

● 了解出纳岗位的核算任务和业务流程。

学习情境 出纳岗位核算任务与业务流程

刘金红是河南省新乡县人，30出头，在该县某农村信用社任出纳。2007年，她利用职务便利将本单位公款转到几个熟人的存折上，共计50万元，并将这些公款用于购房、购车和其他费用。2008年，为了尽快还清挪用的公款，刘金红又以家人开办的某印刷有限公司需要验资为由，找到该县某公司的出纳张某，用过期的银行承兑汇票骗取现金80万元。不久后，案发，刘金红主动投案自首，并退还赃款46万元。河南省新乡县法院做出一审判决，刘金红数罪并罚，决定判处有期徒刑19年，并处罚金10万元。

很多学会计的人一般都是从出纳做起，作为出纳，具体应做哪些事呢？

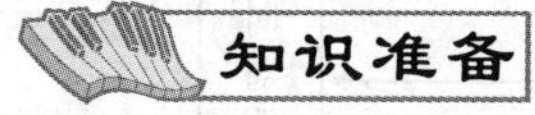

一、出纳岗位有哪些核算任务

出纳岗位的核算任务主要是货币资金的核算和往来款项的结算。其中，货币资金是指企业生产经营过程中以货币形态存在的款项，包括库存现金、银行存款和其他货币资金。出纳岗位具体任务如下：

（1）严格执行会计法规和财务管理制度，思想廉洁清正，树立良好窗口形象。

（2）负责日常现金收付，登记现金日记账，每日核对库存现金，做到日清月结。

（3）保管好空白支票、空白收据及有关印章等，确保资金安全。

（4）负责各类银行转账业务，包括网上银行业务，以及各类银行结算凭证的开具及

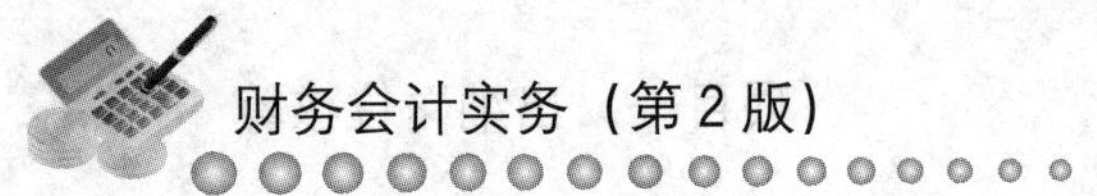

传递。

（5）负责登记银行存款日记账，并与银行对账单进行核对及余额调节表的编制。

（6）根据经济的发展，结算方式的变更，在业务上及时接受上级或相关部门的指导。

（7）定期向会计主管和公司经理汇报公司货币资金结存情况。

（8）企业规定负责的其他工作。

二、出纳岗位业务流程是什么

出纳岗位业务流程如图1－1所示。

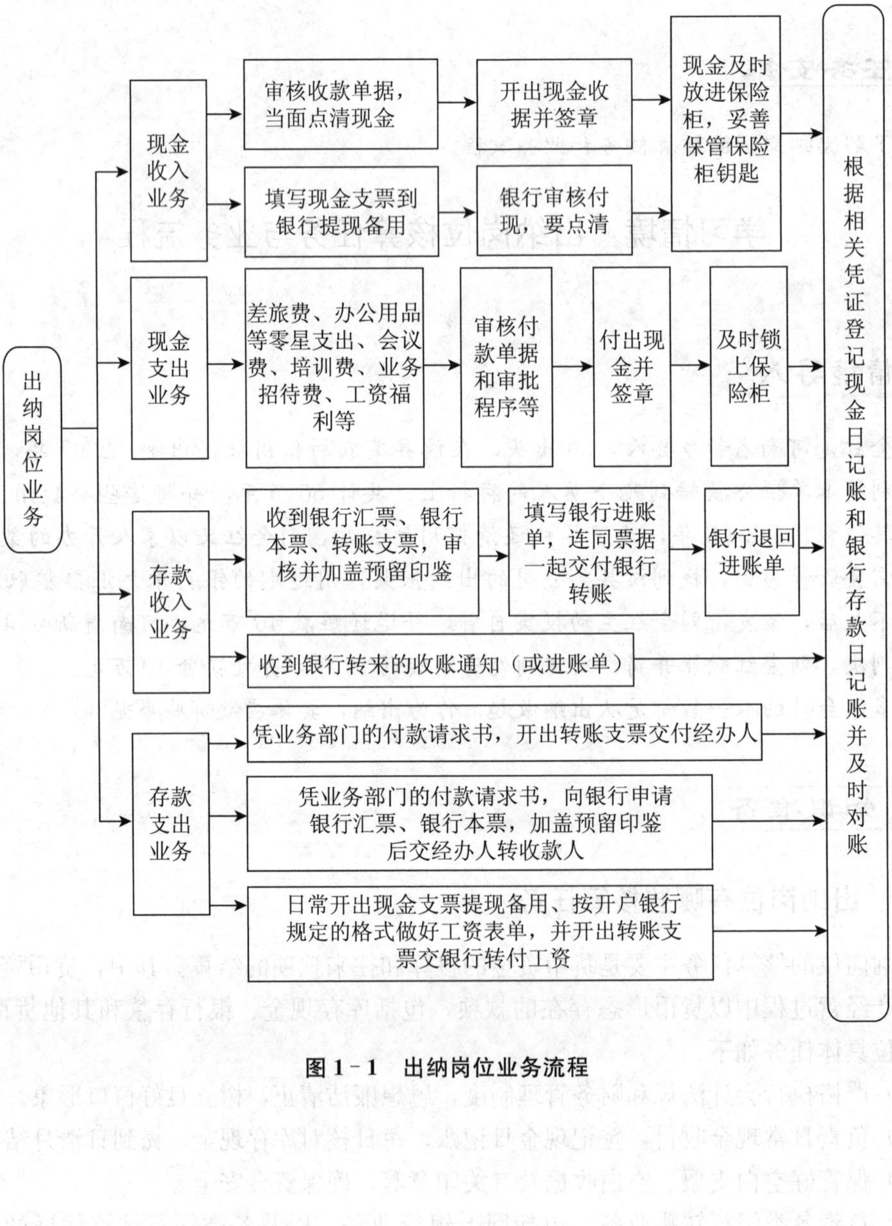

出纳岗位业务

- 现金收入业务
  - 审核收款单据，当面点清现金 → 开出现金收据并签章 → 现金及时放进保险柜，妥善保管保险柜钥匙 → 根据相关凭证登记现金日记账和银行存款日记账并及时对账
  - 填写现金支票到银行提现备用 → 银行审核付现，要点清 → 现金及时放进保险柜，妥善保管保险柜钥匙
- 现金支出业务
  - 差旅费、办公用品等零星支出、会议费、培训费、业务招待费、工资福利等 → 审核付款单据和审批程序等 → 付出现金并签章 → 及时锁上保险柜 → 根据相关凭证登记现金日记账和银行存款日记账并及时对账
- 存款收入业务
  - 收到银行汇票、银行本票、转账支票，审核并加盖预留印鉴 → 填写银行进账单，连同票据一起交付银行转账 → 银行退回进账单 → 根据相关凭证登记现金日记账和银行存款日记账并及时对账
  - 收到银行转来的收账通知（或进账单） → 根据相关凭证登记现金日记账和银行存款日记账并及时对账
- 存款支出业务
  - 凭业务部门的付款请求书，开出转账支票交付经办人 → 根据相关凭证登记现金日记账和银行存款日记账并及时对账
  - 凭业务部门的付款请求书，向银行申请银行汇票、银行本票，加盖预留印鉴后交经办人转收款人 → 根据相关凭证登记现金日记账和银行存款日记账并及时对账
  - 日常开出现金支票提现备用、按开户银行规定的格式做好工资表单，并开出转账支票交银行转付工资 → 根据相关凭证登记现金日记账和银行存款日记账并及时对账

图1－1　出纳岗位业务流程

任务二 库存现金的核算

任务安排

- 掌握库存现金、库存现金限额、坐支的概念及现金的使用范围、现金管理的“八不准”。
- 明确出纳应具备的素质和技能。
- 掌握库存现金的核算及如何开展库存现金对账工作。

学习情境一 库存现金的基础知识

出纳，多好的岗位，每天都跟钱打交道。学会计的往往第一个岗位就是出纳，但是出纳不是简单的收支钱，还必须承担相应的责任和风险。出纳管钱其实就是一种制度的履行。刘金红为什么会走上犯罪的道路？就是因为她对制度熟视无睹。那么，在现金管理过程中有哪些制度呢？

知识准备

一、什么是库存现金

库存现金是指企业持有的存放在企业财会部门由出纳人员经管的货币，包括人民币现金和外币现金，它是企业流动性最强的资产。库存现金也是企业资产中最容易流失的资产，加强库存现金管理对于国家和企业都具有重要的意义。

二、库存现金的使用范围有哪些

根据《现金管理暂行条例实施细则》的规定，开户单位可以在下列范围内使用现金。①职工工资、各种工资性津贴；②个人劳动报酬，包括稿费和讲课费及其他专门工作报酬；③支付给个人的各种奖金，包括根据国家规定颁发给个人的各种科学技术、文化艺术、体育等各种奖金；④各种劳保、福利费用及国家规定的对个人的其他现金支出；⑤收购单位向个人收购农副产品和其他物资支付的价款；⑥出差人员必须随身携带的差旅费；⑦结算起点以下的零星支出；⑧确实需要现金支付的其他支出。

结算起点定为1 000元。结算起点的调整，由中国人民银行确定，报国务院备案。

除上述情况使用现金支付外，其他款项的支付应通过银行转账结算。

三、什么是库存现金限额

库存现金限额是指为保证各单位日常零星支付按规定允许留存现金的最高数额。开户银行应当根据实际需要，核定开户单位3～5天的日常零星开支所需的库存现金限额。边远地区和交通不便地区的开户单位的库存现金限额，可以多于5天，但不得超过15天的日常零星开支。

库存现金限额经银行核定批准后，开户单位应当严格遵守，每日现金的结存数不得超过核定的限额。如库存现金不足限额时，可向银行提取现金，不得在未经开户银行准许的情况下坐支现金。

库存现金限额如何计算

库存现金限额的计算方法一般是：

库存现金限额＝前一个月平均每天支付的数额（不含每月平均工资数额）×限定天数

按规定，开户银行原则上以开户单位3～5天日常零星开支所需来核定库存现金限额，一年核算一次。开户单位如在几家银行同时开户，应以一家开户银行核定的限额为准。

四、什么是坐支

开户单位现金收入应当日送存开户银行，当日送存确有困难的，由开户银行确定送存时间。开户单位支付现金，可以从本单位库存现金限额中支付或从开户银行提取，不得从本单位的现金收入中直接支付（坐支）。因特殊情况需要坐支现金的，应当事先报经开户银行审查批准，由开户银行核定坐支范围和限额。坐支单位应当定期向开户银行报送坐支金额和使用情况。

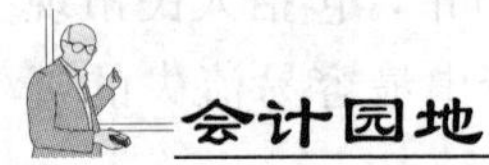

坐支知多少

形象地说，坐支就是现金收入不存入银行直接用来支出。例如今天销售取得现金收入20 000元，如果今天没有把这个收入存入银行，而是用来购买物品，就叫坐支。坐支会导致银行无法准确掌握各单位的现金收入来源和支出用途；干扰开户银行对各单位现金收付的管理，扰乱国家金融秩序。因此坐支现金是违反财经纪律的行为，会受到财经纪律的处罚。

坐支也不是一律都被禁止的。按照规定，企业、事业单位和机关、团体、部队因特殊需要确实需要坐支现金的，应事先向开户银行提出申请，说明申请坐支的理由、用途和每月预计坐支的金额，然后由开户银行根据有关规定进行审查，核定开户单位的坐支范围和坐支限额。允许坐支的单位主要包括：①基层供销社、粮店、食品店、委托商店等销售兼营收购的单位，向个人收购支付的款项。②邮局以汇兑收入款支付个人汇款。③医院以收入款项退还病人的住院押金、伙食费及支付输血费等。④饮食店等服务行业的营业找零款项等。⑤其他有特殊情况而需要坐支的单位。单位应严格按照开户银行核定的坐支范围和坐支限额坐支现金，不得超过该范围和限额，并在单位的现金账上如实加以反映。为便于开户银行监督开户单位的坐支情况，坐支单位应定期向银行报送坐支金额和使用情况。

五、什么是现金管理“八不准”

按照《现金管理暂行条例实施细则》的规定，企事业单位和机关团体部队现金管理应遵循“八不准”——①不准用不符合财务制度的凭证顶替库存现金；②不准单位之间相互借用现金；③不准谎报用途套取现金；④不准利用银行账户代其他单位和个人存入或支取现金；⑤不准将单位收入的现金以个人名义存入储蓄；⑥不准保留账外公款（即小金库）；⑦禁止发行变相货币；⑧不准以任何票券代替人民币在市场上流通。

“小金库”有哪些表现形式

小金库是指侵占、截留国家和单位收入，化大公为小公、化小公为私有，未在本单位财务会计部门列收列支和私存私放的各种资金（也就是所谓的“私房钱”，来源多多、用处多多、弹性多多、好处多多）。具体来说小金库有多种表现形式，一是用违规收费罚款及摊派设立小金库；二是用资产处置出租收入设立小金库；三是以会议费、劳务费、培训费和咨询费等名义套取资金设立小金库；四是经营收入未纳入规定账户核算设立小金库；五是虚列支出转出资金设立小金库；六是以假发票等非法票据骗取资金设立小金库；七是上下级单位之间相互转移资金设立小金库等。

学习情境二　库存现金的核算

出纳小王在 2016 年 6 月 8 日和 6 月 10 日两天的现金业务结束后的例行清查中，分别发现现金短缺 50 元和现金溢余 20 元的情况，对此她经过反复查点思考，最终也未查明原因。为了保全自己的面子，同时考虑到两次账实不符的金额都很小，于是她决定采取下列办法进行处理：现金短缺 50 元，自掏腰包补齐；现金溢余 20 元，装进自己的腰包。小王这么做对不对呢？如果出现现金溢余与短缺又该怎么处理呢？

知识准备

一、库存现金如何核算

企业应设置“库存现金”账户，反映企业库存现金的收入、支出和结存情况。收到库存现金时记入借方，支付库存现金时记入贷方，借方余额反映企业实际持有的库存现金的金额。

企业内部各部门周转使用的备用金，可以单独设置“备用金”科目进行核算。

企业应当设置现金总账和现金日记账，分别由总账会计进行库存现金的总分类核算，出纳进行库存现金的明细分类核算。

现金日记账通常由出纳人员根据审核后的现金收、付款凭证，逐日逐笔按顺序登记，做到日清月结。为了及时掌握现金收、付和结余情况，现金日记账必须当日账务当日记录，当日结出余额；并将每日现金日记账的余额和实际库存现金余额核对，保证账实相符。月度终了，现金日记账的余额应当与现金总账的余额核对，做到账账相符。

二、如何进行库存现金的清查

为了保证现金的安全，企业应按规定对库存现金进行定期和不定期的清查。一般采用实地盘点的方法。在进行现金清查时，为了明确经济责任，出纳员必须在场，在清查过程中不能用白条抵库。现金盘点后，应根据盘点的结果及与现金日记账核对的情况，填制“现金盘点报告表”。如果发现账款不符、有待查明现金短缺或当前溢余的情况，应先通过“待处理财产损溢”科目核算，该科目属资产类，可按盘盈盘亏的资产种类和项目进行明细核算。

借方　　　　待处理财产损溢	贷方
①财产盘亏时 ②审批后结转待处理财产的盘盈数	①财产盘盈时 ②审批后结转待处理财产的盘亏数
处理后没有余额（期末结账前处理完毕）	

表1-1　　　　库存现金清查如何进行账务处理

	现金溢余	现金短缺
第一步：调整账面记录，使账实相符，上报等待处理	借：库存现金 　贷：待处理财产损溢 　　　——待处理流动资产损溢	借：待处理财产损溢 　　　——待处理流动资产损溢 　贷：库存现金

续　表

	现金溢余	现金短缺
第二步：按批准处理，核销待处理财产损溢	借：待处理财产损溢 ——待处理流动资产损溢 贷：其他应付款（退还有关人员） 营业外收入（无法查明原因）	借：其他应收款（应获赔偿部分） 管理费用（无法查明原因） 贷：待处理财产损溢 ——待处理流动资产损溢

【做中学】星光有限公司（一般纳税人，以下相同）2017年6月30日在现金清查时，发现现金溢余300元，经查有100元为多收美达公司贷款，其余200元无法查清原因，经批准计入营业外收入。

第一步，发现现金溢余时，根据“现金盘点报告表”：

借：库存现金　　300

　贷：待处理财产损溢——待处理流动资产损溢　　300

第二步，查明原因，根据管理权限，经过批准处理时：

借：待处理财产损溢——待处理流动资产损溢　　300

　贷：其他应付款——美达公司　　100

　　　营业外收入——现金溢余　　200

【做中学】星光有限公司2017年12月31日在现金清查时，发现短款158元，原因待查。后经查，因出纳出错，少收了采购员李环120元，其他属于无法查明的原因。

第一步，发现现金短缺时，根据“现金盘点报告表”：

借：待处理财产损溢——待处理流动资产损溢　　158

　贷：库存现金　　158

第二步，查明原因，根据管理权限，经过批准处理时：

借：管理费用——现金短缺　　38

　　其他应收款——李环　　120

　贷：待处理财产损溢——待处理流动资产损溢　　158

兴趣拓展

海南省乐东县莺歌海镇莺二社区居委会私设“小金库”案

2010年社区居委会换届后，海南省乐东县莺歌海镇莺二社区居委会妇女主任、报账员方玉丽在党支部书记、主任柯国建的授意下，把社区部分收入存入私人账户，私设社区“小金库”。“小金库”只设一本收入支出的登记本，没有收入、支出凭证。该登记本上记录总收入为167 034元，总支出为160 400元，余额6 634元。2014年9月9日，乐东县纪委给予柯国建、方玉丽党内严重警告处分。

资料来源：http：//tangshan. huanbohainews. com. cn

任务三　银行存款及银行结算方式

任务安排

- 了解银行存款账户的种类。
- 掌握结算方式及银行结算方式的种类。
- 掌握支票、银行本票、银行汇票、商业汇票的填写与审核。
- 掌握银行存款和其他货币资金的核算。
- 掌握银行存款的对账工作并独立编制银行存款余额调节表。
- 针对企业具体情况提出最基本的货币资金管理控制措施。

学习情境一　银行存款的核算

情境导入

小王在一个公司内任出纳，她经常对公司银行存款实有额心中无数，甚至有时会影响到公司日常业务的结算，公司经理因此指派有关人员检查一下出纳的工作，结果发现她每次编制银行存款余额调节表时，只根据公司银行存款日记账的余额加或减对账单中企业的未入账款项来确定公司银行存款的实有数，而且每次做完此项工作以后就立即将这些未入账的款项登记入账。小王这么做对不对？银行存款余额调节表该如何编制？

知识准备

一、什么是银行存款

银行存款是指企业存放在银行和其他金融机构的货币资金。按照国家现金管理和结算制度的规定，每个企业都要在银行开立账户，用来办理存款、取款和转账结算。

二、什么是银行账户？银行账户分哪几种

银行账户是各单位为办理结算和申请贷款在银行开立的户头，也是单位委托银行办理信贷和转账结算及现金收付业务的工具，它具有监督和反映国民经济下各部门、各单位活动的作用。

银行账户分为基本存款账户、一般存款账户、临时存款账户和专用存款账户，上述各类账户均有不同的设置和开户条件。

（1）基本存款账户：指企业办理日常转账结算和现金收付的账户，一般企事业单位只能选择一家银行的一个营业机构开立一个基本存款账户，企事业单位的工资、资金等现金的支取，只能通过该账户办理。基本存款账户实行开户许可证制度，由中国人民银行当地分支机构核发。

（2）一般存款账户：指企业在基本存款账户以外开立的，用以办理银行借款转存，与基本存款账户的企业不在同一地点的附属非独立核算单位开立的账户，只能转账和现金缴存，但不能支取现金。

（3）临时存款账户：指企业因临时经营活动需要开立的账户，用过即销户，最长不超过 2 年。

（4）专用存款账户：指企业因特定用途需要开立的账户。

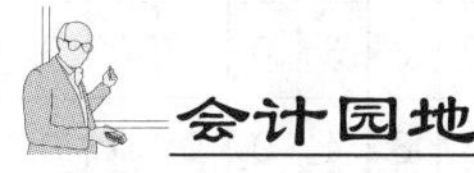
会计园地

账户三要素

企业在银行开立的账户必须具备以下三要素：

（1）户名：如华海公司。

（2）账号：如 4609028898。

（3）开户银行：如中国工商银行南通市学田支行。

三、银行存款如何核算

为了总括地反映银行存款的收入、支出和结存情况，应设置“银行存款”账户。该科目借方反映增加的银行存款，贷方反映减少的银行存款，借方余额表示企业存在银行或其他金融机构的各种款项。

企业应当设置银行存款总账和银行存款日记账，分别由总账会计进行银行存款的总分类核算，出纳进行银行存款的明细分类核算。

银行存款日记账是用来核算和监督银行存款的收入、支出和结余情况的账簿。银行存款日记账的格式与现金日记账相同，既可以采用三栏式，也可以采用多栏式，但都必须使用订本账。银行存款日记账应按企业在银行开立的账户和币种分别设置，每个银行账户设置一本日记账。由出纳员根据与银行存款收付业务有关的记账凭证，按经济业务发生的时间先后顺序逐日逐笔进行登记，每日结出存款余额。

四、如何进行银行存款的清查

银行存款的清查是通过把企业银行存款日记账余额与银行对账单余额核对的方法进行的。银行存款日记账应定期与银行对账单核对，至少每月核对一次。核对时，需要对凭证的种类、编号、摘要、记账方向、金额、记账日期等内容进行逐项核对，凡是对账单与银行存款日记账记录内容相同的，可用“√”在对账单和日记账上分别标示，以查明该笔业务核对一致。若双方的账目出现不一致，一般有两个原因：一是双方账目可能发生记录或计算上的错误，如单位记账时漏记、重记，银行对账单串户等，这种错误应由双方及时予以更正。二是有未达账项。若有未达账项，应编制银行存款余额调节表调节相符。

【做中学】 星光有限公司2017年9月1日到9月30日企业银行存款日记账账面记录与银行10月2日出具的9月的对账单资料如下。

1. 银行存款日记账账面记录，如表1-2所示。

表1-2　　银行存款日记账

2017年		凭证号数	摘要	收入（借方）金额							付出（贷方）金额							结存余额							
月	日			万	千	百	十	元	角	分	万	千	百	十	元	角	分	十	万	千	百	十	元	角	分
9	1		承前页															1	1	2	0	0	0	0	0
	1	略	支付货款								1	8	7	0	0	0	0		9	3	3	0	0	0	0
	5		存入货款	3	5	1	0	0	0	0								1	2	8	4	0	0	0	0
	8		上交税金									8	0	0	0	0	0	1	2	0	4	0	0	0	0
	11		收回欠款	2	6	8	0	0	0	0								1	4	7	2	0	0	0	0
	14		提取现金									5	0	0	0	0	0	1	4	2	2	0	0	0	0
	25		支付货款								1	2	9	0	0	0	0	1	2	9	3	0	0	0	0
	26		支付保险									9	0	0	0	0	0	1	2	0	3	0	0	0	0
	26		存入货款	1	2	8	0	0	0	0								1	3	3	1	0	0	0	0
	29		收回欠款		3	0	0	0	0	0								1	3	6	1	0	0	0	0

2. 银行对账单记录，如表1-3所示。

表1-3　　中国建设银行广州市分行（　　）对账单

2017年　　户名：星光有限公司　　第××页

账号：5267-4468-0511　　单位：元

日期		交易号码	操作页码	支票号	借（付）方	贷（收）方	余额
9	1	（略）	（略）				112 000
9	1	（略）	（略）		18 700		93 300
9	5	（略）	（略）			35 100	128 400
9	8	（略）	（略）		8 000		120 400
9	11	（略）	（略）			26 800	147 200
9	14	（略）	（略）		5 000		142 200
9	25	（略）	（略）		12 000		130 200
9	26	（略）	（略）			12 800	143 000
9	27	（略）	（略）			14 000	157 000
9	30	（略）	（略）		3 600		153 400

根据以上资料开展对账工作：

第一步，出纳核对银行存款日记账和银行对账单的期末余额，结果两者余额不一致。

第二步，逐笔核对（先对期初余额，再对本期发生额）。

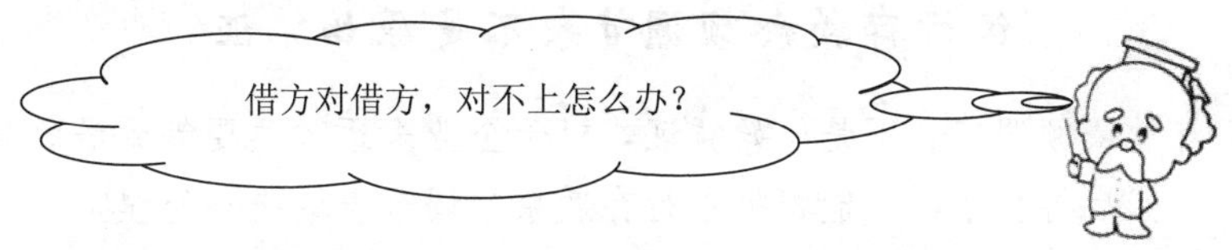

第三步，发现未达账项。

未达账项是指企业与银行之间，对同一项经济业务，由于结算凭证在双方之间传递需要一定时间，而造成一方已经登记入账，而另一方尚未收到结算凭证从而尚未入账的款项。出现未达账项有以下 4 种情况：

（1）企业已收款入账，而银行尚未收款入账。

（2）企业已付款入账，而银行尚未付款入账。

（3）银行已收款入账，而企业尚未收款入账。

（4）银行已付款入账，而企业尚未付款入账。

如公司 9 月 25 日支付的款项 12 900 元，应是企业开出支票支付，已凭支票存根记录银行存款的减少，但支票还要传递到收款人—收款人开户银行—付款人开户银行，这种时间差就导致本公司开户银行会在 10 月初再付款，即银行在 9 月未代公司付款，但企业已凭支票存根记录付款，两者一核对，在 9 月就对不上，这就是情况（2）未达账项。

第四步，根据发现的未达账项，编制星光有限公司 9 月的银行存款余额调节表。如表 1－4 所示。

表 1－4　　银行存款余额调节表

2017 年 9 月 30 日　　单位：元

项目	金额	项目	金额
银行存款日记账余额	（1）136 100	银行对账单余额	（6）153 400
加：银行已收企业未收款	（2）14 000	加：企业已收银行未收款	（7）3 000
减：银行已付企业未付款	（3）12 000 （4）3 600	减：企业已付银行未付款	（8）12 900 （9）9 000
调节后存款余额	（5）134 500	调节后存款余额	（10）134 500

第五步，如果调节后还不相符，可能是企业或银行中的某一方或双方记账存在错误，导致调节后的企业银行存款日记账余额与银行对账单余额还是不一致。在这种情况下，一方或双方应先查账，查出错误后按规定进行错账更正，再核对余额是否相符。

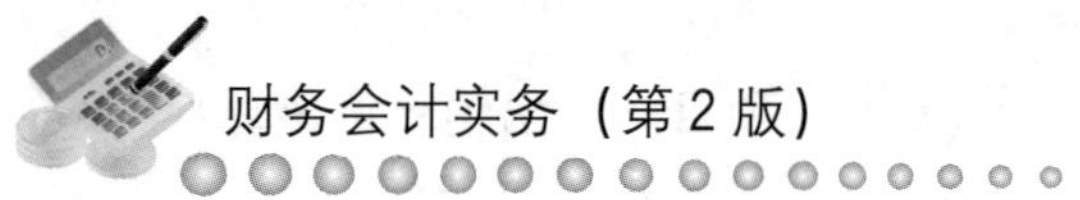

银行存款余额调节表不是原始凭证

（1）银行存款余额调节表不是原始凭证，对于企业未达账项要等到结算凭证到达后再进行账务处理，然后再登账，不能根据银行存款余额调节表做账务处理。

（2）下次收到银行对账单时，要连同有未达账项的对账单一起进行连续核对。

（3）调节后的余额是企业实际可以动用的银行存款余额。

学习情境二　银行结算方式

2016年8月4日，A银行深圳分行营业部来了一位名叫林某的男青年要求办理银行汇票业务，汇款人为深圳市甲房地产开发公司，收款人林某，兑付地点南宁市，金额12.35万元。汇票委托书背书姓名林某，身份证号码441171197005013101。后深圳市甲房地产开发公司前来办理业务时，发现该单位没有办理过此笔银行汇票，林某也不是该单位职工。银行立即向公安机关报案，并通知兑付行协助止付该笔汇票款。但为时已晚，此笔汇票款于2016年8月6日在A银行南宁市分行营业部通过应解汇款科目全部提取现金转走。经公安机关鉴定，汇票委托书盖的印鉴与汇款人预先留下的印鉴有差异，按身份证号码查证，没有林某，身份证是伪造的，致使该银行损失12.35万元。现在企业很多款项都是通过银行结算，如支票、汇票结算等，你能告诉大家这些都是怎么回事吗?

知识准备

一、什么是结算方式？常见的结算方式有哪几种

所谓结算方式，是指用一定的形式和条件来实现各单位（或个人）之间货币收付的程序和方法。

结算方式种类如图1-2所示。

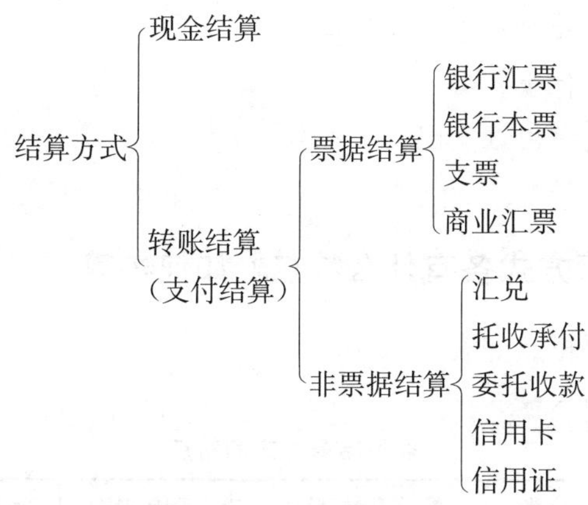

图 1－2　结算方式种类

二、银行结算纪律有哪些

根据《银行结算办法》及其有关规定，单位和个人必须遵守的银行结算纪律可归纳为 3 条：①不准出租、出借银行账户；②不准签发空头支票、远期支票；③不准套取银行信用。

出租银行账户是指在银行开设账户的单位或个人，以取得租金（租赁费）为目的，替其他单位或个人办理结算业务。出借银行账户是指在银行开设账户的单位或个人，出于人情关系，用自己的银行账户为其他单位或个人办理款项收付业务。出租、出借银行账户，一经银行发现，除责令其立即纠正外，还要按账户出租、出借发生的金额各处以 5%但不低于 1 000 元的罚款，并没收出租、出借银行账户的非法所得。

空头支票是指支票持有人请求付款时，出票人在付款人处实有的可供合法支配的存款不足以支付票据金额的支票。签发空头支票是套用银行信用，破坏结算纪律的行为。银行经账证核对，发现客户签发的是空头支票，除立即将支票作废外，还要按票面金额处以 5%但不低于 1 000 元的罚款。对屡次签发空头支票的，还要视情节轻重，同时给予警告、通报批评，直至停止签发支票。远期支票是指签发了签发日之后日期（如 1 月 5 日签发了 1 月 6 日或之后日期）的支票，即票面上载明的支票日期在实际支票日之后，其目的在于推迟付款日期的支票。这种支付日期推后的危害，一是容易形成空头支票；二是打乱了支票编号顺序，容易发生舞弊行为。

套取银行信用是指违法利用银行某种信用工具，达到骗取银行信用的目的。如签发空头支票和远期支票，签发用途不实的支票，涂改、伪造、变造票据，假借用途取得银行贷款等。一经发现，该处罚的处罚，该追究经济责任的追究经济责任，甚至追究刑事责任。

银行结算三原则是什么

出纳作为常跑银行的财务人员，在遵守结算纪律的前提下，还要自觉遵守以下结算原则，从而维护好开户单位和银行双方的权益。

（1）恪守信用，履约付款。

（2）谁的钱进谁的账，由谁支配。

（3）银行不垫款。

三、各种银行结算方式各有什么特点？如何核算

各种结算方式的主要特点如表1－5所示。

表1－5　　各种结算方式的特点

结算方式	出票人	分类	承兑人	适用范围	付款期限	可否背书
银行汇票	银行	现金、转账银行汇票	—	同一票据交换区域内、异地	见票即付，出票日起1个月提示付款	可背书转让；但填明现金字样的银行汇票不得背书转让
银行本票	银行	不定额本票、定额本票（有1 000元、5 000元、10 000元和50 000元）；现金、转账银行本票	—	同一票据交换区域内	见票即付，出票日起2个月提示付款	可背书转让；但填明现金字样的银行本票不得背书转让
支票	单位或个人	现金、转账支票	—	同一票据交换区域内	见票即付，出票日起10日提示付款	可背书转让；但用于支取现金的支票不得背书转让
商业汇票	单位或个人	商业承兑汇票、银行承兑汇票	商业承兑汇票由银行以外的付款人承兑。银行承兑汇票由付款人开户银行承兑	同一票据交换区域内、异地	远期票据，最长不得超过6个月。自汇票到期日起10日内提示付款	可背书转让
汇兑	—	信汇、电汇	—	异地	—	—
托收承付	—	邮寄、电报	—	异地	验单付款的承付期为3天，验货付款的承付期为10天	—

续 表

结算方式	出票人	分类	承兑人	适用范围	付款期限	可否背书
委托收款	—	邮寄、电报	—	同城、异地	收到通知的次日起3日内	—

1. 什么是银行汇票？如何核算

银行汇票是出票银行签发的，由其在见票时按照实际结算金额无条件支付给收款人或持票人的票据。只要单位和个人具有真实的交易关系和债权债务关系，均可使用银行汇票结算。

银行汇票用于转账，填明“现金”字样的银行汇票也可以用于支取现金。银行汇票正面票样如图 1-3 所示，银行汇票背面（背书）票样如图 1-4 所示。银行汇票结算程序如图 1-5 所示。

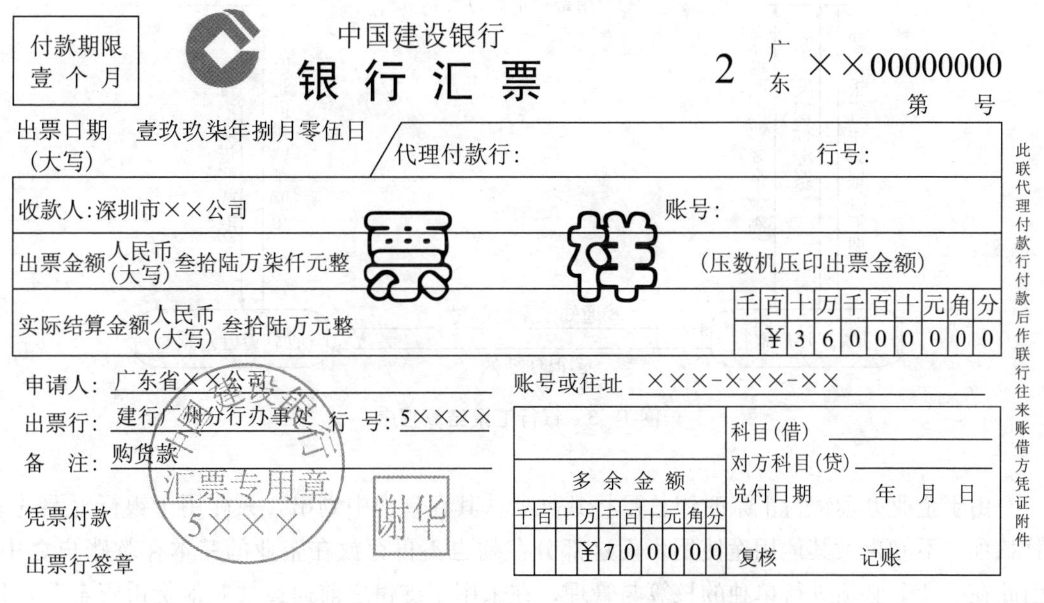
付款期限 壹个月
中国建设银行
银行汇票
2 广东 ××00000000
第 号
出票日期（大写） 壹玖玖柒年捌月零伍日
代理付款行: 行号:
收款人:深圳市××公司 账号:
出票金额 人民币（大写） 叁拾陆万柒仟元整 （压数机压印出票金额）
票样
实际结算金额 人民币（大写） 叁拾陆万元整

千	百	十	万	千	百	十	元	角	分
	¥	3	6	0	0	0	0	0	0

申请人: 广东省××公司 账号或住址 ×××-×××-××
出票行: 建行广州分行办事处 行号: 5××××
备注: 购货款
凭票付款
出票行签章
中国建设银行 汇票专用章 5×××
谢华

多余金额

千	百	十	万	千	百	十	元	角	分
			¥	7	0	0	0	0	0

科目（借）
对方科目（贷）
兑付日期 年 月 日
复核 记账
此联代理付款行付款后作联行往来账借方凭证附件

图 1-3 银行汇票正面票样

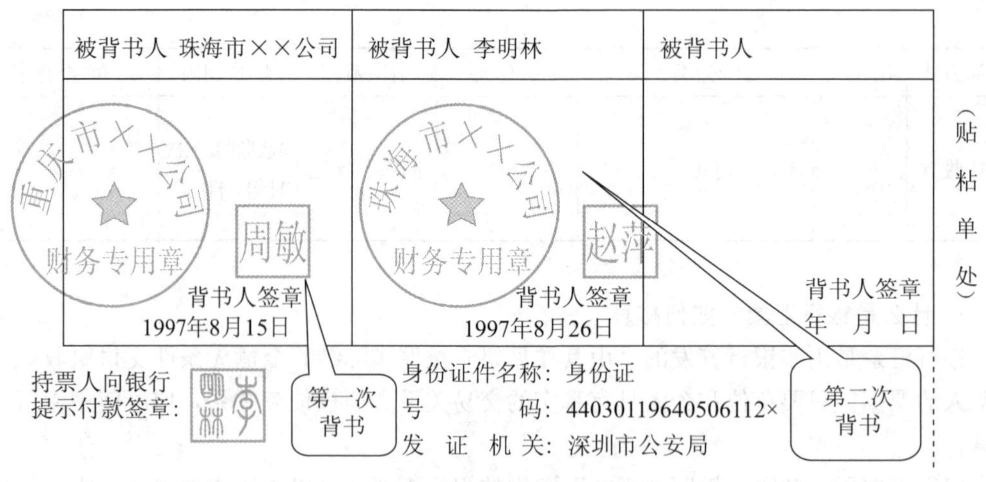

图 1－4 银行汇票背面（背书）票样

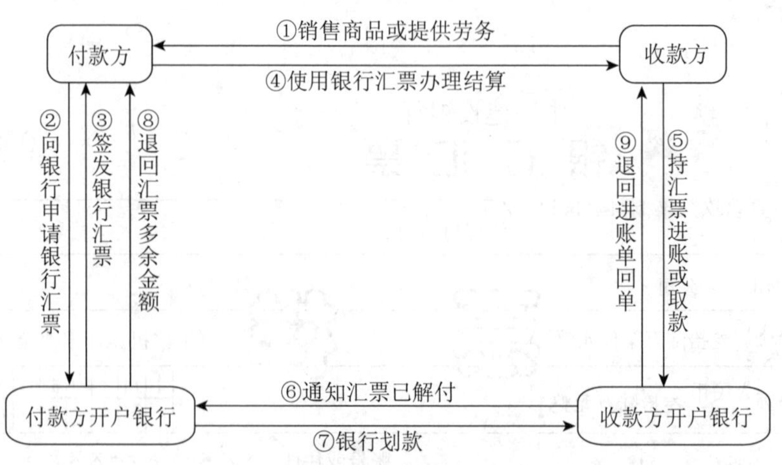

图 1－5 银行汇票结算程序

由于企业办理银行汇票时银行已将其款项从其存款户中划出，只能用于银行汇票的结算款项，不能再做其他用途使用，而这部分存款也不再存放在企业的基本存款账户之中，因此在会计上必须进行单独的核算与管理，在未用于支付之前通过“其他货币资金”科目进行核算。

其他货币资金的核算内容

其他货币资金的组成内容包括外埠存款、银行汇票存款、银行本票存款、信用卡存款、信用证保证金存款、存出投资款等。该账户借方反映增加的其他货币资金，贷方反映减少的其他货币资金，借方余额为企业持有的其他货币资金。

【做中学】2017年11月2日，星光有限公司向外地长沙青山公司采购材料，出纳向银行申请办理银行汇票，并填制“银行汇票委托书”，银行审核签发银行汇票24 000元，并将银行汇票和解讫通知联交回星光有限公司。

(1) 付款方（购买方）账务处理。

①根据银行汇票委托书存根联：

借：其他货币资金——银行汇票　　24 000

　贷：银行存款　　24 000

② 11月10日，星光有限公司采购员谢强到了长沙，业务谈妥后，收到青山公司开具的增值税专用发票，其中价款20 000元，增值税3 400元（20 000×17%），一并交付银行汇票和解讫通知联，材料尚未验收入库（该企业材料核算采用实际成本法）。

根据增值税专用发票及入库单，做如下账务处理：

借：在途物资　　20 000

　　应交税费——应交增值税（进项税额）　　3 400

　贷：其他货币资金——银行汇票　　23 400

③ 11月11日收到银行转来的多余款通知联：

借：银行存款　　600

　贷：其他货币资金——银行汇票　　600

④若该汇票因超出付款期限未使用，向开户银行申请并退回款项时：

借：银行存款　　24 000

　贷：其他货币资金——银行汇票　　24 000

(2) 收款方（销售方）账务处理。

长沙青山公司销售产品，开具增值税专用发票，出纳填好收到的银行汇票和解讫通知联的实际结算金额和多余金额，一并填写银行进账单交存银行后，凭银行进账单回执及增值税专用发票记账联，做如下账务处理：

借：银行存款　　23 400

　贷：主营业务收入　　20 000

　　　应交税费——应交增值税（销项税额）　　3 400

会计园地

银行汇票的四联各有各的去向和作用

银行汇票一式四联：第一联为卡片，由签发行结清汇票时做汇出汇款付出传票；第二联为银行汇票，与第三联解讫通知一并由汇款人自带，在兑付行兑付汇票后此联做联行往来账付出传票；第三联是解讫通知，在兑付行兑付后随报单寄签发行，由签发行做余款收入传票；第四联是多余款通知，在签发行结清后交汇款人。

此外还有解讫通知，解讫通知其实就是说明手续已经办理的单据，但不是票据，不能转让。单独持有解讫通知并不代表持有人享有票据权利，不具有财产权性质。解讫通知是

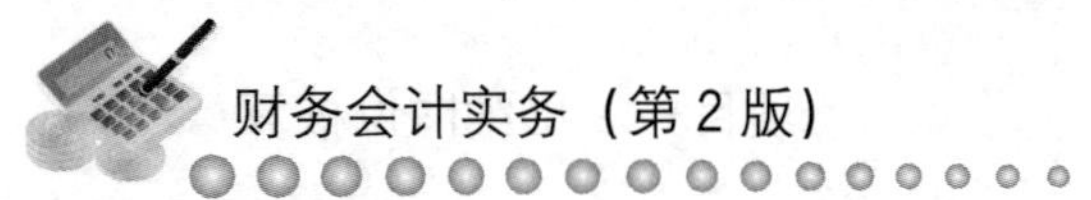

银行汇票所特有的，因为银行汇票的实际付款可以少于票据上面的金额。

2. 什么是银行本票？如何核算

银行本票是银行签发的，承诺自己在见票时无条件支付确定的金额给收款人或持票人的票据。单位和个人在同一票据交换区域需要支付各种款项，均可以使用银行本票。银行本票可以用于转账，注明“现金”字样的银行本票可以用于支取现金。银行本票分为不定额本票和定额本票两种。不定额本票票样如图 1-6 所示，定额本票票样如图 1-7 所示。

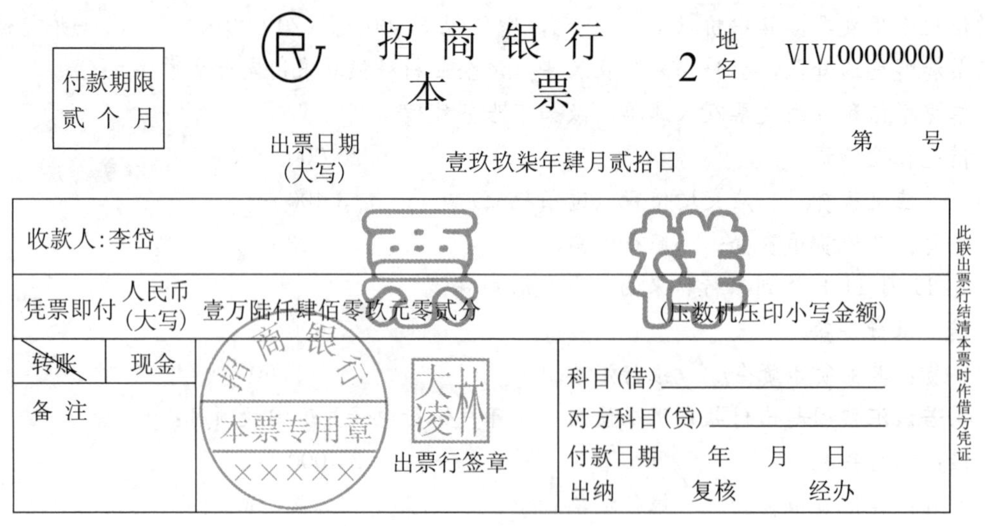

付款期限 贰 个 月

招商银行 本 票　2　地名　VIVI00000000

第　号

出票日期（大写）　壹玖玖柒年肆月贰拾日

票样

收款人:李岱		
凭票即付 人民币（大写） 壹万陆仟肆佰零玖元零贰分		（压数机压印小写金额）
转账　现金 备 注	招商银行 本票专用章 ××××× 大林 凌 出票行签章	科目（借） 对方科目（贷） 付款日期　年　月　日 出纳　复核　经办

此联出票行结清本票时作借方凭证

图 1-6　不定额本票票样

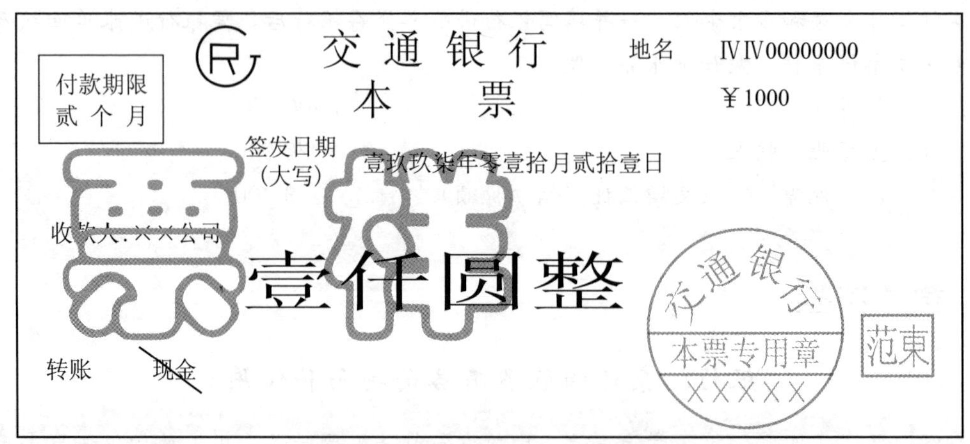

交通银行 本 票　地名　IVIV00000000

付款期限 贰 个 月　¥1000

签发日期（大写）　壹玖玖柒年零壹拾月贰拾壹日

票样

收款人：××公司

壹仟圆整

转账　现金

交通银行 本票专用章 ×××××　范東

图 1-7　定额本票票样

银行本票结算程序如图 1-8 所示。

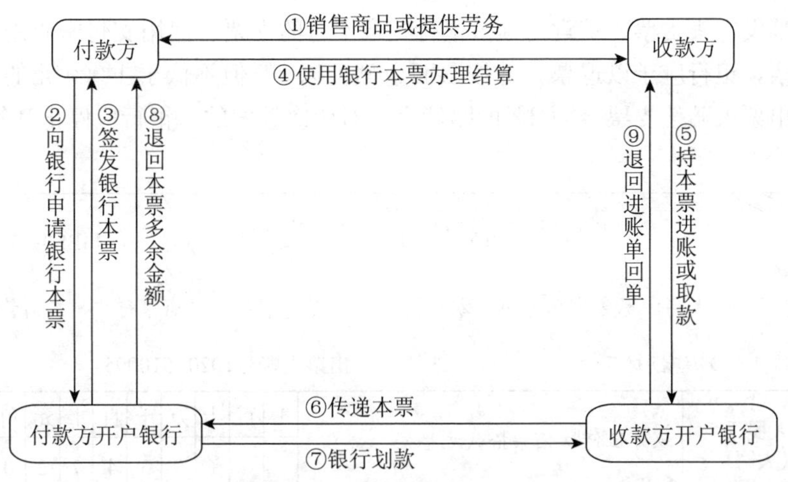

图 1－8　银行本票结算程序

【做中学】 星光有限公司为取得银行本票，出纳向银行填写银行本票申请书，并将 4 500元银行存款转作银行本票存款。

付款方（购买方）账务处理：

①公司取得银行本票后，应根据银行盖章退回的银行本票申请书存根联：

借：其他货币资金——银行本票　　4 500

　贷：银行存款　　4 500

②公司用该银行本票购买办公用品 4 500 元，取得普通发票。根据发票及有关凭证，编制如下会计分录：

借：管理费用　　4 500

　贷：其他货币资金——银行本票　　4 500

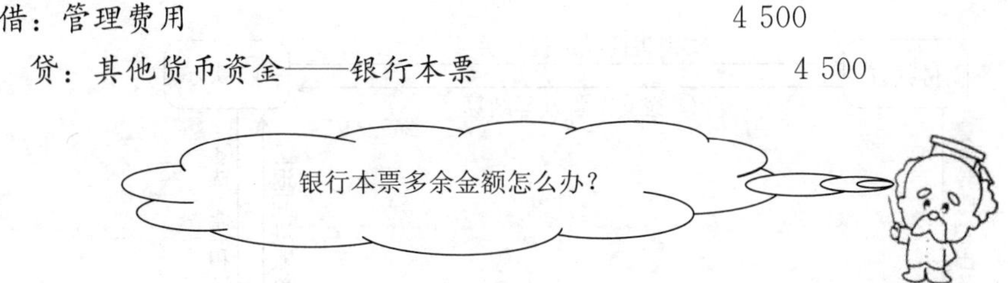

3. 什么是支票？如何核算

支票是由出票人签发的，委托办理支票存款业务的银行或其他金融机构在见票时无条件支付确定的金额给收款人或持票人的票据。单位和个人在同一票据交换区域内的各种款项的结算都可使用支票（现在已有全国通用的支票）。

支票可以支取现金，也可以转账，用于转账时，应当在支票正面注明（一般在支票左上角画两条平行线，也称为划线支票）。现金支票只能用于支取现金（一般用于在出票人开户银行提取现金）。转账支票只能用于转账，不得支取现金。转账支票（划线支票）票样如图 1－9 所示。

支票的金额、收款人名称，可以由出票人授权补记，未补记前不得背书转让和提示付款。

出票人签发空头支票、签章与预留银行签章不符的支票、使用支付密码地区，支付密码错误的支票，银行应予以退票，并按票面金额处以5%但不低于1 000元的罚款；持票人有权要求出票人赔偿支票金额2%的赔偿金。对屡次签发的，银行应停止其签发支票。

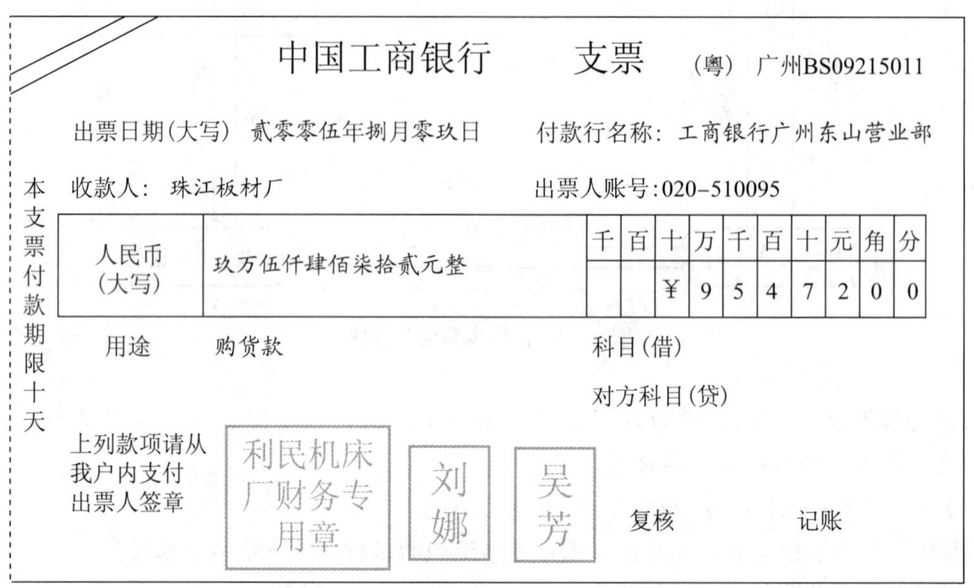

中国工商银行 支票 （粤） 广州BS09215011

出票日期(大写) 贰零零伍年捌月零玖日 付款行名称：工商银行广州东山营业部

本支票付款期限十天

收款人：珠江板材厂 出票人账号:020-510095

人民币(大写)	玖万伍仟肆佰柒拾贰元整	千	百	十	万	千	百	十	元	角	分
				¥	9	5	4	7	2	0	0

用途 购货款 科目(借)

对方科目(贷)

上列款项请从我户内支付 出票人签章 利民机床厂财务专用章 刘娜 吴芳 复核 记账

图1-9 转账支票（划线支票）票样

转账支票结算程序如图1-10所示。

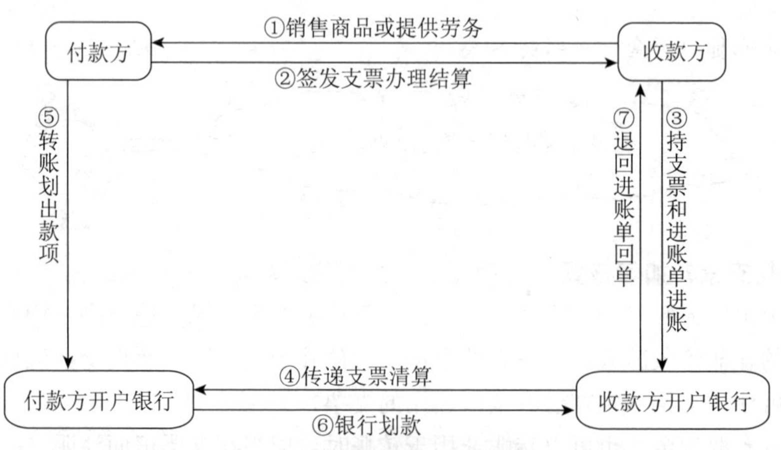

图1-10 转账支票结算程序

【做中学】星光有限公司向明基公司（一般纳税人）销售产品一批，开具增值税专用发票，不含增值税的售价为200 000元，增值税34 000元，收到转账支票一张。

收款方（销售方）账务处理：

收到转账支票后，在支票背面盖上单位的预留印鉴，然后填写银行进账单连同支票一起交存银行，根据增值税专用发票及银行盖章退回的进账单回执：

借：银行存款　　234 000

　贷：主营业务收入　　200 000

　　　应交税费——应交增值税（销项税额）　　34 000

会计园地

支票怎么填

支票分为现金支票、转账支票、普通支票三种，现在每个银行基本上只提供一种格式的支票（见图1-9）。这种支票有两种功能，可提取现金（不画线），左上角画线后又可转账。

(1) 企业（出纳）开出支票向银行提取现金，支票收款人为本单位名称，此时支票正面左上角不画两条平行线，支票正面“出票人签章”处和背面的“背书人签章”处签章加盖预留银行印鉴（一般为本单位的财务专用章和法人章，章一定要清晰，不能有缺角、毛边等情况，盖章时不要晃动，用力按下后垂直抬起，盖好后不要立即碰触盖章处），背面还要填上取款人（出纳）的身份证号码和发证机关名称，之后（出纳）可凭支票直接到开户银行提取现金备用。这就是我们现在说的用于提现的现金支票。

(2) 企业开出转账支票时，收款人应填写为对方单位名称。转账支票正面左上角要画两条平行线，正面“出票人签章”处加盖预留银行印鉴但背面本单位不盖章。收款单位取得转账支票后，在支票背面“背书人签章”处签章加盖收款单位预留银行印鉴，填写好银行进账单后连同该支票交给收款单位的开户银行委托银行收款。

(3) 支票收款人可写个人姓名，但必须转到个人结算账户上才可以提取现金。有些企业变相套取现金就是采用这种方式。

【学中做】星光有限公司开出转账支票支付本月公司用房租金6 000元，其中行政管理部门办公用房为2 200元，车间生产用房为3 800元。该公司如何进行账务处理？

兴趣拓展

如何防止“空头支票天天开，顾客官司天天来”

有时一些公司购买材料或物品时，会遇到账面的存款余额正好不足以支付现在就要结算的款项，还好，公司近几天肯定有一笔款从外公司汇入本公司的账户。或者，为了保证银行存款的余额，不开空头支票，可以将支票的填写日向后推迟几天，假如今天是2016年10月10日，我们可以在支票上填2016年10月25日，这样出票日成为2016年10月25日，从而达到支票延期使用的目的。

4. 什么是商业汇票？如何账务处理

商业汇票是出票人签发的，委托付款人在指定日期无条件支付确定的金额给收款人或持票人的票据。在银行开立存款账户的法人及其他组织之间，必须具有真实的交易关系或债权债务关系，才能使用商业汇票。商业汇票分为银行承兑汇票和商业承兑汇票。银行承兑汇票由银行承兑，商业承兑汇票由银行以外的付款人承兑。银行承兑汇票票样如图1－11所示，商业承兑汇票票样如图1－12所示。

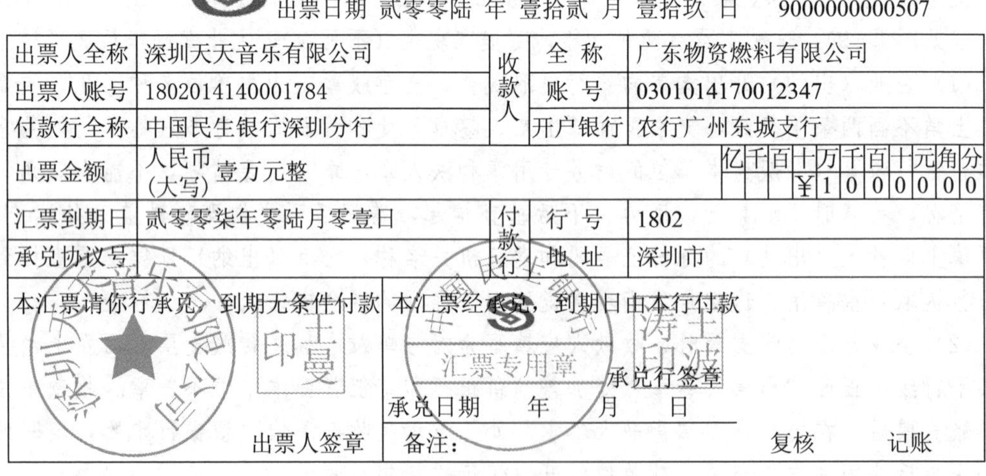

票样

银行承兑汇票

出票日期 贰零零陆 年 壹拾贰 月 壹拾玖 日 9000000000507

出票人全称	深圳天天音乐有限公司	收款人	全　称	广东物资燃料有限公司
出票人账号	1802014140001784		账　号	0301014170012347
付款行全称	中国民生银行深圳分行		开户银行	农行广州东城支行
出票金额	人民币（大写）壹万元整		亿千百十万千百十元角分	￥1000000
汇票到期日	贰零零柒年零陆月零壹日	付款行	行　号	1802
承兑协议号			地　址	深圳市
本汇票请你行承兑，到期无条件付款 出票人签章		本汇票经承兑，到期日由本行付款 承兑行签章 承兑日期　年　月　日 备注：　复核　记账		

图1－11　银行承兑汇票票样

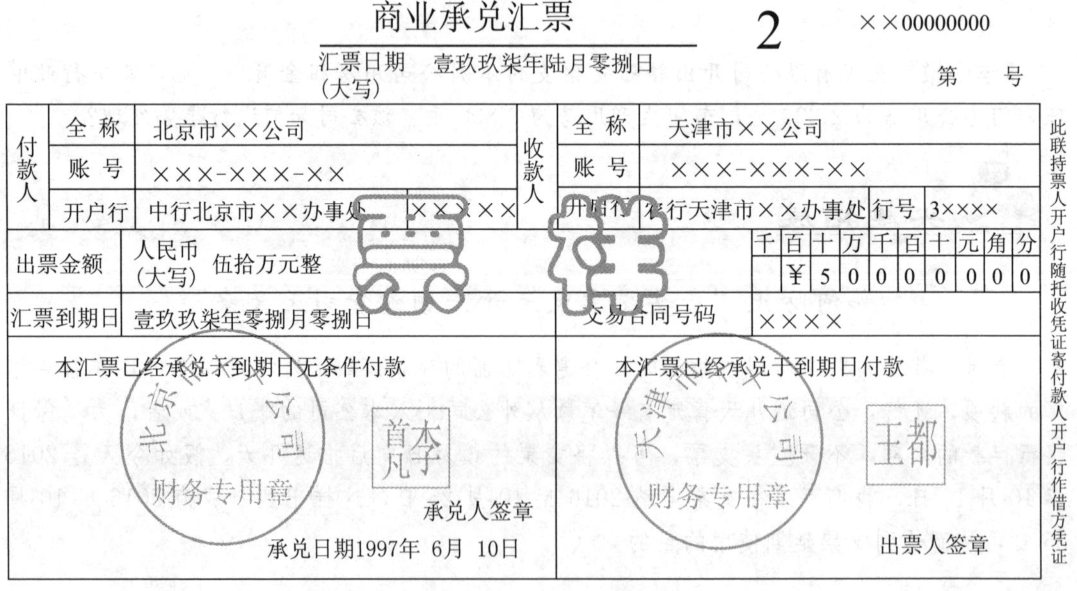

商业承兑汇票　2　××00000000

汇票日期（大写）　壹玖玖柒年陆月零捌日　　第　号

付款人	全　称	北京市××公司	收款人	全　称	天津市××公司
	账　号	×××-×××-××		账　号	×××-×××-××
	开户行	中行北京市××办事处　×××××		开户行	农行天津市××办事处　行号　3××××
出票金额		人民币（大写）伍拾万元整		千百十万千百十元角分	￥50000000
汇票到期日		壹玖玖柒年零捌月零捌日		交易合同号码	××××
本汇票已经承兑于到期日无条件付款 承兑人签章 承兑日期1997年 6月 10日			本汇票已经承兑于到期日付款 出票人签章		

此联持票人开户行随托收凭证寄付款人开户行作借方凭证

图1－12　商业承兑汇票票样

银行承兑汇票结算程序如图 1－13 所示，商业承兑汇票结算程序如图 1－14 所示，注意两者的区别。

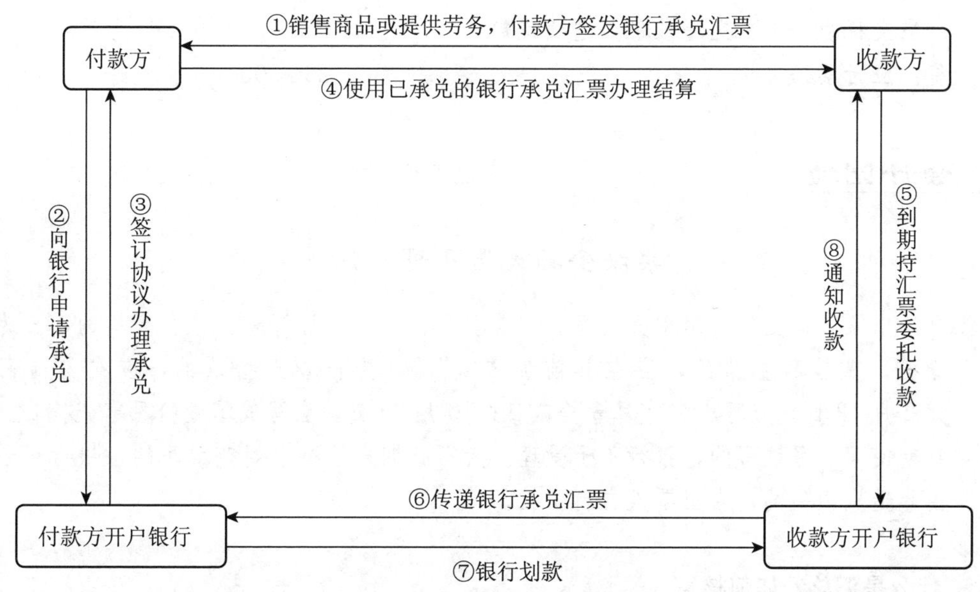

图 1－13　银行承兑汇票结算程序

【做中学】沿用前【做中学】资料，假如星光有限公司收到一张付款期限为 3 个月的银行承兑汇票。

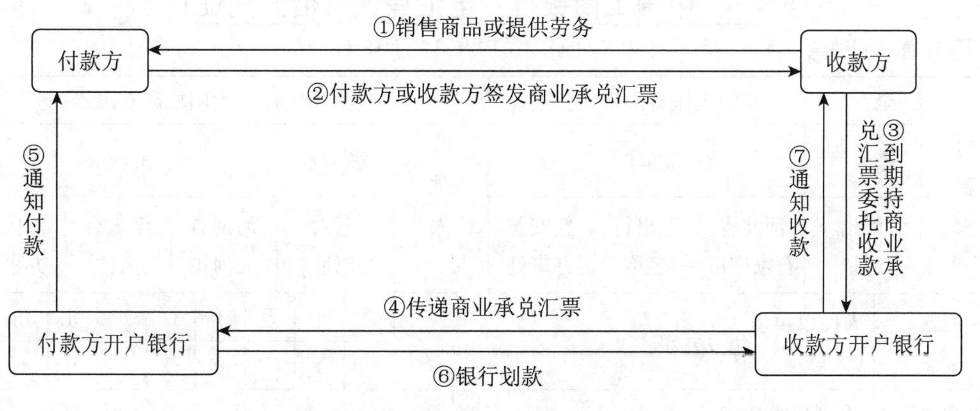

图 1－14　商业承兑汇票结算程序

(1) 星光有限公司（销售方）根据增值税专用发票记账联及银行承兑汇票，做如下账务处理：

借：应收票据　　234 000

　贷：主营业务收入　　200 000

　　　应交税费——应交增值税（销项税额）　　34 000

（2）明基公司（购买方）根据增值税专用发票发票联和税款抵扣联、银行承兑汇票和入库单，做如下账务处理：

借：原材料　　　　　　　　　　　　　　　　200 000

　　应交税费——应交增值税（进项税额）　　　34 000

　贷：应付票据　　　　　　　　　　　　　　　　234 000

票据金额大写不可大意

票据的出票日期必须使用中文大写。在填写月、日时，月为壹、贰和壹拾的，日为壹至玖和壹拾、贰拾和叁拾的，应在其前加“零”；日为拾壹至拾玖的，应在其前面加“壹”。如2月12日，应写成零贰月壹拾贰日；10月20日，应写成零壹拾月零贰拾日。票据出票日期使用小写填写的，银行不予受理。大写日期未按要求规范填写的，银行可予受理；但由此造成损失的，由出票人自行承担。

5. 什么是汇兑？如何核算

汇兑是汇款人委托银行将其款项支付给收款人的结算方式。单位和个人的各种款项的结算，均可使用汇兑结算方式。汇兑分为信汇、电汇两种，由汇款人选择使用。电汇凭证如图1－15所示。

中国工商银行　电汇凭证（借方凭证）　　2

☑普通　□加急　　　　委托日期　2016年12月18日

<table>
<tr><td rowspan="3">付款人</td><td>全　称</td><td colspan="3">光明机械有限责任公司</td><td rowspan="3">收款人</td><td>全　称</td><td colspan="3">大阳机床有限责任公司</td></tr>
<tr><td>账　号</td><td colspan="3">525896</td><td>账　号</td><td colspan="3">325666</td></tr>
<tr><td>汇出地址</td><td>河北省石家庄市</td><td>汇出行名称</td><td>新安路办事处</td><td>汇入地址</td><td>河南省大河市</td><td>汇入行名称</td><td>嵩山路办事处</td></tr>
<tr><td>汇款金额</td><td colspan="5">人民币：（大写）　伍万元整</td><td colspan="4">百 十 万 千 百 十 元 角 分
　 ¥ 5 0 0 0 0 0</td></tr>
<tr><td>工款用途</td><td colspan="4">专利权租金</td><td colspan="5" rowspan="2">科目（借）
对方科目（贷）
汇出行汇出日期　年　月　日</td></tr>
<tr><td colspan="5">此汇款支付给收款人。</td></tr>
</table>

电划　汇款人签章　　　　　　复核　　　　记账

图1－15　电汇凭证

【做中学】星光有限公司为到异地（南昌）采购材料一批，委托银行以电汇方式向南昌市某银行汇款470 000元，设立临时采购专户。银行按规定收取手续费50元，从账户中扣除。

星光有限公司（购买方）账务处理如下。

①委托银行付款，根据银行盖章退回的汇款凭证：

借：其他货币资金——外埠存款　　470 000

　贷：银行存款　　470 000

②同时按照银行收取的手续费的凭证：

借：财务费用　　50

　贷：银行存款　　50

③采购员在南昌和H公司洽谈好业务后，H公司开具增值税专用发票，货款为400 000元，增值税68 000元，从采购专户转出相应款项：

借：在途物资　　400 000

　　应交税费——应交增值税（进项税额）　　68 000

　贷：其他货币资金——外埠存款　　468 000

④收到开户银行通知，该采购专户中的结余款项已经转回。根据收账通知：

借：银行存款　　2 000

　贷：其他货币资金——外埠存款　　2 000

【学中做】星光有限公司汇出56 800元给异地丙公司，偿还所欠货款。该公司如何进行账务处理？

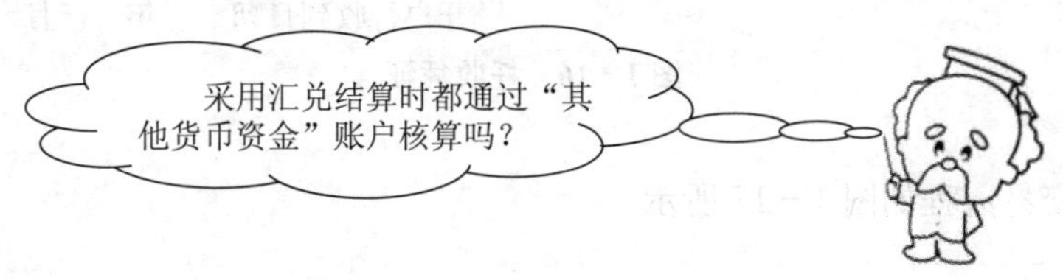

6. 什么是托收承付？如何核算

托收承付是根据购销合同由收款人发货后委托银行向异地付款人收取款项，由付款人向银行承诺付款的结算方式。

使用托收承付结算方式的收款单位和付款单位，必须是国有企业、供销合作社及经营管理较好，并经开户银行审查同意的城乡集体所有制工业企业。办理托收承付结算的款项，必须是商品交易，以及因商品交易而产生的劳务供应的款项。代销、寄销、赊销商品的款项，不得办理托收承付结算。收付双方使用托收承付结算必须签有符合《合同法》的购销合同，并在合同上订明使用托收承付结算方式；收款人办理托收，必须具有商品确已发运的证件；收付双方办理托收承付结算，必须重合同、守信用。

托收承付结算每笔的金额起点为10 000元。新华书店系统每笔的金额起点为1 000元。托收承付结算款项的划回方法，分邮寄和电报两种，由收款人选用。托收凭证如图1－16所示。承付货款分为验单付款和验货付款两种，由收付双方商量选用，并在合同中明确规定。验单付款的承付期为3天，验货付款的承付期为10天。

托收承付凭证（贷方凭证）　　　第　号

委托日期 2016 年 12 月 23 日　　　托收号码：

<table>
<tr><td rowspan="3">付款人</td><td>全　称</td><td colspan="4">河南惠开有限责任公司</td><td rowspan="3">收款人</td><td colspan="2">全　称</td><td colspan="7">吉林科技有限公司</td></tr>
<tr><td>账号或地址</td><td colspan="4">211040003 - 91</td><td colspan="2">账号</td><td colspan="7">765264596656543</td></tr>
<tr><td>开户银行</td><td colspan="4">工商银行十二办</td><td colspan="2">开户银行</td><td colspan="7">工商银行大连分行</td></tr>
<tr><td rowspan="2">委托收款金额</td><td rowspan="2" colspan="5">人民币（大写）　壹佰贰拾贰万贰仟捌佰元整</td><td>千</td><td>百</td><td>十</td><td>万</td><td>千</td><td>百</td><td>十</td><td>元</td><td>角</td><td>分</td></tr>
<tr><td>¥</td><td>1</td><td>2</td><td>2</td><td>2</td><td>8</td><td>0</td><td>0</td><td>0</td><td>0</td></tr>
<tr><td>附寄单证张数</td><td></td><td>商品发运情况</td><td>已发运</td><td colspan="3">合同名称</td><td colspan="9"></td></tr>
<tr><td>备注</td><td colspan="5">本委托款项随有关单证等件，请予办理托收
收款人签章</td><td colspan="10">科　目（贷）
对方科目（借）
汇出行汇出日期　年　月　日
复核　　记账</td></tr>
</table>

此联是银行给收款人的回单

收款人　　　　开户行收到日期　年　月　日

图 1 - 16　托收凭证

购销双方交易流程如图 1 - 17 所示。

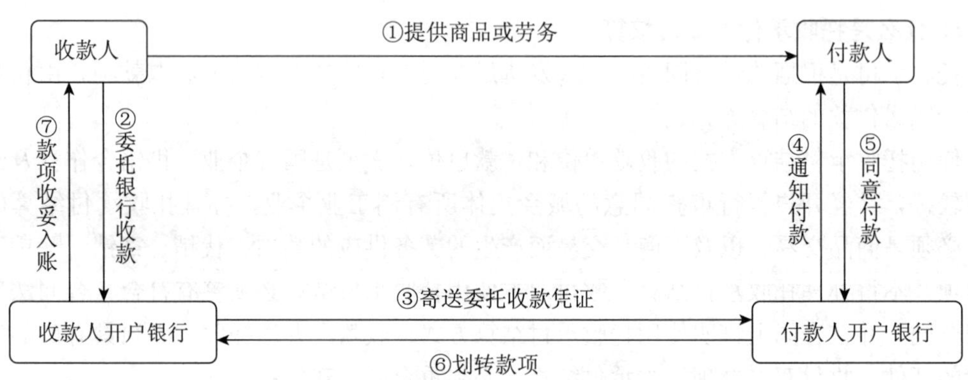

图 1 - 17　异地托收承付结算程序

【做中学】星光有限公司销售给异地乙公司商品一批，开出增值税专用发票，货款 150 000元，增值税 25 500 元，开出转账支票为乙公司代垫运杂费 3 600 元，货款结算方式为托收承付，已办理托收手续。

星光有限公司（销售方）账务处理：

借：应收账款　　179 100
　贷：主营业务收入　　150 000
　　应交税费——应交增值税（销项税额）　　25 500
　　银行存款　　3 600

7. 什么是委托收款

委托收款是收款人委托银行向付款人收取款项的结算方式。单位和个人凭已承兑商业汇票、债券、存单等付款人债务证明办理款项的结算，均可以使用委托收款结算方式。也适用于收取电话费、水费、电费等付款人众多、分散的公用事业费等有关款项。收取公用事业费，必须具有收付双方事先签订的经济合同，由付款人向开户行授权，并经开户行同意，报经中国人民银行当地分支行批准。

委托收款在同城、异地均可以使用。委托收款结算款项的划回方式，分邮寄和电报两种，由收款人选用。

8. 什么是信用卡

信用卡是指商业银行向个人和单位发行的，凭其向特约单位购物、消费和向银行存取现金，且具有消费信用的特制载体卡片。信用卡按使用对象分为单位卡和个人卡；按信誉等级分为金卡和普通卡。

单位卡账户的资金一律从其基本存款账户转账存入，不得交存现金，不得将销货收入的款项存入其账户。单位卡一律不得支取现金。持卡人可持信用卡在特约单位购物、消费。单位卡不得用于10万元以上的商品交易、劳务供应款项的结算。

如何加强货币资金内部管理控制

货币资金流动性最强，易被贪污、偷窃或挪用，加强货币资金的内部管理控制尤为重要。

（1）现金收入和支付应分开，且出纳不能接触会计账务。

（2）企业的所有收入都必须及时、全部纳入账内核算，不准转移到其他公司核算，不准私设小金库。有些单位以各种理由在同一银行的不同营业网点开立账户，或者同时跨行开户、多头开户、随意开户，甚至将单位公款以职工个人名义私存银行。

（3）每笔支出都要符合实际，支出做到“四审四看”：一是审支付申请，看是否有理有据；二是审支付程序，看审批程序、权限是否正确，审批手续是否完备；三是审支付复核，看复核工作是否到位；四是审支付办理，看是否按审批意见和规定程序、途径办理，出纳人员是否及时登记现金和银行存款日记账。

（4）现金盘存方法要注意。除了出纳每日核对外，企业应不定时地抽查。

（5）银行账户应每月核对，既要关注未达账项，也要关注其他项目。

（6）票据及印章保管应到位。单位必须加强银行预留印鉴的管理，毕竟，制度约束比个人的自觉性更可靠、更有效。票据由出纳妥善保管，银行印鉴的公章由会计保管，严禁

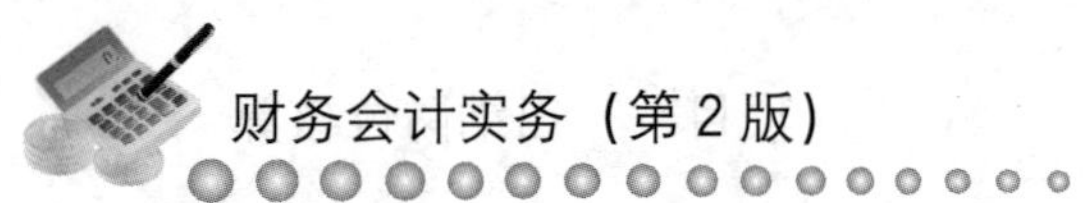

由一个人保管支付款项所需的全部印章。

（7）注意适当定期换岗、轮岗制度。

本项目是每个企业业务核算的必要内容，是每一个会计人员必须具备的基本常识之一。货币资金是每个企业的生命，加强货币资金的管理非常重要。学习此项目不但要掌握库存现金和银行存款的基础知识和具体核算，学会细心地处理“钱”的问题，还应学会加强货币资金的管理控制。

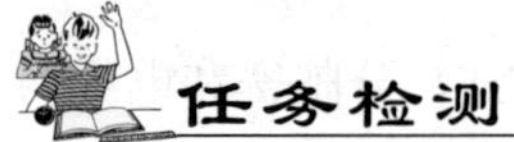

一、单选题

1. 根据《现金管理暂行条例》的要求，银行结算起点为（　　）。

A. 1 000元以下　　B. 1 000元　　C. 2 000元以下　　D. 2 000元

2. 在清查过程中发现的现金短缺，经批准前应贷记（　　）。

A. 待处理财产损溢　　B. 库存现金

C. 其他应收款　　D. 管理费用

3. 在清查过程中发现的现金溢余，经批准后应贷记（　　）。

A. 营业外支出　　B. 营业外收入　　C. 其他应收款　　D. 管理费用

4. 某公司在2016年4月6日签发一张支票，当时该公司在开户银行账户上的资金金额为30万元，支票确定的付款日期是4月15日，此时公司在开户银行账户上的资金数额为20万元。根据规定，该公司签发的这张支票金额不得超过（　　）万元。

A. 30　　B. 20　　C. 50　　D. 10

5. 企业到外地进行临时或零星采购，汇往采购地银行开立采购专户的款项，这种款已具有专门用途且处于待支付或待结算状态的是指（　　）。

A. 外埠存款　　B. 信用卡存款

C. 银行汇票存款　　D. 银行本票存款

二、多选题

1. 采购员报销差旅费可能涉及的账户有（　　）。

A. 其他应收款　　B. 库存现金　　C. 其他应付款　　D. 管理费用

2. 按照现金保管制度的要求，出纳人员应该（　　）。

A. 超过库存限额以外的现金应在下班前送存银行

B. 现金应放在保险柜内，不得随意存放，限额内的库存现金当日核对清楚后，一律放入保险柜内，不得放在办公室桌内过夜

C. 单位的库存现金不准以个人名义存入银行

D. 库存的纸币和铸币，应实行分类保管

3. 下列各项中，收到以下票据时应作为应收票据处理的有（　　）。

A. 银行承兑汇票　B. 银行本票　C. 银行汇票　D. 商业承兑汇票

4. 关于银行汇票的说法正确的是（　）。

A. 适用范围广

B. 票随人走，钱货两清。购货单位购货给票，销售单位验票发货，一手交票，一手交钱。银行见票付款，这样可以减少结算环节

C. 银行汇票是银行在收到汇款人款项后签发的支付凭证，因而具有较高的信誉，银行保证支付，收款人持有票据，可以安全及时地到银行支取款项

D. 单位持银行汇票购货，凡在汇票的汇款金额之内的，可根据实际采购金额办理支付，多余款项将由银行自动退回

5. 委托收款与托收承付结算方式的区别有（　）。

A. 委托收款适用范围广泛很多，无论同城还是异地，均可使用；托收承付只适用于异地企业之间有协议的商品交易

B. 委托收款不受金额起点限制；托收承付有金额起点，一般为1万元

C. 采用委托收款方式，银行只起结算中介作用，付款方无款支付，只要退回单证就行；拒付，银行不审查理由；采用托收承付，银行要审查拒付方的拒付理由

D. 委托收款结算见票即付；采用托收承付验单付款付款人的承付期为3日

三、判断题

1. 现金日记账可根据库存现金收、付款凭证，银行存款付款凭证，但不能根据银行存款收款凭证登记。（　）

2. 信用证结算方式适用于国际结算。适用于国内企业间结算的是银行汇票、银行本票、商业汇票、支票、汇兑等。（　）

3. 每个企业只能在银行开立一个基本存款账户，企业的工资奖金等现金的支取只能通过该账户办理。（　）

4. A企业向F企业购买一批原材料，为其开具一张10万元的银行汇票，该汇票的收款人为F企业，付款人为B银行。由于受市场供需和物价的影响，这项经济业务的实际结算金额为12万元。A企业在汇票上签了章，并写明了出票日期等有关内容。F企业接受此银行汇票后，到B银行请求兑付时，B银行有权拒绝。（　）

5. 某企业销售一批商品，价款300 000元，收到增值税发票，税率17%。收到购买方一张金额为351 000元的银行汇票，该业务分录为：借记“其他货币资金”351 000元，贷记“主营业务收入”300 000元、“应交税费——应交增值税（销项税额）”51 000元。（　）

四、实训任务

任务一

【目的】练习“银行存款”和“其他货币资金”的核算。

【资料】某企业（一般纳税人）2017年12月在外地采购，开设临时采购专户。

（1）12月2日通过银行转账，汇入采购专款200 000元；

（2）12月10日采购设备一台，取得增值税专用发票，价款60 000元，增值税10 200元，通过采购专户付款；

（3）12月12日采购甲材料一批，取得增值税专用发票，价款100 000元，增值税17 000元，材料尚未验收入库，已通过采购专户付款；

（4）12月12日支付设备和材料的运费1 000元，运费按价款比例分配，通过采购专户付款；

（5）采购员李星提取现金1 000元作为差旅费；

（6）采购员回来，报销差旅费900元，列入管理费用，还回现金100元；

（7）外地采购结束，将临时账户存款转回。

【要求】根据以上业务，进行相关账务处理。

任务二

【目的】练习“银行存款余额调节表”的编制。

【资料】某工业企业2017年11月银行存款日记账20日至30日的所列经济业务如下：

（1）20日开出支票＃09565，支付购入材料的货款1 500元；

（2）21日存入销货款转账支票2 400元；

（3）24日开出支票＃09566，支付购料运杂费900元；

（4）26日开出支票＃09567，支付下季度的房租1 800元；

（5）27日收到销货款转账支票13 700元；

（6）30日开出支票＃09568，支付日常零星费用1 000元；

（7）30日银行存款日记账余额39 800元。

银行对账单所列支20日至月末经济业务如下：

（1）20日结算银行存款利息700元；

（2）22日收到企业开出支票＃09565，金额为1 500元；

（3）24日收到销售款转账支票2 400元；

（4）26日银行为企业代付水电费1 300元；

（5）27日收到企业开出支票＃09566，金额为900元；

（6）30日代收外地企业汇来货款1 500元；

（7）30日银行对账单余额30 000元。

假设银行记录无误。

【要求】根据以上资料，编制“银行存款余额调节表”，填入表1-6内。

表1-6　　银行存款余额调节表

年　　月　　日　　　　单位：元

项目	金额	项目	金额
银行存款日记账余额		银行对账单余额	
加：银行已收企业未收款		加：企业已收银行未收款	
减：银行已付企业未付款		减：企业已付银行未付款	
调节后存款余额		调节后存款余额	

任务三

【目的】练习支票的填写及核算。

【资料】星光有限公司 2017 年 1 月 15 日开出转账支票一张，金额为 23 400 元，用于支付在广州华瑞超市采购的办公用品一批，取得增值税专用发票。该公司基本存款开户行为广州商业银行岗顶支行，账号为 3332746199377，预留银行印鉴为公司财务专用章、法人章。广州华瑞超市开户银行为广州车陂建设银行，账号为：3324189721022。

【要求】

（1）请以出纳身份填开转账支票一张，如图 1－18 所示。

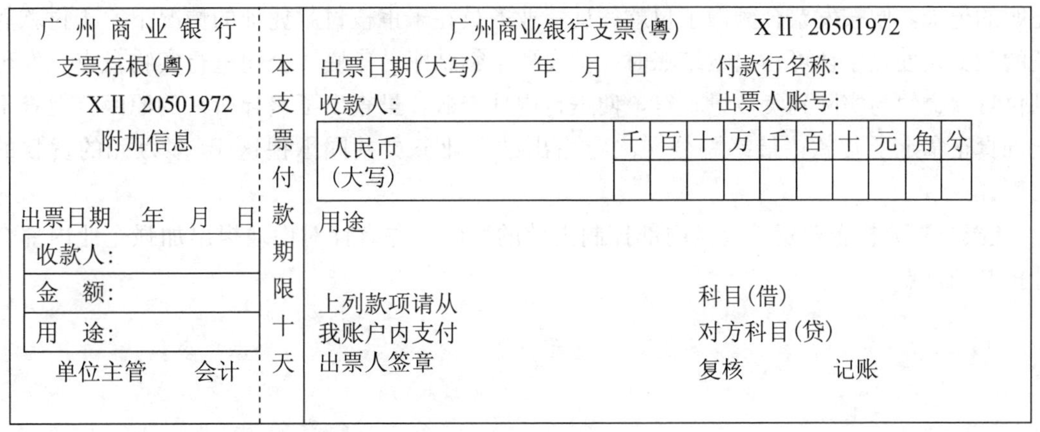

广州商业银行
支票存根（粤）
XⅡ 20501972
附加信息

出票日期　年　月　日
收款人：
金　额：
用　途：
单位主管　会计

本支票付款期限十天

广州商业银行支票（粤）　XⅡ 20501972
出票日期（大写）　年　月　日　付款行名称：
收款人：　出票人账号：

人民币（大写）	千	百	十	万	千	百	十	元	角	分

用途

上列款项请从
我账户内支付
出票人签章

科目（借）
对方科目（贷）
复核　记账

图 1－18　支票

（2）请小组讨论在填开支票时要注意哪些事项？

（3）华瑞超市收到支票时应填写银行进账单，怎么填？

（4）双方公司销售和购进时的凭证有哪些？应分别如何进行账务处理？

任务四

【目的】在不同的业务环境下，能正确选择结算方式。

【资料】星光有限公司向异地河北某公司销售产品一批，价值 100 000 元，采购员小王请求开出支票结算。

【要求】请同学们讨论星光有限公司应采用什么结算方式对其较为有利？河北某公司应采用什么结算方式较好？

五、案例分析

【资料】某集团公司是原国营企业改制而成的。总公司一向重视各项管理制度的建设，尤其对财务制度更是严格。每年都会对集团下属各单位的财务收支情况进行内部审计，发现问题依法从严处理。表面看来，公司制度完备，管理严格。但就在 2010 年，该集团公司某分公司，因为没有遵守《现金管理暂行条例》和《支付结算办法》等有关制度的规定，发生了采购付款金额失实的事实。

该分公司采购付款及报账具体程序是：采购时由采购员先打借条—经公司经理签字—

从出纳处借现金到各供货方购货—货物到库由仓库人员在发票上签字表示验收—付款后，销货方开具增值税专用发票—采购员拿回增值税发票由公司经理签字审批—会计主管审核无误后编制付款凭证，再凭发票到出纳处结账，以发票换回原来的借条。

该公司购货没有编制购货计划，出纳收付款项没有现金日记账的原始记录，借条一般未予入账，出纳根据会计编制的收付款凭证的汇总金额来记录现金日记账。

采购时，销货方没有及时开具增值税发票，且有时开具的发票金额、数量与实际购货情况不一致。一次，业务员拿回一张金额比实际购货金额高出 10 万多元的增值税发票，回到公司报账。报账时与公司经理讲明了实情，并在发票上注明了实际购货数量，但公司经理没有注意，未问明详情，便签字“同意报销”；会计编制付款凭证时没有注意发票上注明的记录，便按发票金额做了付款凭证；业务员在未审核付款凭证的情况下，于付款凭证的领款人处签字认可；出纳结账时，按发票金额结账。年底，公司进行实物盘点，发现已付货款金额与实际到货数量不符，便进行内部查账，虽查出了差异所在的原因，但查不出谁真正拿走了货款，最终总公司决定由出纳和业务员共同承担这 10 多万元的货款的赔偿。

【要求】分析企业货币资金内部控制失效的原因，并有针对性地提出加强企业内部会计控制的重点。

项目二　往来业务岗位核算

任务一　往来业务岗位核算任务与业务流程

● 了解往来业务岗位核算任务和业务流程。

学习情境　往来业务岗位核算任务与业务流程

张燕是一名刚毕业的高职生，成功受聘于北京宏达股份有限公司（以下简称宏达公司）后，被财务科王科长安排在往来业务岗位实习。企业的往来结算岗位涉及的内容非常多，既有应收账款、其他应收款等债权，又有应付账款、其他应付款等债务，这个岗位的重要性不言而喻。想起这些，张燕不禁暗下决心，一定要快点弄清楚往来业务岗位的核算任务及结算方式，以便在实习期中有个好表现。

知识准备

一、往来业务岗位有哪些核算任务

（1）负责建立往来款项结算手续制度。

（2）负责往来款项的结算业务和明细核算，对于债权部分，要按债务人名称分别设置明细账；对于债务部分，要按债权人名称分别设置明细账，根据审核后的记账凭证逐笔登记，并经常核对余额。年终要抄列清单，并向领导或有关部门报告。

（3）对各种应收、暂付款项，要及时催收结算；应付、暂收款项，应在付款期限内进行清偿。

（4）定期对往来款项进行清算、催收和与对方对账。对确认无法收回的应收款项和无法支付的应付款项，应查明原因，按现行规定报经批准后处理。

（5）实行备用金制度的公司，要核定备用金定额，及时办理领用和报销手续，加强管理。

对预借的差旅费，要督促相关人员及时办理报销手续，收回余额，不得拖欠，不准挪用。

（6）负责计提坏账准备；评判客户，减少坏账损失。

二、往来业务岗位核算流程是什么

往来业务岗位核算流程如下图所示。

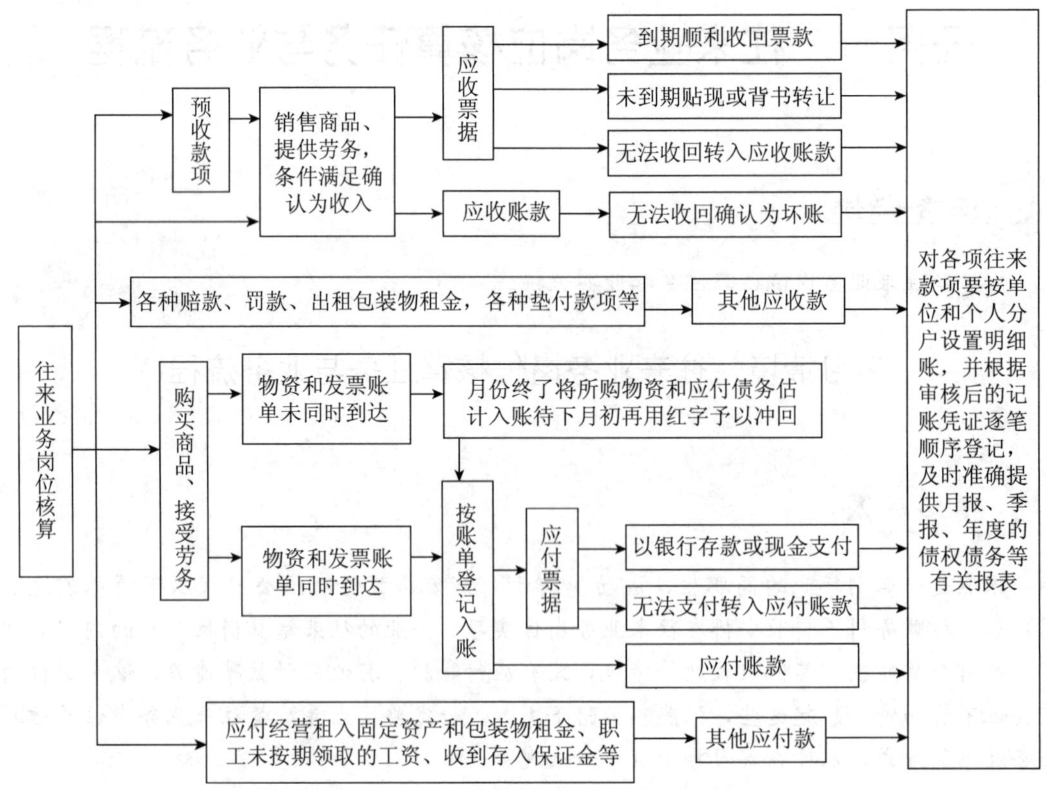

往来业务岗位核算流程

任务二　债权的核算

任务安排

- 掌握应收账款发生及收回的核算方法。
- 掌握存在商业折扣和现金折扣情况下应收账款的账务处理方式。
- 了解应收票据的分类。
- 掌握应收票据取得、转让和贴现的核算方式。

● 了解坏账的确认条件。
● 掌握应收款项减值的确认及核算。

学习情境一　应收账款

应收账款是反映公司经营管理能力和真实赢利状态的重要指标之一，如果公司账面上存在大量违约的应收账款，很可能造成资金链断裂，甚至破产。2016 年 3 月 1 日，宏达公司在和 KR 公司的交易中销售商品一批，货款 80 000 元，增值税额为 13 600 元。宏达公司为了尽快收回货款而在合同中规定符合现金折扣的条件为：2/10、1/20、n/30。KR 公司于 3 月 9 日付清货款。这个折扣条件是什么意思？张燕该如何账务处理呢？

一、什么是应收账款

应收账款是指企业在生产经营过程中，由于销售商品或提供劳务而应向购货单位或接受劳务的单位收取的款项。应收账款主要包括销售商品或提供劳务的价款、增值税，以及为购货方代垫的运杂费、包装费等。

二、应收账款应如何账务处理

1. “应收账款”账户

企业应设置“应收账款”账户来核算因销售商品或提供劳务而产生的债权，并且按照债务人名称分别设置明细账，如“应收账款——A 公司”。“应收账款”账户属于资产类。

借方　　　　　　　　　　应收账款	贷方
①应向购货单位收取的购买商品、材料等账款 ②代垫的包装费、运杂费 ③已冲减坏账准备而又收回的坏账损失 ④已贴现的承兑汇票，对方无力支付的票款 ⑤其他预收货款的结算（未设“预收账款”时）	①收回购买商品、材料等账款 ②收回代垫的包装费、运杂费 ③退回的预收账款（未设“预收账款”时） ④应收账款改用商业承兑汇票结算 ⑤已转销而又收回的坏账损失
反映企业尚未收回的应收账款	反映企业预收的账款

2. 应收账款按实际的发生额入账

【做中学】星光有限公司销售一批商品给 A 公司，增值税专用发票上注明售价为200 000

元，增值税34 000元，并通过银行转账代购货方垫付运费2 000元，所有款项尚未收到。

根据增值税专用发票，账务处理如下：

借：应收账款——A公司　　236 000

　贷：主营业务收入　　200 000

　　　应交税费——应交增值税（销项税额）　　34 000

　　　银行存款　　2 000

3. 在确认入账价值的时候，还需要考虑商业折扣和现金折扣等因素

（1）商业折扣指的是公司根据市场需求情况或针对不同的客户，在商品标价上给予的价格折让。在发生商业折扣的情况下，应收账款的入账价值为扣除商业折扣后的价格。

薄利多销战略

商业折扣是企业为鼓励购货方参买而常用的促销方式之一。企业为了扩大销售、占领市场，往往会采用销量越多、价格越低的促销策略，也就是我们通常所说的“薄利多销”，如购买5件，给予10%的折扣，也就是我们平时所说的打九折；购买10件，折扣20%，也就是打八折等。其特点是折扣是在实现销售时同时发生的，买卖任何一方一般都不需要在各自账上单独核算折扣额。

【做中学】星光有限公司向A公司销售某型号电视机，产品价目单上的单价为每台4 000元，A公司购买500台，星光有限公司决定给予10%的商业折扣，该笔款项尚未收到。

在符合收入确认的条件下，星光有限公司开出的增值税专用发票上的金额是根据扣除商业折扣后的金额开具的，即该电视机的实际销售单价为3 600元（4 000－4 000×10%），共计1 800 000元（3 600×500）。账务处理如下：

借：应收账款——A公司　　2 106 000［1 800 000×（1+17%）］

　贷：主营业务收入　　1 800 000

　　　应交税费——应交增值税（销项税额）　　306 000（1 800 000×17%）

【学中做】A公司验货后承付货款，星光有限公司根据银行转来的收款通知，应如何进行账务处理？

（2）现金折扣，又称为销售折扣，指的是销货方为鼓励购货方在规定的期限内尽快付清货款，而协议许诺给予购货方的一种优惠。现金折扣通常以分数的形式反映，如：2/10，1/20，n/30（信用期限为30天，如果在10天内付款可享受2%的现金折扣，如果在10～20天内付款可享受1%的现金折扣，如果在20～30天内付款不享受现金折扣）。

根据我国《企业会计准则第14号——收入》规定，企业销货或提供劳务，并且附有现金折扣条件的应收账款的入账价值，应按照总价法确定。

总价法又称为全额法，其核算特点是：应收账款的入账价值不考虑可能发生的现金折扣，按照未扣除折扣的总价入账，在折扣实际发生时，将现金折扣视为理财费用的增加，记入“财务费用”的借方。

【做中学】星光有限公司于2017年5月15日向B公司销售产品一批，增值税专用发票上注明售价为100 000元，增值税为17 000元，款项尚未收到。现金折扣条件为2/10，1/20，n/30（假设现金折扣时不考虑增值税）。

①5月15日销售商品时，根据增值税专用发票：

借：应收账款——B公司　　117 000

　贷：主营业务收入　　100 000

　　　应交税费——应交增值税（销项税额）　　17 000

②假设B公司5月20日付款，则能够享受2%的现金折扣：

借：银行存款　　115 000

　　财务费用　　2 000（100 000×2%）

　贷：应收账款——B公司　　117 000

③假设B公司5月28日付款，则能够享受1%的现金折扣：

借：银行存款　　116 000

　　财务费用　　1 000（100 000×1%）

　贷：应收账款——B公司　　117 000

④假设B公司6月10日付款，则超过了现金折扣的最后期限，没有享受现金折扣：

借：银行存款　　117 000

　贷：应收账款——B公司　　117 000

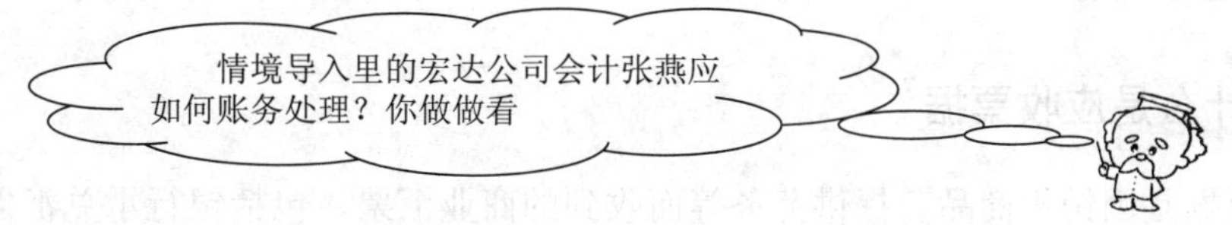

4. 企业在销售的过程中发生销售折让

销售折让是指企业因售出的商品质量不合格等原因而在售价上给予的减让。对于销售折让，企业应分别按不同情况进行处理：①已确认收入的售出商品发生销售折让的，通常应当在发生时冲减当期商品销售收入；②已确认收入的销售折让属于资产负债表日后事项的，应当按照有关资产负债表日后事项的相关规定进行处理（该种业务处理较为复杂，本书暂不涉及）。

【做中学】2017年5月8日，星光有限公司销售一批商品给C公司，取得收入200 000元（不含税），货款尚未收回。2017年6月5日，C公司提出该批商品存在质量问题，要求在价格上给予8%即16 000元的折让。星光有限公司经反复协商，同意了C公司的折让要求，办妥了有关折让手续。

①销售实现时：

借：应收账款——C公司　　234 000

　贷：主营业务收入　　200 000

　　　应交税费——应交增值税（销项税额）　　34 000

②发生销售折让时（实际工作中一般采用红字冲销法）：

借：主营业务收入　　16 000

　　应交税费——应交增值税（销项税额）　　2 720

　贷：应收账款——C公司　　18 720

③实际收到款项时：

借：银行存款　　215 280［（200 000－16 000）×1.17］

　贷：应收账款——C公司　　215 280

学习情境二　应收票据

注册会计师吴文在审计宏达公司截至2017年12月31日应收票据项目时，通过审阅公司财务提供的应收票据备查簿，发现公司开具的于2017年11月20日已到期的带息商业承兑汇票300万元，在年度终了时按票面利率计提应收利息。那么对于这张已逾期的应收票据，会计处理正确吗？应当如何处理？

一、什么是应收票据

应收票据是因销售商品、提供劳务等而收到的商业汇票，包括银行承兑汇票和商业承兑汇票。应收票据是企业未来收取货款的权利，这种权利把将来应收取的货款金额以书面文件形式约定下来，具有法律上的约束力，是一种债权凭证。商业汇票分为不带息商业汇票和带息商业汇票。

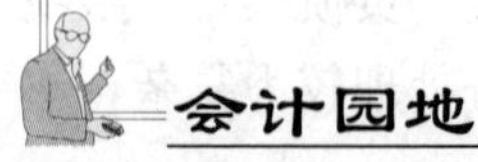

即期、远期区别在哪里

票据按照偿付期的长短，可分为即期票据和远期票据两种。商业汇票，包括银行承兑汇票和商业承兑汇票两种，付款期一般在1～6个月，属于远期票据。所以作为应收应付票据处理。而其他的银行票据（支票、本票、汇票）等即期票据，都是作为货币资金来核算的。

二、应收票据如何账务处理

企业应设置“应收票据”账户来核算企业收到的商业汇票的增加和减少等情况，按债务人名称设置明细账，属资产类。

借方	应收票据　　　　　　　　　　贷方
①取得的票据（面值） ②分期计提的票据利息	①票据到期收回票款 ②票据转让 ③票据贴现
企业持有的商业汇票面值及利息金额	

1. 如何确定商业汇票的到期日

票据期限按月表示时，不考虑各月份实际天数多少，统一按次月对应日期为整月计算，如3月10日签发承兑期限为6个月的商业汇票，其到期日为9月10日；当签发承兑票据的日期为某月月末时，统一以到期月份的最后一日为到期日，如1月31日签发承兑的期限为1个月、2个月、3个月和6个月的商业汇票，其到期日分别为2月28日（闰年为2月29日）、3月31日、4月30日和7月31日。

票据期限按日表示时，统一按照实际天数计算。在票据签发承兑日和票据到期日这两天，只计算其中的一天，即按照算尾不算头，或者算头不算尾的方式来确定。例如，3月2日签发承兑期限为180天的商业汇票，其到期日为8月29日；1月31日（当年2月有28天）签发承兑期限为30天、60天、90天的商业汇票，其到期日分别为3月2日、4月1日、5月1日。

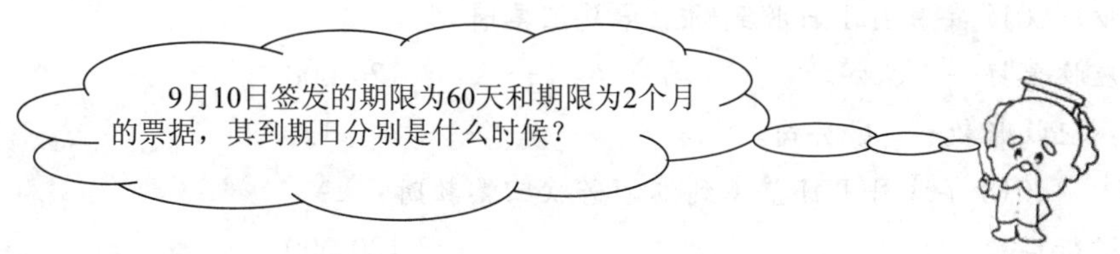

2. 如何计算商业汇票的到期值

（1）不带息的商业汇票，到期值等于票据面值，与期限的长短没有关系。

（2）带息的商业汇票，到期值为票据面值加上应计的利息，其计算公式如下：

票据到期值＝票据面值×（1＋票面利率×票据期限）

注意：利率和期限应保持一致，利率一般为年利率，如果期限以月、天表示，应将利率调整为月利率或日利率。按惯例，一年一般按360天计算。

月利率＝年利率÷12

日利率＝月利率÷30或年利率÷360

3. 不带息应收票据怎样核算

不带息的商业汇票的账务处理方式，如表2-1所示。

表 2-1　不带息应收票据账务处理

经济业务内容	账务处理
(1) 因销售商品或接受劳务收到购货方开出的商业汇票	借：应收票据（面值） 贷：主营业务收入 应交税费——应交增值税（销项税额）
(2) 因债务人抵偿前欠货款而取得商业汇票	借：应收票据（面值） 贷：应收账款
(3) 汇票到期收回票款	借：银行存款 贷：应收票据（面值）
(4) 汇票到期，承兑人违约拒付或无力支付票款	借：应收账款 贷：应收票据（面值）

【做中学】 星光有限公司向甲公司销售A产品一批，价款1 000元，增值税率为17%，收到甲公司的商业承兑汇票一张，金额合计1 170元。

借：应收票据——甲公司　　1 170

　贷：主营业务收入　　1 000

　　应交税费——应交增值税（销项税额）　　170

【学中做】 乙公司欠星光有限公司的账款为30 000元，经双方协商，采用银行承兑汇票结算。星光公司该如何进行账务处理？

【做中学】 星光有限公司于2017年9月1日收到C公司当日开出的不带息商业承兑汇票一张以抵偿前欠货款，该商业承兑汇票面值为120 000元，期限为6个月。

第一步，2017年9月1日收到商业承兑汇票时：

借：应收票据——C公司　　120 000

　贷：应收账款——C公司　　120 000

第二步，2018年3月1日票据到期，若收回票款时：

借：银行存款　　120 000

　贷：应收票据——C公司　　120 000

第三步，若承兑人拒付或无力支付票款，企业收到银行退回的商业承兑汇票时：

借：应收账款——C公司　　120 000

　贷：应收票据——C公司　　120 000

4. 带息应收票据怎样核算

带息应收票据与不带息应收票据的处理方式相比较，最大的区别在于按期计提利息以及到期收回汇票票款部分，具体如表2-2所示。

表 2-2　　带息应收票据账务处理

经济业务内容	账务处理
(1) 因销售商品或接受劳务收到购货方开出的商业汇票	借：应收票据（面值） 　贷：主营业务收入 　　应交税费——应交增值税（销项税额）
(2) 因债务人抵偿前欠货款而取得商业汇票	借：应收票据（面值） 　贷：应收账款
(3) 计提利息	借：应收票据 　贷：财务费用（面值×票面利率×期限）
(4) 汇票到期收回票款	借：银行存款（到期值） 　贷：应收票据（账面余额） 　　财务费用
(5) 汇票到期，承兑人违约拒付或无力支付票款	借：应收账款 　贷：应收票据（账面余额） 　　财务费用

【做中学】星光有限公司于 2017 年 9 月 1 日收到 C 公司当日开出的商业承兑汇票一张以抵偿前欠货款，该商业承兑汇票面值为 120 000 元，票面利率为 6%，期限为 6 个月。

①2017 年 9 月 1 日收到商业承兑汇票时：

借：应收票据——C 公司　　120 000

　贷：应收账款——C 公司　　120 000

②2017 年 12 月 31 日年度终了时，计提利息，票据利息＝120 000×6%×4/12＝2 400：

借：应收票据——C 公司　　2 400

　贷：财务费用　　2 400

③2018 年 3 月 1 日票据到期，应收票据的账面余额为 120 000＋120 000×6%×6/12＝123 600，若收回票款：

借：银行存款　　123 600

　贷：应收票据——C 公司　　122 400

　　财务费用　　1 200

④若承兑人拒付或无力支付票款，企业收到银行退回的商业承兑汇票等：

借：应收账款　　123 600

　贷：应收票据——C 公司　　122 400

　　财务费用　　1 200

情境导入里宏达公司逾期应收票据，会计应当如何处理？

5. 转让应收票据怎样核算

企业将持有的应收票据背书转让以取得所需的物资时，按照取得物资的价值，借记“原材料”“材料采购”“库存商品”“应交税费——应交增值税（进项税额）”等科目，按实际收到的金额借记“银行存款”科目，按应收票据的账面余额贷记“应收票据”科目，按尚未计提的利息贷记“财务费用”科目，按实际支付的金额贷记“银行存款”科目。

【做中学】星光有限公司向A单位采购材料，材料价款为80 000元，增值税13 600元，款项共93 600元，材料已验收入库。星光有限公司将一张票面金额为60 000元的不带息应收票据背书转让，以偿付A单位的货款。同时，差额33 600元当即以银行存款支付。

借：原材料　　80 000
　　应交税费——应交增值税（进项税额）　　13 600
　贷：应收票据　　60 000
　　　银行存款　　33 600

6. 应收票据的贴现怎样核算

应收票据贴现是指持票人因急需资金，将未到期的商业汇票背书后转让给银行，银行受理后，从票面金额中扣除按银行的贴现率计算确定的贴现利息后，将余额付给贴现企业的经济活动。

其核算过程可分为以下4个步骤：

第一步：计算应收票据到期值；

第二步：计算贴现利息；

第三步：计算贴现收入；

其中，贴现日数、贴现利息和贴现收入的计算方式如下：

贴现日数＝票据期限－已持有票据期限

贴现利息＝到期值×贴现率÷360×贴现日数

贴现收入＝到期值－贴现利息

第四步：编制会计分录。

表2-3　　应收票据贴现的账务处理

经济业务内容	票据贴现不带追索权	票据贴现带追索权
贴现时	借：银行存款（贴现收入） 　　财务费用（贴现收入小于票据账面余额差额） 　贷：应收票据（账面余额） 　　　财务费用（贴现收入大于票据账面余额差额）	借：银行存款（贴现额） 　　财务费用（差额） 　贷：短期借款（到期值）
期末提息	—	借：应收票据（计提利息） 　贷：财务费用

续 表

经济业务内容	票据贴现不带追索权	票据贴现带追索权
到期承兑人付款	—	借：短期借款（到期值） 贷：应收票据（账面余额） 财务费用（差额）
到期承兑人无力付款	—	借：应收账款（到期值） 贷：应收票据（账面余额） 财务费用（差额） 借：短期借款（到期值） 贷：银行存款

【做中学】星光有限公司有一张2017年4月15日由C公司签发的60天到期、票据面值为300 000元的带息商业票据，票面利率为10%，于2017年4月30日向银行申请贴现，贴现率为16%。

根据以上资料，核算如下：

①计算票据到期值：

票据到期值＝300 000＋300 000×10%÷360×60＝305 000（元）

②计算贴现利息：

贴现日数＝票据期限－已持有票据期限＝60－15＝45（天）

贴现利息＝305 000×16%÷360×45＝6 100（元）

③计算贴现收入：

贴现收入＝305 000－6 100＝298 900（元）

④编制以下会计分录：

A. 票据贴现不带追索权

借：银行存款　　298 900

　　财务费用　　1 100

　贷：应收票据　　300 000

B. 票据贴现带追索权

4月30日：

借：银行存款　　298 900

　　财务费用　　6 100

　贷：短期借款　　305 000

6月14日：a. 承兑人付款

借：短期借款　　305 000

　贷：应收票据　　300 000

　　　财务费用　　5 000

b. 承兑人无力付款

借：应收账款　　305 000
　贷：应收票据　　300 000
　　财务费用　　5 000
借：短期借款　　305 000
　贷：银行存款　　305 000

学习情境三　其他应收和预付款

情境导入

在中国证券市场上，畸高的其他应收款已经成了那些陷入财务困境的公司的普遍特征，如已退市的PT粤金曼公司，截至2000年年末的其他应收账款高达12.76亿元，其中主要是控股方和关联方的占用，而该公司净资产的亏空也不过是10.6亿元。显然，该公司其他应收款的核算内容是有猫腻的，是该公司难以重组而最终退市的主要原因。那么，其他应收款到底有哪些核算内容呢？

知识准备

一、什么是其他应收款

其他应收款是企业应收款项的另一重要组成部分，是企业除应收票据、应收账款和预付账款以外的各种应收、暂付款项。

其他应收款的主要内容包括：

（1）应收的各种赔款、罚款，如企业财产遭受意外损害时，向保险公司收取的赔款。

（2）应收的出租包装物租金。

（3）应向职工收取的各种垫付款项，如为职工代垫的水电费、房租费、医药费等。

（4）备用金，如向企业各职能科室、车间等有关部门拨出的备用金。

（5）存出保证金，如租入包装物支付的押金。

（6）其他各种应收、暂付款项。

二、其他应收款应如何账务处理

为了总括地反映企业各种应收、暂付款项的情况，企业应设置“其他应收款”账户。借方登记增加数，即发生的各种其他应收款；贷方登记减少数，即企业收到的款项和结转情况；余额一般在借方，表示尚未收回的其他应收款项。企业应在“其他应收款”账户下，按债务人设置明细账户，进行明细核算。

【做中学】星光有限公司总务科张三预借定额备用金3 000元，出纳人员以现金支付；年度中间日常报销2 500元，年末的时候张三报销办公费2 300元，同时交回现金700元。

①预借备用金时，根据借款单：

借：其他应收款——备用金——张三　　3 000

　贷：库存现金　　3 000

②日常报销时：

借：管理费用　　2 500

　贷：库存现金　　2 500

③年末报销办公费并交回现金时：

借：管理费用　　2 300

　　库存现金　　700

　贷：其他应收款——备用金——张三　　3 000

【做中学】星光有限公司租入包装物一批，以现金支付包装物押金 1 000 元。

根据对方的收款收据，编制分录如下：

借：其他应收款——存出保证金　　1 000

　贷：银行存款　　1 000

【学中做】该公司如数归还包装物时，收到对方退回的押金（现金）1 000 元，应该如何进行账务处理？

【做中学】星光有限公司以银行存款代职工垫付本月电话费 2 000 元。

借：其他应收款——职工电话费　　2 000

　贷：银行存款　　2 000

三、什么是预付账款

预付账款是企业按照购货合同的规定，预先以货币资金或以货币等价物支付给供应单位的款项。按照权责发生制，预付款项虽已付出，但交易对方尚未提供相应的商品或劳务，要求对方履行义务仍是企业的权利，因此，预付账款和应收账款一样，都是企业的债权。

二者的差别在于，应收账款是企业销货引起的，是应向购货方收取的款项，代表的是收款的权利；而预付账款是企业购货引起的，是预先支付给供货方的款项，代表的是收货的权利。

如何判定预付账款的规模

预付账款的规模取决于企业的经营模式及市场环境。一般地，在卖方市场环境中，商品供不应求，价格处于持续的上升之中，企业就倾向于预先支付给供应商货款，以锁定所采购商品的价格和数量；而在买方经济下，多数商品供过于求，存货积压严重，价格指数不断走低，这时，聪明的管理者当然不会预先支付。所以，分析预付账款的结构和趋势时应当和所采购商品或劳务的市场供求情况相结合，才能够真正做到深入认识预付账款的价值和风险。

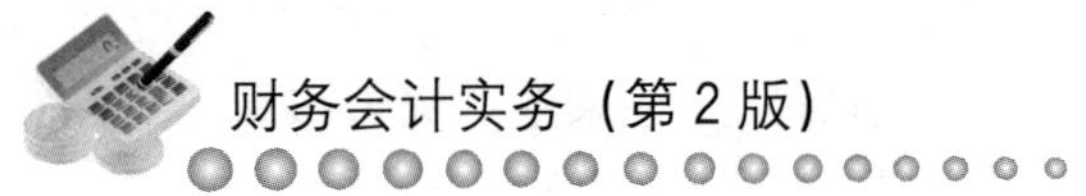

四、预付账款如何账务处理

为了反映和监督预付账款的增减变动情况，企业应设置“预付账款”账户，属资产类账户，用来核算企业按照购货合同规定预付给供应单位的款项，并且按照债务人的名称进行明细核算。

借方　　　　　　　　预付账款	贷方
①预先支付的货款 ②补付的款项	①收到货物冲销预先支付的款项 ②退回多付的款项
反映企业预付的款项	反映企业尚未补付的款项

预付款项情况不多的企业，也可以将预付的款项直接记入“应付账款”科目的借方，不设置“预付账款”科目。

对购货企业来说，预付账款是一项流动资产。因此，企业因购货而预付货款时，应借记“预付账款”科目，贷记“银行存款”科目。收到所购物资时，根据发票账单等列明应计入购入物资成本的金额，借记“材料采购”或“原材料”“库存商品”等科目，按专用发票上注明的增值税额，借记“应交税费——应交增值税（进项税额）”科目，按应付金额，贷记“预付账款”科目。补付的款项，借记“预付账款”科目，贷记“银行存款”科目；退回多付的款项，借记“银行存款”科目，贷记“预付账款”科目。

【做中学】2017年1月5日星光有限公司根据购货合同规定，通过银行转账预付给汉明公司订购材料款9 000元。10日，收到材料验收入库，并收到增值税专用发票。增值税专用发票上列明材料价款10 000元、增值税额1 700元，共计11 700元。15日，收到材料后通过银行转账补付给汉明公司材料款2 700元。

① 5日预付货款，根据银行的转账支票存根：

借：预付账款——汉明公司　　9 000

　贷：银行存款　　9 000

② 10日材料已经收到并验收入库，根据增值税专用发票及入库单等：

借：原材料　　10 000

　　应交税费——应交增值税（进项税额）　　1 700

　贷：预付账款——汉明公司　　11 700

③ 15 日补付货款，根据银行转账支票存根：

借：预付账款——汉明公司　　　　　　　　　　2 700

　贷：银行存款　　　　　　　　　　　　　　　　2 700

【学中做】星光有限公司向 M 公司采购材料 3 000 千克，单价 100 元，货款总额 300 000元，按照合同规定向 M 公司预付货款的 50%，验收货物后补付其余款项。收到 M 公司发来的 3 000 千克材料，经验收无误，有关发票记载的货款为 300 000 元，增值税额为 51 000 元，以银行存款补付不足款项 201 000 元。星光有限公司应如何进行账务处理？

学习情境四　应收款项减值

吴文在审计宏达公司 2016 年 12 月的报告时，发现该公司应收款项有下列情况：应收 A 公司账面余额为 20 万元，已提取坏账准备 2 万元。年底公司已得知，A 公司由于意外火灾导致资产严重损失，以致企业不得不停产，短期内无法偿还该债权。请思考，根据 A 公司目前状况，宏达公司应该做出怎样的会计处理？

一、什么是应收款项减值

企业的各种应收款项（包括应收账款、其他应收款、预付账款和应收票据等），可能会因购货人拒付、破产、死亡等原因而无法收回。这类无法收回的应收款项就是坏账。因坏账而遭受的损失为坏账损失。应收款项存在发生坏账的可能性时，就发生了减值。

企业应当在资产负债表日对应收账款的账面价值进行检查，有客观证据表明该应收账款发生减值的，应当将应收账款的账面价值减至预计未来现金流量现值，减记的金额确认为减值损失，计提坏账准备。

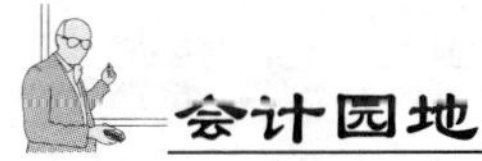

应收款项减值有哪些迹象

(1) 债务人出现了严重的财务困难。

(2) 债务人违反了合同条款，如违约或逾期偿付利息或本金等。

(3) 债权人出于经济或法律等方面因素的考虑，对发生财务困难的债务人做出让步。

(4) 债务人很可能进行其他财务重组或倒闭。

(5) 无法辨认某项资产的现金流量是否已经减少，但依据公开的数据对其进行总体评价后发现，其预计未来现金流量确实已经减少，并且能够可靠计量。例如，该项资产的债务人支付能力逐步恶化，或者债务人所在的国家或地区失业率提高、担保物在其所在地区的价格明显下降、所处行业不景气等。

(6) 债务人经营所处的技术、市场、经济或法律环境等发生重大不利变化，使债权人可能无法收回全部债权。

(7) 其他表明应收款项发生减值的客观证据。

二、应收款项减值如何会计核算

确定应收账款减值有两种方法，直接转销法和备抵法。我国《企业会计准则》规定，应采用备抵法确定应收款项的减值。为核算应收款项的减值，需设置“资产减值损失”和“坏账准备”等账户。

“资产减值损失”账户属损益类，主要用于核算企业计提各项减值准备所形成的损失。

借方　　　资产减值损失	贷方
计提的各项资产减值准备	①计提减值准备后相关资产价值的恢复金额 ②期末结转到本年利润科目的金额
期末一般没有余额	

“坏账准备”科目为资产类科目，是“应收账款”科目的备抵科目，核算企业的应收款项计提的坏账准备金额。

借方　　　坏账准备	贷方
①冲减的坏账准备 ②经批准冲销无法收回的应收账款	①计提的坏账准备 ②收回确认并转销的坏账损失
	已提取但尚未转销的坏账准备

企业应收账款减值的账务处理如表2-4所示。

表2-4　　应收账款减值的账务处理

经济业务内容	账务处理
(1) 计提坏账准备	借：资产减值损失 　贷：坏账准备
(2) 冲回多计提的坏账准备	借：坏账准备 　贷：资产减值损失

续 表

经济业务内容	账务处理
(3) 发生坏账损失	借：坏账准备 　贷：应收账款
(4) 收回已确认的坏账	①冲销已确认坏账： 借：应收账款 　贷：坏账准备 ②收款： 借：银行存款/库存现金等 　贷：应收账款 可合并为： 借：银行存款 　贷：坏账准备

在企业的实际工作中，备抵法下坏账准备的计提方法有余额百分比法、账龄分析法和销货百分比法。

1. 余额百分比法

即按照年末应收账款余额的百分比来提取坏账准备金。

企业计提坏账准备时，按应减记的金额，借记“资产减值损失——计提的坏账准备”科目，贷记“坏账准备”科目。冲减多计提的坏账准备时，借记“坏账准备”科目，贷记“资产减值损失——计提的坏账准备”科目。

企业在具体的核算过程中，主要可以分为以下几个步骤：

第一步，计算期末坏账准备账面应有余额：

期末坏账准备账面应有余额＝当期应收账款期末余额×坏账准备率　①

第二步，计算本期应计提坏账准备额：

本期应计提坏账准备额＝期末坏账准备账面应有余额＋本期借方发生额－本期贷方发生额－上期期末坏账准备账面贷方余额　②

如果式②＞0，则应按其差额提取（调增）坏账准备，借记“资产减值损失——计提的坏账准备”科目，贷记“坏账准备”科目。

如果式②＜0，则应按其差额冲减已计提的坏账准备，借记“坏账准备”科目，贷记“资产减值损失——计提的坏账准备”科目。

【做中学】星光有限公司采用余额百分比法计提坏账准备，提取坏账准备的比例为3%，2014年年末应收账款的余额为400 000元；2015年发生了坏账损失24 000元，其中A单位8 000元，B单位16 000元，年末应收账款余额为480 000元；2016年，上年已冲销的B单位的应收账款16 000元又收回，年末应收账款余额为560 000元。根据该公司2014年、2015年和2016年发生的经济业务，编制相关的会计分录。

第一步，年末计提2014年坏账准备。

2014年年末坏账准备应有账面余额＝400 000×3%＝12 000（元）。坏账准备已有账面余额为0，因此应提取坏账准备金额为12 000（12 000－0）元。

借：资产减值损失——计提的坏账准备　　12 000
　贷：坏账准备　　12 000

第二步，核算2015年发生的经济业务。

①确认发生坏账24 000元：

借：坏账准备　　24 000
　贷：应收账款——A单位　　8 000
　　　　　　——B单位　　16 000

②年末计提坏账准备：

坏账准备应有账面余额＝480 000×3%＝14 400（元）

本期应计提坏账准备额＝14 400＋24 000－12 000＝26 400（元）

借：资产减值损失——计提的坏账准备　　26 400
　贷：坏账准备　　26 400

第三步，核算2016年发生的经济业务。

① 上年已冲销的B单位账款16 000元又收回入账：

借：应收账款——B单位　　16 000
　贷：坏账准备　　16 000

同时，

借：银行存款　　16 000
　贷：应收账款——B单位　　16 000

②年末冲回多计提的坏账准备：

年末坏账准备应有账面余额＝560 000×3%＝16 800（元）

本期应计提坏账准备额＝16 800－16 000－14 400＝－13 600（元）

借：坏账准备　　13 600
　贷：资产减值损失——计提的坏账准备　　13 600

【学中做】假设星光有限公司提取坏账准备的比例为应收账款余额的5‰。有关资料如下：

(1) 2014年期初应收账款余额2 000万元，坏账准备贷方余额10万元；2014年8月销售商品一批，含增值税价款1 755万元尚未收到货款，2014年12月实际发生坏账损失15万元。

(2) 2015年4月收回以前年度的应收账款1 000万元存入银行；2015年6月销售商品一批，含增值税价款1 170万元尚未收到货款，2015年12月实际发生坏账损失15万元。

(3) 2016年3月收回以前年度的应收账款2 500万元存入银行，2016年7月销售商品一批，含增值税价款3 510万元尚未收到货款，2016年9月收回已确认的坏账损失12.5万元。不考虑其他业务，星光有限公司各年有关计提坏账准备的账务处理是怎样的？

2. 账龄分析法

账龄分析法就是根据应收账款的长短来估计坏账损失的方法。通常而言，应收账款的账龄越长，发生坏账的可能性越大，坏账准备的计提比例就越大。

【做中学】假设星光有限公司采用账龄分析法将应收账款划分为未到期、过期6个月以内和过期6个月以上三种，坏账准备的计提比例分别为1%、3%和5%。则2016年年末各项应收账款应计提的坏账准备金额如表2-5所示。

表2-5　　**应收账款账龄及估计坏账损失**　　单位：元

应收账款账龄	应收账款金额	计提比例	应计提坏账准备
未到期	40 000	1%	400
过期6个月以内	20 000	3%	600
过期6个月以上	12 000	5%	600
合计	72 000	—	1 600

若星光有限公司期初坏账准备余额为贷方余额1 000元，则本期应计提多少坏账准备？如何进行账务处理？

年末应计提坏账准备金额=1 600-1 000=600

借：资产减值损失——计提的坏账准备　　600

　贷：坏账准备　　600

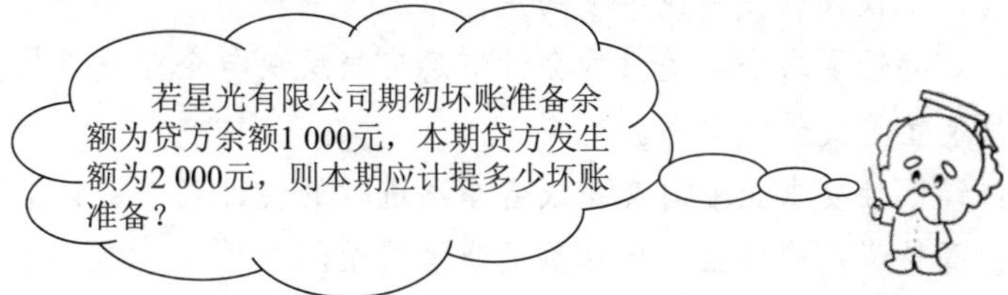

3. 销货百分比法

销货百分比法是按当期赊销金额的一定百分比估计坏账损失的办法。采用这一方法的理由是坏账损失的产生与赊销业务直接相关，当期赊销业务越多，产生坏账损失的可能性就越大。采用这种方法估计坏账损失，不需要考虑坏账准备的余额。其计算公式如下：

当期应计提的坏账准备=本期赊销额× 坏账准备计提比例

【做中学】某企业2015年全年的赊销金额为100 000元，根据以往资料和经验，估计坏账损失率为1%；2016年全年的赊销金额为150 000元，当年估计的坏账损失率为1.2%。

2015年年末计提坏账准备

当年应计提的坏账准备金额=100 000×1%=1 000（元）

借：资产减值损失　　1 000

　贷：坏账准备　　1 000

2016年年末计提坏账准备

当年应计提的坏账准备金额=150 000×1.2%=1 800（元）

借：资产减值损失　　1 800

　贷：坏账准备　　1 800

计提资产减值损失体现了会计信息质量的哪个要求

会计信息质量要求的内容有以下8个方面：

(1) 可靠性：可靠性要求企业应当以实际发生的交易或事项为依据进行确认、计量和报告，如实反映符合确认和计量要求的各项会计要素及其他相关信息，保证会计信息真实可靠、内容完整。

(2) 相关性：相关性要求企业提供的会计信息应当与投资者等财务报告使用者的经济决策需要相关，有助于投资者等财务报告使用者对企业过去、现在或未来的情况做出评价或预测。

(3) 可理解性：可理解性要求企业提供的会计信息清晰明了，便于投资者等财务报告使用者理解和使用。

(4) 可比性：可比性要求企业提供的会计信息应当相互可比。这主要包括两层含义，①同一企业不同时期可比；②不同企业相同会计期间可比。

(5) 实质重于形式：实质重于形式要求企业应当按照交易或事项的经济实质进行会计确认、计量和报告，不仅仅以交易或事项的法律形式为依据。

(6) 重要性：重要性要求企业提供的会计信息应当反映与企业财务状况、经营成果和现金流量有关的所有重要交易或事项。

(7) 谨慎性：谨慎性要求企业对交易或者事项进行的会计确认、计量和报告应当保持应有的谨慎，不应高估资产或收益、低估负债或者费用。

(8) 及时性：及时性要求企业对于已经发生的交易或事项，应当及时进行确认、计量和报告，不得提前或延后。

计提资产减值损失体现了会计信息质量的谨慎性要求。

任务三　债务的核算

- 掌握应付账款的概念及账务处理。
- 掌握应付票据的概念及账务处理。
- 掌握其他应付款、预收账款的概念及账务处理。
- 熟练掌握债务重组的账务处理。

学习情境一　应付账款

在实际的购销业务往来中，如购进材料，大多数情况下都不会立即付款，而是推迟一定的时间再付款，这就形成了应付账款等债务。那么张燕是如何核算这类债务的呢？

一、什么是应付账款

应付账款是因购买材料、商品或接受劳务供应等发生的债务。应付账款是买卖双方在购销活动中由于取得物资与支付货款在时间上不一致而产生的负债。企业的其他应付款，如应付赔偿款、应付租金、存入保证金等，不属于应付账款的核算内容。

企业设置“应付账款”账户核算应付账款的发生、偿还和转销等业务的发生，该账户属负债类账户，按照债权人设置明细账，进行明细核算。

借方　　　　　　　　　　应付账款	贷方
①支付前欠货款 ②应付账款改用商业承兑汇票结算 ③前欠货款发生现金折扣 ④无法归还的货款 ⑤ 预付的款项（未单独设预付账款）	①购入材料、商品等款项未付 ②承兑汇票到期，无力支付的票款 ③接受劳务发生的应付但尚未支付的款项
企业预付的款项	企业尚未支付的应付账款

二、应付账款如何账务处理

1. 应付账款如何确认

我们一般在取得所购买的物资或接受劳务时确认应付账款，也就是说在相关报酬和风险已经转移的前提下确认。在实务中，一般是在物资和发票账单同时到达的前提下确认应付账款。

2. 应付账款如何核算

企业购入材料、商品或接受劳务等，但货款尚未支付，根据有关凭证（增值税专用发票、随货同行发票上记载的实际价款或暂估价值），借记“原材料”“库存商品”“在途物资”“应交税费——应交增值税（进项税额）”“生产成本”“管理费用”等科目，贷记“应付账款”科目。应付账款如果附有现金折扣条件的，应按折扣前的金额入账，获得现金折扣后再冲减财务费用。

企业偿付应付账款时，借记“应付账款”科目，贷记“银行存款”科目。企业开出商业汇票抵付货款时，借记“应付账款”科目，贷记“应付票据”科目。

【做中学】2016年12月10日，星光有限公司向长沙青山公司采购A材料10吨，增值税发票上列明价款400 000元，增值税额68 000元，材料验收入库，但款项尚未支付。购销合同规定，10天内付款将获得2%的现金折扣。公司于12月19日付款。

12月10日材料验收入库时：

借：原材料——A材料　　400 000

　　应交税费——应交增值税（进项税额）　　68 000

　贷：应付账款——青山公司　　468 000

12月19日支付材料款时：

借：应付账款　　468 000

　贷：银行存款　　460 000

　　　财务费用　　8 000

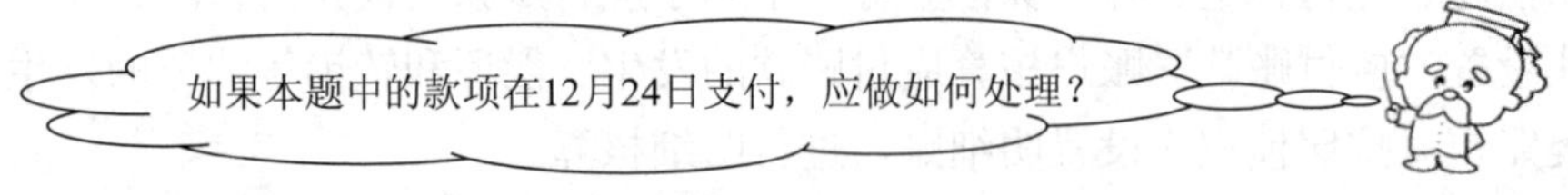

【做中学】星光有限公司请修理商修理生产设备，从修理商取得的增值税专用发票上注明的修理费为1 000元，增值税税额为170元（1 000×17%），款项未付。

借：管理费用　　1 000

　　应交税费——应交增值税（进项税额）　　170

　贷：应付账款　　1 170

【学中做】2016年12月3日，星光有限公司向长沙青山公司采购B材料5吨，单价20 000元，增值税额17 000元，材料验收入库，但款项尚未支付（该企业材料核算采用实际成本法），付款期限是2/10、1/20、n/30（增值税不享受折扣）。假设星光有限公司分别在12月12日、12月22日及12月30日付款，星光公司如何进行账务处理？

【做中学】2016年12月12日，星光有限公司向长沙青山公司支付上述【学中做】的材料款117 000元。

借：应付账款——青山公司　　117 000

　贷：银行存款　　115 000

　　　财务费用　　2 000

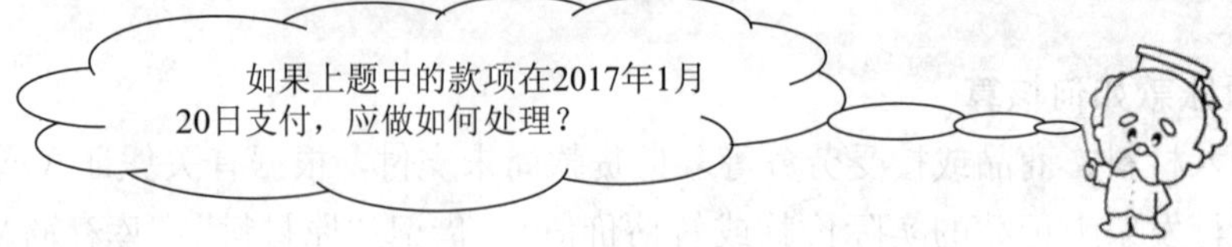

3. 应付账款的转销

企业的应付账款，因对方单位发生变故确实无法支付时，报经有关部门批准后，借记“应付账款”科目，贷记“营业外收入”科目。

【学中做】2016 年 12 月 30 日，星光有限公司确定一笔 100 000 元的应付账款确实无法支付，予以转销。星光有限公司应如何进行账务处理？

审计案例中应付账款存在的问题

2017 年 2 月 15 日至 3 月 6 日，华方会计师事务所对永锋股份有限公司 2016 年的会计报表进行了审计，发现永锋公司的会计报表存在很多问题。其中应付账款方面存在总账金额与明细金额之和不符、应付账款金额不正确等一系列问题。审计人员对应付账款内部控制调查表进行了综合分析，根据测试结果认为在健全有效的内部控制下，应付账款的管理还存在以下几个方面的问题：①应付账款的总账与明细账虽然恪守了平行登记的规则，但是没有定期进行相互核对；②没有定期向供应方索要对账单，使得明细账与供应商之间不符，造成总账金额不正确；③应付账款账龄分析工作疏忽，不能及时支付，未能获得现金折扣，使得企业多支付款项等。

资料来源：http：//www.docin.com/p－67721725.html

学习情境二　应付票据

张燕最近在登记应付票据备查簿时感觉很困惑，她觉得没必要设置这样一个备查簿，她认为，款项是见票支付的，谁持单位的票据来就给谁钱就可以了，可以不用每张票据都登记。到底是不是这样呢？

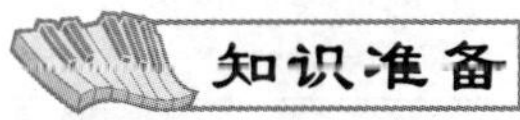

一、什么是应付票据

应付票据是指企业在材料、商品等的购销活动中，以及接受劳务供应等而开出、承兑的商业汇票。

“应付票据”账户核算应付票据的发生和承兑等情况，属负债类账户，按债权人进行明细核算。

借方	应付票据 贷方
①支付票据款及其票据利息 ②到期无法支付票款	①购入材料、商品等开出票据 ②货款到期，开出票据 ③计提票据利息
	企业尚未到期商业汇票的票面和利息金额

企业应当设置应付票据备查簿进行登记。登记内容包括每一张应付票据的种类、号数、签发日期、到期日、票面金额、合同交易号、收款人姓名或收款人单位名称，以及付款日期和金额等。票据到期付款时，应在备查账簿内逐笔注销。

二、应付票据如何账务处理

应付票据的账务处理如表2-6所示。

表2-6　应付票据账务处理

经济业务内容		账务处理
(1) 企业发生购买活动或者接受劳务		借：原材料/库存商品等 　应交税费——应交增值税（进项税额） 　贷：应付票据
(2) 企业开出、商业汇票抵付原欠货款		借：应付账款 　贷：应付票据
(3) 利息、手续费	①支付银行承兑汇票的手续费	借：财务费用 　贷：银行存款
	②企业开出、承兑的商业汇票，如为带息票据，应于期末计算应付利息	借：财务费用 　贷：应付票据
(4) 到期支付	①不带息票据	借：应付票据 　贷：银行存款
	②带息票据	借：应付票据 　财务费用（未计提的利息） 　贷：银行存款

续　表

经济业务内容		账务处理
（5）到期无力支付	①对于商业承兑汇票	借：应付票据 　　财务费用（带息票据未计提的利息） 　贷：应付账款
	②对于银行承兑汇票	借：应付票据 　　财务费用（带息票据未计提的利息） 　贷：短期借款

【学中做】2016 年 11 月 1 日，A 企业向红星工厂购进 A 材料一批，取得增值税专用发票上注明的原材料价款为 400 000 元，增值税税额为 68 000 元，发票等结算凭证已收到。材料验收入库，款项尚未支付。2016 年 11 月 10 日开出一张金额为 468 000 元，期限 3 个月的不带息商业承兑汇票。2017 年 1 月 10 日到期，按时支付票款。A 企业如何进行账务处理？

【做中学】星光有限公司 2016 年 3 月 31 日向宏大工厂购进 B 材料一批，取得增值税专用发票上注明的原材料价款为 200 000 元，增值税税额为 34 000 元，发票等结算凭证单据已收到。材料验收入库，同时开出一张金额为 234 000 元，期限 3 个月，票面利率为 6%的商业承兑汇票。2016 年 6 月 30 日，票据到期，企业无力支付票款。

① 2016 年 3 月 31 日，星光有限公司增值税专用发票：

借：原材料——B 材料　　200 000
　　应交税费——应交增值税（进项税额）　　34 000
　贷：应付票据——宏大工厂　　234 000

② 2016 年 4 月和 5 月分别计提利息：

借：财务费用　　1 170
　贷：应付票据——宏大工厂　　1 170

③ 2016 年 6 月 30 日，票据到期，企业无力支付票款：

借：应付票据——宏大工厂　　236 340
　　财务费用　　1 170
　贷：应付账款　　宏大工厂　　237 510

题中宏大工厂如何进行账务处理？

小票据顺藤摸到大瓜

某税务检查组到生产芯片的A公司例行检查。检查员小钱发现A公司在被检查年度的10月有一笔看不懂的会计分录：借：其他应收款——B公司295万元，贷：应付票据——B公司295万元，再追踪检查这两个账户，发现在次年1月又因退票如数冲回，两账户同时转平。小钱询问A公司财务科张科长，张科长只是简单地说："这笔业务已冲回了。"

小钱对此进行了深入调查，发现这295万元是公司为3位老总购房进行抵押，开出了商业承兑汇票，后来公司为了掩盖这一事实又从其门市部账户上汇出了295万元，房地产公司遂将抵押的银行承兑汇票退回A公司。由此，小钱也看到了此前没有看到的A公司门市部的银行账户，并顺利地查到了该门市部5年来共隐瞒销售收入870多万元，并将其中的415万元用于为公司3位老总买房的事实。最终，A公司补缴了增值税和企业所得税，3位老总也补缴了个人所得税，单位和个人均受到了相应的处罚。

资料来源：根据中华会计网校资料改编

学习情境三　其他应付款及预收账款

宏达公司在日常业务核算中往往会碰到一些比较特殊的业务，如收了钱将来还要退款的业务：收取的押金等；还有一类是还未销售或提供劳务，但是款项已经收取部分或全部。那么，这些业务应该如何进行账务处理呢？

一、什么是其他应付款

其他应付款是企业除应付票据、应付账款、预收账款、应付职工薪酬、应付利息、应付股利、应交税费、长期应付款以外的其他各项应付、暂收单位或个人的款项。

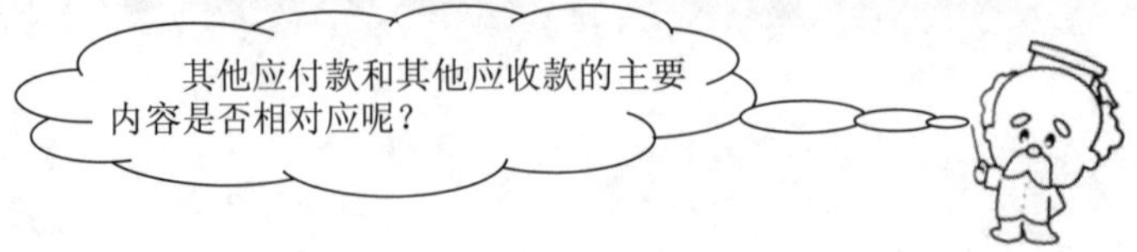

二、其他应付款如何进行账务处理

“其他应付款”账户核算其他应付款项的形成、支付和结存情况。按照其他应付款的项目和对方单位设置明细科目进行明细核算，属负债类账户。

借方	其他应付款　　贷方
①支付应付或暂收的款项 ②转销各种应付、暂收款项	①应付经营租入固定资产或包装物租金 ②职工未按期领取的工资 ③应付、暂收所属单位或个人的款项 ④收取的包装物等的押金
	应付未付的其他应付款项

【做中学】2016 年 11 月 1 日星光有限公司将一台设备出租给春晖公司，租期 6 个月，租金总额为 180 000 元，租约到期一次性收取租金，当日收到押金 200 000 元。

①在出租当日收取押金：

借：银行存款　　200 000

　贷：其他应付款——春晖公司　　200 000

②在租约到期收到租金，将多余押金退回春晖公司：

借：其他应付款——春晖公司　　200 000

　贷：银行存款　　20 000

　　　其他业务收入　　180 000

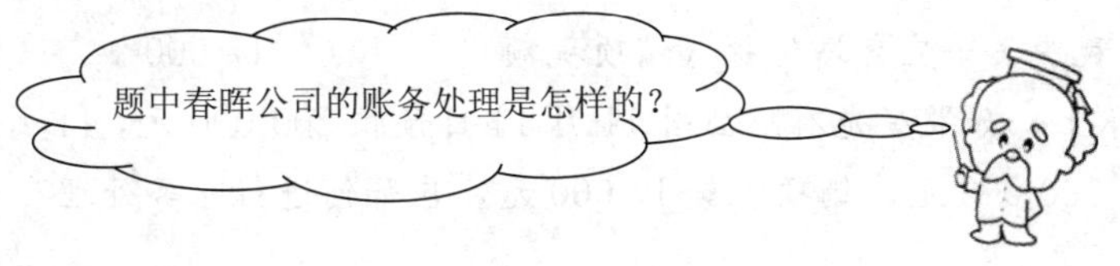

三、什么是预收账款

预收账款是买卖双方协议商定，由企业向购买单位或接受劳务的单位在未发出商品或提供劳务时预收的款项，是一项负债。它与应付账款的区别是，在未来这项负债是以货物或劳务偿还的，而不是以货币偿付的。

“预收账款”账户，属于负债类账户，核算的是企业款项的预收、偿付的情况，按照购货单位设置明细科目进行明细核算。

借方	预收账款 贷方
①销售商品抵偿预收款 ②退回预收款	预收款项
反映企业尚未转销的款项	反映企业预收的款项

预收账款业务不多的情况下，可以不设“预收账款”账户，并入“应收账款”进行核算。

四、预收账款如何进行账务处理

企业向购货单位或接受劳务预收款项时，借记“银行存款”等科目，贷记本科目；销售实现时，按实现的收入，冲减预收项目，借记本科目，贷记“主营业务收入”科目。涉及增值税销项税额的，还应进行相应的处理；退回对方多付款项时，借记本科目，贷记“银行存款”等科目。

【做中学】2016年11月14日星光有限公司收到A公司预交的材料款100 000元。11月20日星光有限公司向A公司销售商品，售价100 000元，销项税额17 000元，并收到A公司交来的余款，款项存入银行。

① 11月14日，根据银行转来的收款通知：

借：银行存款　　100 000

　贷：预收账款——A公司　　100 000

②根据增值税发票，确认收入：

借：预收账款——A公司　　100 000

　　银行存款　　17 000

　贷：主营业务收入　　100 000

　　　应交税费——应交增值税（销项税额）　　17 000

【学中做】承上，如果星光有限公司11月14日预收200 000元，11月20日向A公司销售商品，售价100 000元，销项税额17 000元，应如何进行账务处理？

用其他应付款账户截留利润案例

税务人员在审阅某公司本年度和上年度会计决算报表及其他有关资料时发现，该公司上年度主营业务收入为2 560万元，实现利润133万元，销售利润率5.2%；本年度主营业务收入4 380万元，实现利润105万元，销售利润率2.4%。两个年度指标为什么出现这样大的差异？税务人员重点检查了该企业的利润核算，在逐笔检查收入费用的同时，密切注意检查往来账，防止企业收入不入账，发生截留利润的现象。结果发现该企业有在外地建立的3个销售站，销售产品时一直利用“其他应付款”账户进行核算，全年实现利润

220 万元，仍挂在“往来”账上，并未申报纳税。

按会计制度规定，产品销售应通过主营业务收入、主营业务成本等销售账户进行核算，并按税法要求依法纳税。该企业为逃避纳税，竟将“其他应付款”账户作为截留利润的工具，这绝非个别现象。“往来”账之所以被某些不法纳税人作为转移隐匿收入、截留利润的工具所看好，恰恰是由于这些账户本身所具有的核算内容多而杂，并具有过渡性的特点。往往明细账上所开立的户名虚实难分；入账的金额在账户间转来转去，行踪难辨。有时，企业对一笔隐匿的应税收入在往来账户间变换名目，或聚零为整、化整为零转账次数达十几次甚至几十次之多，大摆“迷魂阵”。这恰恰是对税务人员在税务查账中是否具有“韧性”的一种考验和挑战！

资料来源：根据中华会计网校资料改编

任务四　债务重组（选学）

- 掌握债务重组的概念、特征、方式。
- 掌握债务重组中各种方式下债务人和债权人具体的会计处理。

学习情境一　债务重组基础知识

2016 年宏达公司因产品销售不畅，回笼资金不够，无法支付欠了 A 公司 3 年的账款 100 万元，经与 A 公司协商，达成一项协议：以某公司生产的总成本 60 万元，公允价值为 7 万元的产品抵偿上述债务。这算不算债务重组呢?

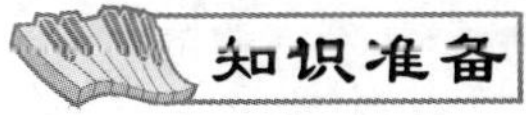

一、什么是债务重组

债务重组是指债权人在债务人发生财务困难的情况下，按照其与债务人达成的协议或法院的裁定做出让步的事项。

债务人发生财务困难、债权人做出让步是《企业会计准则》中债务重组的基本特征。

（1）债务人发生财务困难是指债务人由于资金周转困难、陷于经营困境或其他原因，导致无法或没有能力按原定条件偿还债务。

（2）债权人做出让步是债权人同意发生财务困难的债务人现在或将来以低于重组债务账面价值的金额或价值偿还债务。

债权人做出让步的情形包括债权人减免债务人部分债务本金或利息，降低债务人应付债务的利率等。

二、债务重组有几种方式

1. 以资产清偿债务

以资产清偿债务是指债务人以自己拥有的资产来清偿债务的债务重组方式。这一类的资产主要有：现金、存货、金融资产、固定资产、无形资产等。此处现金是指货币资金。

2. 将债务转为资本

将债务转为资本是指将债务人的债务转为资本，相对应地，债权人的债权转为股权的一种债务重组方式。由此，债务人增加资本，而债权人增加投资（一般为长期股权投资）。

3. 修改其他债务条件

修改其他债务条件是指修改不包括前两种方式在内的其他债务条件进行债务重组的方式，如减少债务本金、降低利率、减少或免去债务利息、延长偿还期限等。

4. 以上 3 种方式的组合

可以采用以上 3 种方式共同清偿债务的债务重组的方式。

【做中学】判断：只要债务重组时确定的债务偿还条件不同于原协议，不论债权人是否做出让步，均属于《企业会计准则》定义的债务重组。

【答案】错。债务重组的一个基本特征就是债权人要做出让步，债权人没有做出让步的事项不属于债务重组。

债务重组协议

在债务重组的过程当中不可缺少的是一份协议，也就是我们经常说到的债务重组协议，它主要包括以下内容：

（1）协议各方之间债权债务情况。

（2）协议各方之间债权债务的转让。

（3）相互之间债权债务的抵消。

（4）协议各方的承诺和保证方面的条款。

（5）若存在争议，如何解决。

（6）生效及其他。

学习情境二　债务重组的核算

情境导入

宏达公司于2016年3月20日销售一批产品给B工厂，开具的增值税专用发票上的价款为400 000元，增值税税额为68 000元。后因B工厂无法按合同规定的期限偿还债务，经双方协商于2017年7月1日进行债务重组。债务重组协议规定，宏达公司同意减免某工厂60 000元债务，余额用现金立即清偿。这一业务属于哪种债务重组方式？双方应该如何进行处理？

知识准备

一、在债务重组中，以资产清偿债务如何账务处理

1. 以现金清偿债务如何核算

以现金清偿债务的，债务人应当在满足金融负债终止确认条件时，终止确认重组债务，并将重组债务的账面价值与实际支付现金之间的差额确认为重组利得，计入当期损益（营业外收入）。

债权人应当将重组债权的账面余额与收到的现金之间的差额，计入当期损益（营业外支出）。债权人已对债权计提减值准备的，应当先将该差额冲减减值准备，冲减后尚有余额的，计入营业外支出（债务重组损失）；冲减后减值准备仍有余额的，应予转回并抵减当期资产减值损失。

【做中学】星光有限公司于2016年12月15日销售一批产品给甲公司，开具的增值税专用发票上的价款为300 000元，增值税税额为51 000元。按合同规定，甲公司应于2017年3月15日前偿付价款。由于甲公司发生财务困难，无法按合同规定的期限偿还债务，经双方协商于2017年5月1日进行债务重组。债务重组协议规定，星光有限公司同意减免甲公司50 000元债务，余额用现金立即清偿。星光有限公司于2017年7月1日收到甲公司通过银行转账偿还的剩余款项。星光有限公司已为该项应收账款计提了30 000元坏账准备。

（1）甲公司作为债务人的会计处理。

①甲公司根据债务重组协议，计算债务重组利得：

351 000（应付账款账面余额）－301 000（实际支付的现金）＝50 000（元）

②编制如下会计分录：

借：应付账款——星光有限公司　　351 000（账面价值）
　贷：银行存款　　　　　　　　　　301 000（实际支付金额）
　　　营业外收入——债务重组利得　　50 000（债务重组利得）

（2）星光有限公司作为债权人的会计处理。

①星光有限公司计算债务重组损失：

351 000（账面余额）－301 000（收到现金）－30 000（计提坏账准备）＝20 000（元）

②编制如下会计分录：

借：银行存款　　　　　　　　　　　301 000（实际收到金额）
　　坏账准备　　　　　　　　　　　　30 000（已计提的坏账准备）
　　营业外支出——债务重组损失　　　20 000（债务重组损失）
　贷：应收账款——甲公司　　　　　　351 000（账面余额）

2. 以非现金资产清偿债务如何核算

以非现金资产清偿债务的，债务人应当在符合金融负债终止确认条件时，终止确认重组债务，并将重组债务的账面价值与转让的非现金资产公允价值之间的差额，计入当期损益（营业外收入）。转让的非现金资产公允价值与其账面价值之间的差额，计入当期损益。在转让过程中发生的税费，如运杂费等直接计入转让资产的损益。

债权人应当对受让的非现金资产按其公允价值入账，重组债权的账面余额与受让的非现金资产的公允价值之间的差额，在满足金融资产终止确认条件时，计入当期损益（营业外支出）。债权人已对债权计提减值准备的，应当先将该差额冲减减值准备，冲减后尚有余额的，计入营业外支出债务重组损失）；冲减后减值准备仍有余额的，应予转回并抵减当期资产减值损失。

【做中学】2017年4月5日，星光有限公司销售一批材料给乙有限公司，价款1 100 000元（包括应收取的增值税税额），按购销合同约定，乙有限公司应于2017年7月5日前支付价款，但至2017年9月30日乙有限公司尚未支付。由于乙有限公司发生财务困难，短期内无法偿还债务，经过协商，星光有限公司同意乙有限公司用其一台机器设备抵偿债务。该项设备的账面原价为1 200 000元，累计折旧为330 000元，公允价值为850 000元。抵债设备已于2017年10月10日运抵星光有限公司，星光有限公司将其用于本企业产品的生产。

（1）乙有限公司作为债务人的会计处理。

①乙有限公司计算债务重组利得（重组债务账面价值－转让的非现金资产公允价值）：

1 100 000－（850 000＋850 000×17%）＝105 500（元）

②计算固定资产清理损益（转让的非现金资产公允价值－转让的非现金资产账面价值）：

850 000－（1 200 000－330 000）＝－20 000（元）

③将固定资产净值转入固定资产清理：

借：固定资产清理——××设备　　　　870 000
　　累计折旧　　　　　　　　　　　330 000
　贷：固定资产——××设备　　　　　　　1 200 000

④结转债务重组利得：

借：应付账款——星光有限公司　　　　　　　　1 100 000（账面价值）
　贷：固定资产清理——××设备　　　　　　　　850 000 ⎫（抵付金额）
　　　应交税费——应交增值税（销项税额）　　　144 500 ⎭
　　　营业外收入——债务重组利得　　　　　　　105 500（债务重组利得）

⑤结转转让固定资产的损失：

借：营业外支出——处置非流动资产损失　　　　20 000
　贷：固定资产清理——××设备　　　　　　　　20 000

(2) 星光有限公司作为债权人的会计处理。

①星光有限公司计算债务重组损失：

1 100 000－（850 000＋850 000×17%）＝105 500（元）

②编制如下会计分录：

借：固定资产——××设备　　　　　　　　　　850 000 ⎫（公允价值）
　　应交税费——应交增值税（进项税额）　　　144 500 ⎭
　　营业外支出——债务重组损失　　　　　　　105 500（债务重组损失）
　贷：应收账款——乙公司　　　　　　　　　　1 100 000（账面余额）

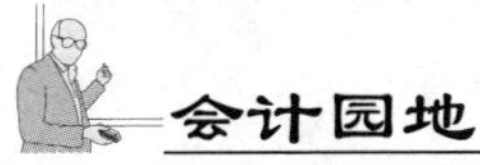

会计园地

利得与损失

利得是指由企业非日常活动所形成的、会导致所有者权益增加的、与所有者投入资本无关的经济利益的流入。利得与损失相对应，企业非日常活动形成的、与向投资者分配利润无关的、会导致所有者权益减少的经济利益流出就是损失。损益也称财务成果，是指企业的利润或亏损。直接计入当期损益的利得、损失是指企业发生的与日常活动无关的各项利得和损失。主要包括：非流动资产处置利得、非货币性资产交换利得、债务重组利得、政府补助、盘盈利得、捐赠利得等；非流动资产处置损失、非货币性资产交换损失、债务重组损失、公益性捐赠支出、非常损失、盘亏损失等。

二、在债务重组中，以债务转为资本如何核算

将债务转为资本的，债务人应当在满足金融负债终止确认条件时，终止确认重组债务，并将债权人放弃债权而享有股份的面值总额确认为股本（或实收资本），股份的公允价值总额与股本（或实收资本）之间的差额确认为资本公积。重组债务的账面价值与股份的公允价值总额之间的差额，计入当期损益（营业外收入）。

债权人应当将享有股份的公允价值确认为对债务人的投资，重组债权的账面余额与股份的公允价值之间的差额，比照以非现金资产清偿债务的债务重组会计处理规定进行处理。债权人已对债权计提减值准备的，应当先将该差额冲减减值准备，冲减后尚有余额的，计入营业外支出（债务重组损失）；发生的相关税费，分别按照长期股权投资或者金融工具确认计量的规定进行处理。

【学中做】甲公司应付乙公司的账款为110 000元，无力清偿债务，通过债务重组协议，甲公司以普通股10 000股清偿债务，每股面值1元，股票每股市价为10元。乙公司取得的普通股作为长期股权投资核算。乙公司没有计提坏账准备。甲公司和乙公司如何分别进行账务处理？

三、在债务重组中，修改其他债务条件如何核算

修改其他债务条件的，如果修改后的债务条款中不涉及或有应付金额，债务人应当将重组债务的账面价值大于重组后债务的入账价值之间的差额作为债务重组利得，计入当期损益（营业外收入）。

四、在债务重组中，以多种方式组合应如何核算

债务重组采用以现金清偿债务、非现金资产清偿债务、将债务转为资本、修改其他债务条件等方式的组合进行的，债务人应先以支付的现金、转让的非现金资产公允价值、债权人因放弃债权而享有股权的公允价值冲减重组债务的账面价值，余额与重组后债务的公允价值进行比较，据此计算债务重组利得。

项目小结

债权和债务部分是每个企业日常业务核算的核心内容，在核算的处理过程当中要与实际相结合。在业务核算中，要注意几点：①“应收”对“应付”，“预收”对“预付”，“其他应收”对“其他应付”，方法很重要。②票据的贴现要注意利率和期限。③应收款项减值和债务重组难度较大，注意思路。

任务检测

一、单选题

1. 企业某项应收账款50 000元，现金折扣条件为2/10、1/20、n/30，客户在第20天付款，应给予客户的现金折扣为（　　）元。

A. 1 000　　B. 750 C. 500 D. 0

2. 企业年末应收款项余额为400 000元，坏账准备为借方余额1 500元，按5%提取坏账准备，则应提的坏账准备数额为（　　）元。

A. 20 000　　B. 1 500 C. 21 500 D. 18 500

3. 企业无法转销应付账款时，应将应付账款余额计入（　　）。

A. 资本公积　　B. 营业外收入

C. 其他业务收入　　D. 其他应付款

4. 如果企业预收款项情况不多的可以将预收款项直接记入（　　）科目。

A. 应收账款　　B. 应收票据

C. 应付账款　　D. 预付账款

5. 一张应收票据的面值为 100 000 元，票面利率为 8%，3 个月期，该票据的到期值为（　　）元。

A. 100 000　　B. 108 000

C. 102 000　　D. 124 000

二、多选题

1. 下列各项中，应通过“其他应付款”科目核算的有（　　）。

A. 应付股东的股利　　B. 客户存入的保证金

C. 应付经营租入设备租金　　D. 应付租入包装物的租金

2. 应收账款的入账价值包括（　　）。

A. 确认销售收入时尚未收到的价款　　B. 代购货方垫付的包装费

C. 代购货方垫付的运杂费　　D. 销售货物发生的商业折扣

3. 下列各项中，会引起应收账款账面价值发生变化的有（　　）。

A. 计提坏账准备　　B. 转销坏账

C. 收回应收账款　　D. 收回已转销的坏账

4. 下列各项中，应记入“坏账准备”贷方的是（　　）。

A. 冲回多提的坏账准备　　B. 当期确认的坏账损失

C. 当期应补提的坏账准备　　D. 已转销的坏账当期又收回

5. 下列事项中，属于债务重组的有（　　）。

A. 以低于债务的账面价值的货币资金清偿债务

B. 修改债务条件，如减少债务本金并降低利率

C. 债务人借新债还旧债

D. 债务人改组

三、判断题

1. 企业预付款项给供应单位形成的债权，应在“预付账款”或“应付账款”科目核算。（　　）

2. 在存在商业折扣的情况下，应收账款应按发票价格减去商业折扣后的净额确认。（　　）

3. 带息应付票据到期时，若付款人无力支付票款，企业应按票据的账面余额转入“应付账款”科目核算。（　　）

4. “坏账准备”是“应收账款”的备抵账户，属负债类账户。（　　）

5. “应付账款”账户和“预付账款”账户均属于负债类账户。（　　）

四、实训任务

任务一

【目的】练习“应收账款”和“应收票据”的核算。

【资料】红星有限责任公司（一般纳税人）2016 年 12 月发生如下三项业务，如凭 1-1、凭 1-2、凭 1-3、凭 1-4 所示。

凭1-1

广东省增值税专用发票

4400101650　　　　　　　　　　　　　　　　　　　**NO. 01254062**

校验码 78715 01323 42148 1295　　　　　　　　开票日期：2016年12月15日

购货单位	名　　称：宏巨有限责任公司 纳税人识别号：352122890667566 地址、电话：兰州路100号 开户银行账号：兰州路办事处 548456	密码区	027＋＋〈0/552〉－2/41610 659516/＋－，6104/8＊9，57 /＋－7＊/＊305427072＊580 ＊8，＊＊－40。61－/，7＊4..17	加密版本号：01 4400101650 1254062

货物或应税劳务名称	规格型号	单位	数量	单价	金额	税率	税额
A材料	50/包	包	20	100.00	100 000.00	17%	17 000.00
合　　计					￥100 000.00		￥17 000.00
价税合计（大写）	壹拾壹万柒仟元整						（小写）￥117 000.00

销售单位	名　　称：红星有限责任公司 纳税人识别号：56156217178552 地址、电话：连州路368号 开户银行账号：连州路办事处　　9524566	备注	

收款人：柳莉　　　　复核：张云　　　　开票人：刘水　　　　销货单位：（盖）

第三联记账联　销货方记账凭证

凭1-2

托收凭证（贷方凭证）

委托日期：2016年12月15日

业务类型		委托收款（□邮划、□电划）				托收承付（□邮划、☑电划）													
付款人	全　称	宏巨有限责任公司			收款人	全　称	红星有限责任公司												
	账　号	548456				账　号	9524566												
	地　址	广东省雷州市	开户行	工商银行		地　址	广东省广州市	开户行	建设银行										
金额	人民币（大写）	壹拾壹万柒仟元整							亿	千	百	十	万	千	百	十	元	角	分
											￥	1	1	7	0	0	0	0	0
款项内容	货款	托收凭据名　　称				附寄单证张数	2张												
商品发运情况						合同名称号码													
备注： 收款人开户银行收到日期： 年　月　日		上列款项随附有关债务证明，请予以办理。 收款人签章				复核　　记账													

凭 1－3

商业承兑汇票

出票日期 贰零壹柒年零贰月贰拾伍日　　　　第×××××××号

<table>
<tr><td rowspan="3">收款人</td><td>全称</td><td colspan="2">红星有限责任公司</td><td rowspan="3">付款人</td><td>全称</td><td colspan="11">宏巨有限责任公司</td></tr>
<tr><td>账号</td><td colspan="2">9524566</td><td>账号</td><td colspan="11">548456</td></tr>
<tr><td>开户行</td><td>建设银行</td><td>行号</td><td>开户行</td><td colspan="4">工商银行</td><td colspan="4">行号</td><td colspan="3"></td></tr>
<tr><td colspan="2" rowspan="2">出票金额</td><td colspan="4" rowspan="2">壹拾壹万柒仟元整</td><td>百</td><td>十</td><td>万</td><td>千</td><td>百</td><td>十</td><td>元</td><td>角</td><td>分</td></tr>
<tr><td>¥</td><td>1</td><td>1</td><td>7</td><td>0</td><td>0</td><td>0</td><td>0</td><td>0</td></tr>
<tr><td colspan="2">汇票到期日</td><td colspan="3">贰零壹柒年零叁月壹拾伍日</td><td>交易合同号码</td><td colspan="9"></td></tr>
<tr><td colspan="5">本汇票已经本单位承兑，到期日无条件支付票款
此致
收款人（盖章）</td><td colspan="10">汇款签发人（盖章）
负责　　　经办</td></tr>
</table>

凭 1－4

银行进账单

2017 年 3 月 15 日　　　　No. 1455623

<table>
<tr><td rowspan="3">出票人</td><td>全称</td><td>宏巨有限责任公司</td><td rowspan="3">收款人</td><td>全称</td><td colspan="9">红星有限责任公司</td></tr>
<tr><td>账号</td><td>451277</td><td>账号</td><td colspan="9">5526456</td></tr>
<tr><td>开户银行</td><td>工商银行</td><td>开户银行</td><td colspan="9">建设银行</td></tr>
<tr><td rowspan="2">金额</td><td colspan="3" rowspan="2">人民币（大写）壹拾壹万柒仟元整</td><td>百</td><td>十</td><td>万</td><td>千</td><td>百</td><td>十</td><td>元</td><td>角</td><td>分</td></tr>
<tr><td>¥</td><td>1</td><td>1</td><td>7</td><td>0</td><td>0</td><td>0</td><td>0</td><td>0</td></tr>
<tr><td colspan="2">票据种类</td><td>票据张数</td><td colspan="10" rowspan="3"></td></tr>
<tr><td colspan="2">票据号码</td><td></td></tr>
<tr><td colspan="3">备注：</td></tr>
</table>

【要求】 根据以上原始凭证，进行相关账务处理。

任务二

【目的】 练习“坏账准备”的核算。

【资料】 某企业（一般纳税人）采用“应收账款余额百分比法”核算坏账损失，坏账准备的提取比例为 5%，有关资料如下：

（1）2013 年年末，应收账款余额为 200 000 元；

（2）2014 年年末，应收账款余额为 150 000 元；

（3）2015 年年末，发生坏账 8 000 元；

（4）2015 年年末，应收账款余额为 100 000 元；

（5）2016年某日，确认的坏账又收回1 000元；

（6）2016年年末，应收账款余额为180 000元。

【要求】写出每年年末计提坏账准备及发生坏账、坏账又收回的相关分录。

任务三

【目的】练习其他应收款的核算。

【资料】某企业（一般纳税人）2016年12月发生如下两项业务，如凭3-1、凭3-2、凭3-3所示。

凭3-1

借支单

2016年12月10日　　部门：销售部

借支人姓名	李刚			职务	部门经理		
借支事由	联系销售业务						
人民币（大写）	伍仟元整						
核准	××	会计	××	出纳	××	借支人	李刚

凭3-2

差旅费报销凭证

部门：销售部　　2016年12月20日　　单位：元

出差人：李刚						地点：武汉		事由：联系业务		
起点			终点			交通工具	报销项目	单据张数	金额	备注
起点	月	日	终点	月	日		火车票	2	1 000	
广州	12	10	武汉	12	20		长途汽车			
							市内汽车	10	20	
							船票			
							住宿费	2	3 000	
							车票补助			
							合计		4 020	
总计金额（大写）	肆仟零贰拾元整									

主管：××　　复核：　　负责人：××　　报销人：李刚

凭 3－3

借款结算联

借款人	李刚
日期 金额	12 月 20 日
借款金额	5 000.00
报销金额	4 020.00
交回金额	980.00
结付金额	—
借款人签章	李刚
借款结清后，将“借款结算联”撕下，留会计处做转账依据。	

【要求】根据以上原始凭证，进行相关账务处理。

任务四

【目的】练习“应付账款”和“应付票据”的核算。

【资料】某企业（一般纳税人）12 月发生如下业务：

(1) 12 月 1 日从医药公司购进五味子 400 千克，单价 200 元，增值税 13 600 元，价税合计 93 600 元，已验收入库，款项未付。

(2) 12 月 5 日预收 A 公司货款 100 000 元。

(3) 12 月 8 日向 A 公司销售中成药一批，售价 100 000 元，销项税 17 000 元，余款已存入银行。

(4) 12 月 10 日开出一张不带息商业承兑汇票 93 600 元，支付前欠医药公司的货款。

(5) 12 月 15 日向 A 公司销售中成药一批，售价 500 000 元，销项税 85 000 元，收到 A 公司开来的银行承兑汇票，票面金额为 585 000 元。

(6) 12 月 20 日，持有的一张金额为 50 000 元的不带息的商业承兑汇票到期承兑，款项已存入银行。

(7) 12 月 25 日，开出的一张金额为 46 800 元的不带息的银行承兑汇票到期，银行转来支付凭证。

【要求】写出相关分录。

五、案例分析

【资料】某税务检查组到 A 公司例行检查，检查组李组长在查阅 A 公司年度汇算清缴资料时，发现收入明细表中“营业外收入”项下的“其他”栏目填有 7.5 万元，觉得检查到这部分内容时应搞清楚具体情况。他打开“营业外收入”账户，看到 A 公司将两笔长期无法偿付的“应付账款”转入其他收入，便询问该公司财务部王经理。王经理解释道，一是因为税法规定对确实无法偿付的应付款项要作为计税收入缴纳企业所得税，二是为了避免这两笔无法偿付的应付款项长期挂账。

为了进一步核实情况，李组长查阅了上述处理的会计凭证，发现凭证后没有任何附件，只是在凭证摘要栏中写了“无法偿付转收入”。李组长又打开了两个相关的“应付账款”账户，只见在上年转入贷方时的摘要栏中均仅写了“上年结转”，然后就将这两账户余额从借方转入“营业外收入”，摘要栏写了“无法偿付转收入”，两个账户全年均无其他发生额。顺着这两个账户，李组长又翻看了“应付账款”的前后几户账页，发现还有几个账户全年度没有发生额，但其贷方余额却均转入了“长期应付款”，而且摘要栏只是简单写了“转往来”，再追踪到各“长期应付款”账户，发现各账户摘要栏仅是分别写了“应付某公司”。李组长统计了一下，类似情况共6户总计87.8万元。

【要求】分析A公司为什么要把两笔“应付账款”转入“营业外收入”，6笔“应付账款”转入“长期应付款”？

项目三　存货岗位核算

任务一　存货岗位核算任务与业务流程

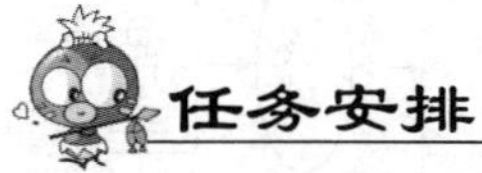

- 了解存货岗位的核算任务和业务流程。

学习情境　存货岗位核算任务与业务流程

和洋公司是当地最大的股份制面粉生产企业之一。随着企业不断发展壮大，原材料和备品备件的采购资金占公司总体成本的70%以上。生产规模的不断扩大，经济形势的变化，原辅材料的价格频繁调高，存货积压不断上升，使产品成本有了较大的增长。

而且公司对原材料仓库的管理方法一直很落后，存货不合理，查询不方便等。因此，公司内物品超储、积压现象严重、资金占用多、周转速度慢等情况已成为存货管理中相当严重的问题。怎样搞好存货管理、合理使用资金，做到既能控制、节约储备资金，又能保证企业生产经营活动的正常进行呢?

知识准备

一、存货岗位有哪些核算任务

(1) 熟悉国家有关存货管理的基本规定，明确存货收发、领退、保管等各项责任。

(2) 掌握存货的分类和计价。

(3) 能够运用实际成本法和计划成本法对原材料、周转材料、库存商品、委托加工物资等进行具体核算。

(4) 对领料单要加以审查，发现异常，拒绝盖章。

(5) 对退料单要加强管理，正确进行账务处理，冲减成本等。

(6) 督促各部门做好采购、用料计划，降低采购成本、杜绝浪费。

(7) 做好对账工作，做到账证、账账相符；掌握对企业存货盘点的方法、程序和技巧，定期或不定期的财产清查，达到账实相符。

(8) 掌握存货减值的判断及核算。

(9) 能够根据企业实际情况，正确运用存货的核算方法。

二、存货岗位业务流程是什么

存货岗位业务流程如图3-1所示。

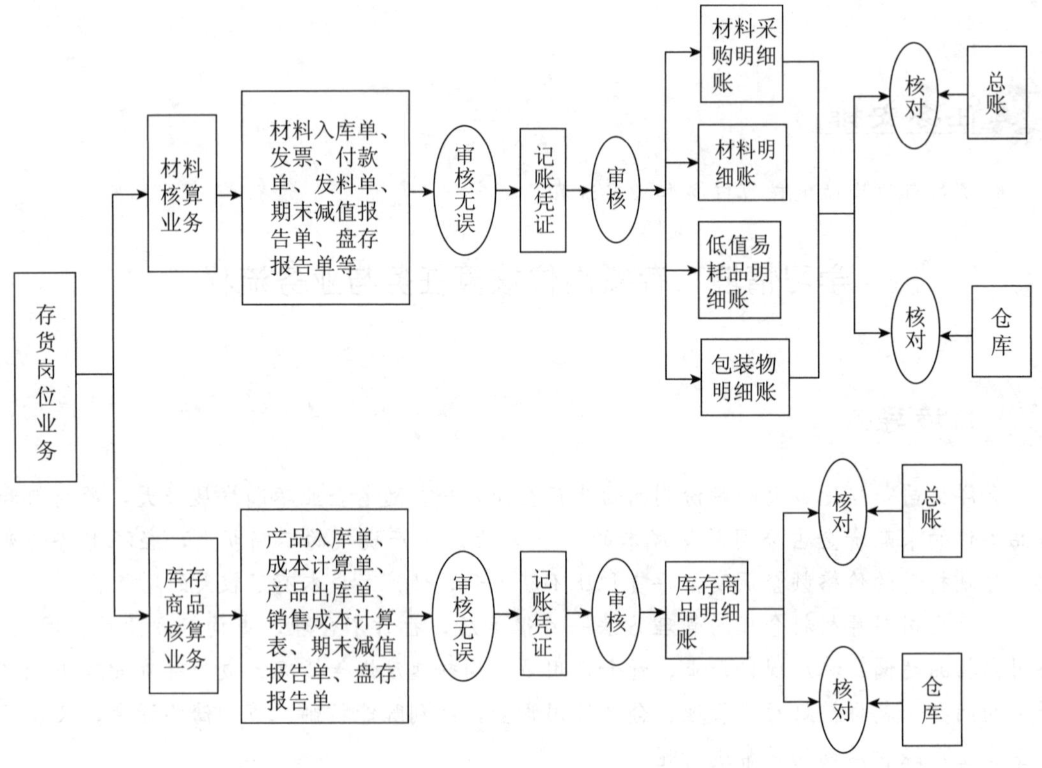

图3-1 存货岗位业务流程

任务二 存货概述

任务安排

- 掌握存货的概念、分类及范围。
- 掌握存货的采购成本、加工成本、其他成本的确认。

学习情境一 存货的确认

王林应聘到一家生产水泥的小公司做存货会计，以前在学校只知道原材料、商品、周转材料等都属于存货，但是真正到了生产企业，具体的存货包括哪些？王林不得不向老前辈请教。

一、什么是存货

1. 什么是存货

存货是指企业在日常活动中持有以备出售的产成品或商品、处在生产过程中的在产品、在生产过程中或提供劳务过程中耗用的材料和物料等。例如，材料、商品、包装物、低值易耗品、委托加工物资。

2. 存货有哪些特点

存货具有以下特点。

(1) 存货是有形资产，这区别于无形资产。

(2) 具有流动性。在企业，存货总是处于不断地销售、耗用、购买或重置中，具有较强的变现能力和明显的流动性。

(3) 具有实效性和发生潜在损失的可能性。正常情况下，存货能够有规律地转变成货币资金或其他资产，但如果存货长时间不能耗用，就有可能变成积压物资或被降价销售，从而造成企业损失。

3. 存货有什么确认条件

存货同时满足以下两个条件时，才能予以确认。

(1) 与该存货有关的经济利益很可能流入企业。

在实务中，与该存货有关的经济利益一般通过判断与该存货所有权有关的风险和报酬是否转移到了企业来确定。通常情况下，取得该存货的所有权是与存货相关的经济利益很可能流入本企业的一个重要标志。例如，根据有关销售合同已售出的存货，其所有权已发生转移，与其相关的经济利益已不能再流入企业，所以，即使该项存货尚在企业，也不能确认为本企业的存货。

(2) 该存货的成本能够可靠地计量。

存货作为企业资产的部分，要取得确认，企业必须能够对其成本进行可靠的计量。否则，不能确认为存货。例如，企业承诺的订货合同，由于并未实际发生，因此不能可靠地确认其成本，从而不能确认为企业的存货。

二、存货如何分类

存货的分类如图3-2所示。

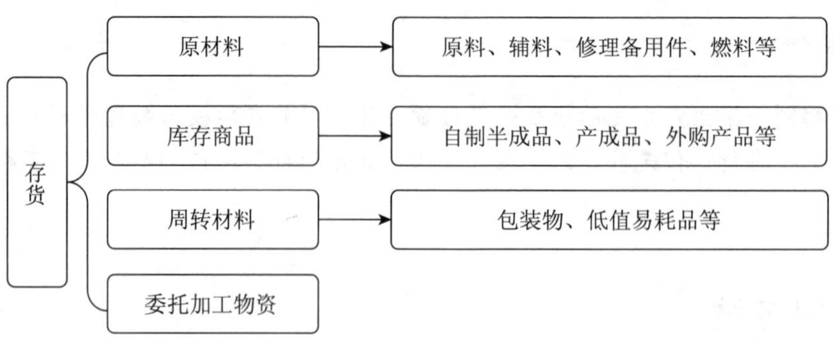

图3-2　存货分类

三、存货的范围包括哪些

（1）存货范围的认定一般是以存货产权的归属为标准，即在盘存日，法定产权归属企业的一切物品，不论其存放地点如何，都是企业的存货。企业的存货范围通常包括以下几个方面。

①库存待售的存货。

②库存待消耗的存货。

③生产经营过程中使用及处在加工过程中的存货。

④购入的正在运输途中和货已运到但尚未办理入库手续的存货。

⑤委托其他单位加工、代销的存货。

（2）企业的存货中不包括以下各项。

①库存的依照合同开出发票账单，但客户尚未提出的存货。

②库存的受其他单位委托代销、代加工的存货（但股份有限公司会计制度规定受托方对其受托代销商品应在资产负债表的存货中反映，同时与受托代销商品对应的代销商品款作为一项负债反映）。

③约定未来购入的存货。

学习情境二　存货成本的确定

王林经过一天的摸索和学习后，了解了如何确认存货。但是对于存货成本确定却是一头雾水。公司采购了一堆石灰石，采购发票上标明售价为10万元，另外增值税为1.7万元，还另外支付运费1 000元，王林看了之后，应该确认多少成本？

知识准备

存货应该按照成本进行初始计量。存货成本包括采购成本、加工成本和其他成本。

一、存货采购成本的构成

存货的采购成本包括购买价款、相关税费、运输费、装卸费、保险费，以及其他可归属于存货采购成本的费用。

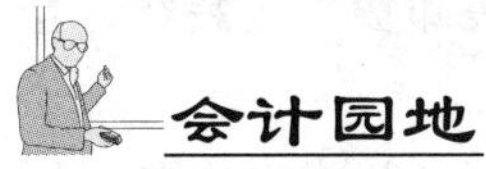

会计园地

存货采购成本的相关规定

(1) 存货的购买价款是指企业购入原材料或商品的发票账单上列明的价款，不包括按规定可以抵扣的增值税进项税额。

(2) 相关税费是指企业购买存货发生的进口关税、消费税、资源税和不能抵扣的增值税进项税额，以及相应的教育费附加等应计入存货采购成本的税费。对于符合一般纳税人规定可以抵扣的增值税不计入采购成本，而对于一般纳税人不可以抵扣的增值税及小规模纳税人购进时支付的增值税一般计入采购成本。

(3) 其他可归属于存货采购成本的费用是指采购成本中除上述各项以外的可归属于存货采购的费用，如在存货采购过程中发生的仓储费、包装费、运输途中的合理损耗、入库前的挑选整理费用等。

商品流通企业在采购商品过程中发生的运输费、装卸费、保险费，以及其他可归属于存货采购成本的费用等进货费用，应当计入存货采购成本，也可以先进行归集，期末根据所购商品的存销情况进行分摊。对于已售商品的进货费用，计入当期损益；对于未售商品的进货费用，计入期末存货成本。企业采购商品的进货费用金额较小的，可以在发生时直接计入当期损益。

二、存货的加工成本如何构成

存货的加工成本是指在存货的加工过程中发生的各项费用，包括直接人工及按照一定的方法分配的制造费用。

(1) 直接人工是指企业在生产产品和提供劳务过程中发生的直接从事产品生产和劳务提供人员的职工薪酬。

(2) 制造费用是指企业为生产产品和提供劳务而发生的各项间接费用。企业应当根据制造费用的性质，合理地选择制造费用的分配方法。

在同一生产过程中，同时生产两种或两种以上的产品，并且每种产品的加工成本不能

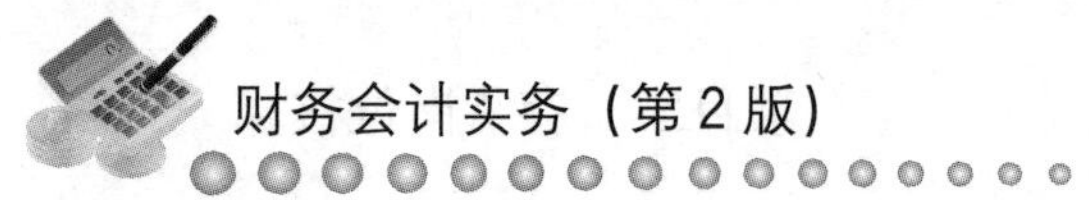

直接区分的，其加工成本应当按照合理的方法在各种产品之间进行分配。

三、存货的其他成本包括哪些

存货的其他成本是指除采购成本、加工成本以外的，使存货达到目前场所和状态所发生的其他支出。企业设计产品发生的设计费一般计入当期损益，但如果是为特定的客户设计的特定产品而发生的设计费，可将设计费计入该产品的成本中。

存货的来源不同，成本的构成也不同，如原材料、商品、低值易耗品是通过购买而获得的，其初始成本由采购成本构成；如产成品、半成品、委托加工物资等是通过进一步加工获得的，其初始成本由采购成本、加工成本和其他成本构成。具体情况如下：

（1）外购的存货，其成本主要包括购买价款、运输费、保险费、装卸费、包装费、仓储费、入库前的挑选整理费、相关税费等。

（2）自行生产的存货，包括自制原材料、自制半成品、库存商品等，其成本主要包括直接材料、直接人工和制造费用。

（3）委托外单位加工的存货，其成本主要包括实际耗用的原材料或半成品、加工费、运输费、装卸费、保险费等。

（4）其他方式取得的存货，如投资者投入的存货，其成本为协议约定的价值（协议约定价值不公允除外）；通过提供劳务取得的存货，其成本为从事劳务提供人员的直接人工和直接费用以及其他可归属于该存货的间接费用确定。

下列费用应当在发生时确认为当期损益，不计入存货成本：

（1）非正常消耗的直接材料、直接人工和制造费用。例如，由于自然灾害而损耗的直接材料、直接人工和制造费用，由于这些费用的发生无助于使该存货达到目前场所和状态，不应计入存货成本，而应确认为当期损益。

（2）仓储费（不包括在生产过程中为达到下一个生产阶段所必需的费用）是指企业在存货采购入库后发生的储存费用，应在发生时计入当期损益。例如，某种酒类产品生产企业为使生产的酒达到规定的产品质量标准，而必须发生的仓储费用，应计入酒的成本，而不应计入当期损益。

（3）不能归属于使存货达到目前场所和状态的其他支出。

材料（商品）购进和验收入库业务流程

1. 发货制下

销货单位发货后，通过开户银行转来结算凭证并附有发票、运单、代垫运杂费单据等。购货单位会计部门出纳员从开户银行取回结算单据，审核后送交供应部门。供应部门验货并在凭证上签署意见，确定是否承付。如果全部或部分拒付时，应填制拒付理由书，向银行办理拒付手续。拒付商品到达时，应妥善保管，并登记备查账。如果同意承付，供应部门开具收货单或收料单，据以验收入库。

2. 送货制下

采购员先到进货点检查商品规格和质量，按合同确定进货数量，由销货单位开具发票等单据送购货单位供应部门，经审核无误后，填制收料单，将收料单第二联付款通知单和发票等结算凭证送交会计部门审核后作商品、材料物资采购凭证和付款凭证入账，其余各联送交仓库。仓库验收后，按实收数量填写收料单，并在收料单各联次上加盖“收讫”印章，自留第四联收料单据以登记库存保管账；将第一联材料入库通知单退回供应部门存查；第三联收料单送会计部门复核后作收料凭证据以编制记账凭证并登记材料明细账。

3. 提货制下

采购员与销货单位商定采购商品的品种、规格、质量、数量等，按合同购进商品，带回或由销货单位寄来发票等结算凭证和提货单。购货单位供应部门收到发票等结算凭证和提货单与合同核对相符后，通知运输部门持提货单等单证提货，填制收料单。收料单各联次的流转程序如上所述，存货会计岗位根据收料单编制记账凭证并登记材料明细账。

任务三　材料的核算

- 掌握材料按实际成本法进行收发的核算。
- 掌握材料按计划成本法进行收发的核算。
- 掌握实际成本法和计划成本法的适用情况。

学习情境一　原材料按实际成本的核算

情境导入

王林的工作还不少，生产水泥的材料有石膏、煤、铁矿粉、石灰石、砂岩石等。对材料的核算有两种方法，这家公司以前的会计就是采用实际成本法核算材料。

知识准备

原材料是指企业库存的各种材料，包括原材料、主要材料、不构成产品实体但有助于产品形成的辅助材料、外购半成品（外购件）、修理用备件、包装材料、燃料等。

原材料的日常收发及结存可以采用实际成本核算，也可以采用计划成本核算，企业根据具体情况自行选择合适的方法。

原材料按照实际成本计价核算时，原材料的收发及结存，总分类账和明细账均按实际成本计价。采用这种方法反映不出材料成本是节约还是超支，从而不能考核企业采购业务的经营成果。因此这种方法适用于材料收发业务较少，或材料的品种不多占产品成本比重较大的材料核算。

一、原材料按实际成本核算有哪些常用账户

使用实际成本进行核算使用的科目有“原材料”“在途物资”“应付账款”“预付账款”等。

（1）“原材料”账户。资产类，核算库存材料实际成本的增减变动情况，按照材料的保管地点、材料的类别品种和规格设置材料明细账。

借方　　　　原材料	贷方
入库材料的实际成本	发出材料的实际成本
企业库存材料的实际成本	

（2）“在途物资”账户。资产类，核算企业采用实际成本法核算时已购进但尚未验收入库的材料实际成本，按照供应单位和物资品种设置明细账。

借方	在途物资 贷方
企业购入的在途物资的实际成本	验收入库的在途物资的实际成本
企业在途物资的实际采购成本	

二、实际成本法下购进材料如何账务处理

由于支付方式、材料的入库时间和支付时间的不同，企业区别以下情况进行处理。

1. 单货同到如何账务处理

单货同到是指销货单位发票账单已到，这里的货到是指材料已验收入库，并已填制收料单。

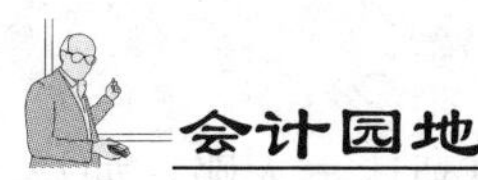

收料单各联次的作用

收料单一般一式四联（至少两联），各联次的作用是：

第一联，材料入库通知单，由计划供应部门存查。

第二联，付款通知单，由供应部门连同发票交会计部门复核后作付款凭证。

第三联，收料单，供应部门交仓库收料后，送会计部门作入库核算凭证。

第四联，收料单，供应部门交仓库收料后，据以登记仓库材料账（卡）。

【做中学】2017 年 11 月 2 日，星光有限公司向长沙青山公司采购 C 材料 1 000 千克，单价 1 000 元，增值税专用发票上记载的货款为 1 000 000 元，增值税税额为 170 000 元，长沙青山公司代垫运杂费 10 000 元，全部款项已用转账支票支付，C 材料已验收入库。星光有限公司应如何进行账务处理？

星光有限公司账务处理如下：

借：原材料——C 材料　　　　1 010 000（1 000 000＋10 000）

　　应交税费——应交增值税（进项税额）　　170 000

贷：银行存款　　　　1 180 000

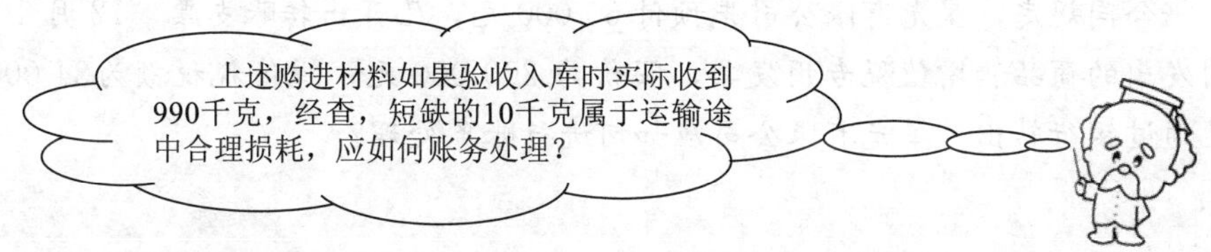

2. 单到货未到如何账务处理

【做中学】2017 年 11 月 20 日，星光有限公司采用汇兑结算方式向绿水公司采购 E 材料一批，发票及账单已收到，增值税专用发票上记载的货款为 100 000 元，增值税税额为

17 000元，另支付保险费 1 000 元，材料尚未到达。

①星光有限公司收到增值税专用发票和支付保险费：

借：在途物资——E 材料　　101 000（100 000+1 000）

　　应交税费——应交增值税（进项税额）　　17 000

　贷：银行存款　　118 000

②收到 E 材料：

借：原材料——E 材料　　101 000

　贷：在途物资——E 材料　　101 000

【学中做】2017 年 11 月 25 日，星光有限公司采用委托收款方式向壬丰公司购入 F 材料一批，增值税专用发票上记载的货款为 100 000 元，增值税税额为 17 000 元，壬丰公司代垫的运杂费和保险费共 1 000 元。银行转来的结算凭证已到，款项尚未支付，材料已验收入库。星光有限公司应如何进行账务处理?

3. 货到单未到如何账务处理

材料已验收入库，发票账单尚未到达，先不进行账务处理，待发票到达再入账。如果到月底账单仍未到达，应先暂估入账，下月 1 日再用红字冲销。

【做中学】星光有限公司采用委托收款方式向戊戌公司购入 G 材料一批，材料已验收入库，发票账单月末尚未收到，该批材料的暂估价值为 500 000 元。

①月末，星光有限公司暂估入账：

借：原材料——G 材料　　500 000

　贷：应付账款——暂估应付账款　　500 000

②下个月月初做相反的会计分录予以冲销：

借：应付账款——暂估应付账款　　500 000

　贷：原材料——G 材料　　500 000

③下月收到增值税专用发票，发票上注明材料价款为 450 000 元，增值税为 76 500 元，款项未支付：

借：原材料——G 材料　　450 000

　　应交税费——应交增值税（进项税额）　　76 500

　贷：应付账款　　526 500

4. 预付货款采购如何账务处理

【学中做】2017 年 11 月 30 日，星光有限公司与成光公司签订采购合同，采购 H 材料一批，根据合同规定，星光有限公司先预付 60 000 元，已开出转账支票。12 月 10 日收到成光公司发出的商品和增值税专用发票，买价为 200 000 元，增值税税额为34 000元，剩余货款已通过银行转出。星光有限公司应如何进行账务处理?

材料领用发出业务流程

按照生产计划，领用部门根据生产需求量在领用材料时填制领料单，经部门负责人签章后，到仓库领取材料。仓库审核后办理发料手续，在领料单上填写实发数量，并由领料人和发料人同时签章，以明确经济责任。

领料单应一式多联。一联由领用部门带回作为车间核算的依据，一联由仓库留存据以登记仓库材料明细账（卡），一联送交会计部门据以编制记账凭证并登记材料明细账。

为便于核对，仓库定期编制发料凭证汇总表作为存货总分类核算的依据。

三、实际成本法下发出材料如何进行账务处理

1. 先进先出法下发出材料如何进行账务处理

先进先出法是指以先购进的存货先发出为假设，对发出存货进行计价的一种方法。先进先出法的优点是可以随时结转发出存货的成本，但如果收发业务比较频繁且存货单价不稳定时，工作量较大。

【做中学】星光有限公司 2017 年 10 月 1 日结存 A 材料 3 000 吨，每吨 A 材料的实际成本为 100 元；10 月 3 日购入 A 材料 1 000 吨，每吨价格 104 元；10 月 5 日发出 A 材料 2 000吨，由基本生产车间领用；10 月 10 日购入 A 材料 2 000 吨，每吨价格 110 元；10 月 20 日购入 A 材料 1 000 吨，每吨价格 115 元；10 月 25 日发出 A 材料 1 500 吨，由车间管理部门领用；10 月 30 日发出材料 200 吨，由企业行政管理部门领用。该公司采用先进先出法进行发出存货成本的核算。

星光有限公司发出材料和结存材料的成本核算如表 3-1 所示。

表 3-1　　原材料采用先进先出法进行明细核算

材料名称：A 材料　　　　金额单位：元　数量单位：吨

日期	收入			发出			结存		
	数量	单价	金额	数量	单价	金额	数量	单价	金额
10.1							3 000	100	300 000
10.3	1 000	104	104 000				3 000 1 000	100 104	300 000 104 000
10.5				2 000	100	200 000	1 000 1 000	100 104	100 000 104 000
10.10	2 000	110	220 000				1 000 1 000 2 000	100 104 110	100 000 104 000 220 000

续 表

日期	收入			发出			结存		
	数量	单价	金额	数量	单价	金额	数量	单价	金额
10.20	1 000	115	115 000				1 000 1 000 2 000 1 000	100 104 110 115	100 000 104 000 220 000 115 000
10.25				1 000 500	100 104	100 000 52 000	500 2 000 1 000	104 110 115	52 000 220 000 115 000
10.30				200	104	20 800	300 2 000 1 000	104 110 115	31 200 220 000 115 000

10 月 5 日、25 日、30 日发出材料汇总编制分录如下：

借：生产成本　　200 000

　　制造费用　　152 000

　　管理费用　　20 800

　贷：原材料——A 材料　　372 800

2. 一次加权平均法下发出材料如何进行账务处理

一次加权平均法是指用月初存货成本加上本月全部进货成本除以上月初存货数量加本月全部进货数量，算出存货的加权平均单位成本，以此为基础计算本月发出存货成本的一种方法。计算公式如下：

存货的单位成本=（期初存货成本+本期各批进货的实际单位成本×本期各批进货的数量）÷（期初存货的数量+本期各批进货数量之和）

本期发出存货的成本=存货的单位成本×本期发出存货的数量

期末存货的成本=存货的单位成本×期末存货的数量

或期末存货的成本=期初存货的成本+本期购进存货的成本−本期发出存货的成本

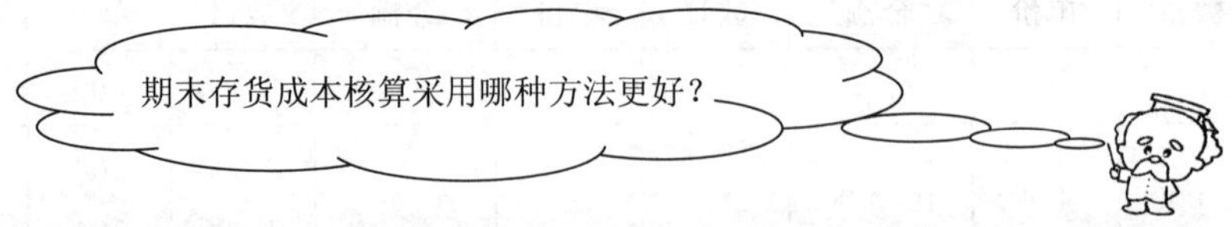

【做中学】承上资料，假若星光有限公司采用一次加权平均法进行存货的成本核算。

$$10\text{月A材料的单位成本}=\frac{100\times3\,000+(104\times1\,000+110\times2\,000+115\times1\,000)}{3\,000+(1\,000+2\,000+1\,000)}$$

$$=105.57\text{（元/吨）}$$

10 月发出 A 材料的成本=105.57×（2 000+1 500+200）=390 609.00（元）

10 月末结存 A 材料的成本=100×3 000+（104×1 000+110×2 000+115×1 000）−

390 609.00

=348 391.00（元）

对于10月5日、25日、30日发出材料汇总编制分录如下：

借：生产成本　　211 140.00（105.57 ×2 000）

　　制造费用　　158 355.00（105.57×1 500）

　　管理费用　　21 114.00（105.57×200）

　贷：原材料——A材料　　390 609.00

3. 移动加权平均法下发出材料如何进行账务处理

移动加权平均法是指以每次进货的成本加上原有存货的成本，除以每次进货数量加上原有的存货数量，从而计算出加权平均单位成本，作为下次进货前发出存货成本的依据。

存货的单位成本=(原有存货的实际成本+本次进货的实际成本)÷(原有存货的数量+本次进货的数量)

本次发出存货的成本=本次发出存货的数量×本次发货前存货的单位成本

本期期末存货成本=期末存货的数量×本期期末存货单位成本（或倒推）

【做中学】承上资料，假若星光有限公司采用移动加权平均法进行存货成本的核算。账务处理如表3-2所示。

表3-2　　原材料采用移动加权平均法进行明细核算

材料名称：A材料　　　　金额单位：元　数量单位：吨

日期	收入			发出			结存		
	数量	单价	金额	数量	单价	金额	数量	单价	金额
10.1							3 000	100	300 000
10.3	1 000	104	104 000				4 000	101	404 000
10.5				2 000	101	202 000	2 000	101	202 000
10.10	2 000	110	220 000				4 000	105.5	422 000
10.20	1 000	115	115 000				5 000	107.4	537 000
10.25				1 500	107.4	161 100	3 500	107.4	375 900
10.30				200	107.4	21 480	3 300	107.4	354 420

10月3日购入A材料后存货的单位价格=(100×3000+104×1000)÷(3000+1000)

=101（元/吨）

10月10日购入A材料后存货的单位价格=(101×2000+110×2000)÷(2000+2000)

=105.5（元/吨）

10月20日购入A材料后存货的单位价格=(105.5×4000+115×1000)/(4000+1000)

=107.4（元/吨）

对于10月5日、25日、30日发出材料汇总编制分录如下：

借：生产成本　　　　202 000
　　制造费用　　　　161 100
　　管理费用　　　　21 480
　贷：原材料——A材料　　　　384 580

【做中学】某公司月初甲产品结存金额1 000元，结存数量20件，采用移动加权平均法计价。本月10日和20日甲产品分别完工入库400件和500件，单位成本分别为52元和53元；本月15日和25日分别销售该产品380件和400件。甲产品月末结存余额为（　　）元。

A. 7 000　　B. 7 410　　C. 7 350　　D. 7 500

10日单位成本：（1 000＋400×52）/（20＋400）＝51.90（元）；15日销售成本：380×51.90＝19 722（元）；20日单位成本：（2 078＋500×53）/（40＋500）＝52.92（元）；25日销售成本：400×52.92＝21 168（元）；月末结存额：2 078＋26 500－21 168＝7 410（元），应选B。

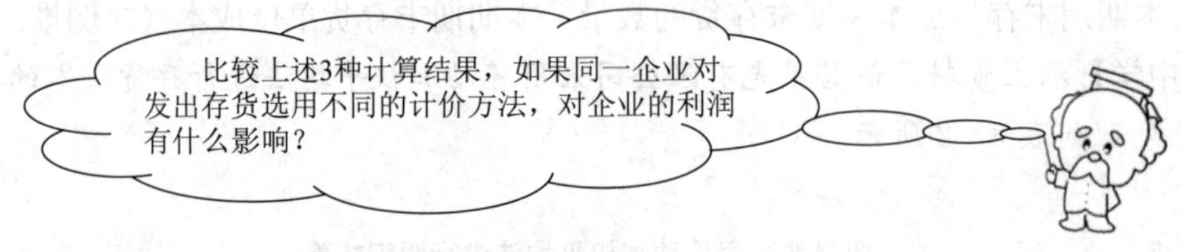

4. 个别计价法下发出材料如何进行账务处理

个别计价法又称个别认定法、具体辨认法、分批实际法。采用这一方法是假设存货的成本流转与实物流转相一致，按照各种存货，逐一辨认各批发出存货和期末存货所属的购进批别或生产批别，分别以其购入或生产时所确定的单位成本作为计算各批发出存货和期末存货成本的方法。

这种方法适用于不能替代使用的存货、为特定项目专门购入或制造的存货，以及提供的劳务，如珠宝、名画等贵重物品。

【做中学】某工厂本月生产过程中领用A材料2 000千克，经确认其中1 000千克属第一批入库，单位成本为25元；其中600千克属第二批入库，单位成本为26元；其中400千克属第三批入库，单位成本为28元。

本月发出A材料的成本计算如下：

发出材料实际成本＝1 000×25＋600×26＋400×28＝51 800（元）

4种主要存货发出计价方法优缺点

4种主要存货发出计价方法优缺点比较如表3-3所示。

表 3-3　　4 种主要存货发出计价方法比较

主要方法	先进先出法	加权平均法	移动平均法	个别计价法
优点	(1) 基本符合实物流转过程； (2) 期末存货成本比较接近现行市价； (3) 企业不能随意选择存货计价以调整当期利润	(1) 比较简单； (2) 对存货成本的分摊较为折中	(1) 能使管理当局及时了解存货结存情况； (2) 计算的单位成本以及发出和结存的存货成本比较客观	计算发出存货的成本和期末存货的成本比较合理、准确
缺点	(1) 工作比较烦琐； (2) 不太符合配比。物价上涨时，会高估当期利润和库存存货的价值；反之会低估	平时无法从账上提供发出、结存存货的单价及金额，不利于加强存货管理	(1) 每次收货都计算平均单位成本，工作量较大； (2) 对收发货较频繁的企业不适用	实务操作的工作量繁重，困难较大

在存货市场价格持续上涨时，先进先出法核算下的营业利润最多，利润最低的是加权平均法，移动加权平均法核算的利润居中；在存货市场价格持续下降时，加权平均法核算下的营业利润最多，利润最低的是先进先出法，移动加权平均法计算的利润居中。企业应注意选取不同的存货发出计价方法会对自己的营业利润以及所得税有直接的影响。但发出存货计价方法一旦选定，不得随意变更，确需变更的，应在会计报表附注中加以说明。

学习情境二　原材料按计划成本的核算

王林在这家公司工作了一段时间后，感觉学到的知识太少，于是又到另外一家大型的水泥厂做会计。水泥厂为了控制材料的采购成本，预先制定了材料的计划成本，所以这家水泥厂采用计划成本法进行材料的核算，王林又遇到了挑战！

知识准备

一、原材料按计划成本核算有哪些常用账户

采用计划成本法进行核算时，原材料的收发及结存，无论总账核算还是明细账核算，均按计划成本计价，使用到的科目有“原材料”“材料采购”“材料成本差异”等。材料的实际成本与计划成本之间的差异通过“材料成本差异”科目核算。月末，计算本月发出材料应承担的成本差异，根据材料领用的用途计入相关资产的成本或当期损益。

（1）“原材料”账户核算企业采用计划成本法核算时企业库存材料的计划成本。

借方　　　原材料	贷方
入库材料的计划成本	发出材料的计划成本
企业库存材料的计划成本	

（2）“材料采购”账户核算企业采用计划成本法进行材料日常核算而购入材料的实际采购成本。

借方　　　材料采购	贷方
①采购材料的实际成本 ②结转购入材料的节约差异	①采购材料的计划成本 ②结转购入材料的超支差异
企业在途材料的采购成本	

（3）“材料成本差异”账户，属资产类，核算企业采用计划成本进行日常核算的材料计划成本与实际成本的差额，按材料或商品的类别或品种进行明细核算。

借方　　　材料成本差异	贷方
①入库材料超支差异 ②发出材料应负担的节约差异	①入库材料节约差异 ②发出材料应负担的超支差异
库存材料的超支差异	库存材料的节约差异

二、计划成本法下购进材料如何账务处理

1. 单货同到如何账务处理

【做中学】1月5日，林升公司购入H材料一批，增值税专用发票上记载的货款为100 000元，增值税税额为17 000元，发票账单已经收到，材料已验收入库，全部款项以银行存款支付，该批材料的计划采购成本为110 000元。

①对方发出材料，收到账单时：

借：材料采购——H材料　　100 000（实际成本）

　　应交税费——应交增值税（进项税额）　　17 000

　贷：银行存款　　117 000

②材料验收入库、再结转产生的差异时：

借：原材料——H材料　　110 000（计划成本）

贷：材料采购——H 材料　　110 000（计划成本）

借：材料采购——H 材料　　10 000（节约差异）

贷：材料成本差异　　10 000（节约差异）

或者将以上两个分录合并为：

借：原材料——H 材料　　110 000（计划成本）

贷：材料采购——H 材料　　100 000（实际成本）

材料成本差异　　10 000（节约差异）

2. 单到货未到如何账务处理

【做中学】1 月 10 日，林升公司购入 K 材料一批，增值税专用发票上记载的货款为 500 000 元，增值税税额为 85 000 元，发票账单已经收到，材料尚未验收入库，全部款项以银行存款支付，该批材料的计划成本为 450 000 元。

林升公司账务处理如下：

借：材料采购——K 材料　　500 000

应交税费——应交增值税（进项税额）　　85 000

贷：银行存款　　585 000

3. 货到单未到如何账务处理

【做中学】林升公司 1 月 15 日购入 M3 材料一批，材料已经验收入库，月末发票账单尚未收到。该批材料的计划成本为 200 000 元。

① 1 月末时：

借：原材料——M3 材料　　200 000

贷：应付账款——暂估应付账款　　200 000

② 2 月初，做相反分录：

借：应付账款——暂估应付账款　　200 000

贷：原材料——M3 材料　　200 000

③ 2 月 10 日，收到增值税专用发票，买价为 210 000 元，增值税为 35 700 元，款项未付。

借：材料采购——M3 材料　　210 000

应交税费——应交增值税（进项税额）　　35 700

贷：应付账款　　245 700

④ 结转入库材料的成本差异：

借：原材料——M3 材料　　200 000

材料成本差异　　10 000

贷：材料采购——M3 材料　　210 000

三、计划成本法下发出材料如何账务处理

1. 如何结转发出材料的计划成本

月末，企业根据领料单编制发料凭证汇总表结转发出材料的计划成本。

【做中学】林升公司 M3 材料采用计划成本进行收发核算，发料凭证汇总表如表3-4所示。

表3-4　　发料凭证汇总表

2017年2月28日　　单位：元

领料部门	材料名称	领用数量（千克）	计划单价	计划总额
基本生产车间	M3材料	2 000	10	20 000
车间管理部门	M3材料	1 000	10	10 000
行政管理部门	M3材料	500	10	5 000
合计		3 500	—	35 000

会计主管：张苏　　审核：王丽　　制单：周莉莉

林升公司的账务处理如下：

借：生产成本　　20 000

　　制造费用　　10 000

　　管理费用　　5 000

　贷：原材料——M3材料　　35 000（计划成本）

2. 月末如何计算材料成本差异率？如何结转发出材料应负担的成本差异

企业日常采用计划成本进行核算，发出的材料成本到了月末应由计划成本调整为实际成本，需要计算发出材料应负担的成本差异。发出材料应负担的成本差异应当按期（月）分摊，不得在季末或年末一次计算（一般应使用当期的成本差异率）。通过“材料成本差异”科目进行结转，按照发出材料的用途分别转入“生产成本”“制造费用”“销售费用”“管理费用”等科目。

分摊时的相关公式如下：

本期材料成本差异率=[（期初结存材料成本差异+本期购入材料成本差异）÷（期初结存材料的计划成本+本期购进材料的计划成本）]×100%

或期初材料成本差异率=（期初结存材料的成本差异÷期初结存材料的计划成本）×100%

本期发出材料应负担的成本差异=发出材料的计划成本×本期材料成本差异率

注意：上述公式中借方差异即超支差异用正数表示，贷方差异即节约差异用负数表示。

【做中学】林升公司M3材料采用计划成本法进行收发核算，2月初结存的M3材料的计划成本为50 000元，成本差异为超支2000元；当月入库M3材料的计划成本200 000元，成本差异为节约1 000元，林升公司M3材料发料情况如表3-4所示。

（1）计算材料成本差异率：

材料成本差异率=（2 000−1 000）÷（50 000+200 000）=0.4%（正数为超支）

（2）计算本月发出材料应负担的成本差异：

基本生产车间领用材料应负担的成本差异=20 000×0.4%=80（元）

车间管理部门领用材料应负担的成本差异=10 000×0.4%=40（元）

行政管理部门领用材料应负担的成本差异=5 000×0.4%=20（元）

(3) 分摊材料成本差异（因为是超支，各项成本费用加大，所以借记成本费用类，最后基本生产车间领用 M3 材料的实际成本为 20 008 元）：

借：生产成本　　　　　　　　　　　　80

　　制造费用　　　　　　　　　　　　40

　　管理费用　　　　　　　　　　　　20

　贷：材料成本差异——M3 材料　　　　　　　　140（结转入库产生的超支差异）

【学中做】林升公司 M3 材料采用计划成本进行收发核算，若 12 月初结存的 M3 材料的计划成本为 50 000 元，成本差异为超支 2 000 元；当月入库 M3 材料的计划成本为 200 000元，成本差异为节约 4 000 元。林升公司 M3 材料发料情况同上，林升公司如何进行账务处理？

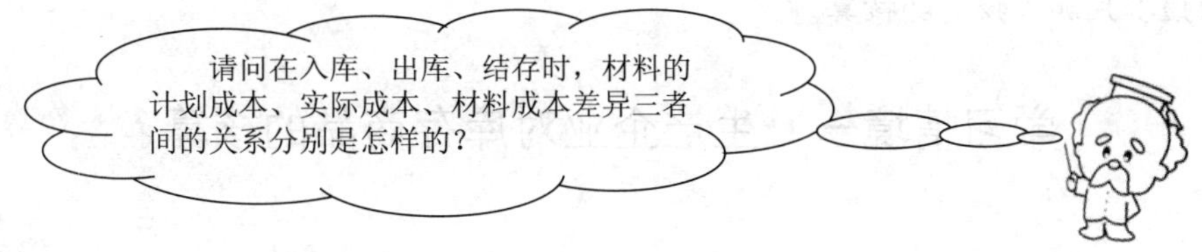

计划成本法核算程序及作用

计划成本法的基本核算程序是：

(1) 企业应先制定各种存货的计划成本目录，规定存货的分类、各种存货的名称、规格、编号、计量单位和计划单位成本。

(2) 平时收到存货时，应按计划单位成本计算出收入存货的计划成本填入收料单内，并按实际成本和计划成本的差额，作为“材料成本差异”分类登记。

(3) 平时领用、发出的存货，都按计划成本计算，月份终了再将本月发出存货应负担的成本差异进行分摊，将发出存货的计划成本调整为实际成本。发出存货应负担的成本差异，必须按月分摊，不得在季末或年末一次分摊。

采用计划成本法进行存货的核算，主要作用是：

(1) 简化会计处理工作。在该法下，存货明细账可以只记收入、发出和结存的数量，将数量乘以计划成本，随时求得材料收、发、存的金额，通过“材料成本差异”科目计算及调整发出和结存材料的实际成本，简便易行。

(2) 有利于考核采购部门的业绩。有了合理的计划成本后，将实际成本与计划成本对比，可以对采购部门进行考核，促使其降低采购成本，节约支出。总之，计划成本法是我国制造业企业中广泛应用的一种存货计价方法。

任务四　其他存货的核算

- 掌握库存商品的内容及生产企业对库存商品的核算。
- 掌握毛利率法和售价金额法对库存商品的核算。
- 掌握周转材料的核算。
- 掌握委托加工物资的核算。

学习情境一　生产企业对库存商品的核算

一般的生产企业生产的并不是单一产品，而是生产多种产品，王林现在所在厂也有几种型号的水泥，如硅酸盐水泥、矿渣硅酸盐水泥等。那么企业对这些生产出来的产品如何确认呢？

一、库存商品的内容包括哪些

库存商品是指企业已完成生产过程并已验收入库，符合标准规格和技术条件，能够按照合同规定的条件送达订货单位，或者可以作为商品对外销售的商品，以及外购的用于销售的各种商品。

库存商品具体包括库存产成品、外购商品、存放在门市部准备出售的商品、发出展览的商品，以及寄存在外的商品、接受来料加工制造的代制品和为外单位加工修理的代修品等。

二、库存商品如何账务处理

库存商品进行核算时，可以采用实际成本法，也可采用计划成本法，其核算方法与材料的核算类似。当采用计划成本法时，可以单独设置“产品成本差异”科目，比照“材料成本差异”科目核算。

企业进行库存商品的核算一般按实际成本核算，平时登记数量，不记金额。月末计算入库库存商品的实际成本，进行日常收发核算，发出库存商品的实际成本可以采用先进先出法、一次加权平均法、移动加权平均法或个别认定法计算确定。

当库存商品品种繁多时，可采用计划成本核算，发出商品还应结转产品成本差异，将发出商品的计划成本调整为实际成本。

“库存商品”科目属资产类，可按库存商品的种类、品种和规格等进行明细核算。

借方　　　　库存商品	贷方
验收入库的库存商品的成本	发出库存商品的成本
各种库存商品的实际成本或计划成本	

1. 验收入库商品如何进行核算

对于库存商品采用实际成本法进行核算的企业，当库存商品生产完成并验收入库时，应按照实际成本，借记“库存商品”科目，贷记“生产成本”科目。

【学中做】金钟有限公司5月验收入库甲产品1 000件，实际单位成本30元，共计30 000元；乙产品3 000件，实际单位成本12元，共计36 000元。金钟有限公司该如何进行账务处理？

2. 发出商品如何进行核算

企业在销售商品、确认收入时，应相应地结转库存商品成本，借记“主营业务成本”科目，贷记“库存商品”科目。

【学中做】金钟有限公司5月末汇总的发出商品中，当月销售甲产品800件，实际单位成本30元；乙产品2 500件，实际单位成本12元。金钟有限公司该如何进行账务处理？

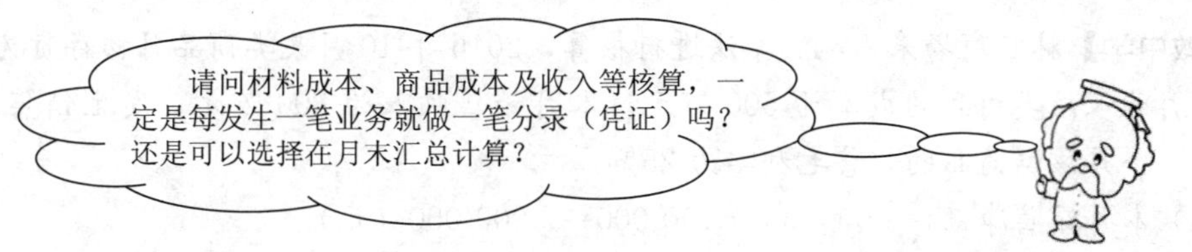

学习情境二　商品流通企业对库存商品的核算

服装制造公司是典型的生产企业，我们经常出入的超市也是商品流通企业，我们都知道在经营方面它与生产企业有很大的区别。而在财务方面，商品流通企业与生产企业也有区别，二者在进行库存商品的核算时有哪些不同呢？

知识准备

一、商品流通企业采用毛利率法对库存商品如何账务处理

对于商品流通企业来说，企业对外销售发出的商品，结转库存商品成本时，可以采用先进先出法、一次加权平均法、移动加权平均法、个别计价法、毛利率法等进价方法核算已销商品的成本。核算方法一经确定，不得随意变更。企业结转发出库存商品的成本，借记“主营业务成本”科目，贷记“库存商品”科目。

1. 什么是毛利率法

毛利率法是指根据本期销售净额乘以上期实际（或本期计划）毛利率匡算本期销售毛利，并据以计算发出库存商品和期末库存商品成本的一种方法。

这种方法是商品流通企业尤其是商业批发企业常用的计算本期库存商品销售成本和期末库存商品成本的方法。商品流通企业通常经营的商品品种较多，如果分品种计算库存商品的成本，工作量将很大。一般来说，商品流通企业同类商品的毛利率大致相同，因此采用毛利率法能够减轻工作量，也可以大致满足库存商品管理的需要。

2. 毛利率法如何进行计算和账务处理

毛利率＝销售毛利÷销售净额

销售净额＝商品销售收入－销售退回与折让

销售毛利＝销售净额×毛利率

销售成本＝销售净额－销售毛利

期末库存商品成本＝期初库存商品成本＋本期购入库存商品成本－本期销售库存商品成本

【做中学】林华商场采用毛利率法进行核算，2016年10月某类商品月初存货为100万元，本月购入该类商品的成本为500万元，本月销售收入为800万元，发生销售退回10万元，上个月该类商品的销售毛利率为25%。

（1）本月销售净额＝8 000 000－100 000＝7 900 000（元）

（2）本月销售成本＝7 900 000－7 900 000×25%＝5 925 000（元）

（3）期末库存商品成本＝1 000 000＋5 000 000－5 925 000＝75 000（元）

（4）林华商场账务处理如下：

借：主营业务成本　　5 925 000

　贷：库存商品　　5 925 000

二、商品流通企业采用售价金额法对库存商品如何进行账务处理

1. 什么是售价金额法

对于商品流通企业来说，除了采用进价核算外，还可以采用售价金额法核算企业的库存商品成本。售价金额法需通过设置“商品进销差价”科目进行处理，平时库存商品的进、销、存均按售价记账，售价与进价之间的差额计入“商品进销差价”，在月末计算已销商品应分摊的进销差价，从而调整本期销售成本。

对于商品流通企业来说，由于经营的商品品种较多，要求按商品零售价标价，采用其他的方法结转成本较麻烦，因此经常采用售价金额法核算库存商品成本。

2. 售价金额法如何进行计算和账务处理

采用售价金额法的计算公式如下：

商品进销差价率＝[（期初库存商品进销差价＋本期购进商品进销差价）÷（期初库存商品售价＋本期购进商品售价）]×100％

本期销售商品应分摊的进销差价＝本期销售商品售价×商品进销差价率

本期销售商品成本＝本期销售商品售价－本期销售商品应分摊的进销差价

期末库存商品实际成本＝期初库存商品进价成本＋本期购进商品进价－本期销售商品成本

当企业各期的商品进销差价率比较均衡时，也可以采用上期商品进销差价率来分摊本期销售商品的进销差价。

【做中学】番禺商场是一般纳税人，采用售价金额法进行核算，2016 年 10 月的有关资料如下：月初库存商品的进价成本为 68 000 元，售价为 100 000 元；本月购进商品成本 254 000 元（不含税），售价为 360 000 元；本月销售收入为 400 000 元。

①购进商品：

借：在途物资　254 000

　　应交税费——应交增值税（进项税额）　43 180

　贷：银行存款　297 180

②商品入库时：

借：库存商品　360 000

　贷：在途物资　254 000

　　　商品进销差价　106 000

③确认销售收入（一般不开具增值税专用发票，统一月末计算增值税）：

借：银行存款　400 000

　贷：主营业务收入　400 000（含税销售额）

④平时结转商品销售成本：

借：主营业务成本　400 000

　贷：库存商品　400 000

⑤月末计算销售商品应分摊的进销差价：

商品进销差价率＝［（100 000－68 000）＋（360 000－254 000）］÷（100 000＋360 000）×100％＝30％

已销商品应分摊的商品进销差价＝400 000×30％＝120 000（元）

销售商品的实际成本＝400 000－120 000＝280 000（元）

借：商品进销差价　120 000

　贷：主营业务成本　120 000

⑥月末从全月含税销售中分解出销项税额：

借：主营业务收入　58 119.66［400 000÷（1＋17％）×17％］

贷：应交税费——应交增值税（销项税额）　　58 119.66

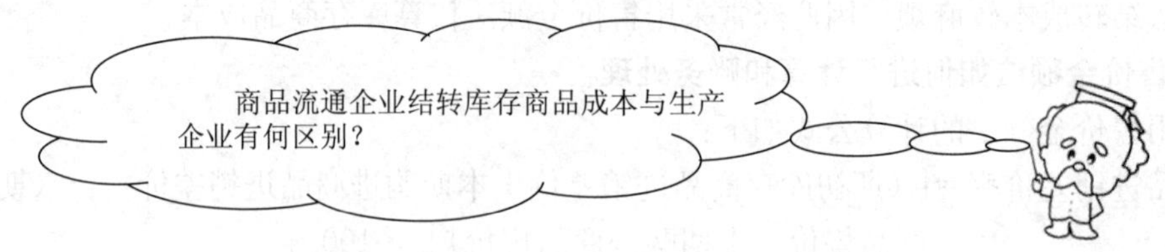

学习情境三　周转材料的核算

水泥厂生产的水泥要运给客户去建房子、做桥梁、修公路等，得给水泥包装才行，这种包装一般用的都是袋子。王林收到这样一张发票，购买的是水泥袋子1万个。王林会把这些包装袋记入原材料吗？是采用实际成本法还是采用计划成本法核算？

知识准备

周转材料是指企业能够多次使用、逐渐转移其价值但仍保持原有形态不确认为固定资产的材料，如包装物、低值易耗品。

一、包装物如何账务处理

1. 哪些属于包装物

包装物是指为了包装本企业产成品和商品而储备的各种包装容器，如桶、箱、瓶、坛、袋等。其核算的范围主要包括：

(1) 生产过程中用于包装产品作为产品组成的包装物。

(2) 随同产品出售不单独计价的包装物。

(3) 随同产品出售单价计价的包装物。

(4) 出租或出借给购买单位使用的包装物。

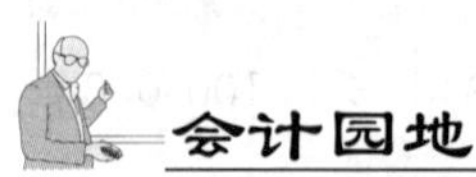

哪些不属于包装物

(1) 单独列为企业商品、产品的自制包装物：属于库存商品。

(2) 用于储存和保管产品、材料而不对外出售出租的包装物：按价值大小分别在固定资产科目和低值易耗品科目核算。

(3) 包装产品用的绳、带、钉等包装材料：属于原材料（辅助材料）。

2. 包装物如何核算

企业应设置“周转材料——包装物”账户来反映和监督包装物的增减变动及价值损耗、结存情况，该账户属资产类，具体核算内容如下：

借方　　　　　　　　周转材料——	包装物　　　　　　　　贷方
购入的包装物实际成本或计划成本	发出的包装物的实际成本或计划成本
在库包装物的实际成本（或计划成本） 及摊余价值	

包装物进行日常收发核算时，可以采用实际成本法，也可以采用计划成本法，对照原材料核算。包装物的摊销可采用一次转销法或其他摊销法（如分次摊销法等）。一次使用的包装物账务处理如表 3－5 所示。

表 3－5　　　　　　　　包装物的账务处理

<table>
<tr><th colspan="2">经济业务内容</th><th>账务处理</th></tr>
<tr><td rowspan="2">（1）购进包装物</td><td>①采用实际成本法</td><td>借：周转材料——包装物
　　应交税费——应交增值税（进项税额）
　贷：银行存款</td></tr>
<tr><td>②采用计划成本法</td><td>借：材料采购（实际成本）
　　应交税费——应交增值税（进项税额）
　贷：银行存款
借：周转材料——包装物（包装物的计划成本）
　贷：材料采购（材料的实际成本）
　　　材料成本差异（入库产生差异：节约在贷方，超支在借方）</td></tr>
<tr><td rowspan="2">（2）生产领用包装物</td><td>①采用实际成本法，结转包装物成本</td><td>借：生产成本
　贷：周转材料——包装物</td></tr>
<tr><td>②采用计划成本法，结转包装物成本</td><td>借：生产成本（实际成本）
　贷：周转材料——包装物（计划成本）
　　　材料成本差异（出库结转节约差异在借方，结转超支差异在贷方）</td></tr>
</table>

续 表

经济业务内容		账务处理
（3）随同商品出售包装物不单独计价	①采用实际成本法，结转包装物成本	借：销售费用 贷：周转材料——包装物
	②采用计划成本法，结转包装物成本	借：销售费用（实际成本） 贷：周转材料——包装物（计划成本） 材料成本差异（出库结转节约差异在借方，结转超支差异在贷方）
（4）随同商品出售包装物单独计价	①确认包装物收入	借：银行存款 贷：其他业务收入 应交税费——应交增值税（销项税额）
	②采用实际成本法，结转包装物成本	借：其他业务成本 贷：周转材料——包装物
	③采用计划成本法，结转包装物成本	借：其他业务成本（实际成本） 贷：周转材料——包装物（计划成本） 材料成本差异（出库结转节约差异在借方，结转超支差异在贷方）
（5）出租包装物	①确认包装物收入	借：银行存款 贷：其他业务收入
	②采用实际成本法，结转包装物成本	借：其他业务成本 贷：周转材料——包装物
	③采用计划成本法，结转包装物成本	借：其他业务成本（实际成本） 贷：周转材料——包装物（计划成本） 材料成本差异 （出库结转节约差异在借方，结转超支差异在贷方）
（6）出借包装物	①采用实际成本法，结转包装物成本	借：销售费用 贷：周转材料——包装物
	②采用计划成本法，结转包装物成本	借：销售费用（实际成本） 贷：周转材料——包装物（计划成本） 材料成本差异 （出库结转节约差异在借方，结转超支差异在贷方）

【做中学】光明有限公司对包装物采用计划成本法进行核算，10月购入的包装物实际成本为120 000元，计划成本为100 000元，款项以银行存款支付。公司生产产品领用包

装物的计划成本为50 000元，材料成本差异率为4%。

①购入包装物时：

借：材料采购　　120 000

　应交税费——应交增值税（进项税额）　　20 400

　贷：银行存款　　140 400

②购入包装物时：

借：周转材料——包装物　　100 000

　材料成本差异　　20 000（超支）

　贷：材料采购　　120 000

③生产领用包装物时：

借：生产成本　　52 000

　贷：周转材料——包装物　　50 000

　　材料成本差异　　2 000（结转超支差异）

【做中学】某公司12月销售商品领用单独计价包装物的计划成本为100 000元，该包装物的材料成本差异率为—3%。销售该包装物的取得收入为120 000元，增值税销项税额为20 400元，款项已存入银行。

①确认包装物收入：

借：银行存款　　140 400

　贷：其他业务收入　　120 000

　　应交税费——应交增值税（销项税额）　　20 400

②结转包装物成本：

借：其他业务成本　　97 000

　材料成本差异　　3 000

　贷：周转材料——包装物　　100 000

【学中做】光明有限公司11月销售部门领用不单独计价包装物的计划成本为30 000元，材料成本差异率为4%。光明有限公司如何进行账务处理？

二、低值易耗品如何账务处理

1. 什么是低值易耗品

低值易耗品是指不能作为固定资产核算的各种用具物品，包括工具、管理用具、劳动保护用品等。

2. 低值易耗品如何核算

通过设置“周转材料——低值易耗品”科目反映和监督低值易耗品的增减变动及价值损耗、结存情况，该科目按照周转材料的种类，分别设置“在库”“在用”“摊销”明细科目。低值易耗品一般按照使用次数分次计入相关的成本费用，对于一些金额较小的低值易耗品也可一次计入相关的成本费用。

采用五五摊销法（或分次摊销法），账务处理如表3-6所示。若采用计划成本法核算低值易耗品，在领用周转材料时，还应结转应分摊的成本差异，其账务处理参照计划成本法下发出材料的核算。

表3-6　　低值易耗品的账务处理（五五摊销法）

经济业务内容	账务处理
（1）领用低值易耗品时	借：周转材料——低值易耗品——在用 　贷：周转材料——低值易耗品——在库
	同时摊销50%： 借：制造费用 　贷：周转材料——低值易耗品——摊销
（2）报废时	摊销余下的50%： 借：制造费用/管理费用/销售费用 　贷：周转材料——低值易耗品——摊销
	注销周转材料的全部已提摊销额： 借：周转材料——低值易耗品——摊销（50%+50%） 　贷：周转材料——低值易耗品——在用
	回收残料： 借：原材料（库存现金） 　贷：制造费用/管理费用

【做中学】青钟化肥有限公司基本车间领用劳动保护用品一批，实际成本为100 000元，该批劳动保护用品估计使用两次，公司采用五五摊销法进行该劳动保护用品的摊销。

①领用劳动保护用品时：

借：周转材料——低值易耗品——在用　　100 000

　贷：周转材料——低值易耗品——在库　　100 000

②同时，摊销劳动保护用品成本的50%时：

借：制造费用　　50 000

　贷：周转材料——低值易耗品——摊销　　50 000

③报废时摊销余下的50%：

借：制造费用　　50 000

　贷：周转材料——低值易耗品——摊销　　50 000

④注销周转材料的全部已提摊销额：

借：周转材料——低值易耗品——摊销　　100 000

　贷：周转材料——低值易耗品——在用　　100 000

学习情境四　委托加工物资的核算

有些企业全部的生产流程都由本公司完成，有些企业却需要委托其他企业进行加工，然后再出售。哪些企业经常有这种要委托其他企业加工的物资？针对这些需要委托外单位进行加工的商品，企业要怎样进行核算呢？

一、委托加工物资的内容和成本有哪些

委托加工物资是指企业委托外单位加工的各种物资，包括材料和商品等。委托加工物资只是改变了物资存放的地点，仍然是企业的存货范畴。

委托加工物资的成本包括加工物资的实际成本、支付的加工费、往返的运杂费及支付的税金，包括委托加工物资应负担的消费税等。

二、委托加工的物资如何账务处理

“委托加工物资”科目属资产类，反映和监督委托加工物资的增减变动及结存情况，本科目按照加工合同、受托加工单位、加工物资的品种等进行明细核算。

借方　　　　委托加工物资　　　　贷方

借方	贷方
委托加工物资的实际成本	①加工完成入库物资的实际成本 ②退回材料的实际成本
企业委托外单位加工尚未完成物资的实际成本	

委托加工物资也可以采用计划成本法或售价金额法核算，其方法与库存商品的核算相似。委托加工的物资的账务处理如表 3-7 所示。

表3-7　委托加工的物资的账务处理

经济业务内容	账务处理
（1）发出委托加工的物资时	采用实际成本法时： 借：委托加工物资 　贷：原材料/库存商品
	采用计划成本法时： 借：委托加工物资（加工物资的实际成本） 　贷：原材料/库存商品（计划成本） 　　材料成本差异（出库结转节约差异在借方，结转超支差异在贷方）
（2）支付加工费、运杂费等	借：委托加工物资 　应交税费——应交增值税（进项税额） 　（要看情况确定是否可以抵扣） 　贷：银行存款
（3）缴纳消费税时	委托加工物资收回后直接出售： 借：委托加工物资（支付的消费税计入加工物资的成本） 　贷：银行存款
	委托加工物资收回后继续加工： 借：应交税费——应交消费税（支付的消费税可以抵扣） 　贷：银行存款
（4）加工完成后验收入库	采用实际成本法时： 借：原材料/库存商品 　贷：委托加工物资
	采用计划成本法时： 借：原材料/库存商品等（加工物资的计划成本） 　贷：委托加工物资（加工物资的实际成本） 　　材料成本差异（入库产生差异：节约在贷方，超支在借方）

【做中学】阳明公司为一般纳税人，将一批原材料委托外单位代加工C产品（属于应税消费品），发出原材料计划成本为100 000元，本月成本差异率为1%。阳明公司用银行存款支付加工费用10 000元，支付应缴纳的消费税5 842元和取得增值税发票上注明增值税额1 700元。加工完毕，验收入库。该产品计划成本为115 000元（H产品收回后直接销售）。

第一步，阳明公司的账务处理如下：

①发出加工物资：

借：委托加工物资　　　　　　　101 000（实际成本）

贷：原材料　　100 000（计划成本）

材料成本差异　　1 000

②支付加工费（委托加工应税消费品加工收回后直接销售）：

借：委托加工物资　　15 842

应交税费——应交增值税（进项税额）　　1 700

贷：银行存款　　17 542

③ 加工完成后验收入库：

借：库存商品　　115 000

材料成本差异　　1 842

贷：委托加工物资　　116 842

第二步，受托单位则是代扣代缴，账务处理如下：

借：银行存款　　17 542

贷：主营业务收入　　10 000

应交税费——应交增值税（进项税额）　　1 700

应交税费——应交消费税　　5 842

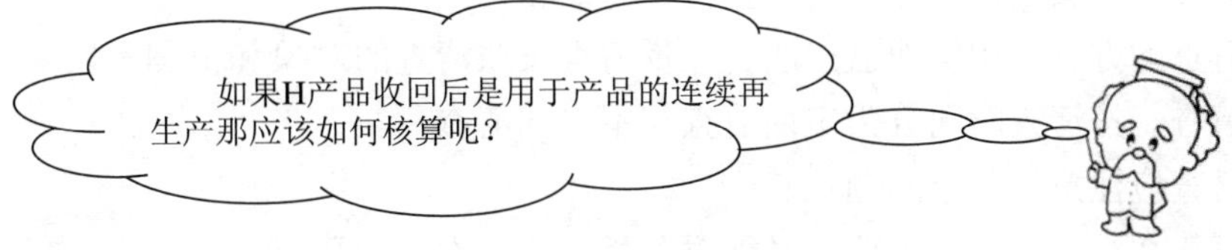

【学中做】临江公司委托宜丰量具厂加工一批量具，发出材料一批，该批材料的计划成本 10 000 元，材料成本差异率为 1%，另以现金支付运费 120 元。该批量具加工完毕，开出转账支票支付加工费 1 000 元，支付增值税 170 元，另以现金支付量具运费 50 元。该批量具的计划成本 12 000 元。临江公司如何进行账务处理？

任务五　存货的清查和期末计价

- 掌握存货的清查和期末计价的核算。
- 针对企业具体情况提出有效的存货管理办法。

学习情境一　存货的清查

情境导入

企业的物资有很多，为了能够对这些物资进行较好的控制，需要对其进行定时或不定时的清查。那么企业在进行物资清查时，通常有哪些办法？当出现清查的结果与账面数不一致时，要如何处理？

知识准备

一、存货清查需注意哪些问题

存货清查是确定存货实存数与账面结存数是否相符的一种专门方法，其意义在于保证企业的存货资产的安全性，做到账实相符和账账相符。

存货清查的方法采用实地盘点法。存货清查按照清查的对象和范围不同，分为全面清查和局部清查。按清查时间分为定期清查与不定期清查。

存货清查应注意的几个问题：

（1）每年在编制年度报表前，必须对存货进行一次全面清查。

（2）为了加强控制，还应在年内结合企业实际情况进行定期或不定期的轮流或重点清查。定期全面清查由厂部领导、专业人员、仓库管理人员和职工组织清查小组，深入仓库逐一盘点核对。不定期局部清查可由有关部门负责人、仓库管理员、记账员一起参加，边点边对。计量存货时不应计入其他企业在本企业寄销的，而本企业作为寄销在外企业（承销人）寄销的货品，由于其所有权仍归本企业所有，应包括在盘点的存货中。

（3）除了要进行实物盘点，账实核对外，还应注意存货的质量和储存情况。

企业的各种存货清查盘点时，发现盈亏、毁损，应于期末前查明原因，并根据企业的管理权限，经股东大会、董事会、经理（厂长）会议或类似机构批准后，在期末结账前处理完毕。

盘盈或盘亏的存货在期末结账前尚未批准的，在对外提供财务报告时先按上述规定进行处理，并在会计报表附注中做出说明。如果期末后批准处理的金额与已处理的金额不一致，调整当期会计报表相关项目的年初数。

为了反映企业在财产清查中发现的各种存货的盘盈、盘亏和毁损情况，企业设置“待处理财产损溢”科目进行核算。

二、存货清查如何进行账务处理

表3-8　　存货清查的账务处理

账务处理 时间节点	账务处理	
	盘盈	盘亏
批准前	借：原材料/库存商品 　贷：待处理财产损溢	借：待处理财产损溢 　贷：原材料/库存商品
批准后	借：待处理财产损溢 　贷：管理费用	借：原材料/库存现金（残值） 　　其他应收款（保险或过失人赔偿） 　　管理费用（一般经营损失） 　　营业外支出（非常损失） 　贷：待处理财产损溢

【做中学】林升公司10月31日在财产清查过程中，盘盈A产品一批，盘盈数量为1 000件，A产品实际的单位成本为100元，经查明是由于收发计量上的错误所致。

第一步，盘盈A产品：

借：库存商品——A产品　　　　100 000

　贷：待处理财产损溢——待处理流动资产损溢　　　　100 000

第二步，报批处理后：

借：待处理财产损溢——待处理流动资产损溢　　　　100 000

　贷：管理费用　　　　100 000

【做中学】林升公司在财产清查过程中，还发现盘亏甲材料一批，数量为100千克，实际单位成本为10元，经查明属于一般经营损失；发现毁损乙材料80千克，实际单位成本为20元，经查明属于材料保管员的过失，由其赔偿损失1 000元，残料已办理入库手续，价值为200元；盘亏丙材料50千克，实际单位成本为30元，查明原因是暴风雨造成。（提示：增值税进项税额无须转出）

第一步，发现材料亏损时：

借：待处理财产损溢——待处理流动资产损溢　　　　4 100

　贷：原材料——甲材料　　　　1 000

　　　　　——乙材料　　　　1 600

　　　　　——丙材料　　　　1 500

第二步，查明原因，根据管理权限，经过批准处理时：

借：管理费用　　　　1 400

　　其他应收款　　　　1 000

　　原材料——乙材料　　　　200

　　营业外支出　　　　1 500

贷：待处理财产损溢——待处理流动资产损溢　　　　4 100

【学中做】林升公司组织一批人员进行材料的清查，在清查过程中发现盘亏A材料20千克，价值300元，查明原因为计量错误；发现毁损B材料10千克，价值400元，查明为自然毁损；盘盈C材料15千克，价值200元。该公司如何进行批准前、后的相关账务处理？

学习情境二　存货的期末计价

王林所在水泥厂遇到了这样一个问题：由于生产时某种材料用得过多，造成水泥质量很差，给商家造成了很大的损失。王林去成品库查看时，吓了一大跳，一仓库的水泥，标着“待处理”，看来这批水泥真的大大减值了，应该怎么处理呢？

知识准备

一、存货期末计量有哪些原则

资产负债表日，存货应当按照成本与可变现净值孰低计量。即资产负债表日，存货的成本低于可变现净值，存货按成本计量；存货成本高于其可变现净值的，存货按可变现净值计量，此时应当计提存货跌价准备，计入当期损益。

可变现净值是指在日常活动中，存货的估计售价减去至完工时估计将要发生的成本、估计的销售费用以及相关税费后的金额。存货成本是指期末存货的实际成本。

二、如何判断存货减值

1. 存货存在下列情况之一的，表明存货的可变现净值低于成本

（1）该存货的市场价格持续下跌，并且在可预见的未来无回升的希望。

（2）企业使用该项原材料生产产品的成本大于产品的销售价格。

（3）企业因产品更新换代，原有库存原材料已不适应新产品的需要，而该原材料的市场价格又低于其账面成本。

（4）因企业所提供的商品或劳务过时或消费者偏好改变而使市场的需求发生变化，导致市场价格逐渐下跌。

（5）其他足以证明该项存货实质上已经发生减值的情形。

2. 存货存在下列情形之一的，表明存货的可变现净值为零

（1）已霉烂变质的存货。

（2）已过期且无转让价值的存货。

（3）生产中已不再需要，并且已无使用价值和转让价值的存货。

(4) 其他足以证明已无使用价值和转让价值的存货。

三、如何确定可变现净值

企业确定存货的可变现净值，应当以取得的确凿证据为基础，并且考虑持有存货的目的、资产负债表日后事项的影响等因素。存货可变现净值的确凿证据是指对确定存货的可变现净值有直接影响的确凿证明，如产品或商品的市场销售价格、与企业产品或商品相同或类似商品的市场销售价格、供货方提供的有关资料、销售方提供的有关资料、生产成本资料等。

不同存货其可变现净值构成不同，对于加工的材料存货应当区分以下三种情况确定其期末价值：

1. 对于持有的产成品、商品等直接用于出售的商品存货或材料

可变现净值＝预计售价－估计的销售费用和相关税费

2. 对于为生产而持有的材料等

(1) 如果用其生产的产成品的可变现净值预计高于成本，则该材料仍然应当按照成本计量。这里的“材料”指原材料、在产品、委托加工材料等。“可变现净值高于成本”中的成本是指产成品的生产成本。(产成品的可变现净值是指在正常生产经营过程中，应当以所生产的产成品的估计售价减去至完工时估计将要发生的成本、估计的销售费用和相关税费后的金额。)

【做中学】2016 年 12 月 31 日，G 公司库存原材料 H1 材料的账面成本为 3 000 万元，市场销售价格总额为 2 800 万元，假定不发生其他销售费用。用 H1 材料生产的产成品 W5 型机器的可变现净值高于成本。

根据上述资料可知：2016 年 12 月 31 日，H1 材料的账面成本高于其市场价格，但是由于用其生产的产成品 W5 型机器的可变现净值高于成本，也就是用该原材料生产的最终产品此时并没有发生价值减损。因此，H1 材料即使其账面成本已高于市场价格，也不应计提存货跌价准备，仍应按 3 000 万元列示在 2010 年 12 月 31 日的资产负债表的存货项目之中。

(2) 如果材料价格的下降表明产成品的可变现净值低于成本，则该材料应当按可变现净值计量。

【做中学】2016 年 12 月 31 日，甲公司库存原材料 C 材料的账面成本为 600 万元，单位成本为 6 万元/件，数量为 100 件，可用于生产 100 台 W6 型机器。C 材料的市场销售价格为 5 万元/件。

C 材料市场销售价格下跌，导致用 C 材料生产的 W6 型机器的市场销售价格也下跌，由此造成 W6 型机器的市场销售价格由 15 万元/台降为 13.5 万元/台，但生产成本仍为 14 万元/台。将每件 C 材料加工成 W6 型机器尚需投入 8 万元，估计发生运杂费等销售费用 0.5 万元/台。

根据上述资料，可按照以下步骤确定 C 材料的可变现净值。

①计算用该原材料所生产的产成品的可变现净值：

W6 型机器的可变现净值＝W6 型机器估计售价－估计销售费用－估计相关税费

＝13.5×100－0.5×100＝1 300（万元）

②将用该原材料所生产的产成品的可变现净值与其成本进行比较：

W6型机器的可变现净值1 300万元小于其成本1 400万元，即C材料价格的下降表明W6型机器的可变现净值低于成本。因此C材料应当按可变现净值计量。

③计算该原材料的可变现净值：

C材料的可变现净值＝W6型机器的售价总额－将C材料加工成W6型机器尚需投入的成本－估计销售费用－估计相关税费＝13.5×100－8×100－0.5×100＝500（万元）

C材料的可变现净值500万元小于其成本600万元，因此C材料的期末价值应为其可变现净值500万元，即C材料应按500万元列示在2010年12月31日资产负债表的存货项目之中。

3. 对于为执行销售合同或劳务合同而持有的存货

企业持有的存货如存在销售合同应该以合同约定的价格为基础计算存货的可变现净值。

如果企业持有的同一项存货的数量多于销售合同或劳务合同订购的数量的，应分别确定其可变现净值，并与其相对应的成本进行比较，分别确定存货跌价准备的计提或转回金额。超出合同部分的存货的可变现净值，应当以一般销售价格为基础计算。

【做中学】2016年12月30日，林升公司与庆天公司签订了一份销售合同，双方约定，2017年2月20日，林升公司应按每台310 000元的价格向庆天公司提供W4型机器12台。2016年12月31日，林升公司W4型机器的账面价值（成本）为3 920 000元，数量为14台，单位成本为280 000元。2016年12月31日，W4型机器的市场销售价格为300 000元/台。估计销售费用及税金为50 000元。

（1）计算W4型机器的可变现净值：

W4型机器可变现净值＝（310 000×12）＋（300 000×2）－50 000＝4 270 000（元）

（2）将W4型机器账面价值与可变现净值比较：

W4型机器可变现净值4 270 000元高于W4型机器账面价值3 920 000元。

（3）确定W4型机器的期末价值：

W4型机器期末按成本＝3 920 000（元）

【学中做】某企业持有120 000台产品，其中100 000台有销售合同，每台合同价格1 000元，市场销售价格950元，假设销售一台产品的销售费用和相关税费合计20元，该产品的可变现净值是多少？有没有减值？

确定存货可变现净值应考虑的因素

《企业会计准则》关于存货准则第十六条规定：“企业确定存货的可变现净值，应当以取得的确凿证据为基础，并且考虑持有存货的目的、资产负债表日后事项的影响等因素。”由此可以看出，确定存货可变现净值应当考虑以下三个因素。

第一，确定可变现净值的确凿证据。期末存货采用成本与可变现净值孰低计价是按照谨慎原则的具体要求，充分考虑企业资产随着时间推移和市场变化可能导致的价格波动，选择成本与可变现净值较低者作为期末存货的实际价值体现在会计报表中。

第二，存货持有的目的。持有存货的目的通常有三种：一是出售，二是继续加工，三是为执行销售合同而持有。持有目的不同，存货可变现净值的确定方法也不同。

第三，资产负债表日后事项的影响。期末确定存货可变现净值，不仅要考虑资产负债表日该存货或该存货生产的产品的价格、成本波动，还要考虑未来可能发生的与之相关事项的影响。

四、存货跌价准备如何进行账务处理

当存货发生跌价时，应当设置“存货跌价准备”科目，反映计提的存货跌价准备。该科目是存货类的备抵科目，可按存货项目或类别进行明细核算。

借方　　　　存货跌价准备	贷方
①实际发生的存货跌价损失金额 ②冲减的存货跌价准备金额	计提的存货跌价准备金额
	企业已计提尚未转销的存货跌价准备

资产负债表日，存货的成本高于可变现净值，企业应当计提存货跌价准备，借记“资产减值损失”科目，贷记“存货跌价准备”科目。

当以前的减记存货价值的影响因素已经消失时，减记的金额应当予以恢复，在原已计提的存货跌价准备金额内转回，借记“存货跌价准备”科目，贷记“资产减值损失”科目。

企业发出已计提减值准备的存货时，应同时结转其计提的减值准备金额，借记“存货跌价准备”科目，贷记“主营业务成本”“其他业务成本”等科目。

【做中学】安达公司2016年和2017年甲材料的账面价值及预计可变现净值情况如表3－9所示。

表3　9　　安达公司甲材料的期末计价　　单位：元

材料名称	时间	账面价值	预计可变现净值
甲材料	2016.6.30	100 000	70 000
	2016.12.31	70 000	80 000
	2017.6.30	80 000	120 000

①2016年6月30日，甲材料市场上价格下降，公司计提减值准备：

借：资产减值损失　　　　30 000

贷：存货跌价准备　　　　　　　　　　　　　　30 000

②2016 年 12 月 31 日，甲材料市场上价格有所上升，公司冲回已计提的部分减值准备：

借：存货跌价准备　　　　　　　　　　　　10 000

贷：资产减值损失　　　　　　　　　　　　　　10 000

③2017 年 6 月 30 日，甲材料的减值因素已消除，市场价格上升，公司冲回剩余的减值准备：

借：存货跌价准备　　　　　　　　　　　　20 000

贷：资产减值损失　　　　　　　　　　　　　　20 000

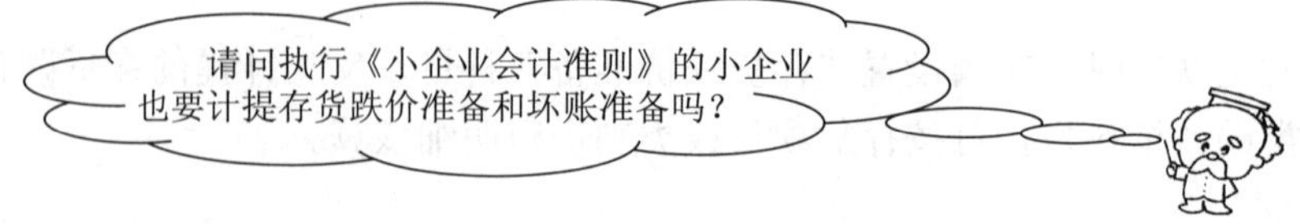

和洋公司存货问题如何解决？

任务一情境导入中和洋公司存货问题应如何解决呢？

一、存货管理存在哪些问题？

(1) 系统问题：存货管理信息系统与其他管理信息系统不能充分共享，且信息系统管理功能不强。

(2) 成本问题：产品生产数量管理不当，且未能充分利用第三方的物流管理。

(3) 流程问题：局部利益与整体利益冲突。

二、该如何改善存货管理？

和洋公司的存货管理存在着诸多的弊端和问题，只能从如下方面进行调整，才能科学、合理地保持存货量既满足基本生产需要，又尽可能地节约资金占用的要求。

(一) 优化存货管理流程

1. 优化存货管理流程的思路

和洋公司利用物流的先进管理理论和管理方法，对公司存货管理的全过程进行了优化组合和合理配置，使存货管理活动中的订单流、物流和资金流都处于最佳状态，以最少的投入获得最大的产出。

2. 存货管理流程设计

(1) 产品入库验收控制

主要是指产品入库的数量和质量，一定要做到准确、安全入库，并标明库位号，因为这直接关系到存货产品的警戒线和印制数量的实施。具体做法是：设置专职仓库保管人员。每次仔细填制入库单、签字并输入系统，并且送财务部门一份。

(2) 建立严格发货制度

发货是公司的主旋律，产品只有发出去，才能变现，才是真正的“流动资产”。仓库保管人员要核查发货单。无论是何种形式的发货单，均要有营销业务经手人签字和部门负责人批准签字，储运人员仔细验单、核发数量，并在实物出库凭证上签字。存货发出后，仓库保管人员及时登记存货记录卡片，计算结余数，并与存货产品警戒线对照，以便及时、准确地掌握存货的数量。

(3) 退货的控制

公司要有退货的控制制度。收到退回的产品时，要仔细检验产品的质量是否合格，数量是否与对方的退货单相符，能继续销售的可填制销售退回入库单。如果客户退货损坏严重或不及时，业务员要告知客户，并采取一定的措施。若退回产品的数量少，则提示对方，下不为例；若退回产品的数量多，或双方按一定比例承担等，否则公司损失更大。

(4) 存货的盘点制度

将定期盘点与不定期盘点相结合。清查盘点时，最好由 3 人以上组成盘点小组，且应有财务人员参加，防止错盘、重盘、漏盘，既要查清数量，又要检查质量，根据盘点结果，如实填写“存货盘点报告单”。对积压、残损的存货单独写清查报告和处理意见，并同仓库保管员共同调整存货账务，确保账实相符，以保证会计存货核算资料的真实可靠。

(二) 建立最佳存货量

1. 加强市场调查和市场预测

在市场经济条件下，公司要做好市场调查与市场预测。首先，必须分清公司的主要竞争对手，确认竞争对手的实力，潜在的竞争者是谁；其次，根据有关市场信息资料，运用一定的方法和数学模型，预测未来一定时期内市场发展的方向，为公司制定发展战略和市场营销策略提供科学依据。

2. 科学确定存货量

结合公司自身的实际模式，对历史销售情况详细统计，客观分析，除去偶然因素的影响，确定每种存货产品的警戒线，尤其是对畅销产品、常销产品。存货产品数一旦低于此数，就要着手生产事宜。

三、点评

在市场形势多变，市场竞争激烈的情况下，存货既可作为季节性或不均衡生产的缓冲器，也是需求与供应不平衡的调节器，是企业产、供、销三个环节实物量和价值量的体现。目前，大多数企业面临高负债经营，合理储备存货，就可以直接节约资金，降低资金成本，增加盈利。因此，认真地研究企业存货决策，对于加强企业管理，提高资金使用率，加速资金周转，提高经济效益，具有重要的经济意义。

资料来源：http：//www.jrj.com.cn/

本项目是每个企业业务核算的必有内容，是无论工业企业还是商品流通企业的每一个会计人员都必须具备的基本常识之一。存货作为企业的流动资产，流动性非常强，因此，

企业需要加强管理，以适当降低企业的成本，也可维持企业的短期偿债能力。

学生学习时要把握几下几点：一是购入存货成本的确定，特别注意增值税的抵扣问题；二是存货核算有实际成本法和计划成本法，要比较二者核算的区别；三是要能分清材料成本差异的超支和节约，对差异的产生、结转、结存要能理解其程序、计算方法及具体核算；四是要能分清周转材料，并根据具体用途进行核算，特别注意摊销方法，对于委托加工物资，准确核算其成本，对税的核算要细心；五是存货减值时要看清具体情况再分析计算可变现净值，比较应收款项的减值的核算，关注“存货跌价准备”账户和“坏账准备”账户的相似之处，灵活学习。

任务检测

一、单选题

1. 下列不属于企业存货的是（　　）。

A. 在途物资　　B. 代销商品　　C. 委托加工物资　　D. 包装容器

2. 不应计入存货成本的是（　　）。

A. 所发生的从事劳务提供人员的直接人工

B. 采购成本

C. 使存货达到目前场所和状态所发生的其他支出

D. 非正常消耗的直接材料

3. 某工业企业为增值税一般纳税人。购入乙种原材料5 000吨，收到的增值税专用发票上注明的售价为每吨1 200元，增值税额为1 020 000元。另发生运输费用60 000元，装卸费用20 000元，途中保险费用18 000元。原材料运抵企业后，验收入库原材料为4 996吨，运输途中发生合理损耗4吨。该原材料的入账价值为（　　）元。

A. 6 098 000　　B. 6 093 800　　C. 6 089 000　　D. 6 078 000

4. 某企业为一般纳税人，委托C单位加工B材料（非金银首饰），发出原材料价款20 000元，支付加工费10 000元，取得的增值税专用发票上注明增值税税额为1 700元，由受托方代收代缴的消费税为1 000元，材料已加工完毕验收入库，款项均已支付。委托方收回后的B材料用于连续生产应税消费品，该B材料收回时的成本为（　　）元。

A. 31 000　　B. 22 700　　C. 32 700　　D. 30 000

5. 存货的归属以（　　）为划分标准。

A. 销售权　　B. 使用权　　C. 所有权　　D. 经营权

二、多选题

1. 下列物资中属于存货的有（　　）。

A. 原材料　　B. 包装物　　C. 产成品

D. 低值易耗品　　E. 固定资产

2. 下列各项支出中，一般纳税企业应计入存货成本的有（　　）。

A. 购入存货时发生的增值税进项税额　　B. 购买存货而支付的安装费

C. 购入存货发生的保险费　　D. 购买存货而发生的运输费用

3. 下列各项中可以计入当期损益的有（　　）。

A. 存货盘亏造成的损失　　B. 对低值易耗品和包装物进行摊销

C. 计提存货跌价准备　　D. 已售存货的成本结转

4. 企业的原材料采用计划成本法核算时，应设置的账户有（　　）。

A. 在途物资　　B. 原材料　　C. 材料成本差异　　D. 材料采购

5. 企业发出存货，可选择的计价方法有（　　）。

A. 先进先出法　　B. 一次加权平均法

C. 移动加权平均法　　D. 个别计价法

三、判断题

1. 企业外购存货发生的途中所有损耗，均计入购入的存货成本。（　　）

2. 随同产品出售，不单独计价的包装物成本，直接计入产品的生产成本。（　　）

3. 企业采用成本与可变现净值孰低法确定存货的期末价值时，当存货的成本高于可变现净值时，按成本计价。（　　）

4. 存货的采购成本，包括购买价款、增值税进项税费用、运输费、装卸费、保险费，以及其他可归属于存货采购成本的费用。（　　）

5. 对于已售存货，应当将其成本结转为当期损益，相应的存货跌价准备也应当予以结转。（　　）

四、实训项目

任务一

【目的】练习原材料采用实际成本法的计算。

【资料】某工业企业采用一次加权平均法核算 A 材料的收发，5 月 A 材料收发情况如表 3－10 所示。

表 3－10　　**材料收发汇总表**

材料种类：A 材料　　日期：2016 年 5 月 31 日　　金额单位：元　数量单位：千克

日期	购进		发出		结存	
	数量	单价	数量	单价	数量	单价
5.1					200	10
5.5	300	12				
5.10			300			
5.12	500	14				
5.20			500			

制表人：李清

【要求】计算加权平均单价、本月发出材料的成本、月末结存材料的成本。

任务二

【目的】练习原材料采用计划成本的核算。

【资料】某企业（一般纳税人）采用计划成本法核算，月初“原材料”账户计划成本为50 000元，“材料成本差异”账户借方余额为8 000元，本月入库原材料的计划成本为100 000元，入库原材料的材料成本差异为节约5 000元，本月发出原材料的计划成本为20 000元。

【要求】计算材料的成本差异率、发出材料应负担的材料成本差异额、发出材料的实际成本。

任务三

【目的】练习包装物的核算。

【资料】某工厂为增值税一般纳税人，包装物采用实际成本计价核算。该企业2016年6月发生如下经济业务：

(1) 2日，向甲企业购入包装物一批，买价40 000元，增值税6 800元，款项共46 800元已通过银行存款支付，包装物已验收入库。

(2) 9日，向乙企业购进包装物一批，买价50 000元，增值税8 500元，款项58 500元已用银行存款支付，包装物尚未运到。

(3) 11日，基本生产车间生产产品领用包装物一批，实际成本8 500元。

(4) 12日，销售部门为销售产品领用包装物一批，实际成本2 300元，该批包装物随同产品出售而不单独计价。

(5) 15日，销售部门为销售产品领用包装物一批，实际成本4 000元，该批包装物随同产品出售，单独计价为5 000元，增值税850元，款项5 850元已收存银行。

【要求】根据以上经济业务编制会计分录。

任务四

【目的】练习委托加工物资的核算。

【资料】A、B公司均为一般纳税人，增值税率为17%。A公司将生产应税消费品甲产品所需原材料委托B公司加工。5月10日A公司发出材料实际成本为519.50万元，应付加工费为70万元（不含增值税），消费税率为10%，A公司收回后将进行加工应税消费品甲产品；5月25日收回加工物资并验收入库，另支付往返运杂费1.5万元，加工费及代扣代交的消费税均未结算；5月28日将所加工收回的物资投入生产甲产品，此外生产甲产品过程中发生工资费用200万元，福利费28万元，分配制造费用181万元；5月31日甲产品全部完工验收入库。6月5日销售甲产品一批，售价2 000万元（不含增值税），成本1 000万元，货款尚未收到。

【要求】编制A公司有关委托加工材料及收回后的会计分录。

任务五

【目的】练习存货清查的核算。

【资料】某企业对存货进行清查，清查结果及批准处理情况如凭5－1，凭5－2所示。

凭 5－1

存货盘点表　　　　盘点时间：2016 年 12 月 20 日

项目	账面数量	盘存数量	盈亏数（＋，－）	被盘点责任人签字
A 低值易耗品	300 件	305 件	5 件	李丽
B 原材料	4 000 千克	3 500 千克	－500 千克	李丽
C 产成品	1 000 件	920 件	－80 件	孙健

盘点人：张三　　　　监盘人：王立　　　　记录人：宋超

凭 5－2

存货盘点批复

经查实确认，A 低值易耗品盘盈系收发计量差错所致；B 原材料短缺是管理制度不健全所造成；C 产成品毁损属意外事故造成，其残料价值 500 元，可获保险公司赔偿 18 450 元。

总会计师：吴贵　　　　财务科长：张浩　　　　会计：李小龙

2016 年 12 月 28 日

A 低值易耗品单位实际成本为 300 元；B 原材料单位计划成本为 100 元，材料成本差异率为 2%，其购进时的增值税进项税额为 6 936 元；C 产成品 80 件，单位实际成本为 350 元，其负担的增值税进项税额为 2 750 元。

【要求】根据以上经济业务编制会计分录。

任务六

【目的】练习存货跌价准备的核算。

【资料】某饮食服务公司的期末存货按成本与可变现净值孰低法计量。2014 年 12 月 31 日 A 存货的实际成本为 120 000 元，预计可变现净值为 114 000 元；假定 2015 年 6 月 30 日该存货的数量和种类未发生变化（下同），可变现净值为 106 000 元；2015 年 12 月 31 日可变现净值为 117 000 元；2016 年 6 月 30 日可变现净值为 123 000 元。

【要求】根据以上经济业务编制会计分录。

五、案例分析

【资料】某公司是一家私营企业，年销售额在 4 000 万元左右，近年来该公司的业绩逐渐下滑，其内部管理的混乱是根本原因，尤以存货管理的问题最为突出。在检查中发现，该企业产品的成本核算不准确等问题，主要表现为以下几个方面：

（1）该企业材料的采购是由总经理个人掌握。材料购入后因没有合同等相关资料，仓库保管员只能按实际收到材料的数量和品种入库；财务入账不及时，会计自己估价入账，发票往往几个月后甚至长达一年以上才收回，发票的数量和实际入库数量不进行核对，造成材料成本不准确，忽高忽低。

（2）期末仓库不进行盘点，财务账面存货与实物差异较大。

（3）材料领用没有建立规范的制度，车间在生产中随用随领；对超额领料缺少控制，多领不办理退库手续，生产线上残余料随处可见，随用随拿，浪费现象严重。

【要求】根据上述资料，该公司的存货管理应该做好哪些方面的工作？

项目四　长期资产管理岗位核算

任务一　长期资产管理岗位核算任务与业务流程

● 了解长期资产岗位的核算任务和业务流程。

学习情境　长期资产管理岗位核算任务与业务流程

小李在某公司往来业务岗位实习一段时间后，就被财务科张科长安排到固定资产及其他长期资产核算岗位实习。张科长说："固定资产、无形资产等长期资产是企业生产的基础，单位价值高，所占资金比重大，是企业家底的'大头'。"所以，在一个企业，资产岗位会计举足轻重。小李听后，顿感责任重大，但又有点茫然，资产岗位到底做些什么呢？

一、长期资产管理岗位有哪些核算任务

（1）正确划分固定资产和周转材料的界限，划分固定资产和投资性房地产的界限，编制资产目录，准确完成资产分类编码业务，建立健全资产卡片和资产明细账，做到账、卡、物、资金四对应。

（2）对固定资产、无形资产、投资性房地产进行总分类和明细分类核算。督促有关部门或管理人员对日常增减的长期资产办理会计手续，掌握长期资产的存量及增减变动情况。

（3）正确核算在建工程成本，严格审核自建工程支出。

（4）每月编制固定资产折旧费用计算表，计算提取固定资产折旧。

（5）监督使用部门按要求使用、检修、养护资产，做好资产后续支出的核算并登记账簿。

（6）参与固定资产不定期的清查盘点，对于在财产清查中盘盈、盘亏的固定资产，要分情况进行不同的处理，做到账实相符。

（7）每月编制无形资产摊销汇总表，正确摊销无形资产并登记账簿。

（8）正确对投资性房地产进行后续计量的账务处理。

（9）对毁损、报废和出售转让的固定资产、无形资产、投资性房地产，按“资产管理责任制”规定办理手续，进行账务处理。

（10）定期分析资产的使用效果，向企业提供有价值的会计信息或建议。

（11）接受和完成主管领导临时安排的其他工作，协助本部门其他岗位的工作。

二、长期资产管理岗位核算任务与业务流程是什么

固定资产核算业务流程如图 4－1 所示，无形资产核算业务流程如图 4－2 所示，投资性房地产核算业务流程如图 4－3 所示。

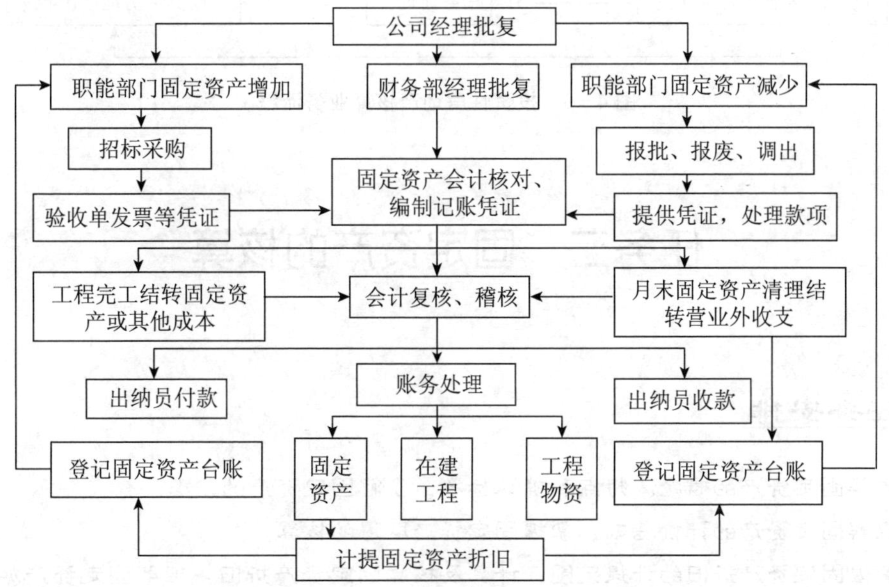

图 4－1　固定资产核算业务流程

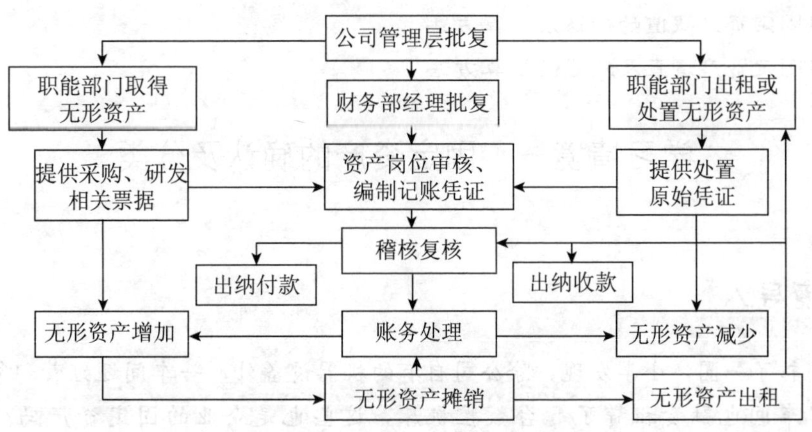

图 4－2　无形资产核算业务流程

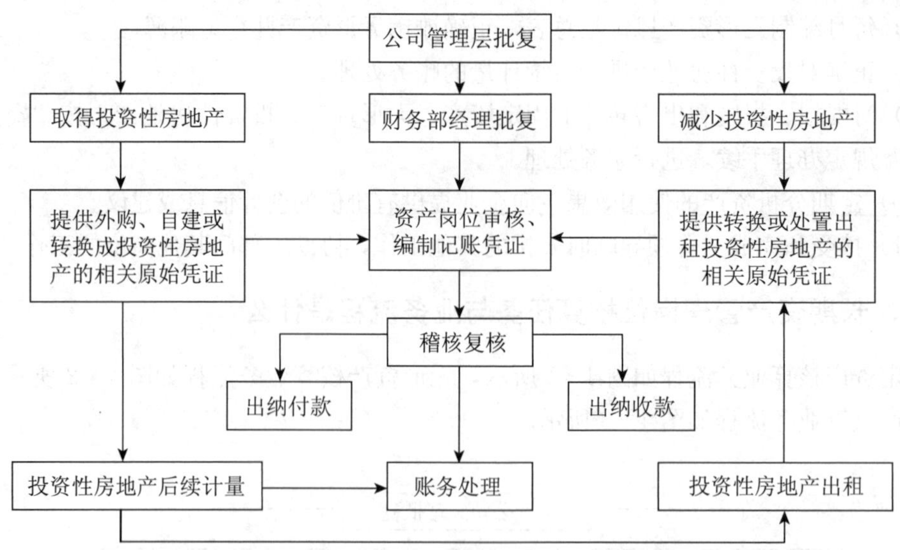

图4-3 投资性房地产核算业务流程

任务二 固定资产的核算

- 理解固定资产的概念、特点和确认标准，了解固定资产的分类。
- 理解固定资产的计价基础，掌握固定资产取得的核算。
- 掌握固定资产折旧的计提范围，计算及核算固定资产折旧；理解固定资产加速折旧的原理和不同折旧方法对企业的影响。
- 掌握固定资产后续支出的核算方法。
- 掌握固定资产减值的确认及核算方法。
- 掌握固定资产清查及处置的核算方法。

学习情境一 固定资产的确认及分类

下车间转了一圈，小李发现，除公司自有的机器设备外，一车间还经营租赁了2台普通车床，二车间也融资租赁了5台数控机床，这些也是企业的固定资产吗？小李有些困惑。

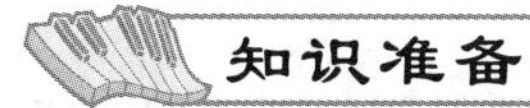

一、什么是固定资产

固定资产是指同时具有以下特征的有形资产：

（1）为生产商品、提供劳务、出租或经营管理而持有；

（2）使用寿命超过一个会计年度。

从这一定义可以看出，作为企业的固定资产有以下特征：

一是企业持有固定资产的目的，是为了生产商品、提供劳务、出租或经营管理的需要，而不像有货是为了对外出售。

二是企业使用固定资产的期限较长，使用寿命一般超过一个会计年度。

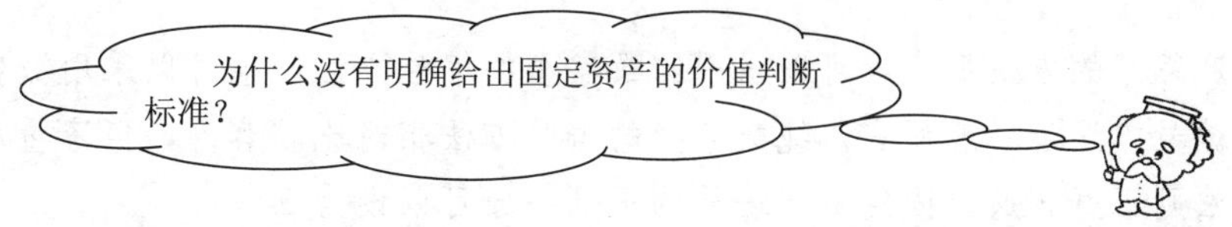

二、固定资产的确认有什么条件

除需要符合定义以外，还须同时满足以下两个条件，才能作为固定资产加以确认。

（1）与该固定资产有关的经济利益很可能流入企业。

判断某项固定资产包含的经济利益是否可能流入企业，主要依据与该固定资产所有权相关的风险和报酬是否转移到企业。凡是所有权属于企业，无论企业是否收到或持有该固定资产均确认为企业的固定资产。

但是，有时企业虽然没有取得固定资产所有权，但能控制该项固定资产所包含的经济利益流入企业，比如，融资租入固定资产，也可以认为与该固定资产所有权相关的风险和报酬实质已转移到企业（承租方），因此，满足固定资产确认的第一个条件。

（2）该固定资产的成本能够可靠地计量。

三、固定资产如何分类

固定资产按不同的标准有不同的分类，在实际工作中，企业大多采用按经济用途和使用情况综合分类方法作为编制固定资产目录、进行固定资产核算的依据。

固定资产按经济用途和使用情况等综合分类，可以分为以下 7 类：

（1）生产经营用固定资产，是指直接使用于生产经营过程的固定资产，如生产经营用房屋及建筑物、机器设备、运输设备、工具器具等。

（2）非生产经营用固定资产，是指直接使用于非生产经营过程中的固定资产，如非生产经营用职工宿舍、食堂、浴室等。

（3）租出固定资产，是指在经营性租赁方式下，租给其他单位并收取租金的固定资产。

（4）融资租入固定资产，是指在融资租赁方式下，租入并支付租金的固定资产。融资租入固定资产在租赁期内，应视同自有固定资产管理。

（5）未使用固定资产，是指已完工或已购入的尚未交付使用或待安装的新增固定资产、因改扩建等原因暂停使用的固定资产、经批准停用的固定资产。

（6）不需用固定资产，是指不适应企业生产经营需要的、等待处理的固定资产。

（7）土地是指过去已经估价单独入账的土地。因征地而支付的补偿费，应计入与该土地相关的房屋、建筑物价值，不单独作为土地入账。企业取得的土地使用权，应作为无形资产入账，不作为固定资产。

如何对固定资产进行编号

固定资产编号的方法很多，可以采用纯数字型的编号方法，也可以采用数字和英文字母相混合的编号方法。一般而言，纯数字型的编号方法相对比较容易，但容量小；而混合型的编号方法则正好相反。固定资产编号的级别一般可以设为三级：

第一级为固定资产的类别代号，要求按照对口上级管理部门规定的代号编列，做到行业系统统一，以便于归口统计。

第二级为固定资产使用部门的代号，要求做到整个企业统一。

第三级为某类固定资产的顺序号，要求顺序清晰，不漏不重。

总之，对固定资产进行编号，要求是统一的，而方法却是多样的。在满足管理要求、便于核对清查的前提下，应选择和创造最适合本企业具体条件的编号方法。

资料来源：中立诚会计师事务所

学习情境二　固定资产取得的核算

经理办公室购置了一台电脑，增值税发票注明价款 5 000 元，增值税 850 元，增值税发票、领导签字、验收单、银行付款通知书等都给了小李，该怎样进行账务处理呢？

一、固定资产取得的核算有哪些常用账户

（1）“固定资产”账户属资产类账户，核算企业所有固定资产的原始价值。

借方　　　　　　　固定资产	贷方
增加固定资产的原始价值	减少固定资产的原始价值
企业现有固定资产的原始价值	

（2）“在建工程”账户属资产类账户，核算企业进行各项工程（固定资产的新建、更新改造等工程）所发生的实际支出。

借方　　　　　　　在建工程	贷方
工程建设所发生的各项支出	工程完工交付使用的工程实际成本
企业尚未完工或虽已完工，但尚未办理竣工结算的工程实际支出	

（3）“工程物资”账户属资产类账户，核算企业为在建工程而准备的各种物资的实际成本。

借方　　　　　　　工程物资	贷方
企业购入工程物资的成本	领用工程物资的成本
企业为在建工程准备的各种物资的成本	

二、固定资产的取得如何进行账务处理

1. 购入不需要安装的固定资产怎样核算

外购固定资产的成本，为实际支付的全部价款，包括买价、进口关税等相关税费，以及为使固定资产达到预定可使用状态前所发生的可直接归属于该资产的其他支出，如运输费、装卸费、安装费和专业人员服务费等。2009 年 1 月 1 日以后，增值税一般纳税人新增的并取得合法凭证的固定资产允许按规定抵扣增值税进项税额。

【做中学】星光有限公司 2016 年 2 月 1 日购入生产用万能磨床一台，原始凭证如图 4-4，图 4-5 所示。

广东省增值税专用发票

4400101788 NO：02264782

校验码78715 01323 43156 2899 开票日期：2016年2月1日

购货单位	名称：星光有限公司 纳税人识别号：453122890635287 地址、电话：北京路110号 开户银行账号：北京路办事处 325666	密码区	032＋＋〈0／552〉－2／31612 加密版本号：01 559516／＋－，6504／8＊9，57 5400101650 ／＋－7＊／＊305427072＊580 1354089 ＊8，＊＊－430。61－／，7＊4。。17

货物或应税劳务名称	规格型号	单位	数量	单价	金额	税率	税额
万能磨床	1810F	台	1	200 000.00	200 000.00	17%	34 000.00
合计					¥200 000.00		¥34 000.00
价税合计（大写） ⊗ 贰拾叁万肆仟元整					（小写） ¥234 000.00		

销售单位	名称：广州市重型机械厂 纳税人识别号：600762171468975 地址、电话：老城区66号 开户银行账号：老城区办事处6589423	备注	

收款人：李红 复核：王力 开票人：李萍 销货单位（盖章）：广州市重型机械厂 600762171468975 发票专用章

第四联 发票联 购货方记账凭证

图4－4 原始凭证1

中国工商银行 电汇凭证（借方凭证）

委托日期 2016年 2 月 3 日 第 2 号

付款人	全称	星光有限公司			收款人	全称	广州市重型机械厂		
	账号	440289677550032566				账号	440286589423123056O		
	汇出地点	广东省广州市	汇出行名称	嵩山路办事处		汇入地址	广东省广州市	汇入行名称	老城区办事处

汇款金额	人民币（大写）：贰拾叁万肆仟元整	千	百	十	万	千	百	十	元	角	分
			¥	2	3	4	0	0	0	0	0

汇款用途	购万能磨床	科　目（借） 对方科目（贷） 汇出行汇出日期　年　月　日 复核　　记账
	此汇款支付给收款人 电划　汇款人（签章）	

此联汇出行作借方凭证

图4－5 原始凭证2

根据上述资料，应抵扣的固定资产进项税额=34 000（元）

账务处理如下：

借：固定资产　　　　　　　　　　　　　　200 000

　　应交税费——应交增值税（进项税额）　　34 000

　贷：银行存款　　　　　　　　　　　　　　　234 000

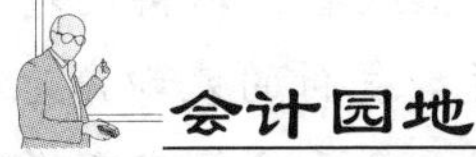

固定资产增值税抵扣相关规定

根据《关于全国实施增值税转型改革若干问题的通知》的规定，自2009年1月1日起，增值税一般纳税人购进（包括接受捐赠、实物投资）或自制（包括改扩建、安装）与生产经营有关的设备、工具器具等固定资产的进项税额，可凭增值税专用发票、海关进口增值税专用缴款书和运输费用结算单据从销项税额中抵扣。

这意味着：①只有增值税一般纳税人2009年1月1日以后新增的并取得合法凭证的固定资产才允许抵扣。②新增的固定资产包括购进、接受捐赠和实物投资、自制、改扩建和安装的固定资产等。③新增固定资产符合规定的运输费用，可以按照运输费用也可以按照“营改增”的相关规定进行抵扣。④根据“营改增”的规定，2016年5月1日后取得并在会计制度上按固定资产核算的不动产或者2016年5月1日后取得的不动产在建工程，其进项税额应自取得之日起分两年从销项税额中抵扣，第一年抵扣比例为60%，第二年抵扣比例为40%。取得不动产，包括以直接购买、接受捐赠、接受投资入股、自建以及抵债等各种形式取得不动产，不包括房地产开发企业自行开发的房地产项目。融资租入的不动产以及在施工现场修建的临时建筑物、构筑物，其进项税额不适用上述分两年抵扣的规定。

【做中学】星光有限公司2016年10月外购不动产一处作为综合办公楼，取得专用发票，注明价款1亿元，进项税额1 100万元，当月认证通过，原已经预付6 000万元，其余款项银行存款支付。办公楼直接投入使用。

借：固定资产　　　　　　　　　　　　100 000 000

　　应交税费——应交增值税（进项税额）　　6 600 000

　　应交税费——待抵扣进项税额——综合办公楼

　　　　　　　　　　　　　　　　　　　　4 400 000

　贷：预付账款　　　　　　　　　　　　　　60 000 000

　　　银行存款　　　　　　　　　　　　　　51 000 000

次年10月，剩余40%进行抵扣

借：应交税费——应交增值税（进项税额）　　4 400 000

　贷：应交税费——待抵扣进项税额——综合办公楼

　　　　　　　　　　　　　　　　　　　　　　4 400 000

此处注意，按照《不动产进项税额分期抵扣暂行办法》（2016年15号公告）第十一条的规定："对不同的不动产和不动产在建工程，纳税人应分别核算其待抵扣进项税额"。

2. 购入需要安装的固定资产怎样核算

购入需要安装的固定资产，其原始价值包括实际支付的价款（包括买价、包装费、运输费等）和安装调试费用等，先通过"在建工程"账户归集成本，待安装调试完工交付使用后，转入"固定资产"账户核算。

【做中学】2016年2月3日，星光有限公司购入一台需要安装的机器设备，取得的增值税专用发票上注明的设备价款为150 000元，增值税税额为25 500元，支付的装卸费为1 800元，款项已通过银行转账支付；安装设备时支付安装工人薪酬3 600元。假定不考虑其他相关税费。

该公司的账务处理如下：

①支付设备价款、增值税、装卸费时：

借：在建工程　　151 800

　　应交税费——应交增值税（进项税额）　　25 500

　贷：银行存款　　177 300

②支付安装工人薪酬：

借：在建工程　　3 600

　贷：应付职工薪酬　　3 600

借：应付职工薪酬　　3 600

　贷：银行存款　　3 600

③设备安装完毕达到预定可使用状态时，结转成本：

借：固定资产　　155 400

　贷：在建工程　　155 400

会计园地

一笔款项购入多项未单独标价的固定资产

企业基于产品价格等因素的考虑，可能以一笔款项购入多项没有单独标价的固定资产，如果这些资产均符合固定资产的定义，并满足固定资产的确认条件，则应将各项资产单独确认为固定资产，并按各项固定资产公允价值的比例对总成本进行分配，分别确定各项固定资产的成本。

【做中学】2016年8月21日，星光有限公司向乙公司一次购入三套不同型号且具有不同生产能力的设备A、B和C，星光有限公司为该批设备共支付货款5 000 000元，增值税进项税额850 000元，保险费17 000元，装卸费3 000元，全部以银行转账支付；假定A、B和C设备分别满足固定资产确认条件，公允价值分别为1 560 000元、2 340 000元和1 300 000元。假定不考虑其他相关税费。

星光有限公司的账务处理如下：

(1) 确认计入固定资产成本的金额，包括购买价款、保险费、装卸费等，即：

5 000 000＋17 000＋3 000＝5 020 000（元）

(2) 确定 A、B 和 C 的价值分配比例 A 设备应分配的固定资产价值比例为：

1 560 000/（1 560 000＋2 340 000＋1 300 000）×100％＝30％

B 设备应分配的固定资产价值比例为：

2 340 000/（1 560 000＋2 340 000＋1 300 000）×100％＝45％

C 设备应分配的固定资产价值比例为：

1 300 000/（1 560 000＋2 340 000＋1 300 000）×100％＝25％

(3) 确定 A、B 和 C 设备各自的成本：

A 设备的成本＝5 020 000×30％＝1 506 000（元）

B 设备的成本＝5 020 000×45％＝2 259 000（元）

C 设备的成本＝5 020 000×25％＝1 255 000（元）

(4) 会计分录：

借：固定资产——A 设备　　1 506 000

　　　　　　——B 设备　　2 259 000

　　　　　　——C 设备　　1 255 000

　　应交税费——应交增值税——进项税额　　850 000

　贷：银行存款　　5 870 000

3. 自行建造固定资产怎样核算

自行建造的固定资产成本由为建造该项资产达到预定可使用状态前所发生的必要支出构成，包括工程用物资成本、人工成本、缴纳的相关税费、应予资本化的借款费用，以及应分摊的间接费用等。

自行建造的固定资产包括自营建造和出包建造两种方式，不论哪种方式都先通过“在建工程”账户归集建造成本，工程完工交付使用后，转入“固定资产”账户核算。

(1) 自营建造。

【做中学】星光有限公司自行建造一大型生产用器械设备，为工程购入各种专用物资 100 000 元，支付增值税 17 000 元，并取得增值税专用发票。专用物资于当期全部用于机器设备类工程建设。同时，还领用本企业原材料一批，其账面成本为 15 200 元，未计提存货跌价准备，购进该批原材料时支付的增值税进项税额为 2 584 元；领用本企业生产的产品一批，实际成本为 80 000 元，税务部门确定的计税价格为 100 000 元，增值税税率为 17％；工程人员应计工资 100 000 元。工程完工并交付使用。

①购入工程物资时：

借：工程物资　　100 000

　　应交税费——应交增值税（进项税额）　　17 000

　贷：银行存款　　117 000

②领用工程物资时：

借：在建工程　　100 000

　贷：工程物资　　100 000

③领用原材料时：

借：在建工程　　　　　　　　　　　　15 200

　贷：原材料　　　　　　　　　　　　　　15 200

④领用库存商品时：

借：在建工程　　　　　　　　　　　　80 000

　贷：库存商品　　　　　　　　　　　　　80 000

⑤应计工程人员工资时：

借：在建工程　　　　　　　　　　　100 000

　贷：应付职工薪酬　　　　　　　　　　　100 000

⑥工程竣工交付使用时：

借：固定资产　　　　　　295 200（100 000＋15 200＋80 000＋100 000）

　贷：在建工程　　　　　　　295 200

（2）出包工程。企业采用出包方式进行的自建固定资产工程，工程具体支出由承包单位核算。这时，“在建工程”科目成为企业与承包单位的结算科目。具体核算方法如表4－1所示。

表4－1　　出包方式自建固定资产（如厂房）工程的会计处理

经济业务内容	账务处理
①预付工程款时	借：预付账款——厂房出包工程 　贷：银行存款
②发生与该工程有关的长期借款利息时	借：在建工程——厂房出包工程 　贷：应付利息
③将采购相关设备交于对方安装时	借：在建工程——厂房出包工程 　贷：工程物资——某设备等
④按合理估计的发包工程进度和合同规定支付进度款时	借：在建工程——厂房出包工程 　贷：预付账款 　　　银行存款
⑤工程完工，验收交付使用	借：固定资产——厂房 　贷：在建工程——厂房出包工程

【学中做】星光有限公司拟建造仓库一座，2017年3月出包给南通建筑公司承建，按规定先向承包单位预付工程款600 000元，以银行存款支付。2017年6月底，计算与该工程相关的长期借款利息30 000元，同时，工程完工，验收交付使用，并补付工程款1 200 000元。星光有限公司应如何进行账务处理？

4. 投资者投入固定资产怎样核算

企业接受外单位以固定资产作为投资，应按投资合同或协议约定的价值作为其成本，但合同或协议约定价值不公允的除外。如果投资附增值税发票的固定资产，按专用发票上注明的增值税额，借记“应交税费——应交增值税（进项税额）”科目（接受不动产投资，其进项税额应自取得之日起分2年从销项税额中抵扣，第一年抵扣比例为60%，第二年抵扣比例为40%），按照确认的固定资产价值，借记“固定资产”科目，按照增值税与固定资产价值的合计数，贷记“实收资本”等科目。

【做中学】 2011年3月3日，星光有限公司接受国内某机床厂投资的一台机床，专用发票上注明的价款150 000元，增值税25 500元。

借：固定资产　　150 000

　　应交税费——应交增值税（进项税额）　　25 500

　贷：实收资本　　175 500

5. 接受捐赠固定资产怎样核算

接受捐赠的固定资产，捐赠方提供了有关凭据的，按凭据上标明的金额加上应支付的相关税费，作为固定资产的成本；如果捐赠方未提供有关凭据，则按其市价或同类、类似固定资产的市场价格估计的金额，加上由企业负担的运输费、保险费、安装调试费等作为固定资产成本。没有同类或类似市场价的，按受捐赠固定资产预计未来现金流量的现值入账。

【做中学】 星光有限公司接受捐赠新设备一台。增值税专用发票价格为100 000元，增值税17 000元，另以银行存款支付运输费1 000元，增值税为110元。运费由星光有限责任公司支付，各项合法凭证均已取得，款项以银行存款支付。

借：固定资产　　101 000（100 000+1 000）

　　应交税费——应交增值税（进项税额）　　17 110（17 000+1 000×11%）

　贷：营业外收入　　117 000

　　　银行存款　　1 110

固定资产岗位会计人员应具备哪些素质

1. 有较高的事业心和责任感

固定资产的数量多，使用地点分散，固定资产岗位会计人员不能仅在办公室进行繁忙的记账工作，而应该经常深入实际，取得第一手资料。因此，固定资产岗位会计人员要有强烈的事业心和责任感。

2. 熟悉固定资产的性能及有关技术

企业的固定资产尤其是其中的机器设备，其性能各异，技术指标也有较大的差别，要做好管理工作，固定资产岗位会计人员对这些设备的技术性能要有较全面的了解。只有这样，才能发现问题并及时提出解决问题的措施。

3. 有丰富的固定资产知识，能对固定资产的价值进行准确的评估

如果会计人员对固定资产的有关价值核算知识缺乏了解，对机器设备的性能、技术条件先进性等不熟悉，对固定资产的入账价值就难以准确地确定。这就要求会计人员对固定

资产有较全面的知识才能胜任。

4. 对固定资产核算的有关制度比较熟悉

规范企业固定资产核算和管理的各种规章制度很多，如《企业会计准则》《企业财务通则》等。从事固定资产核算和管理的会计人员不仅应从理论上精通这些会计法规的内容，而且还应熟悉具体操作，能根据不同的经济业务，编制出正确的、符合《企业会计准则》和相关会计制度的记账凭证。

学习情境三　固定资产折旧的核算

转眼快到月底了，财务科张科长拿来几张固定资产折旧计算表让小李汇总，小李看了一下大声说："科长，拿错了！这是上个月的资料啊?"张科长笑笑："没错!"没错吗？小李有点想不通。

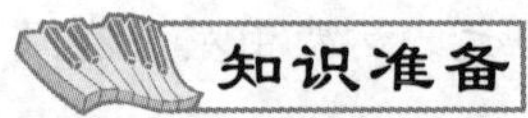

一、什么是固定资产折旧

固定资产折旧是固定资产在使用过程中，由于不断发生磨损或损耗而减少的价值。固定资产的损耗有有形损耗，如机器的物理磨损，房屋、建筑物日晒雨淋等；还有无形损耗，如手机、电脑由于科技进步带来的价值降低等。

计提折旧就是将损耗价值逐渐转移到成本费用中，以便从收入中得到补偿。因此，计提折旧的过程就是固定资产投资价值转移回收的过程。固定资产折旧是指固定资产在使用寿命内，按照确定的方法对应计折旧额进行的系统分摊。

应计折旧总额＝原值－预计净残值－固定资产减值准备

企业应当根据固定资产的性质和使用情况，合理确定固定资产的使用寿命和预计净残值。固定资产的使用寿命、预计净残值一经确定，不得随意变更。但企业应当定期复核，如与原估计数有重大差异的，应当调整，作为会计估计变更账务处理。

影响折旧的因素

影响折旧的因素主要包括以下几个方面：

①固定资产原值。

②预计净残值。

③固定资产减值准备。

④固定资产的使用寿命。

二、所有固定资产都计提折旧吗

除以下情况外，企业应当对所有固定资产计提折旧：

①已提足折旧仍继续使用的固定资产；

②单独计价入账的土地。

固定资产提足折旧后，不论能否继续使用，均不再计提折旧；提前报废的固定资产，也不再补提折旧。

达到预定可使用状态但尚未办理竣工结算的，按估计价值确定成本并计提折旧，竣工结算后再按实际成本调整原暂估价值，但不需调整原已提的折旧额。

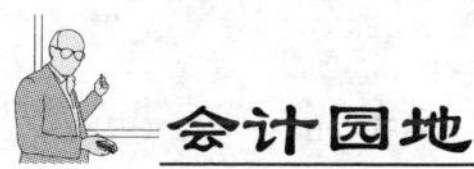

固定资产计提折旧的时间规定

企业应当按月计提固定资产折旧，当月增加的固定资产，当月不计提折旧，从下月起计提折旧；当月减少的固定资产，当月仍计提折旧，从下月起停止计提折旧。

【学中做】下列各类机器设备，应计提折旧的有（　　）。

A. 融资租入的机器设备　　B. 经营租入的机器设备

C. 季节性停用的机器设备　　D. 已提足折旧继续使用的机器设备

E. 当月增加的固定资产

三、固定资产折旧有哪些计算方法

固定资产折旧的计算方法就是将应计折旧总额在固定资产各使用期间进行分摊时采用的具体方法。

固定资产折旧方法 { 直线法：平均年限法、工作量法；加速折旧法：双倍余额递减法、年数总和法 }

1. 年限平均法

年限平均法又称直线法，是将固定资产的折旧均衡地分摊到各期的一种方法。采用这种方法计算的每期折旧额均是等额的。计算公式如下：

$$某项固定资产年折旧额=\frac{该项固定资产原值-预计净残值+预计清理费用}{该项固定资产预计使用年限}$$

固定资产年折旧率＝固定资产年折旧额÷固定资产原值×100%

＝（1－预计净残值率）÷预计使用年限月折旧率

＝年折旧率÷12

月折旧额＝固定资产原值×月折旧率

【做中学】星光有限公司生产设备一台，原值28 000元，预计净残值1 700元，预计清理费用580元，预计使用10年。按年限平均法计提设备月折旧额。

该设备年折旧额＝（28 000－1 700＋580）÷10＝26 880÷10＝2 688（元）

该设备年折旧率＝2 688÷28 000×100%＝9.5%

该设备月折旧率＝9.5%÷12＝0.8%

该设备月折旧额＝28 000×0.8%＝224（元）

会计园地

固定资产分类或综合折旧率的计算

固定资产折旧率分个别折旧率、分类折旧率和综合折旧率。其计算公式如下：

$$个别或分类、综合折旧率=\frac{某项或该类、全部固定资产年折旧额}{该项或该类、全部固定资产原值}\times 100\%$$

2. 工作量法

工作量法是指固定资产的损耗价值按照固定资产预计完成的总工作量平均计提的方法。工作量法弥补了年限平均法只重使用时间，不考虑使用强度的缺点，适用于价值大、不经常使用，或生产变化大、磨损不均衡的大型专用设备。总工作量有总工作小时和总行驶里程等，其计算公式如下：

单位工作量折旧额＝固定资产原值×（1－预计净残值率）÷预计总工作量

月折旧额＝该固定资产当月工作量×单位工作量折旧额

【做中学】星光有限公司有运输卡车一辆，原值80 000元，预计净残值率为5%，预计行驶总里程50 000千米，本月实际行驶5 000千米。按工作量法计提卡车月折旧额。

根据上述资料，计算如下：

单位里程折旧率＝80 000×（1－5%）÷500 000＝0.152（元/千米）

卡车本月折旧额＝5000×0.152＝760（元）

3. 双倍余额递减法

双倍余额递减法是在不考虑固定资产净残值的情况下，以年初固定资产账面净值为基数，以直线法折旧率的两倍为折旧率计算提取的方法。这种方法各年折旧率是固定的，折旧额呈递减趋势。计算公式如下：

年折旧率＝2÷预计使用年限×100％

年折旧额＝固定资产账面净值×年折旧率

月折旧额＝年折旧额÷12

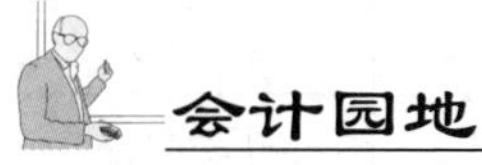

双倍余额递减法最后两年要改用直线法

实行双倍余额递减法计提折旧的固定资产，最后两年改用直线法。即应当在该固定资产折旧年限到期前两年内，将固定资产净值扣除预计净残值后的余额平均摊销。

【做中学】星光有限公司有设备一台，原值50 000元，预计残值2 000元，预计使用5年，采用双倍余额递减法计提折旧额。

根据上述资料，计算如下：

年折旧率＝2÷5×100％＝40％

各年折旧额计算如表4-2所示。

表4-2　　折旧计算表（双倍余额递减法）　　单位：元

年限	折旧基数	折旧率	年折旧额	累计折旧额	期末折余价值
0					50 000
1	50 000	40％	20 000	20 000	30 000
2	30 000	40％	12 000	32 000	18 000
3	18 000	40％	7 200	39 200	10 800
4	（10 800－2 000）÷2	—	4 400	43 600	6 400
5	6 400	—	4 400	48 000	2 000

4. 年数总和法

年数总和法是将固定资产的原值减去净残值后的净额乘以一个逐年递减的分数计算每年的折旧额，这个分数的分子代表固定资产尚可使用的年数，分母代表使用年数的逐年数字总和。计算公式如下：

年折旧率＝尚可使用年限÷预计使用年限年数总和

年折旧额＝（固定资产原值－预计净残值）×年折旧率

月折旧额＝年折旧额÷12

【做中学】根据上述资料，采用年数总和法计算，如表4-3所示。

应提折旧总额＝原值－预计净残值＝50 000－2 000＝48 000（元）

分母（15）＝1＋2＋3＋4＋5

表4-3　　折旧计算表（年数总和法）　　单位：元

年限	折旧基数	尚可用年限	折旧率	年折旧额	累计折旧额	期末折余价值
0						50 000
1	48 000	5	5/15	16 000	16 000	34 000
2	48 000	4	4/15	12 800	28 800	21 200
3	48 000	3	3/15	9 600	38 400	11 600
4	48 000	2	2/15	6 400	44 800	5 200
5	48 000	1	1/15	3 200	48 000	2 000

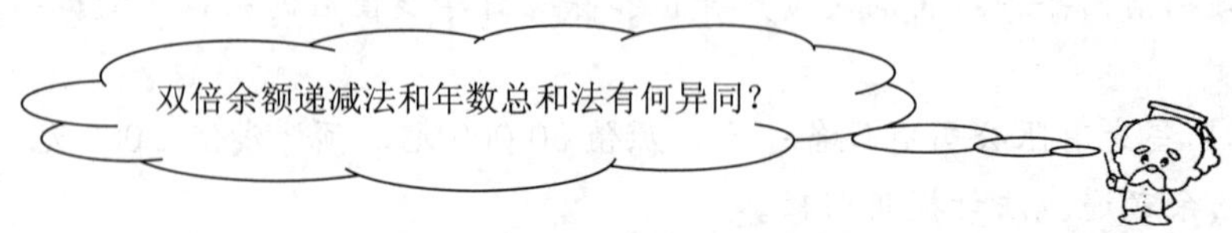

【学中做】星光有限公司2016年6月进口一台新设备，原值为1 000 000元，预计使用5年，预计净残值为10 000元。要求：分别采用双倍余额递减法和年数总和法计算2016年、2017年应计提的折旧额，并进行相关账务处理。

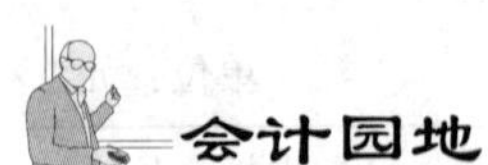

固定资产折旧方法一经确定，不得随意变更

同一固定资产，如果企业选择的折旧方法不同，会导致企业：①应计折旧额的各期分摊额不同；②各期资产的计价有区别；③各期损益的确定和应交税费的计算不同等。因此，企业应根据自身经营性质和特点，选择固定资产折旧方法。固定资产折旧方法一经确定，不得随意变更。如需变更，应将变更的内容及原因在变更当期会计报表附注中说明。

四、固定资产折旧如何会计核算

为核算固定资产折旧，需设置“累计折旧”账户，该账户为资产类账户，是“固定资产”账户的备抵账户，核算企业固定资产的累计折旧额。

借方	累计折旧　　贷方
减少固定资产转销的折旧	提取的折旧
	企业期末现有固定资产累计折旧额

每月计提折旧时，账务处理如下：

借：制造费用（生产车间使用的固定资产）

管理费用（企业行政管理部门使用的固定资产）

销售费用（企业销售部门使用的固定资产）

其他业务成本等账户（出租固定资产等）

贷：累计折旧

实际工作中，企业计提固定资产折旧要通过编制固定资产折旧计算表进行，其计算公式如下：

本月应提折旧额＝上月计提折旧额＋上月增加固定资产应计折旧额－上月减少固定资产应计折旧额

【做中学】星光有限责任公司会计部门根据各部门编制的固定资产折旧计算表，汇总编制的全公司固定资产折旧计算表如表4-4所示。

表4-4 折旧计算表 单位：元

使用部门		上月计提折旧额	上月增加固定资产应计折旧额	上月减少固定资产应计折旧额	本月应计提折旧额
生产车间	生产用	226 000	6 000	3 000	229 000
	管理用	25 000	5 000	—	30 000
	合计	251 000	11 000	3 000	259 000
行政管理部门		55 000	—	4 000	51 000
出 租		6 000	—	—	6 000
总 计		312 000	11 000	7 000	316 000

根据表4-4，编制以下会计分录；

借：制造费用 259 000

管理费用 51 000

其他业务成本 6 000

贷：累计折旧 316 000

兴趣拓展

固定资产加速折旧新规定及会计与税法的差异

财税〔2014〕75号规定：①对生物药品制造业，专用设备制造业，铁路、船舶、航空航天和其他运输设备制造业，计算机、通信和其他电子设备制造业，仪器仪表制造业，信息传输、软件和信息技术服务业6个行业的企业，在2014年1月1日后新购进的固定资产，可缩短折旧年限或采取加速折旧的方法。对上述6个行业的小型微利企业新购进的

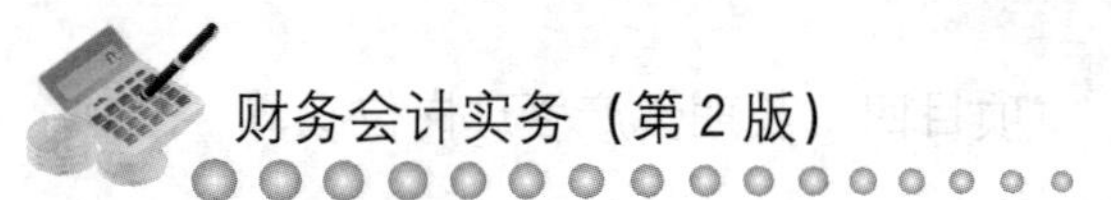

研发和生产经营共用的仪器、设备，单位价值不超过100万元的，允许一次性计入当期成本费用在计算应纳税所得额时扣除；单位价值超过100万元的，可缩短折旧年限或采取加速折旧的方法。②对所有行业企业2014年1月1日后新购进的专门用于研发的仪器、设备，单位价值不超过100万元的，允许一次性计入当期成本费用在计算应纳税所得额时扣除；单位价值超过100万元的，可缩短折旧年限或采取加速折旧的方法。

财税〔2015〕106号规定：①是对轻工、纺织、机械、汽车等四个领域重点行业的企业2015年1月1日后新购进的固定资产，可由企业选择缩短折旧年限或采取加速折旧的方法。②对上述行业的小型微利企业2015年1月1日后新购进的研发和生产经营共用的仪器、设备，单位价值不超过100万元的，允许一次性计入当期成本费用在计算应纳税所得额时扣除，不再分年度计算折旧；单位价值超过100万元的，可由企业选择缩短折旧年限或采取加速折旧的方法。③企业按本通知第一条、第二条规定缩短折旧年限的，最低折旧年限不得低于企业所得税法实施条例第六十条规定折旧年限的60%；采取加速折旧方法的，可采取双倍余额递减法或者年数总和法。

加速折旧产生会计与税法的差异：

一是可以采取加速折旧的固定资产范围不同。税法主要限于由于技术进步、产品更新换代较快，以及常年处于强震动、高腐蚀状态的固定资产；另外，对于企业在2014年1月1日后新购进的专门用于研发的仪器、设备，以及六个特定行业新购进的固定资产，也可以采取加速折旧的方法。但企业会计准则对加速折旧的范围并未作出具体的规定，主要由企业根据固定资产经济利益的预期实现形式进行职业判断，其范围可以超越税法的规定。

二是加速折旧的方法不同。税法允许采取缩短折旧年限和双倍余额递减法、年数总和法；会计准则对此并没有明确规定，只要折旧方法符合固定资产有关的经济利益的预期实现方式均可采用，甚至可以采取一些不规则的方法，其方法的选择更为多样。

三是加速折旧的年限有所不同。税法规定企业缩短折旧年限的，最低折旧年限不得低于《企业所得税法实施条例》第六十条规定折旧年限的60%；会计上则需要纳税人根据固定资产的性质和使用情况进行职业判断，未规定具体的折旧年限的，纳税人在会计处理时可以采用低于税法规定的年限。

学习情境四　固定资产后续支出及减值

由于产品销路好，企业现有生产线生产能力已经饱和，但新增生产线成本太高，而且从投资建设到投产生产中间时间较长，变数多，不合算，经管理层研究，公司决定对现有生产线中的一条改扩建……改扩建如何核算呢？小李遇到问题了！

一、固定资产后续支出应如何核算

固定资产的后续支出是指固定资产在使用过程中发生的更新改造支出、修理费用等。《企业会计准则第 4 号——固定资产》规定，固定资产后续支出，若符合资本化条件，如固定资产更新改造等改良支出应当计入固定资产成本，同时将被替换部分的账面价值扣除；不符合资本化确认条件的，应当在发生时计入当期费用。

固定资产后续支出资本化条件

《企业会计准则第 4 号——固定资产》规定，与固定资产有关的后续支出，如果使可能流入企业的经济利益超过了原先的估计，如延长了固定资产的使用寿命、使产品质量实质性提高，或者使产品成本实质性降低，则符合资本化条件，应当计入固定资产账面价值，其增计后的金额不应超过该固定资产的可收回金额。

固定资产发生可资本化的后续支出时，企业应首先将固定资产的账面价值转入在建工程，并停止计提折旧。发生的后续支出，通过“在建工程”账户核算，完工并达到预定可使用状态时，再从“在建工程”转为“固定资产”，并按重新确定的使用寿命、预计净残值和折旧方法计提折旧。

【做中学】星光有限公司对其所属的数控车床进行更新改造，该数控车床原值为 600 000 元，累计折旧为 300 000 元，共花费改造资金 100 000 元。

①将数控车床转入在建工程时：

借：在建工程　　300 000

　　累计折旧　　300 000

　贷：固定资产　　600 000

②支付更新改造款时：

借：在建工程　　100 000

　贷：银行存款　　100 000

③工程完工后转入固定资产时：

借：固定资产　　400 000

　贷：在建工程　　400 000

与固定资产有关的修理费用等后续支出，不产生未来的经济利益，在发生时直接计入当期损益，企业生产车间（部门）和行政管理部门发生的固定资产修理费用等后续支出记入“管理费用”科目，如果设有专设销售机构，则相关的修理费用支出记入“销售费用”科目。

【学中做】星光有限公司2016年3月，共用银行存款支付维修费用8 000元，其中，车间机器设备维修费4 000元，管理部门小汽车修理费1 000元，专设销售机构卡车修理费3 000元。该公司如何进行账务处理？

二、固定资产减值应如何核算

1. 什么是固定资产减值

固定资产减值是当固定资产发生损坏、技术陈旧或其他经济原因，所导致其可收回金额低于其账面价值的情况。

固定资产减值损失＝账面价值－可回收金额

其中：　　账面价值＝固定资产原值－累计折旧－固定资产减值准备

对于已经发生的资产价值的减值如果不予以确认，必然导致虚夸资产的价值，这不符合真实性原则，也有悖于稳健性原则。因此，企业应当在期末或至少在每年年度终了，对固定资产逐项进行检查，如发现存在下列情况，应当计算固定资产的可收回金额，以确定资产是否已经发生减值。

固定资产可回收金额如何确定

固定资产可回收金额应当根据固定资产的公允价值减去处置费用后的净额与固定资产预计未来现金流量的现值两者之间较高者确定。

2. 固定资产减值有哪些迹象

（1）固定资产市价大幅度下跌，其跌价幅度大大高于因时间推移或正常使用而预计的下跌，并且预计在近期内不可能恢复。

（2）企业经营所处的经济、技术或法律等环境，以及资产所处的市场在当期或将在近期发生重大变化，并对企业产生不利影响。

（3）市场利率或其他市场投资报酬率在当期已经提高，从而影响企业计算固定资产预计未来现金流量现值的折现率，导致固定资产可收回金额大幅度降低。

（4）有证据表明固定资产已经陈旧过时或其实体已经损坏。

（5）固定资产预计使用方式发生重大不利变化，如企业计划终止使用、提前处置资产等情形，从而对企业产生负面影响。

（6）其他有可能表明资产已发生减值的情况。

企业在对固定资产检查时，如发现某项固定资产：长期闲置不用且在可预见的未来不会再使用并已无转让价值；由于技术进步等原因，已不可使用；虽尚可使用，但使用后会严重影响产品的质量及其他实质上已经不能再给企业带来经济利益等，应按该项固定资产的账面价值全额提取减值准备。已全额计提减值准备的固定资产，不再计提折旧。

3. 固定资产发生减值如何账务处理

如果固定资产的可收回金额低于其账面价值，企业应当按可收回金额低于账面价值的差额计提减值准备，并设置“固定资产减值准备”科目进行核算。

“固定资产减值准备”账户属资产类账户，是固定资产账户的备抵账户。核算企业因固定资产的可回收金额低于其账面价值时应计提的固定资产减值准备。

借方　　　　　　固定资产减值准备	贷方
处置固定资产结转的减值准备	计提的固定资产减值准备
	固定资产可收回金额低于其账面价值累计额

固定资产减值准备应按单项资产计提，计提时，借记“资产减值损失”科目，贷记“固定资产减值准备”科目。

固定资产减值核算注意点

(1) 固定资产减值准备按单项资产计提。

(2) 已全额计提减值准备的固定资产不再计提折旧。

(3) 固定资产减值损失一经确认，在以后会计期间不得转回。

(4) 计提固定资产减值准备后，应当按照固定资产账面价值及剩余使用寿命并采用原来的折旧方法重新计算确定折旧率和折旧额，对以前已计提的累计折旧不做调整。

【做中学】星光有限公司 2011 年 12 月 31 日购入一台大型设备，价值 3 000 000 元，预计该设备的使用寿命为 10 年，预计净残值率为 5%，采用年限平均法计提折旧。2016 年 12 月 31 日，在进行检查时发现此项设备可能进一步减值。检查结果表明：有人愿意以 1 200 000 元的价格收购该设备，但在出售时将发生相关处置费用 50 000 元；目前该设备尚可使用 5 年，未来 5 年的现金流量现值为 1 100 000 元。假设预计使用寿命和预计净残值没有变化。请确定 2017 年该设备的年折旧额。

根据上述资料，计算及财务处理如下：

(1) 计算 2016 年 12 月 31 日固定资产的账面价值：

2012 年 1 月—2016 年 12 月的累计折旧额＝3 000 000×（1－5%）÷10×5＝1 425 000（元）

2016 年 12 月 31 日减值前账面价值＝3 000 000－1 425 000＝1 575 000（元）

(2) 确定 2016 年 12 月 31 日固定资产的可收回金额：

销售净价＝1 200 000－50 000＝1 150 000（元）

现金流量净值＝1 100 000 元

可回收金额=1 150 000元

(3) 确认2016年12月31日固定资产减值损失：

固定资产减值损失=1 575 000−1 150 000=425 000（元）

借：资产减值损失　　　　　　　　425 000

　贷：固定资产减值准备　　　　　　　　425 000

(4) 调整确定2017年该固定资产的折旧额：

2016年12月31日减值后账面价值=3 000 000−1 425 000−425 000=1 150 000（元）

2017年该固定资产折旧额=（1150 000−3 000 000×5%）÷5=200 000（元）

固定资产管理三字经“进、出、用”

一是“进”。“进”指的是固定资产的采购一定要严格，包括以下几个层次：

(1) 年度预算。每年的投资预算都要慎重考虑，经过细致论证后才可获批。由于年度预算的周期长，而实际的业务环境变化很快，即使有了年度的投资预算，在实施每一项具体的投资计划前，仍需要由业务部门提出具体的投资采购申请，以获得最新的评估。因为一项投资的效益往往要在今后的许多年才能显现出来，所以，投资需要结合业务情况，谨慎考虑。

(2) 具体的采购与付款。这主要指所有的采购与付款必须有合格的单据来支持。如同存货的采购一样，固定资产也一定要对合同或订单、收货情况（包括质量验收）及发票进行三单审核之后才能办理入账及付款手续。同时在固定资产到货验收，开始使用前，还需要加贴固定资产标签，标签上的信息与固定资产账上的信息要保持一致。许多公司就是因为在这一环节控制不力，导致产生了大量的账外资产和不良会计信息。造成这一现象的原因是业务部门并不清楚自己的行为造成的影响与后果是什么。所以，固定资产岗位会计人员必须时时宣传与讲解固定资产管理方法，并亲自对固定资产的验收、位置、使用部门等进行核查。

二是“出”。“出”指的是固定资产的处置要严格。固定资产的处置环节最容易产生腐败，是许多小金库的来源。应该关注的问题有：资产的处置是否由两个以上部门共同来完成？是否有实物处置的照片或废品公司签收的文件证明？每一项资产在向外转出时，是否有门卫检查，是否提供适当的手续？资产报废是否事先获得审批？财务人员是否现场监察了处理过程（包括事前对报废资产的核对）？许多公司的财务部门仅凭一纸获批的报废申请就直接对固定资产进行了报废的账务处理，实际上业务部门很可能将申请报废的固定资产先找个仓库放下，之后许多年无人问津，致使仓储费用增加，且白白损失掉了提前变卖的机会与价格。因此，财务部一定要对报废的过程与文件进行确认后，才能在账务中进行报废的处理。

三是“用”。如果说“进”和“出”涉及成本与收益的控制，“用”更关注的则是效率问题。要想“用”得明白、“用”得高效，需要注意以下几点：

(1) 每一项资产都必须有相应的管理责任者，保证资产的完整，并掌握资产的使用状态。

(2) 在职责分工上，财务必须定期提供给每一位管理责任者所辖的资产清单，让其了解公司固定资产账目，以便管理责任者进行跟踪与盘点，对不符事项进行报告，在此基础上财务人员再进行小范围抽查。财务人员还要与管理责任者共同来解决固定资产转移、分拆、集合等一系列具体问题，并付诸文字流程，使得固定资产账目与资产实际状态保持一致。

(3) 每年进行一次固定资产清查。财务经理们需要牢记的是：对固定资产管理不善而带来的浪费往往比我们想象的要大得多。许多财务经理们对当期的每一分费用都精打细算，对一次差旅费用心疼不已，却面对公司大量的闲置资产冷漠麻木。昨天的决策带来了今天的折旧费用居高不下，那么今天的决策同样也会造成明天的损失。要重视并且实际地投入力量去进行固定资产的管理，千万不要因为几年或几十年的分摊期而忽略任何一笔投资，哪怕只是很小的金额。

资料来源：根据 http：//wenwen. soso. com/z/q124693730. htm 改编

学习情境五　固定资产处置的核算

由于市场需求变化，部分产品转型，领导决定把一条闲置的生产流水线以 200 万元的价格出售转让，流水线原来价值 500 万元，已提折旧 200 万元，去年年底还计提过 50 万元的减值准备……怎么做账呢？小李又忙了！

知识准备

一、固定资产处置指什么

固定资产处置就是确认固定资产终止退出企业，包括固定资产的出售、转让、报废和毁损、对外投资、非货币性资产交换、债务重组等。

二、固定资产处置如何核算

1. 固定资产出售、报废和毁损的会计处理是怎样的

企业出售、转让、报废固定资产或发生固定资产毁损一般通过“固定资产清理”科目进行核算。“固定资产清理”账户属于资产类，核算企业因出售、报废和毁损等原因转入清理的固定资产净值及其在清理过程中所发生的清理费用和清理收入。

借方	固定资产清理　　　　　　贷方
①转入清理的固定资产的净值 ②固定资产清理税费 ③结转的固定资产清理净收益	①出售固定资产的价款 ②固定资产清理残料及变价收入、赔偿收入 ③结转的固定资产清理净损失
未结转的清理损失	未结转的清理收益

固定资产的出售、报废和毁损，应当将处置收入扣除账面价值和相关税费后的金额计入当期损益。这里，固定资产账面价值是固定资产成本扣减累计折旧和累计减值准备后的金额。具体处理步骤如表4-5所示。

表4-5　　　　固定资产出售、报废和毁损的会计处理

经济业务内容	账务处理
（1）出售、报废和毁损的固定资产转入固定资产清理时	借：固定资产清理（固定资产净值） 　　累计折旧（已提折旧） 　　固定资产减值准备（已提减值准备） 　贷：固定资产（原值）
（2）收到出售固定资产价款，或发生残料价值和变价收入时	借：银行存款 　　原材料 　贷：固定资产清理 　　　应交税费——应交增值税（销项税额）
（3）固定资产清理发生清理税费时	借：固定资产清理 　贷：银行存款/库存现金/应交税费
（4）收到保险公司或确定过失人赔偿的损失时	借：银行存款 　　其他应收款 　贷：固定资产清理
（5）固定资产清理结束，若为净收益时	借：固定资产清理 　贷：营业外收入
（6）固定资产清理结束，若为净损失时	借：营业外支出 　贷：固定资产清理

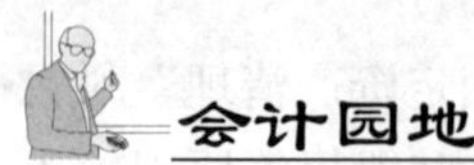

会计园地

出售固定资产增值税销项税额的计算

2009年1月1日后，企业销售本企业已使用过的机器设备等固定资产，如该设备取得时，其增值税进项税额已记入“应交税费——应交增值税（进项税额）”，销售时应按17%计算增值税销项税额，如该设备取得时进项税额没有抵扣，则按不含税销售额与3%的征收率减半征收增值税。

【做中学】星光有限公司出售一台使用过的设备，价格为117 000元（含增值税），购入时间为2014年1月。该固定资产取得时，其进项税额17万元记入了“应交税费——应交增值税（进项税额）”，假定2016年1月出售（恰好使用2年），折旧年限为10年，采用直线法折旧，不考虑残值。2016年的售价为70 200元（含增值税），该设备适用17%的增值税税率。

由于设备购入时间为2014年1月，且购入的增值税已记入“应交税费——应交增值税（进项税额）”。故在2016年1月出售时会计处理如下：

固定资产原价＝117 000÷（1＋17%）＝100 000（元）

2年共计提折旧＝（100 000÷10）×2＝20 000（元）

2016年出售时应交增值税＝［70 200÷（1＋17%）］×17%＝10 200（元）

①固定资产清理时：

借：固定资产清理　　80 000
　　累计折旧　　20 000
　贷：固定资产　　100 000

②收到价款时：

借：银行存款　　70 200
　贷：固定资产清理　　60 000
　　　应交税费——应交增值税（销项税额）　　10 200

③结转净损失时：

借：营业外支出　　20 000
　贷：固定资产清理　　20 000

会计园地

什么情况下固定资产进项税额应转出

如果纳税人已抵扣进项税额的固定资产用于非增值税应税项目、免征增值税项目、集体福利、个人消费或发生非正常损失（不包括自然灾害造成的）等情况，则其已抵扣的进项税额应当在当月予以转出，借记有关科目，贷记“应交税费——应交增值税（进项税额转出）”科目。转出金额＝固定资产净值×增值税率。

【做中学】假设星光有限公司2016年5月由于人为管理不善被火灾烧毁一台设备，该设备于2015年5月31日接受国内某机床厂投资时取得，专用发票上注明的价款150 000元，增值税25 500元。该设备按10年直线法计提折旧，预计净残值率为5%。假定清理过程中，支付清理费用800元，收到责任人赔偿款50 000元。

星光有限公司会计处理如下：

2015年6月至2016年5月已提折旧＝150 000×（1－5%）÷10＝14 250（元）

2016年5月固定资产净值＝150 000－14 250＝135 750（元）

不得抵扣的（应予以转出的）进项税＝135 750×17%＝23 077.50（元）

①转入清理时：

借：固定资产清理　　135 750

　累计折旧　　14 250

　贷：固定资产　　150 000

②进项税额转出时：

借：固定资产清理　　23 077.50

　贷：应交税费——应交增值税（进项税额转出）　　23 077.50

③支付清理费用时：

借：固定资产清理　　800

　贷：银行存款　　800

④收到赔偿款时：

借：银行存款　　50 000

　贷：固定资产清理　　50 000

⑤结转净损失时：

借：营业外支出　　109 627.5

　贷：固定资产清理　　109 627.5

【学中做】星光有限公司有一台设备，因使用期满经批准报废。该设备原价为106 800元，累计已提折旧98 000元，已提减值准备2 600元。在清理过程中，以银行存款支付清理费用4 800元，残料变卖收入为15 000元。该公司应如何进行账务处理？

2. 其他方式处置的固定资产的会计处理是怎样的

其他方式减少的固定资产，如以固定资产清偿债务、投资转出固定资产、以非货币性资产交换换出固定资产等，分别按照债务重组、非货币性交易等的处理原则核算。

学习情境六　固定资产清查的核算

领导要调任了，公司要进行一次全面清查，张科长让小李参与固定资产的清查，小李决定先查查资料，做到胸中有数，到时好好表现一下……

一、什么是固定资产清查

固定资产清查是指从实物管理的角度对单位实际拥有的固定资产进行实物清查，并与固定资产进行账务核对，确定盘盈、毁损、报废及盘亏的资产。

为了保证企业固定资产的安全完整，充分挖掘企业现有固定资产的生产潜力，企业应定期或不定期地对固定资产进行清查。一般情况下，至少每年应清查一次。

固定资产清查的范围主要包括土地、房屋及建筑物、通用设备、专用设备、交通运输设备等。

二、怎样进行固定资产清查

固定资产清查采用实地盘点的方法，首先以固定资产明细账为起点，进行实地追查，以证明会计记录中所列固定资产是否确实存在，并了解其目前的使用状况。同时以实地为起点，追查至固定资产明细分类账，以证实实际存在的固定资产是否均已入账。实际工作中具体清查步骤如下：

（1）清查前，打印各部门固定资产明细表。

（2）资产使用单位（部门）以资产明细表为基础，对本单位（部门）管理、使用的固定资产逐一进行清点，并按有关管理办法对固定资产的管理工作进行规范。

（3）在实物清查盘点过程中，要按固定资产明细表的项目认真逐项进行核查。以账对物、以物对账、账卡互对，不重不漏，并做好有关记录。

（4）为避免前清后乱，清查与规范要同步进行。在清查中有漏贴固定资产标签的要及时补上，固定资产明细表中信息不全或存在错误的，要根据清查结果进行修改、完善，并根据资产的状况（待报废、已报废等）在清查表中分别做好标识，以便核查。

（5）对清查过程中查出的各项盘盈盘亏固定资产，要说明原因。撰写固定资产盘盈盘亏专项说明并呈报资产清查小组。

（6）对清查情况进行整理。填制固定资产清查表和固定资产盘盈盘亏报告表，签章后上交有关部门。

（7）根据固定资产盘盈盘亏报告表及领导批复账务处理。

三、固定资产清查结果如何账务处理

1. 固定资产盘盈如何核算

盘盈的固定资产按其市价或同类、类似固定资产的市场价格，减去按该项资产的新旧程度估计的价值损耗后的余额入账。企业在清查财产过程中查明的固定资产盘盈应作为会计差错更正来处理，通过“以前年度损益调整”账户核算。

“以前年度损益调整”账户是用来核算现在对以前年度的一些涉及损益类科目的调整的账户。用于前期差错更正和资产负债表日后事项，代替损益类科目。

以前年度损益调整是指企业对以前年度多计或少计的重大盈亏数额所进行的调整。以前年度少计费用或多计收益时，应调整减少本年度利润总额；以前年度少计收益或多计费用时，应调整增加本年度利润总额。具体核算内容及方法如下：

借方　　　　　　　以前年度损益调整	贷方
①企业调整减少以前年度利润或增加以前年度亏损 ②因以前年度损益调整增加的所得税费用	①企业调整增加以前年度利润或减少以前年度亏损 ②因以前年度损益调整减少的所得税费用
③将本科目贷方余额转入“利润分配”	③将本科目借方余额转入“利润分配”
本科目结转后无余额	

【做中学】 星光有限公司在财产清查中，发现多出冲床设备一台，其目前市场价为50 000元，八成新。该公司所得税税率为25%，提取法定盈余公积的比例为10%。

第一步，盘盈时：

借：固定资产　　　　　　　　40 000（50 000×80%）

　贷：以前年度损益调整　　　　40 000

第二步，计算应交所得税时：

借：以前年度损益调整　　　　10 000（40 000×25%）

　贷：应交税费——应交所得税　　10 000

第三步，计提盈余公积并增加未分配利润时：

借：以前年度损益调整　　　　30 000（40 000－10 000）

　贷：盈余公积——法定盈余公积　　3 000（30 000×10%）

　　　利润分配——未分配利润　　27 000

2. 固定资产盘亏如何核算

固定资产盘亏造成的损失，应当计入当期损益。通过“待处理财产损溢——待处理固定资产损溢”科目核算。

第一步，批准处理前：

借：待处理财产损溢——待处理固定资产损溢

　　累计折旧

　　固定资产减值准备

　贷：固定资产

第二步，批准处理后：

借：营业外支出——固定资产盘亏（净损失）

　　其他应收款——某责任人等

　贷：待处理财产损溢——待处理固定资产损溢

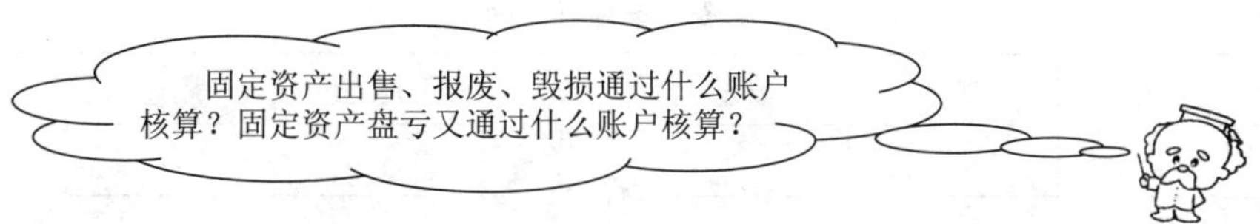

【学中做】星光有限公司年末组织人员对固定资产进行清查时，发现丢失一台电机，该设备原价 100 000 元，已计提折旧 30 000 元，并已计提减值准备 20 000 元。经查，设备丢失的原因在于设备管理员看守不当。经董事会批准，由设备管理员赔偿 15 000 元。该公司应如何进行账务处理？

固定资产如何进行明细核算

1. 固定资产片卡

为了反映和监督每项不同性能和用途的固定资产的增减变化情况，应该以每一个固定资产项目为对象开设固定资产卡片，进行固定资产的明细分类核算。固定资产卡片一般分为正面和反面两部分，如表 4－6、表 4－7 所示。

表 4－6　　**固定资产卡片（正面）**

<table>
<tr><td>形式</td><td colspan="2"></td><td colspan="7">停用记录</td></tr>
<tr><td>制造国家</td><td colspan="2"></td><td>原因</td><td>日期</td><td>原因</td><td>日期</td><td>原因</td><td>日期</td><td>备注</td></tr>
<tr><td>制造厂商</td><td colspan="2"></td><td></td><td></td><td></td><td></td><td></td><td></td><td></td></tr>
<tr><td>制造日期</td><td colspan="2"></td><td></td><td></td><td></td><td></td><td></td><td></td><td></td></tr>
<tr><td>制造号码</td><td colspan="2"></td><td></td><td></td><td></td><td></td><td></td><td></td><td></td></tr>
<tr><td>使用年限</td><td colspan="2"></td><td></td><td></td><td></td><td></td><td></td><td></td><td></td></tr>
<tr><td>购置日期</td><td colspan="2"></td><td></td><td></td><td></td><td></td><td></td><td></td><td></td></tr>
<tr><td>原值</td><td colspan="2"></td><td></td><td></td><td></td><td></td><td></td><td></td><td></td></tr>
<tr><td>其中：安装费</td><td colspan="2"></td><td></td><td></td><td></td><td colspan="4">大修记录</td></tr>
<tr><td>净残值率</td><td colspan="2"></td><td></td><td></td><td></td><td>日期</td><td>凭证号</td><td>摘要</td><td>金额</td></tr>
<tr><td>折旧</td><td>年</td><td>月</td><td></td><td></td><td></td><td></td><td></td><td></td><td></td></tr>
<tr><td>折旧额</td><td></td><td></td><td></td><td></td><td></td><td></td><td></td><td></td><td></td></tr>
</table>

表 4－7　　　　固定资产卡片（背面）

<table>
<tr><td rowspan="4">附属物品</td><td>名称</td><td>规格</td><td colspan="2">数量</td><td rowspan="4">设备变动</td><td colspan="2">安装地址</td><td>用途</td><td>变动年月</td></tr>
<tr><td></td><td></td><td colspan="2"></td><td colspan="2"></td><td></td><td></td></tr>
<tr><td></td><td></td><td colspan="2"></td><td colspan="2"></td><td></td><td></td></tr>
<tr><td></td><td></td><td colspan="2"></td><td colspan="2"></td><td></td><td></td></tr>
<tr><td rowspan="5">部件备品</td><td>名称</td><td>规格</td><td>数量</td><td>单价</td><td rowspan="5">最大外形</td><td>长</td><td>厘米</td><td>清理记录</td><td></td></tr>
<tr><td></td><td></td><td></td><td></td><td>宽</td><td>厘米</td><td>清理日期</td><td></td></tr>
<tr><td></td><td></td><td></td><td></td><td>高</td><td>厘米</td><td>累计折旧额</td><td></td></tr>
<tr><td></td><td></td><td></td><td></td><td></td><td></td><td>清理费用</td><td></td></tr>
<tr><td></td><td></td><td></td><td></td><td>总重量</td><td>公斤</td><td>变价收入</td><td></td></tr>
<tr><td>会计科长</td><td></td><td colspan="2">动力设备科长</td><td colspan="2"></td><td>复核</td><td></td><td>登记</td><td></td><td>设卡日期</td><td></td></tr>
</table>

固定资产卡片一般一式两份，一份由使用部门登记保管，另一份由财会部门保管。

为防止固定资产卡片丢失，固定资产管理部门还应设立固定资产卡片登记簿，逐一登记卡片的开设和注销情况。固定资产卡片登记簿的格式如表 4－8 所示。

表 4－8　　　　固定资产卡片登记簿

<table>
<tr><td rowspan="2">卡片编号</td><td colspan="2">固定资产项目</td><td colspan="2">开设</td><td rowspan="2">卡片所在部门</td><td colspan="2">注销</td></tr>
<tr><td>编号</td><td>名称及编号</td><td>日期</td><td>凭证名称及编号</td><td>日期</td><td>凭证名称及编号</td></tr>
<tr><td></td><td></td><td></td><td></td><td></td><td></td><td></td><td></td></tr>
</table>

2. 固定资产登记簿

为了正确反映各类固定资产的使用、保管和增减动态，除了设置“固定资产卡片”外，还要设置“固定资产登记簿”，即固定资产的二级账，分年度按照固定资产的类别进行明细分类核算，并定期与“固定资产卡片”进行核对。其格式如表 4－9 所示。

表 4－9　　　　固定资产登记簿

<table>
<tr><td colspan="2">日期</td><td rowspan="2">摘要</td><td rowspan="2">凭证号</td><td colspan="9">增加</td><td colspan="6">减少</td><td rowspan="2">余额</td></tr>
<tr><td>月</td><td>日</td><td>外购</td><td>自建</td><td>投资者投入</td><td>融资租入</td><td>接受捐赠</td><td>盘盈</td><td>改扩建</td><td>其他</td><td>合计</td><td>出售</td><td>盘亏</td><td>投资转出</td><td>毁损</td><td>其他</td><td>合计</td></tr>
<tr><td></td><td></td><td></td><td></td><td></td><td></td><td></td><td></td><td></td><td></td><td></td><td></td><td></td><td></td><td></td><td></td><td></td><td></td><td></td><td></td></tr>
</table>

任务三　无形资产的核算

- 了解无形资产的含义、特点和内容；掌握无形资产的确认条件。
- 掌握无形资产购入的核算，能正确确定无形资产的入账价值。
- 掌握无形资产摊销的核算，会计算无形资产摊销额。
- 熟悉无形资产减值的基本核算方法。
- 掌握无形资产处置的核算。

学习情境一　无形资产的确认及取得

小李所在公司为开发新产品，2010 年 3 月起就自行研发一项专利，在研发过程中领用了不少材料，支付了较高的科研人员工资，2011 年 3 月终于研发成功，达到预定可使用状态，并注册专利权。小李认为专利权属于无形资产，所以，该专利研发过程中所有的材料费、人工费、注册费等都可以直接计入无形资产，但张科长不同意，为什么呢？

知识准备

一、什么是无形资产

无形资产是指企业拥有或控制的没有实物形态的可辨认非货币性长期资产。主要包括专利权、非专利技术、商标权、著作权、土地使用权、特许权等。

二、无形资产具有什么特点

1. 无形资产不具有实物形态

无形资产是看不见摸不着的，通常表现为某种权利、某项技术或某种获取超额利润的综合能力。不具有实物形态是无形资产区别于其他资产的特征之一。需要指出的是，某些无形资产的存在有赖于实物载体，比如，计算机软件需要存储在介质中。但这并不改变无形资产本身不具有实物形态的特性。

2. 无形资产具有可辨认性

根据《企业会计准则》，无形资产必须是能够区别于其他资产可单独辨认的，如企业持有的专利权、非专利技术、商标权、土地使用权、特许权等。由于商誉的存在无法与企业自身分离，不具有可辨认性，虽然其也是没有实物形态的非货币性资产，但不属于本书所指无形资产。

3. 无形资产属于非货币性长期资产

无形资产属于非货币性资产，且能在超过一年或一个经营周期以上的较长期间使用。

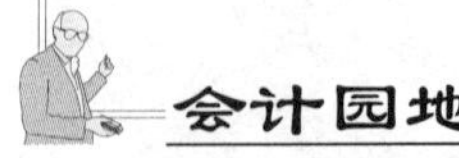

会计园地

无形资产确认的条件

某个项目要确认为无形资产，应符合无形资产的定义，并同时满足下列条件：

（1）与该无形资产有关的经济利益很可能流入企业。会计实务中，要确定无形资产所创造的经济利益是否可能流入企业，需要对无形资产在预计使用寿命内可能存在的各种经济因素做出合理的估计，并且应当有明确证据支持。

（2）该无形资产的成本能够可靠地计量。成本能够可靠地计量是确认资产的一项基本条件，对于无形资产而言，这个条件相对更为重要。例如，企业自创商誉以及内部产生的品牌、报刊名等，因其成本无法可靠地计量，因此不作为无形资产确认。

三、取得无形资产如何核算

1. 外购无形资产如何核算

外购无形资产，按实际支付的价款作为实际成本。实际支付的价款包括购买价款、相关税费及直接归属于使该项资产达到预定用途所发生的其他支出。其中，直接归属于使该项资产达到预定用途所发生的其他支出，是指使无形资产达到预定用途所发生的专业服务费用、测试无形资产是否能够正常发挥作用的费用等。但不包括为引入新产品进行广告宣传发生的广告费用、管理费用及其他间接费用。原增值税一般纳税人购进无形资产，取得的增值税专用发票上注明的增值税额为进项税额，准予从销项税额中抵扣。

【做中学】2017年3月1日，星光有限公司支付价款180 000元从金鑫公司购入一项专利权，增值税为10 800元，款项已通过银行转账支付。

借：无形资产——专利权　　　　180 000
　　应交税费——应交增值税　　　10 800
　贷：银行存款　　　　　　　　　　190 800

2. 投资者投入的无形资产如何核算

投资者投入的无形资产，按合同或协议确定的价值确定初始成本，但合同或协议约定价值不公允的除外。

【学中做】2017年1月星光有限公司接受盛源公司投资的商标权一项，评估确认价值为150 000元，增值税9 000元，取得增值税专用发票。星光有限公司应如何进行账务处理？

3. 自行研究开发的无形资产如何核算

《企业会计准则——无形资产》将企业内部研究开发无形资产所发生的支出区分为研

究阶段支出和开发阶段支出，并且规定，研究阶段的支出，应当于发生时计入当期损益，开发阶段的支出，符合条件的才能资本化，不符合资本化条件的全部费用化。如果无法区分，应全部费用化。

无形资产资本化支出条件

研究是指为获取并理解新的科学或技术知识而进行的独创性、有计划的调查。

开发是指在进行商业性生产或使用前，将研究成果或其他知识应用于某项计划或设计，以生产出新的或具有实质性改进的材料、装置、产品等。

企业内部研究开发项目开发阶段的支出，同时满足下列条件的，才能确认为无形资产：

第一，完成该无形资产以使其能够使用或出售在技术上具有可行性。

第二，具有完成该无形资产并使用或出售的意图。

第三，无形资产产生经济利益的方式。

第四，有足够的技术、财务资源和其他资源支持，以完成该无形资产的开发，并有能力使用或出售该无形资产。

第五，归属于该无形资产开发阶段的支出能够可靠地计量。

企业自行研发形成的无形资产成本包括自满足资本化时点后至达到预定用途前所发生的支出总额，包括开发阶段开发该无形资产耗费的材料、劳务、注册费、使用其他专利权和特许权的摊销、可资本化的利息支出等。对于研究阶段已经费用化的支出不再调整。对于开发过程中的销售费用、管理费用、培训费用等也不构成无形资产开发成本。

(1)“研发支出”账户。企业自行开发无形资产发生的各项支出，无论是否满足资本化条件，均应先在“研发支出”科目归集。“研发支出”属于成本类，核算企业内部进行研究与开发无形资产过程中发生的各项支出。可按研究开发项目，分别对“费用化支出”“资本化支出”进行明细核算。

借方　　　　研发支出　　　　贷方

借方	贷方
研发过程中发生的各项支出	转入当期损益及无形资产的各项支出
研发中发生的累计支出	

(2) 自行研究开发的无形资产的核算。具体会计处理方法如表 4-10 所示。

表4-10 自行研发无形资产的会计处理

经济业务内容	账务处理
①企业发生各项研发支出时	借：研发支出——费用化支出（不满足资本化条件的） ——资本化支出（满足资本化条件的） 贷：原材料（银行存款、应付职工薪酬等科目）
②期（月）末，将“研发支出”归集的费用化支出转入“管理费用”时	借：管理费用 贷：研发支出——费用化支出
③研发项目达到预定用途形成无形资产时	借：无形资产 贷：研发支出——资本化支出

【做中学】星光有限公司2016年1月起自行开发一项专利产品。该企业认为，研究该专利具有可靠的技术和财务等资源的支持，并且研发成功后新产品在市场上有广阔的销路，可为企业带来巨大的收益。在该专利研究过程中发生材料费300 000元，人工费200 000元。进入开发阶段后，发生各种材料费400 000元，人工费用400 000元，研发成功另支付注册费用350 000元进行注册。开发阶段支出均符合资本化条件。2011年12月该专利已达到预定用途。

①企业发生各项研发支出时：

借：研发支出——费用化支出　500 000

——资本化支出　1 150 000

贷：原材料　700 000（300 000+400 000）

应付职工薪酬　600 000（200 000+400 000）

银行存款　350 000

②专利达到预定用途时：

借：管理费用　500 000

无形资产　1 150 000

贷：研发支出——费用化支出　500 000

——资本化支出　1 150 000

学习情境二　无形资产摊销及减值

公司新研发成功专利权，3月已申请专利，并用于新产品的生产，达到预定可使用状态，该专利法律有效期为10年。经专家分析，该专利估计只能在5年内给企业带来经济利益。赵会计说，该专利应按10年期从下月起开始摊销。但张科长说，要按5年期从本月即 3 月起开始摊销。他俩谁说的对呢？小李决定自己找找答案……

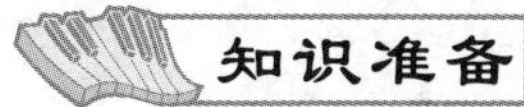

一、无形资产摊销有哪些原则

1. 摊销范围：使用寿命有限的无形资产摊销，使用寿命不确定的无形资产不摊销

《企业会计准则第 6 号——无形资产》规定：无形资产的后续计量是以其使用寿命为基础的，使用寿命有限的无形资产，应当估计该使用寿命的年限或构成使用寿命的产量等类似计量单位数量，并需要摊销，其应摊销金额应当在使用寿命内系统合理摊销。而对于无法预见无形资产为企业带来未来经济利益期限的，应当视为使用寿命不确定的无形资产。使用寿命不确定的无形资产不需要摊销，但每年期末需进行减值测试。

需要注意的是，技术更新的速度日益加快，使无形资产贬值的风险越来越大，所以新《企业会计准则》要求企业至少应当于每年年末对无形资产的使用寿命进行检查，假如有证据表明无形资产的使用寿命与以前估计的有所不同，应当调整、改变摊销期限。

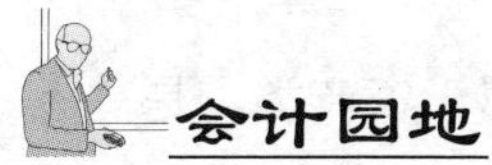

如何估计无形资产使用寿命

第一，来源于合同性权利或其他法定权利的无形资产，其使用寿命不应超过合同性权利或其他法定权利的期限。如果合同性权利或其他法定权利能够在到期时因续约等延续，且有证据表明企业续约不需要付出大额成本，续约期才能够包括在使用寿命的估计中。

第二，企业确定无形资产使用寿命，通常应当考虑以下 7 个因素：

(1) 运用该资产生产的产品通常的寿命周期、可获得的类似资产使用寿命的信息。

(2) 技术、工艺等方面的现阶段情况及对未来发展趋势的估计。

(3) 以该资产生产的产品或提供的服务的市场需求情况。

(4) 现在或潜在的竞争者预期将采取的行动。

(5) 为维持该资产带来经济利益能力的预期维护支出，以及企业预计支付有关支出的能力。

(6) 对该资产控制期限的相关法律规定或类似限制，如特许使用期、租赁期等。

(7) 与企业持有的其他资产使用寿命的关联性等。

2. 应摊销额：无形资产成本－预计残值－无形资产减值准备

《企业会计准则第 6 号——无形资产》规定，无形资产的应摊销金额为其成本扣除预计残值后的金额。已计提减值准备的无形资产，还应扣除已计提的无形资产减值准备累计金额。

使用寿命有限的无形资产，其残值应当视为零，但下列情况除外：

（1）有第三方承诺在无形资产使用寿命结束时购买该无形资产。

（2）可以根据活跃市场得到预计残值信息，并且该市场在无形资产使用寿命结束时很可能存在。

3. 摊销方法：直线法、双倍余额递减法、年数总和法、生产总量法等

《企业会计准则第 6 号——无形资产》规定，企业选择的无形资产摊销方法，应当反映与该项无形资产有关的经济利益的预期实现方式。无法可靠确定预期实现方式的，应当采用直线法摊销。根据无形资产有关的经济利益的预期实现方式的不同，企业可以选择不同的方法对无形资产的价值进行摊销，包括平均年限法、双倍余额递减法、年数总和法、生产总量法等，并保持摊销方法一致地运用于不同的会计期间。

4. 摊销期：自可供使用当月开始摊销，处置当月不再摊销

《企业会计准则第 6 号——无形资产》规定，企业摊销无形资产，应当自无形资产可供使用时起，至不再作为无形资产确认时止。即当月新增的可供使用无形资产，当月开始摊销；当月减少的无形资产，当月不再摊销。

二、无形资产摊销如何账务处理

1. 无形资产摊销通过什么账户核算

无形资产的摊销通过“累计摊销”账户核算。“累计摊销”账户属于资产类，是“无形资产”账户的备抵调整账户，核算无形资产的价值摊销额。

借方	累计摊销 贷方
减少无形资产转销的摊销额	计提的无形资产摊销额
	企业期末现有无形资产累计摊销额

2. 无形资产摊销具体如何账务处理

无形资产的摊销额一般应当计入当期损益。企业自用的无形资产，摊销额计入“管理费用”；出租的无形资产，摊销额计入“其他业务成本”。某项无形资产所包含的经济利益通过所生产的产品或其他资产实现的，其摊销金额应当计入相关资产的成本。

【做中学】星光有限公司于 2016 年 1 月购入一项专利权用于制造产品，买价及相关费用共计 108 万元。该专利剩余法律有效期限 10 年，考虑技术进步等因素，预计能在 8 年内给企业带来经济利益，预计无残值。由于预计市场对该项专利产品的需求呈逐年下降的趋势，所以公司对该项专利权采用年数总和法进行摊销。

该项专利法律有效期是 10 年，但预计使用寿命只有 8 年，所以其摊销期确定为 8 年。

年摊销金额＝108×8÷36＝24（万元）

月摊销金额＝24÷12＝2（万元）

借：制造费用　　　　　　　　　　　　20 000

　贷：累计摊销　　　　　　　　　　　　20 000

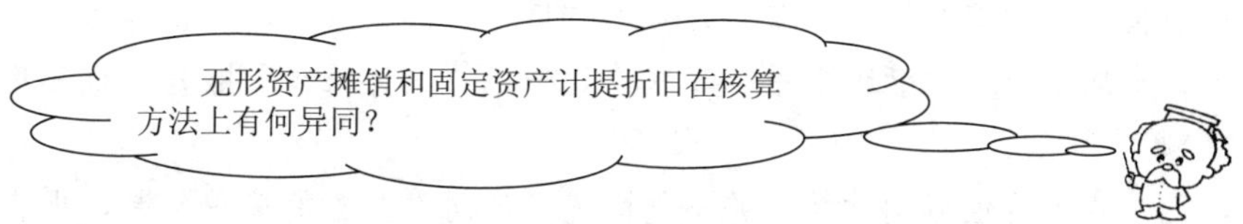

三、无形资产减值时如何会计核算

企业在资产负债表日应当判断无形资产是否存在可能发生减值的迹象。如果无形资产存在减值迹象，应当进行减值测试，估计无形资产的可收回金额；如果可收回金额低于账面价值的金额，计提相应的无形资产减值准备。如需计提减值准备，则第二年计算摊销额时，还应扣除已计提的减值准备。

企业计提无形资产减值损失时，应按无形资产账面价值超过其可收回金额的部分，借记"资产减值损失——无形资产减值损失"科目，贷记"无形资产减值准备"科目。

无形资产减值损失一经确认，在以后会计期间不得转回。

【做中学】假设星光有限公司 2016 年年末对上述专利权计提减值准备 15 万元，同时由于技术更新速度加快，有确切证据表明专利权只能在未来 4 年内给企业带来经济利益。星光有限公司 2016 年年末计提减值准备应如何进行账务处理？2017 年 1 月摊销额是多少？如何进行账务处理？

(1) 2016 年年末计提减值准备时：

借：资产减值损失——无形资产减值损失　　150 000

　贷：无形资产减值准备　　150 000

(2) 2017 年摊销时：

星光有限公司 2012 年对该专利权摊销时，应将摊销期限由原来的 8 年调整为 4 年。

剩余应摊销金额＝108－24－15＝69（万元）

2017 年年摊销金额＝69×4÷10＝27.6（万元）

每月摊销金额＝27.6÷12＝2.3（万元）

账务处理如下：

借：管理费用　　23 000

　贷：累计摊销　　23 000

从上例可以看出，每年年末企业都应对无形资产进行逐项检查分析，对其未来给企业带来经济利益的能力和期限进行估计，以此判定是否对无形资产计提减值准备，是否需要调整无形资产的摊销期限。在此基础上才能计算出下一会计年度无形资产的应摊销金额。

无形资产摊销与固定资产折旧核算的比较

在《企业会计准则》中，无形资产价值摊销与固定资产折旧核算的性质和思路完全一致。无形资产仿照固定资产的"累计折旧"账户，也专门设置了"累计摊销"账户。固定资产计提折旧借记“管理费用”等账户，贷记“累计折旧”账户，不影响固定资产的账面余额。无形资产摊销借记“管理费用”等账户，贷记“累计摊销”账户，也不影响无形资产的账面余额。

当然，无形资产价值摊销的核算并不是固定资产同类业务的简单复制，也存在着某些差异：①时间差异，无形资产摊销与固定资产计提折旧的起止时间不同。当月取得的无形资产，当月应开始进行摊销；当月减少的无形资产，当月不再进行摊销。而固定资产则是当月增加的当月不计提折旧；当月减少的当月照提折旧。②空间差异，无形资产摊销与固定资产计提折旧的对象范围不同。固定资产在使用寿命期内几乎全部要计提折旧。而无形资产则要区分为使用寿命有限的无形资产和使用寿命不确定的无形资产，并明确规定只对使用寿命有限的无形资产进行价值摊销。

值得重点关注的是，《企业会计准则》借鉴固定资产折旧方法，允许企业根据无形资产有关经济利益的预期实现方式，选择平均年限法、工作量法、双倍余额递减法和年数总和法等不同的摊销方法。但是，与固定资产折旧方法的选择相比，无形资产价值摊销方法的选择难以操作。

学习情境三　无形资产处置的核算

公司将原产品专利权的使用权转让给阳光公司，每年收取租金22.50万元，转让期为2年，出租该无形资产适用的增值税税率为6%。该专利权是公司2008年1月1日购入的，初始入账价值为150万元，预计使用年限为10年。按直线法摊销。小李该怎么进行账务处理呢？

知识准备

无形资产处置，主要是指对外出售、对外出租、对外捐赠，以及不能给企业带来经济利益而予以报废转销的无形资产等。无形资产处置的账务处理如表4-11所示。

表4-11　　无形资产处置的账务处理

经济业务内容	账务处理
（1）出售无形资产时	借：银行存款（实际取得的转让价款） 　　累计摊销（已计提的累计摊销） 　　无形资产减值准备（已计提的减值准备） 　　营业外支出——处置非流动资产损失（借方差额） 　贷：无形资产（无形资产的账面余额） 　　　应交税费——应交增值税（销项税额按不含税售价计算） 　　　营业外收入——处置非流动资产利得（贷方差额）

续　表

经济业务内容	账务处理
（2）出租无形资产时	①每月取得租金收入时： 借：银行存款 　贷：其他业务收入 　　　应交税费——应交增值税（销项税额） ②每月摊销时： 借：其他业务成本 　贷：累计摊销
（3）报废无形资产时	借：营业外支出——处置非流动资产损失（差额） 　　累计摊销（已计提的累计摊销） 　　无形资产减值准备（已计提的减值准备） 　贷：无形资产（账面余额）

一、出售的无形资产应如何核算

出售无形资产是无形资产所有权的转让。应将所取得的价款与该无形资产账面价值的差额确认为处置非流动资产利得或损失，计入当期损益。

【做中学】星光有限公司所拥有的某项商标权的成本为 3 000 000 元，已摊销金额为 1 800 000元，已计提减值准备 100 000 元。该公司于当期出售该商标的所有权，开具增值税专用发票，取得不含税售价 2 000 000 元，增值税为 120 000 元。

借：银行存款　　2 120 000
　　累计摊销　　1 800 000
　　无形资产减值准备　　100 000
　贷：无形资产　　3 000 000
　　　应交税费——应交增值税（销项税额）　　120 000
　　　营业外收入——处置非流动资产利得　　900 000

二、出租的无形资产应如何核算

出租无形资产，即无形资产使用权的转让，是指企业将该项无形资产的全部或部分使用权让渡给其他企业，仍保留对该出租无形资产的所有权。无形资产使用权转让按 6%的税率计算销项税额，而转让土地使用权则需要按 11%计算销项税额。

【学中做】星光有限公司将一项商标权出租给大江公司使用，该专利取得成本为 600 000 元，摊销期 10 年，按直线法摊销，大江公司每月支付含税租金 31 800 元，出租期间其余公司均不得使用该商标。星光有限公司应如何进行无形资产的取得和摊销、取得租金收入及计税时的账务处理？

三、报废的无形资产如何核算

无形资产预期不能为公司带来经济利益时，说明该无形资产已不符合无形资产的定义及确认条件，应将其予以报废并转销。

【学中做】某企业拥有的一项专利技术预期不能为企业带来经济利益，将其予以转销。该专利技术的账面余额为250 000元，累计摊销额为150 000元，已计提减值准备为40 000元。假定不考虑其他相关因素，该企业应如何进行账务处理？

秘密信息未设“秘”

秘密权益的构成要件是秘密性、经济性和保密性。保密性至关重要，所谓保密性就是要采取保密措施。但秘密信息在单位内部的保护一直是相当一部分单位的软肋。

某市机电公司向工商局递交的书面投诉，反映该公司原技术科长将本公司的技术资料、产品图纸私自复制带走，到邻市开办了一家私营企业，生产与原单位相同的产品，给机电公司造成经济损失10余万元，要求工商行政管理部门查处原技术科长的侵权行为。工商行政管理部门经过缜密调查获悉，机电公司没有与员工签订保密协议，原技术科长不构成侵权。

A公司的技术人员W跳槽，复制了A公司的技术资料。A公司将跳槽的技术人员W以携带侵犯商业秘密为由告上法庭，并提供了若干证明该资料属于A公司的资料，其中也包括技术成果鉴定书。可是技术成果鉴定书标明的密级是“公开”，而不是“机密”或“保密”。

资料来源：百度百科词条

任务四　投资性房地产的核算（选学）

- 掌握投资性房地产的概念与特征。
- 掌握投资性房地产的初始计量的核算。
- 掌握投资性房地产的后续计量的核算。
- 掌握投资性房地产与非投资性房地产相互转换的核算。
- 了解投资性房地产后续计量模式变更的核算。

学习情境一　投资性房地产概述

随着房地产市场日益火爆，企业董事会决定将临近街道的一排仓库装修后作为店面房出租，赚取租金。因装修还未完工，所以暂时还未有合适的承租方。小李认为既然董事会已有明确的出租意图，这排房屋现在应作为投资性房地产核算，他说的对吗?

一、什么是投资性房地产

房地产是土地和房屋及其权属的总称。在我国，土地归国家或集体所有，企业只能取得土地使用权。因此，房地产中的土地是指土地使用权。房屋是指土地上的房屋等建筑物及构筑物。

投资性房地产是指为赚取租金或资本增值，或者两者兼有而持有的房地产。投资性房地产应当能够单独计量和出售。

投资性房地产有什么特征

(1) 投资性房地产是一种经营性活动。投资性房地产的主要形式是出租建筑物、出租土地使用权，这实质上属于一种让渡资产使用权行为。投资性房地产的另一种形式是持有并准备增值后转让的土地使用权，目的是赚取增值收益，根据税法的规定，企业房地产出租、国有土地使用权增值后转让均属于一种经营活动，其取得的房地产租金收入或国有土地使用权转让收益应当交纳营业税。

(2) 投资性房地产在用途、状态、目的等方面区别于作为生产经营场所的房地产和用于销售的房地产。自用的厂房、办公楼等房地产主要用于企业自身的管理和生产经营活动，应作为固定资产、无形资产核算；已建完工用于销售的商品房是房地产企业的商品，应作为存货核算；而投资性房地产持有目的是为了赚取租金或资本增值，与前两者有着很明显的区别，应单独作为一项资产核算和反映。

(3) 投资性房地产有两种后续计量模式。企业通常应采用成本模式对投资性房地产后续计量，但如有确凿证据表明其所有投资性房地产的公允价值能够持续可靠取得的，也可采用公允价值模式后续计量。但同一企业只能采用一种模式对所有投资性房地产进行后续计量。

二、投资性房地产的确认条件是什么

将某个项目确认为投资性房地产，首先应当符合投资性房地产的概念，其次要同时满足投资性房地产的两个确认条件：

(1) 与该投资性房地产相关的经济利益很可能流入企业。

(2) 该投资性房地产的成本能够可靠计量。

三、哪些项目属于投资性房地产

投资性房地产主要包括：已出租的土地使用权、持有并准备增值后转让的土地使用权和已出租的建筑物。

1. 已出租的土地使用权

已出租的土地使用权是指企业通过出让或转让方式取得的、以经营租赁方式出租的土地使用权。企业计划用于出租而尚未出租的土地使用权，不属于此类。

对于以经营租赁方式租入土地使用权再转租给其他单位的，不能确认为投资性房地产。

例如，甲公司与乙公司签署了土地使用权租赁协议，甲公司以年租金800万元租赁使用乙公司拥有的80万平方米土地使用权，租赁期为15年。那么，自租赁协议约定的租赁期开始日起，这项土地使用权属于乙公司的投资性房地产。假如，甲公司又将这块土地使用权转租给丙公司，对甲公司而言这项土地使用权是以经营租赁方式获得，不能作为投资性房地产。

2. 持有并准备增值后转让的土地使用权

例如，企业发生转产或厂址搬迁，部分土地使用权停止自用，管理层决定继续持有这部分土地使用权，待其增值后转让以赚取增值收益。

按照国家有关规定认定的闲置土地，不属于持有并准备增值后转让的土地使用权，也就不属于投资性房地产。

3. 已出租的建筑物

已出租的建筑物是指企业拥有产权的、以经营租赁方式出租的建筑物，包括自行建造或开发活动完成后用于出租的建筑物。企业在判断和确认已出租的建筑物，应当把握以下要点：

(1) 用于出租的建筑物是指企业拥有产权的建筑物。企业以经营租赁方式租入再转租的建筑物不属于投资性房地产。

例如，甲企业与乙企业签订了一项经营租赁合同，乙企业将其持有产权的一栋办公楼出租给甲企业，为期5年。甲企业一开始将该办公楼改装后用于自行经营餐馆。1年后，由于连续亏损，甲企业将餐馆转租给丙企业，以赚取租金差价。这种情况下，对于甲企业而言，该栋楼不属于其投资性房地产。对于乙企业而言，则属于其投资性房地产。

(2) 已出租的建筑物是指企业已经与其他方签订了租赁协议，约定以经营租赁方式出租的建筑物。

一般应自租赁协议规定的租赁期开始日起，经营租出的建筑物才属于已出租的建筑物。企业计划用于出租但尚未出租的建筑物，不属于此类。通常情况下，对企业持有以备经营出租的空置建筑物，如董事会或类似机构做出书面决议，明确表明将其用于经营出租且持有意图短期内不再发生变化的，即使尚未签订租赁协议，也应视为投资性房地产。这里的“空置建筑物”是指企业新购入、自行建造或开发完工但尚未使用的建筑物，以及不再用于日常生产经营活动且经整理后达到可经营出租状态的建筑物。

例如，甲企业在当地房地产交易中心通过竞拍取得一块土地的使用权。甲企业按照合同规定对这块土地进行了开发，并在这块土地上建造了一家商场，拟用于整体出租，但尚未开发完工。本例中，该尚未开发完工的商场不属于“空置建筑物”，也不属于投资性房地产。

(3) 企业将建筑物出租，按租赁协议向承租人提供的相关辅助服务在整个协议中不重大的，应当将该建筑物确认为投资性房地产。

例如，甲企业购买一栋写字楼，共10层。其中1层经营出租给某大型超市，2～5层经营出租给乙公司，6～10层经营出租给丙公司。甲企业同时为该写字楼提供保安、维修等日常辅助服务。本例中，甲企业将写字楼出租，同时提供的辅助服务不重大。对于甲企业而言，这栋写字楼属于甲企业的投资性房地产。

【做中学】下列各项资产中，不属于投资性房地产核算范围的是（　　）。

A. 企业持有并准备增值后转让的土地使用权

B. 企业持有并准备增值后转让的建筑物

C. 企业已经营出租的土地使用权

D. 企业已经营出租的建筑物

【答案】B。投资性房地产包括已出租的建筑物、已出租的土地使用权、持有并准备增值后转让的土地使用权等，并不包括持有并准备增值后出售的建筑物。

四、哪些不属于投资性房地产项目

1. 自用房地产

自用房地产是指为生产商品、提供劳务或经营管理而持有的房地产。例如，企业生产经营用的厂房和办公楼，企业生产经营用的土地使用权，企业出租给本企业职工居住的宿舍，企业拥有并自行经营的旅馆饭店，这些都具有自用房地产的性质。

2. 作为存货的房地产

作为存货的房地产通常是指房地产开发企业在正常经营过程中销售的或为销售而正在开发的商品房和土地。

在实践中，存在某项房地产部分自用或作为存货出售、部分用于赚取租金或资本增值的情形。如某项投资性房地产不同用途的部分能够单独计量和出售的，应当分别确认为固定资产、无形资产、存货和投资性房地产。不能够单独计量和出售的，应与自用部分一起确认为固定资产或无形资产。

例如，甲房地产开发商建造了一栋商住两用楼盘，一层出租给一家大型超市，已签订经营租赁合同；其余楼层均为普通住宅，正在公开销售中。这种情况下，如果一层商铺能够单独计量和出售，应当确认为甲企业的投资性房地产，其余楼层为甲企业的存货，即开发产品。

兴趣拓展

房产致富的秘密

贱买贵卖：买入价值低估或贬值的房产，加以修缮，以更高的价格卖出去，赚取其中的差价。当然，前提是你能够识别价值低估的房产，并以较高的价格售出。

房产升值：随着城市的发展，人口越来越多地流入，客观上形成对房产更多的需求，而土地并不会增加，土地上的房产自然会由于稀缺越来越贵，这就是房产的升值。在任何国家，房产总是持续而稳定地升值，当然偶尔也有不升值甚至贬值的时候，但总是很快就会反弹，变得比以前更加有利可图。

租金收益：一个稳健的投资者，会买进房产，持有并出租，用租金收入还贷款或再买房，这就是我们平日所说的“以房养房”。一方面是房产每年的租金收入，另一方面是房产持有带来的升值，5～10 年以后，财富增长会很惊人。

合法节税：如果你还是一个企业的经营者，你可以考虑购买房产出租给自己经营的企业，每年不仅个人有租金收入，企业因为增加了费用，还可以减少缴税，并且合法地节税。

抵押贷款：几乎所有的人，在购买房产时，都会向银行或金融机构借贷，抵押物就是你购买的房子，即抵押贷款，越是有钱人，向银行贷的钱也越多。利用抵押贷款，这样，你实际得到了一个债务杠杆，将你的投资能力放大了 4～5 倍，分期贷款可以用每月租金来偿还。

学习情境二　投资性房地产的核算

情境导入

企业将临近街道的一排仓库装修完毕后，与家家乐超市签订了经营租赁协议，将该排房屋整体出租给家家乐超市作为店面房使用，租赁期开始日为 2017 年 4 月 1 日，年租金 10 万元，为期 5 年。2017 年 4 月 1 日，该排房屋的账面余额为 500 万元，已计提折旧 200 万元。应怎样进行账务处理呢？小李决定先查查书……

知识准备

根据《投资性房地产准则》的规定，投资性房地产应当按照成本进行初始确认和计量。在后续计量时，通常应采用成本模式进行计量，在满足特定条件的情况下也可以采用公允价值模式对投资性房地产进行后续计量。但是，同一企业只能采用一种模式对所有投资性房地产进行后续计量，不得同时采用两种计量模式。

一、采用成本模式计量的投资性房地产如何核算

成本模式的投资性房地产的核算方法与固定资产、无形资产类似，可比照相关科目账务处理。具体成本模式计量的投资性房地产账务处理如表 4－12 所示。

表 4－12　　成本模式计量的投资性房地产账务处理

<table>
<tr><th colspan="3">经济业务</th><th>账务处理</th></tr>
<tr><td rowspan="2">初始计量</td><td colspan="2">（1）外购时</td><td>借：投资性房地产（实际成本）
　贷：银行存款</td></tr>
<tr><td colspan="2">（2）自行建造时</td><td>借：投资性房地产（建造成本）
　贷：在建工程
　　　开发产品</td></tr>
<tr><td rowspan="4">非投资性房地产与投资性房地产相互转换</td><td rowspan="2">（1）非投资性房地产转换为投资性房地产时</td><td>①作为存货的房地产转为投资性房地产</td><td>借：投资性房地产（存货的账面价值）
　　存货跌价准备
　贷：开发产品（账面余额）</td></tr>
<tr><td>②自用房地产转换为投资性房地产</td><td>借：投资性房地产——写字楼
　　累计折旧/累计摊销
　　固定资产减值准备/无形资产减值准备
　贷：固定资产/无形资产
　　　投资性房地产累计折旧（摊销）
　　　投资性房地产减值准备</td></tr>
<tr><td rowspan="2">（2）投资性房地产转换为非投资性房地产时</td><td>①投资性房地产转为自用房地产</td><td>借：固定资产/无形资产
　　投资性房地产累计折旧（摊销）
　　投资性房地产减值准备
　贷：投资性房地产
　　　累计折旧/累计摊销
　　　固定资产减值准备/无形资产减值准备</td></tr>
<tr><td>②投资性房地产转为存货</td><td>借：开发产品（投资性房地产账面价值）
　　投资性房地产累计折旧
　　投资性房地产减值准备
　贷：投资性房地产</td></tr>
<tr><td rowspan="2">后续计量</td><td colspan="2">（1）按期（月）计提折旧或摊销时</td><td>借：其他业务成本
　贷：投资性房地产累计折旧（摊销）</td></tr>
<tr><td colspan="2">（2）租金收入时</td><td>借：银行存款
　贷：其他业务收入</td></tr>
</table>

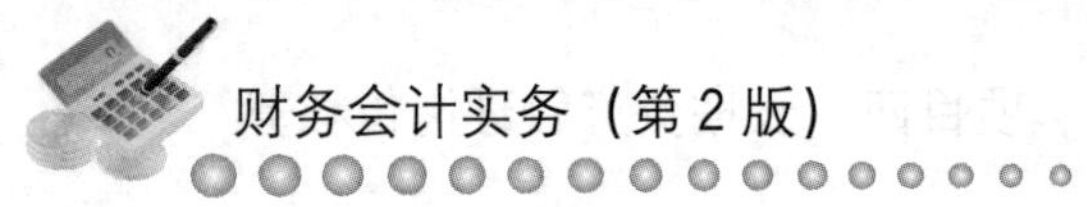

续 表

经济业务		账务处理
后续计量	（3）减值时	借：资产减值损失 　贷：投资性房地产减值准备
处置	（1）收到处置收入时	借：银行存款 　贷：其他业务收入
	（2）结转投资性房地产账面价值时	借：其他业务成本 　　投资性房地产累计折旧（摊销） 　　投资性房地产减值准备 　贷：投资性房地产

1. 成本模式下投资性房地产如何初始计量

（1）外购的投资性房地产。只有在购入房地产的同时开始对外出租或用于资本增值，才能称为外购的投资性房地产。企业购入的房地产，部分用于出租（或资本增值）、部分自用，应分别予以单独确认的，应按照不同部分的公允价值占公允价值总额的比例将成本在不同部分之间进行分配。

在采用成本模式计量下，外购的土地使用权和建筑物，按照取得时的实际成本进行初始计量，其实际成本包括购买价款、相关税费和可直接归属于该资产的其他支出。

【做中学】2017年3月，星光有限公司计划购入一栋写字楼用于对外出租。3月15日，星光有限公司与甲企业签订了经营租赁合同，约定自写字楼购买日起将这栋写字楼出租给甲企业，为期5年。4月5日，星光有限公司实际购入写字楼，支付价款共计12 000 000元。假设星光有限公司采用成本模式进行后续计量。

星光有限公司的账务处理如下：

借：投资性房地产——写字楼　　　　12 000 000

　贷：银行存款　　　　　　　　　　　12 000 000

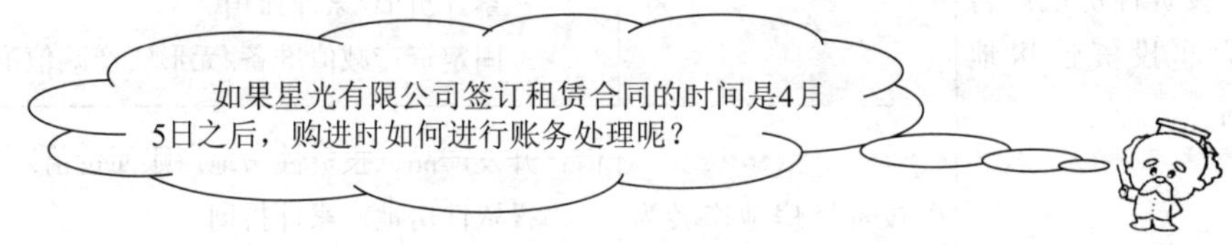

（2）自行建造投资性房地产。只有在自行建造或开发活动完成（达到预定可使用状态）的同时开始对外出租或用于资本增值，才能确认为自行建造的投资性房地产。自行建造的投资性房地产的成本由建造该项资产达到预定可使用状态前发生的必要支出构成。

【做中学】2017年1月，星光有限公司从其他单位购入一块土地的使用权，并在这块土地上开始自行建造三栋厂房。2017年10月，星光有限公司预计厂房即将完工，与乙公司签订了经营租赁合同，将其中的一栋厂房租赁给乙公司使用。租赁合同约定，该厂房于完工（达到预定可使用状态）时开始起租。2017年11月1日，三栋厂房同时完工（达到预定可使用状态）。该块土地使用权的成本为 6 000 000 元；三栋厂房的实际造价均为 10 000 000元，能够单独出售。假设星光有限公司采用成本计量模式。

星光有限公司的账务处理如下：

①购入土地使用权时：

借：无形资产——土地使用权　　6 000 000

　贷：银行存款　　6 000 000

②支付建造成本时：

借：在建工程　　30 000 000

　贷：银行存款　　30 000 000

③工程完工租赁开始时：

借：投资性房地产——厂房　　10 000 000

　贷：在建工程　　10 000 000

借：投资性房地产——土地使用权　　2 000 000

　贷：无形资产——土地使用权　　2 000 000

借：固定资产——厂房　　20 000 000

　贷：在建工程　　20 000 000

2. 成本模式下非投资性房地产与投资性房地产相互转换如何核算

非投资性房地产与投资性房地产的相互转换，实质上是因房地产用途发生改变而对房地产进行的重新分类。成本模式下，账务处理时，应按账面价值相互结转。

会计园地

投资性房地产转换日的确定

转换日的确定关系到资产的确认时点和入账价值，因此非常重要。转换日是指房地产的用途发生改变、状态相应发生改变的日期。

(1) 投资性房地产转为自用，转换日是指房地产达到自用状态，企业开始将房地产用于生产商品、提供劳务或经营管理的日期。

(2) 投资性房地产转换为存货，转换日为租赁期满、企业董事会或权力机构做出书面决议明确表明将其重新开发用于对外销售的日期。

(3) 作为存货的房地产改为出租，或者自用建筑物或土地使用权停止自用改为出租，转换日应为租赁期开始日。

(4) 自用土地使用权停止自用，改为用于资本增值，转换日是指企业停止将该项土地使用权用于生产商品、提供劳务或经营管理且管理当局做出房地产转换决议的日期。

(1) 作为存货的房地产转为出租。作为存货的房地产改为出租，通常是指房地产开发企业将其持有的开发产品以经营租赁的方式出租，相应地由存货转换为投资性房地产。

【做中学】鑫鑫房地产公司与丙企业签订了租赁协议，将其已开发完成的一栋商品房

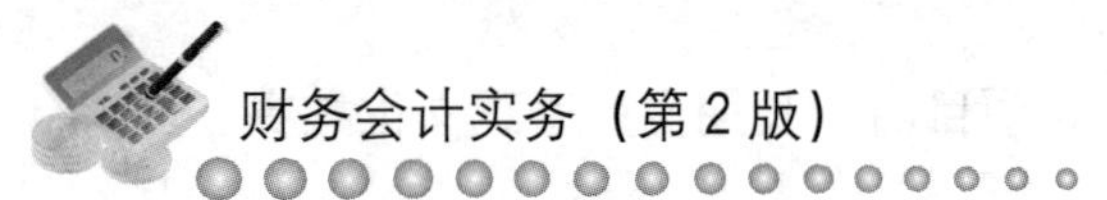

出租给丙企业使用，租赁期开始日为2017年4月15日。2017年4月15日，该商品房的账面余额为450 000 000元，未计提存货跌价准备，转换后采用成本模式计量。

鑫鑫房地产公司的账务处理如下：

借：投资性房地产——写字楼　　450 000 000

　贷：开发产品　　450 000 000

（2）自用房地产转换为投资性房地产。自用房地产转换为投资性房地产包括两种。一是自用土地使用权停止自用，用于赚取租金或资本增值，相应地由无形资产转换为投资性房地产。二是自用建筑物停止自用，改为出租，相应地由固定资产转换为投资性房地产。

【做中学】星光有限公司拥有一栋办公楼，用于本企业总部办公，2017年3月10日，星光有限公司与丁企业签订了经营租赁协议，将该栋办公楼整体出租给丁企业使用，租赁期开始日为2017年4月15日，为期5年。2017年4月15日，该栋办公楼的账面余额为400 000 000万元，已计提折旧2 000 000元。假设采用成本计量模式。

星光有限公司账务处理如下：

借：投资性房地产——写字楼　　400 000 000

　　累计折旧　　2 000 000

　贷：固定资产　　400 000 000

　　投资性房地产累计折旧　　2 000 000

（3）投资性房地产转为自用房地产。投资性房地产开始自用是指企业将原来用于赚取租金或资本增值的房地产改为用于生产商品、提供劳务或经营管理，投资性房地产相应地转换为固定资产或无形资产。

【学中做】2017年8月1日，星光有限公司将出租在外的厂房收回，开始用于本企业生产商品。该项房地产账面价值为3 000万元，其中，原价5 000万元，累计已提折旧2 000万元。假设星光有限公司采用成本计量模式，星光有限公司应如何账务处理？

（4）投资性房地产转换为存货。房地产开发企业将用于经营出租的房地产重新开发用于对外销售的，从投资性房地产转换为存货。

【学中做】鑫鑫房地产开发企业将其开发的部分写字楼用于对外经营租赁。2017年10月15日，因租赁期满，鑫鑫房地产将出租的写字楼收回，并做出书面决议，将该写字楼重新开发用于对外销售，即由投资性房地产转换为存货。该项房地产在转换前采用成本模式计量，原价为5 600万元，已计提折旧600万元。鑫鑫房地产企业应如何账务处理？

3. 成本模式下投资性房地产如何后续计量

采用成本模式进行后续计量的投资性房地产，应当按照《企业会计准则第4号——固定资产》或《企业会计准则第6号——无形资产》的有关规定，按期（月）计提折旧或摊销。

投资性房地产存在减值迹象的，经减值测试后确定发生减值的，应当计提减值准备。已经计提减值准备的投资性房地产，其减值损失在以后的会计期间不得转回。

【学中做】星光有限公司的一栋办公楼出租给戊企业使用，已确认为投资性房地产，采用成本模式进行后续计量。假设这栋办公楼的成本为 2 400 万元，按照直线法计提折旧，使用寿命为 20 年，预计净残值为零。按照经营租赁合同，戊企业每月支付甲企业租金 12 万元。当年 12 月，这栋办公楼发生减值迹象，经减值测试，其可收回金额为 1 200 万元，此时办公楼的账面价值为 1 500 万元，以前未计提减值准备。星光有限公司应如何账务处理？

4. 成本模式下处置投资性房地产如何核算

【做中学】星光有限公司将其出租的一栋写字楼确认为投资性房地产，采用成本模式计量。租赁期满后，星光有限公司将该栋写字楼出售给乙公司，合同价款为 300 000 000 元，乙公司已用银行存款付清。出售时，该栋写字楼的成本为 280 000 000 元，已计提折旧 30 000 000 元。假设不考虑相关税费。

星光有限公司的账务处理如下：

借：银行存款　　300 000 000

　贷：其他业务收入　　300 000 000

借：其他业务成本　　250 000 000

　　投资性房地产累计折旧　　30 000 000

　贷：投资性房地产——写字楼　　280 000 000

二、采用公允价值模式计量的投资性房地产如何核算

企业有确凿证据表明其投资性房地产的公允价值能够持续可靠取得的，可以对投资性房地产采用公允价值模式进行后续计量。企业一旦选择采用公允价值模式，就应当对其所有投资性房地产采用公允价值模式进行后续计量。但是，采用成本模式对投资性房地产进行后续计量的企业，即使有证据表明，企业某项投资性房地产公允价值能够持续可靠取得，该企业仍应对该项投资性房地产采用成本模式进行后续计量。公允价值模式计量的投资性房地产账务处理如表 4－13 所示。

表 4－13　　公允价值模式计量的投资性房地产账务处理

经济业务		账务处理
初始计量	（1）外购时	借：投资性房地产——成本 　贷：银行存款
	（2）自行建造时	借：投资性房地产——成本（实际成本） 　贷：在建工程 　　　开发产品

续 表

<table>
<tr><th colspan="3">经济业务</th><th>账务处理</th></tr>
<tr><td rowspan="4">非投资性房地产与投资性房地产相互转换</td><td rowspan="2">（1）非投资性房地产转换为投资性房地产</td><td>①作为存货的房地产转为投资性房地产时</td><td>借：投资性房地产——成本（转换日的公允价值）
存货跌价准备
公允价值变动损益（借方差额）
贷：开发产品等（账面余额）
其他综合收益（贷方差额）</td></tr>
<tr><td>②自用房地产转为投资性房地产时</td><td>借：投资性房地产——成本（转换日的公允价值）
累计折旧/累计摊销
固定资产减值准备/无形资产减值准备
公允价值变动损益（借方差额）
贷：固定资产/无形资产（账面余额）
其他综合收益（贷方差额）</td></tr>
<tr><td rowspan="2">（2）投资性房地产转换为非投资性房地产</td><td>①投资性房地产转为自用房地产时</td><td>借：固定资产/无形资产（转换日的公允价值）
公允价值变动损益（借方差额）
贷：投资性房地产——成本
——公允价值变动（可能在借方）
公允价值变动损益（贷方差额）</td></tr>
<tr><td>②投资性房地产转为存货时</td><td>借：开发产品（转换日的公允价值）
公允价值变动损益（借方差额）
贷：投资性房地产——成本
——公允价值变动（可能在借方）
公允价值变动损益（贷方差额）</td></tr>
<tr><td rowspan="3">后续计量</td><td colspan="2">（1）资产负债表日公允价值高于账面价值时</td><td>借：投资性房地产——公允价值变动
（公允价值高于账面价值的差额）
贷：公允价值变动损益</td></tr>
<tr><td colspan="2">（2）资产负债表日公允价值低于账面价值时</td><td>借：公允价值变动损益
贷：投资性房地产——公允价值变动
（公允价值低于账面价值的差额）</td></tr>
<tr><td colspan="2">（3）取得租金收入时</td><td>借：银行存款
贷：其他业务收入</td></tr>
<tr><td>处置</td><td colspan="2">（1）收到处置收入时</td><td>借：银行存款
贷：其他业务收入</td></tr>
</table>

续 表

经济业务		账务处理
处置	(2) 结转投资性房地产账面价值时	借：其他业务成本 贷：投资性房地产——成本 ——公允价值变动（可能在借方）
	(3) 结转转换日计入其他综合收益的金额时	借：其他综合收益 贷：其他业务成本
	(4) 结转该项投资性房地产的累计公允价值变动损益时	借：公允价值变动损益 贷：其他业务成本 (若该投资性房地产公允价值变动损益为借方余额则做相反分录)

采用公允价值模式的前提条件

采用公允价值模式进行后续计量的房地产，应当同时满足以下两个条件：

第一，投资性房地产所在地有活跃的房地产交易市场。

第二，企业能够从活跃的房地产交易市场上取得同类或类似房地产的市场价格及其他相关信息，从而对投资性房地产的公允价值做出合理的估计。

1. 公允价值模式下投资性房地产如何初始计量

在采用公允价值模式计量下，企业应当在“投资性房地产”科目下设置“成本”和“公允价值变动”两个明细科目。

外购投资性房地产或自行建造的投资性房地产，其初始计量与成本模式类似，按照其发生的实际成本，记入“投资性房地产——成本”科目。

2. 公允价值模式下投资性房地产如何后续计量

(1)“公允价值变动损益”属损益类科目。核算交易性金融资产及采用公允价值模式计量的投资性房地产等业务中因公允价值变动形成的应计入当期损益的利得与损失，应当按照交易性金融资产、投资性房地产等进行明细核算。企业采用公允价值模式进行后续计量的，应当以资产负债表日投资性房地产的公允价值为基础调整其账面价值，公允价值与原账面价值之间的差额计入公允价值变动损益。相关资产处置时，将本科目余额转入当期损益。

借方　　　　公允价值变动损益	贷方
资产负债表日相关资产公允价值低于其账面余额的差额	资产负债表日相关资产公允价值高于其账面余额的差额
期末，转入“本年利润”，结转后本科目无余额	

（2）“其他综合收益”损益类科目。是指企业根据企业会计准则规定未在损益中确认的各项利得和损失扣除所得税影响后的净额。相关资产处置时，将本科目余额转入当期损益。

会计园地

2014年新准则下“其他综合收益”与“资本公积”的核算

科目	分类	核算内容
其他综合收益（损益类，反映在利润表中）	1. 以后期间能重分类计入损益的项目	（1）权益法下，被投资单位属于以后期间可以计入损益的其他综合收益变动对应的份额
		（2）可供出售金融资产公允价值的变动；持有至到期投资重分类为可供出售金融资产时的账面价值与公允价值的差额
		（3）现金流量套期工具中有效套期部分的利得或损失
		（4）外币报表折算差额
		（5）其他，如自用房地产转换为以公允价值计量的投资性房地产，转换日公允价值大于账面价值的差额
	2. 以后期间不能重分类计入损益的项目	（1）设定受益计划，重新计量其净资产（或净负债）产生的变动，计入其他综合收益，且以后期间不得转回损益
		（2）权益法下，被投资单位属于以后期间不可计入损益的其他综合收益变动对应的份额（按相同基础）
资本公积（所有者权益类，反映在资产负债表中）	1. 资本（股本）溢价	（1）投资者投入资本的溢（折）价部分
		（2）可转债、债转股形成的资本溢（折）价部分
		（3）发行权益性证券的佣金、手续费等
		（4）同一控制下企业合并的相关处理
		（5）回购本企业股票（库存股）的相关处理

续　表

科目	分类	核算内容
资本公积（所有者权益类，反映在资产负债表中）	2. 其他资本公积	(1) 以权益结算的股份支付
		(2) 企业与股东之间的资本性交易（即“权益性交易”），如股东对企业的捐赠、债务豁免、代为偿债等
		(3) 权益法下，被投资单位发生的不属于其他综合收益的权益变动份额，如被投资单位其他股东的资本性投入；其他股东增减资因素导致对被投资单位股权比例变动等

企业采用公允价值模式进行后续计量，不对投资性房地产计提折旧或进行摊销。

【做中学】苏建公司为从事房地产开发的企业。2017 年 8 月，苏建公司与甲公司签订协议，约定将苏建公司开发的一栋写字楼于开发完成的同时租赁给甲公司使用，租期 10 年。当年 10 月 1 日，该写字楼开发完成并起租，写字楼造价 80 000 000 元。2017 年 12 月 31 日，该写字楼公允价值为 86 000 000 元。假设苏建公司采用公允价值计量模式。

苏建公司的账务处理如下：

① 2017 年 10 月 1 日，苏建公司开发完成写字楼并出租：

借：投资性房地产——成本　　80 000 000

　贷：开发成本　　80 000 000

② 2017 年 12 月 31 日，按照公允价值为基础调整其账面价值：

借：投资性房地产——公允价值变动　　6 000 000

　贷：公允价值变动损益　　6 000 000

3. 公允价值模式下非投资性房地产与投资性房地产相互转换如何核算

【做中学】2017 年 3 月 20 日，苏建公司与乙企业签订了租赁协议，将其开发的一栋写字楼出租给乙企业。租赁期开始日为 2017 年 4 月 15 日。2017 年 4 月 15 日，该写字楼的账面余额为 45 000 万元，公允价值为 47 000 万元。2017 年 12 月 31 日，该项投资性房地产的公允价值为 48 000 万元。

苏建公司的账务处理如下：

① 2017 年 4 月 15 日：

借：投资性房地产——成本　　470 000 000

　贷：开发产品　　450 000 000

　　其他综合收益　　20 000 000

② 2017 年 12 月 31 日：

借：投资性房地产——公允价值变动　　10 000 000

　贷：公允价值变动损益　　10 000 000

【做中学】苏建公司打算搬迁至新建办公楼，原办公楼准备出租，以赚取租金收入。2017 年 10 月，苏建公司完成搬迁工作，原办公楼停止自用并与丙企业签订租赁协议，将其租赁给丙企业使用，租赁开始日为 2017 年 10 月 30 日，租赁期限 3 年。2017 年 10 月 30

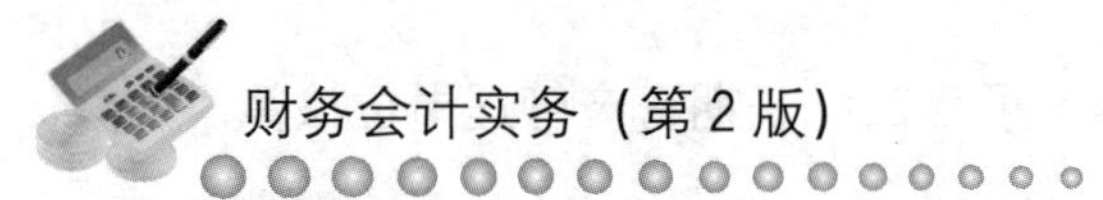

日，该办公楼原价为5亿元，已计提折旧14 250万元，公允价值为35 000万元。苏建公司采用公允价值模式计量。

苏建公司的账务处理如下：

借：投资性房地产——成本　　350 000 000
　　公允价值变动损益　　7 500 000
　　累计折旧　　142 500 000
　贷：固定资产　　500 000 000

请问成本计量模式与公允价值计量模式下，投资性房地产的核算内容、使用的科目等有何区别？

三、投资性房地产计量模式变更如何核算

为保证会计信息的可比性，企业对投资性房地产的计量模式一经确定，不得随意变更。只有在房地产市场比较成熟、能够满足采用公允价值模式条件的情况下，才允许企业对投资性房地产从成本模式计量变更为公允价值模式计量。已采用公允价值模式计量的投资性房地产，不得从公允价值模式转为成本模式。

房产投资的成功故事

现年61岁的弗格斯·威尔森和妻子朱蒂斯原本都只是薪水微薄的中学数学教师。1975年，他们省吃俭用以8 200英镑买下一套三居室，这是他们的第一套房子。幸运的是，他们买房选对了地点，20年后，这个地方因为邻近英法海底隧道的阿什佛德站，成为英国最热门的房地产市场。看着当时英国房价飞涨，威尔森夫妇首次产生了投资房产的念头。他们把第一套房子租出去，用租金来付第二套房子的贷款，由此开始进入房地产市场。1990年年初，夫妇俩正式辞去教师工作，全心投资房产。他们的投资延续了以租养房的方式，并且始终坚持一个法则，就是不在自己不熟悉或太远的区域置业。在近20年的投资生涯中，威尔森夫妇手上最多拥有900多套房子，市值最高时达到了1.8亿英镑。

日常生活中，人们所说的“财商”，是运用自有资金，赚取稳定收益的能力。比如，花100万元买个房子，拿来出租，租金就算是稳定的收益，而收益越高，就意味着你的理财能力越强。正如犹太智慧法典《塔木德》所言：穷人之所以穷是因为他们羡慕的只是富人积累财富的结果，却往往忽略了他们通往财富的智慧。因此，对于投资者而言，必须善于驾驭你的财富，让钱代替人去工作，钱像工资一样能让你获得稳定而充足的收入。

固定资产、无形资产和投资性房地产的核算是长期资产管理岗位的主要核算任务。固定资产、无形资产和投资性房地产的核算有很多共同规律。

(1) 取得时都按实际成本确定相应的初始成本，但实际成本的确定按取得方式的不同又各有特点，如对于无形资产要特别注意“营改增”后面增值税的核算；

(2) 在使用过程中都需要按规定计提折旧或者摊销，但投资性房地产在公允价值模式下，不再计提折旧或摊销，只按公允价值调整账面价值；

(3) 资产负债表日，都要进行减值测试，判断是否需要计提相应的减值准备，而且一经计提，都不得转回；

(4) 在处置时还是有一定差异的，固定资产出售、报废、毁损通过“固定资产清理”账户核算（盘亏通过“待处理财产损溢”账户核算）；无形资产出售、报废直接结转账面价值，相关损益都计入营业外收支，要考虑是否属于“营改增”的内容及是否纳税；但固定资产、无形资产的出租损益都通过其他业务收入和其他业务成本核算。

学习过程中注意区别比较，掌握规律，往往事半功倍。

一、单选题

1. 某项固定资产的原值为200 000元，预计净残值为2 000元，预计使用年限为5年。则在年数总和法下第四年的折旧额为（　　）元。

A. 26 400　　B. 52 800　　C. 40 000　　D. 39 600

2. 某企业对一条生产线进行更新改造。该生产线的原价为100万元，已计提折旧为60万元。改造过程中发生支出35万元，被替换部分的账面价值5万元。该生产线更新改造后的成本为（　　）万元。

A. 65　　B. 70　　C. 125　　D. 130

3. 某企业出售一台设备（不考虑相关税费），原价160 000元，已计提折旧45 000元，出售时发生各种清理费用3 000元，出售设备所得价款113 000元。该设备出售净收益为（　　）元。

A. −2 000　　B. 2 000　　C. 5 000　　D. −5 000

4. 企业为建造仓库而购进工程物资负担的增值税额应当计入（　　）。

A. 应交税费——应交增值税　　B. 工程物资

C. 营业外支出　　D. 管理费用

5. 下列关于固定资产后续支出，不正确的处理方法是（　　）。

A. 与固定资产有关的更新改造等后续支出，符合固定资产确认条件的，应当计入固定资产成本，同时将被替换部分的账面价值扣除

B. 与固定资产有关的大修理费用，不符合固定资产确认条件的，应当计入当期损益

C. 企业生产车间（部门）发生的固定资产日常修理费用应计入制造费用

D. 经营租入的固定资产改良支出先通过“长期待摊费用”科目核算

6. 某项固定资产的账面原价为80 000元，预计使用年限为5年，预计净残值为5 000元，按年数总和法计提折旧。若该项固定资产在使用的第3年末，公司在进行检查时发现，该设备有可能发生减值，现时的公允价值减去处置费用后的净额为18 000元，未来5年内持续使用以及使用寿命结束时的处置中形成的现金流量现值为16 000元，则该项固定资产在第3年末的账面价值为（　　）元。

A. 14 400　　B. 15 000　　C. 16 000　　D. 18 000

7. 2017年4月16日，A公司将一项专利权出售，取得价款150万元，不考虑增值税。该专利权为2015年1月18日购入，实际支付的买价为350万元，另支付相关费用10万元。该专利权的摊销年限为5年，采用直线法摊销。转让该专利权形成的净损失为（　　）万元。

A. 61.5　　B. 48　　C. 55.5　　D. 54

8. 2017年8月1日，某企业开始研究开发一项新技术，当月共发生研究支出800万元，其中，费用化的金额650万元，符合资本化条件的金额150万元。8月末，研究活动尚未完成。该企业2017年8月应计入当期利润总额的研发支出为（　　）万元。

A. 0　　B. 150　　C. 650　　D. 800

9. 下列各项中，说法不正确的是（　　）。

A. 采用成本模式计量的投资性房地产的折旧（或摊销）费用应计入其他业务成本

B. 企业处置投资性房地产时，应当将处置收入计入其他业务收入

C. 处置公允价值模式计量的投资性房地产时，转换日计入资本公积的金额，应转入投资收益

D. 处置公允价值模式计量的投资性房地产时，应将累计公允价值变动转入其他业务成本

10. 甲公司将一写字楼转换为采用成本模式计量的投资性房地产，该写字楼的账面原值为2 500万元，已计提的累计折旧为50万元，已计提的固定资产减值准备150万元，转换日的公允价值为3 000万元，则记入“投资性房地产”科目的金额是（　　）万元。

A. 3 000　　B. 2 300　　C. 2 500　　D. 2 800

二、多选题

1. 下列各项固定资产，应计提折旧的有（　　）。

A. 闲置的固定资产　　B. 单独计价入账的土地

C. 经营租出的固定资产　　D. 已提足折旧仍继续使用的固定资产

2. 在固定资产开始计提折旧时，就需要考虑固定资产净产值的折旧方法有（　　）。

A. 年限平均法　　B. 工作量法

C. 双倍余额递减法　　D. 年数总和法

3. 双倍余额递减法和年数总和法这两种计算固定资产累计折旧的方法的共同特点有（　　）。

A. 属于加速折旧法　　B. 每期折旧率固定

C. 前期折旧率高，后期折旧低　　D. 不考虑净残值

4. 下列项目中可以计入当期损益的有（　　）。

A. 不超过固定资产可收回金额的改良支出　　B. 生产车间所计提的固定资产折旧

C. 计提固定资产减值准备　　D. 出售固定资产的净损失

5. 下列各项，应通过“固定资产清理”科目核算的有（　　）。

A. 盘亏的固定资产　　B. 出售的固定资产

C. 报废的固定资产　　D. 毁损的固定资产

6. 下列资产减值准备中，在符合相关条件时可以转回的有（　　）。

A. 坏账准备　　B. 存货跌价准备

C. 无形资产减值准备　　D. 固定资产减值准备

7. 关于无形资产摊销的下列说法中，正确的有（　　）。

A. 使用寿命有限的无形资产，其应摊销金额应当在使用寿命内系统合理摊销

B. 企业摊销无形资产，应当自无形资产可供使用当月起开始摊销，处置当月不再摊销

C. 无形资产摊销年限不超过 10 年

D. 使用寿命不确定的无形资产不应摊销

8. 下列关于无形资产会计处理的表述，正确的有（　　）。

A. 无形资产均应确定预计使用年限并分期摊销

B. 有偿取得的自用土地使用权应确认为无形资产

C. 内部研发项目开发阶段支出应全部确认为无形资产

D. 无形资产减值损失一经确认在以后会计期间不得转回

9. 关于投资性房地产的后续计量，下列说法中正确的有（　　）。

A. 采用公允价值模式计量的，不对投资性房地产计提折旧或进行摊销

B. 采用公允价值模式计量的，应对投资性房地产计提折旧或进行摊销

C. 已采用公允价值模式计量的投资性房地产，不得从公允价值模式转为成本模式

D. 已采用成本模式计量的投资性房地产，不得从成本模式转为公允价值模式

10. 根据《企业会计准则第 3 号——投资性房地产》，企业拥有的下列房地产中，属于该企业投资性房地产的是（　　）。

A. 已签订租赁协议约定自下一年 1 月 1 日开始出租的土地使用权

B. 企业管理当局已做出书面决议明确将继续持有，待其增值后转让的土地使用权

C. 经营出租给本企业职工居住的建筑物

D. 已经营出租但仍由本企业提供日常维护的建筑物

三、判断题

1. 按双倍余额递减法计提的折旧额在任何时候都大于按平均年限法计提的折旧额。（　　）

2. 已达到预定可使用状态但在年度内尚未办理竣工决算手续的固定资产，应按估计价值暂估入账，但不计提折旧。（　　）

3. 企业以一笔款项购入多项没有单独标价的固定资产时，应按各项固定资产公允价值的比例对总成本进行分配，分别确定各相关的资产的成本。（　　）

4. 为固定资产发生的后续支出，均应记入固定资产成本。（　　）

5. 工作量法计提折旧的特点是每年提取的折旧额相等。（　　）

6. 企业购进非生产经营用固定资产支付的增值税，应记入“应交税费——应交增值

税（进项税额）”科目。（　　）

7. 企业对无形资产进行摊销时，可以采用直线法、生产总量法，但不能采用类似加速折旧法的方法进行摊销。（　　）

8. 企业让渡无形资产使用权发生的相关费用，应该确认为其他业务成本。（　　）

9. 自用房地产或存货转换为采用公允价值模式计量的投资性房地产时，投资性房地产应当按照转换当日的公允价值计量，公允价值与原账面价值的差额计入公允价值变动损益。（　　）

10. 企业不论在成本模式下，还是在公允价值模式下，投资性房地产取得的租金收入，均确认为其他业务收入。（　　）

四、实训任务

任务一

【目的】练习固定资产取得的核算。

【资料】购入需要安装的生产用设备一台，相关凭证如凭1－1、凭1－2、凭1－3、凭1－4、凭1－5所示。

【要求】根据以下凭证，进行相关账务处理。

凭1－1

广东省增值税专用发票

全国统一发票监制章 广东 国家税务局监制

4400101650　　　　NO：01254062

校验码78715 01323 42148 1295　　　　开票日期：2016年12月6日

购货单位	名称：振华机床有限责任公司 纳税人识别号：453122890635288 地址、电话：嵩山路100号 开户银行账号：嵩山路办事处 325666			密码区	027＋＋〈0／552〉－2／41610 加密版本号：01 659516／＋－，6104／8＊9，57　4400101650 ／＋－7＊／＊305427072＊580　1254062 ＊8，＊＊－40。61－／，7＊4。。17		
货物或应税劳务名称	规格型号	单位	数量	单价	金额	税率	税额
起重机	1090F	台	1	28 500.00	28 500.00	17%	4 845.00
合计					¥28 500.00		¥4 845.00
价税合计（大写）	⊗叁万叁仟叁佰肆拾伍元整					（小写）	¥33 345.00
销售单位	名称：广州市起重机厂 纳税人识别号：40056217146251 地址、电话：新湖区35号 开户银行账号：新湖区办事处 8362165			备注			

第四联 发票联 购货方记账凭证

收款人：李莉　　复核：赵宏　　开票人：方华　　销货单位（盖章）：

广州市起重机厂 40056217146251 发票专用章

凭 1－2

<table>
<tr><td colspan="20" align="center">中国工商银行 电汇凭证（借方凭证）</td></tr>
<tr><td colspan="20" align="center">委托日期 2016 年 12 月 7 日 第 2 号</td></tr>
<tr><td rowspan="3">付款人</td><td>全称</td><td colspan="3">振华机床有限责任公司</td><td rowspan="3">收款人</td><td>全称</td><td colspan="13">广州市起重机厂</td></tr>
<tr><td>账号地址</td><td colspan="3">325666</td><td>账号地址</td><td colspan="13">8362165</td></tr>
<tr><td>汇出地址</td><td>河南省大河市</td><td>汇出行名称</td><td>嵩山路办事处</td><td>汇入地址</td><td>广东省广州市</td><td>汇入行名称</td><td colspan="11">新湖区办事处</td></tr>
<tr><td rowspan="2">汇款金额</td><td colspan="8" rowspan="2">人民币（大写）：叁万叁仟叁佰肆拾伍元整</td><td>千</td><td>百</td><td>十</td><td>万</td><td>千</td><td>百</td><td>十</td><td>元</td><td>角</td><td colspan="2">分</td></tr>
<tr><td></td><td></td><td>¥</td><td>3</td><td>3</td><td>3</td><td>4</td><td>5</td><td>0</td><td colspan="2">0</td></tr>
<tr><td>汇款用途</td><td colspan="8">购起重机</td><td colspan="11" rowspan="2">科　目（借）
对方科目（贷）
汇出行汇出日期　年　月　日</td></tr>
<tr><td colspan="9">此汇款支付给收款人</td></tr>
</table>

此联汇出行作借方凭证

电划　汇款人（签章）：　　复核：　　记账：

凭 1－3

领料单

No. 00125

领料部门：设备处　　2016 年 12 月 8 日　　发料仓库：材料库

材料类别	名称及规格	计量单位	数量		单价	金额	用途
			请领	实领			
主要材料		吨	100	100	50	5 000.00	安装设备用
合计						¥5 000.00	
备注	该批材料购进时支付的增值税进项税额 850 元						

仓库主管：刘元　　发料人：盛宏　　领料部门主管：李奇　　领料人：王海

凭 1－4

振华机床有限责任公司费用报销领款单

2016 年 12 月 9 日

领款事由	领安装人员工资	
领款金额	人民币（大写）肆仟元整　¥4 000.00	
审核意见	同意付款　领导签章：刘强	
领款单位	设备处	领款人：肖峰
备注	现金付讫	

凭1-5

振华机床有限责任公司固定资产竣工验收单

2016年12月10日　　　　固收字第5号

<table>
<tr><td>总编号</td><td></td><td>分类编号</td><td colspan="2"></td><td colspan="2">分类编号（测）</td><td></td></tr>
<tr><td>名称</td><td colspan="2">起重机</td><td colspan="2">型号</td><td colspan="3">1090F</td></tr>
<tr><td>规格</td><td colspan="7"></td></tr>
<tr><td>国别</td><td>中国</td><td>生产厂家</td><td colspan="2"></td><td colspan="2">出厂编号</td><td></td></tr>
<tr><td>出厂日期</td><td>2016年1月</td><td>单位</td><td>台</td><td>数量</td><td>1</td><td>出厂单价</td><td>￥28 500.00</td></tr>
<tr><td>总价</td><td>￥37 500.00</td><td>发票号码</td><td colspan="2">01254062</td><td colspan="2">经费来源</td><td>自筹</td></tr>
<tr><td>销售单位</td><td colspan="4">广州市起重机厂</td><td colspan="2">使用方向</td><td>生产</td></tr>
<tr><td>附件</td><td colspan="4">一张</td><td colspan="2">新旧程度</td><td>新</td></tr>
<tr><td>备注</td><td colspan="2"></td><td colspan="2">使用单位</td><td colspan="3"></td></tr>
</table>

财产管理部门：　　财产使用单位：　　经办人：　　保管员：　　负责人：

任务二

【目的】练习固定资产处置的核算。

【资料】经批准报废旧钻床一台，相关凭证如凭2-1、凭2-2、凭2-3所示。

【要求】根据以下凭证，进行相关账务处理。

凭2-1

固定资产清理报废单

2016年12月21日　　　　编号：

<table>
<tr><td colspan="3">主管部门：机械公司</td><td colspan="7">使用单位：振华机床有限责任公司</td></tr>
<tr><td>名称及
型号</td><td>单位</td><td>数量</td><td>原始价值（元）</td><td>已提折旧（元）</td><td>净值（元）</td><td>预计使用年限</td><td>实际使用年限</td><td>支付清理费(元)</td><td>收回变价收入（元）</td></tr>
<tr><td>钻床（大型）</td><td>台</td><td>1</td><td>88 000</td><td>80 000</td><td>8 000</td><td>20</td><td>18</td><td>15 500</td><td>5 400</td></tr>
<tr><td>建造单位</td><td colspan="2">建造年份</td><td>出厂号</td><td colspan="6" rowspan="2">申请报废原因：已到使用年限</td></tr>
<tr><td>黄石锻压机床厂</td><td colspan="2">1988</td><td>8466</td></tr>
</table>

凭 2-2

中国工商银行转账支票存根

支票号码 No　3789638

科　　目＿＿＿＿＿＿＿＿＿＿

对方科目＿＿＿＿＿＿＿＿＿＿

签发日期　　2016 年 12 月 21 日

发款人：振华机床有限责任公司
金额：￥15 500.00
用途：付清理费
备注：

单位主管：　　　　　　　　会计：

复　　核：　　　　　　　　记账：

凭 2-3

中国工商银行进账单（回单或收账通知）

2016 年 12 月 22 日　　　　　　第　1　号

付款人	全称	机床附件厂	收款人	全称	振华机床有限责任公司
	账号	2811602		账号	325666
	开户银行	长安路办事处		开户银行	嵩山路办事处
人民币（大写）	伍仟肆佰元整		千 百 十 万 千 百 十 元 角 分		￥ 5 4 0 0 0 0
票据种类			收款人开户行盖章		

任务三

【目的】 练习自行研发无形资产的核算。

【资料】 甲上市公司自行研究开发一项专利技术，与该项专利技术有关的资料如下：

（1）2016 年 1 月，该项研发活动进入开发阶段，以银行存款支付的开发费用 280 万元，其中满足资本化条件的为 150 万元。2016 年 7 月 1 日，开发活动结束，并按法律程序申请取得专利权，供企业行政管理部门使用。

（2）该项专利权法律规定有效期为 5 年，采用直线法摊销。

（3）2016 年 12 月 1 日，将该项专利权转让，实际取得价款为 160 万元，按税法规定免交增值税，款项已存入银行。

【要求】 根据以上业务，进行相关账务处理。

（1）编制甲上市公司发生研发支出的会计分录。

（2）编制甲上市公司转销费用化研发支出的会计分录。

（3）编制甲上市公司开发成功形成专利权的会计分录。

（4）计算甲上市公司 2016 年 7 月专利权摊销金额并编制相关会计分录。

（5）编制甲上市公司转让专利权的会计分录。

任务四

【目的】 练习固定资产盘盈的核算。

【资料】财产清查发现账外冲床（J21—60型）一台，经长城会计师事务所评估该冲床按现行市价确定价值为20 000元（含税价）。

【要求】根据以上资料，进行相关账务处理。

任务五

【目的】练习计提固定资产折旧的核算。

【资料】长江企业生产用固定资产原价为500万元，预计使用10年，预计净残值为零，采用平均年限法计提折旧，已计提折旧3年。如果第4年末估计可收回金额270万元，预计尚可使用年限为3年。

【要求】根据以上业务，请做出第4年计提折旧、计提减值准备、第5年计提折旧的会计财务处理。

任务六

【目的】练习投资性房地产的核算。

【资料】石林股份有限公司（以下简称石林公司）为增值税一般纳税企业，增值税税率为17%，不考虑除增值税以外的其他税费。石林公司有关房地产的相关业务资料如下：

（1）2013年10月，石林公司开始自行建造一栋写字楼。在2014年建设期间，石林公司共领用工程物资1 800万元（含增值税）；领用本企业自产的库存商品一批，成本150万元，计税价格200万元；另支付在建工程人员薪酬516万元。

（2）2015年12月，石林公司与丙公司签订了租赁协议，将该写字楼经营租赁给丙公司，租赁期为2年，年租金为240万元，租金于每年年末结清。租赁期开始日为2016年1月1日。石林公司采用成本模式对该投资性房地产进行后续计量。

2015年12月31日，该写字楼达到了预定可使用状态并投入使用。该写字楼预计使用寿命为20年，预计净残值为0。

（3）2016年12月，石林公司与丙公司就该写字楼达成转让协议并于2017年1月1日办理完过户手续，以2 450万元的价格将该写字楼转让给丙公司，全部款项已收到并存入银行。

【要求】

（1）编制石林公司自行建造写字楼的有关会计分录。

（2）编制石林公司该项写字楼2010年年末的有关会计分录。

（3）编制石林公司该项写字楼2011年年末的有关会计分录。

（4）编制石林公司2012年年初处置该项写字楼的有关会计分录。

五、案例分析

【资料】长江企业2015年8月15日自行建造生产经营用设备一台，购入工程物资价款600万元，进项税额为102万元；领用生产用原材料成本为3万元，原进项税额0.51万元；领用自产产品成本5万元，计税价格6万元，增值税税率17%；支付的相关人员工资为88.47万元。2015年9月25日完工投入使用，预计使用年限为5年，预计残值为20万元。在采用双倍余额递减法计提折旧的情况下，小李计算出该项设备2016年应计提的折旧为250.73万元。

【要求】请分析小李算的是否正确，并说明理由。

项目五　职工薪酬岗位核算

任务一　职工薪酬岗位核算任务与业务流程

● 了解职工薪酬岗位的核算任务和业务流程。

学习情境　职工薪酬岗位核算任务与业务流程

职工薪酬，对企业来说，是重要的人工成本，涉及企业的成本费用、利润、所得税；对企业员工来说，是重要的生活支柱，涉及员工的收入、福利待遇、社会保障。从形式上看，它是企业重要的资金结算款项；从本质上看，它体现了企业对员工工作绩效的认可程度，体现了员工对企业的贡献和地位。由于不同利益主体的不同利益驱动，职工薪酬成为企业的敏感环节。所以，在一个企业，职工薪酬岗位是重要会计岗位之一。那么职工薪酬岗位会计到底做些什么呢?

知识准备

一、职工薪酬岗位有哪些核算任务

为了做好职工薪酬的核算工作，企业的会计机构可以按照岗位责任制的要求设置职工薪酬会计岗位。若企业职工人数较多，可以配置专门核算人员，也可聘任兼职人员参与相关工作，但必须遵守不相容职务分离的原则。

职工薪酬岗位的核算任务包括：

（1）每月根据考勤表或计件工资统计表，依据出勤天数、岗位标准、各种补贴和奖金分配方案等有关内容，正确编制工资结算表，并办理代扣各种款项。

（2）严格按照本单位工资、奖金核算办法支付工资和各种奖金，定期组织工资发放。

（3）按照工资支付对象和成本核算的要求，编制工资费用分配表，向有关部门提供工

资分配的明细资料，并进行工资分配账务处理。

（4）依据国家规定正确提取职工教育经费、工会经费等有关费用，并进行账务处理。

（5）执行国家规定的各种社会保障措施，年初核定保险基数，日常各种人员变动的申报，正确提取各项社会保险和住房公积金并做账务处理。

（6）向员工反馈其本人的薪酬信息。

（7）调查、解释和处理员工提出的薪酬方面的异议，收集本地区同业薪酬信息，了解员工意向，收集整理建设性意见，定期向本企业会计机构负责人汇报职工薪酬情况，对本企业会计机构负责人负责。

（8）工资档案的登载、保管与转移；随时更新电子信息。

（9）完成领导交办的其他工作。

二、职工薪酬岗位业务流程是什么

在实务工作中，职工薪酬岗位业务流程如下图所示。

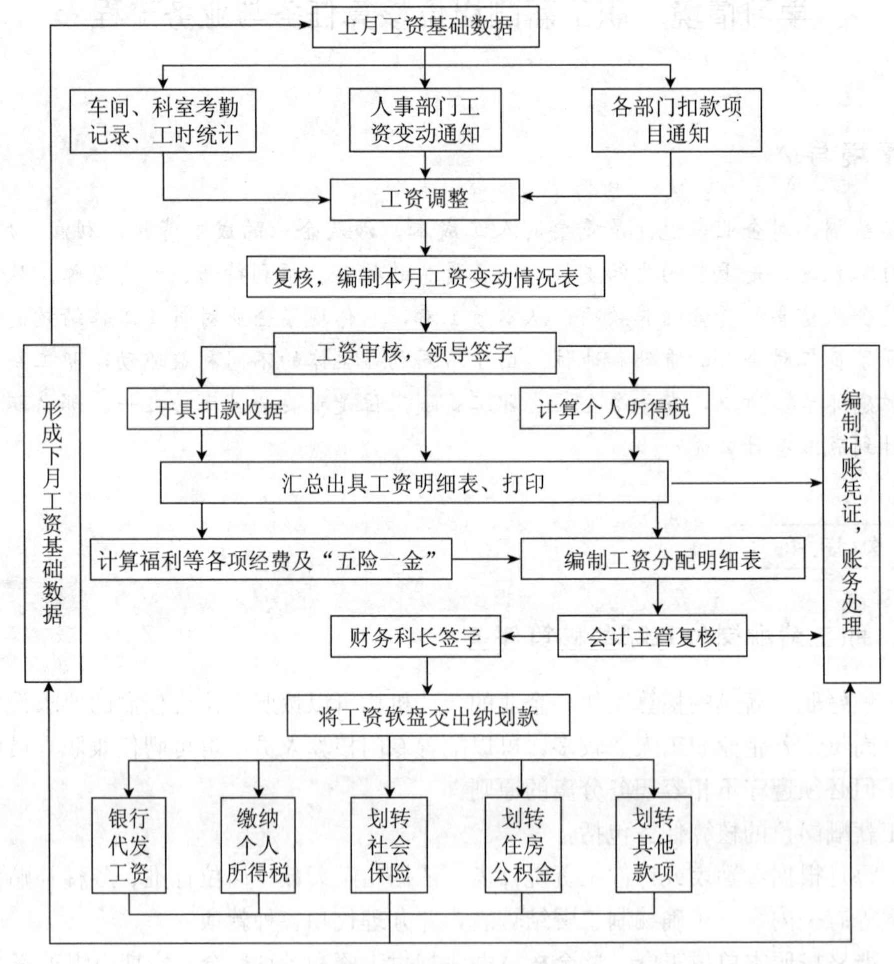

职工薪酬岗位业务流程图

任务二　应付职工薪酬的核算

- 掌握职工薪酬的核算内容。
- 掌握工资汇总表的计算与分析。
- 掌握工资的明细核算，正确计提工会经费、职工福利费和职工教育经费等。
- 掌握货币性职工薪酬的确认和支付的核算。
- 掌握非货币性职工薪酬的确认和支付的核算。

学习情境一　职工薪酬基础知识

到了职工薪酬岗位就会发现这个工作不像想象的那么简单，如“基本工资”“交通补助”“生活补助”“社保”“住房公积金”等，很琐碎。有些福利要交个人所得税，有些按国家规定不需要，一项项要分得清清楚楚才好，那么职工薪酬具体包括哪些呢？

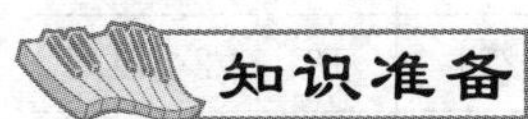

一、职工薪酬有哪些具体内容

职工薪酬是指为获得职工提供的服务或解除劳动关系而给予的各种形式的报酬或补偿。包括短期薪酬、离职后福利、辞退福利和其他长期职工福利，不包括以股份为基础的薪酬和企业年金。

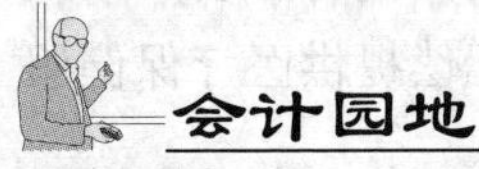

职工薪酬核算中“职工”的范围

(1) 签订劳动合同的所有人员：全职、兼职和临时职工。

(2) 未签订劳动合同但由企业正式任命的人员：董事会、监事会成员。

(3) 未签订合同或未正式任命，但为企业提供与职工类似服务的人员：劳务用工合同人员。

【做中学】企业提供给职工配偶和子女的福利不属于职工薪酬。

【答案】错。企业提供给职工的配偶、子女、受赡养人、已故员工遗属及其他受益人等的福利也属于职工薪酬。

具体而言，职工薪酬主要包括以下几方面的内容：

1. 短期薪酬

短期薪酬是指企业在职工提供相关服务的年度报告期间结束后12个月内需要全部予以支付的职工薪酬，因解除与职工的劳动关系给予的补偿除外。具体包括：职工工资、奖金、津贴和补贴，职工福利费，医疗保险费、工伤保险费和生育保险费等社会保险费，住房公积金，工会经费和职工教育经费，短期带薪缺勤，短期利润分享计划，非货币性福利以及其他短期薪酬。

（1）职工工资、奖金、津贴和补贴。津贴是为了补偿职工特殊或额外的劳动消耗和其他特殊原因支付给职工的劳动报酬，如保健性津贴、技术性津贴和教师津贴等。补贴是为了保证职工的工资水平不受物价变动影响支付给职工的劳动报酬，如物价补贴。

会计园地

职工工资表

表5-1 工资表

广州××科技有限责任公司　　2016年11月　　单位：元

姓名	工资类别	工资	奖金	补贴	津贴	其他	应发工资	个税	社保	公积金	罚款	实发工资
张三	时薪	1 500	300	150	50	0	2 000	0	200	160	20	1 620
李四	时薪	2 200	350	200	50	0	2 800	14.8	280	224	10	2 271.2
王武	时薪	1 750	300	150	50	0	2 250	—	225	180	—	1 845
合计		5 450	950	500	150	0	7 050	14.8	705	564	30	5 736.2

（2）职工福利费。主要包括发放给职工或为职工支付的各项现金补贴和非货币性福利，如以现金提供给职工的生活困难补助、抚恤费、丧葬补助费、职工异地安家费、职工因公负伤赴外地就医路费、防暑降温费等，也包括企业以自己的产品或其他有形资产形式发放给职工作为福利，向职工无偿提供自己拥有的资产使用、为职工无偿提供医疗保健服务等。

（3）医疗保险费、工伤保险费和生育保险费等社会保险费。其是指企业按照国家的基准和比例计算，向社会保险经办机构缴纳的医疗保险金、工伤保险费和生育保险费。

（4）住房公积金。其是指企业按照国家《住房公积金管理条例》规定的基准和比例计算，向住房公积金管理机构缴存的住房公积金。

（5）工会经费和职工教育经费。其是指企业为了改善职工文化生活、提高职工业务素质而开展的工会活动和职工后续职业教育和职业培训的费用，根据国家规定的基准和比例，从成本费用中提取的金额。

(6) 短期带薪缺勤，是指职工虽缺勤但企业仍向其支付报酬的安排，包括年休假、病假、婚假、产假、探亲假等。长期带薪缺勤属于其他长期职工福利。

(7) 短期利润分享计划，是指因职工提供服务而与职工达成的基于利润或其他经营成果提供薪酬的协议。

(8) 其他短期薪酬。是指除上述薪酬以外的其他为获得职工提供的服务而给予的短期薪酬。

2. 离职后福利

离职后福利是指企业为获得职工提供的服务而在职工退休或与企业解除劳动关系后，提供的各种形式的报酬和福利，短期薪酬和辞退福利除外。离职后福利包括退休福利（如养老金和一次性的退休支付）及其他离职后福利（如离职后人寿保险和离职后医疗保障）。

企业应当将离职后福利计划分类为设定提存计划和设定受益计划。离职后福利计划，是指企业与职工就离职后福利达成的协议，或者企业为向职工提供离职后福利制定的规章或办法等。其中，设定提存计划，是指向独立的基金缴存固定费用后，企业不再承担进一步支付义务的离职后福利计划；设定受益计划，是指除设定提存计划以外的离职后福利计划。

3. 辞退福利

因解除与职工的劳动关系给予的补偿（又称辞退福利），即企业在职工劳动合同到期之前解除与职工的劳动关系，或者为鼓励职工自愿接受裁减而提出补偿建议的计划中给予职工的经济补偿。

4. 其他长期职工福利

其他长期职工福利是指除短期薪酬、离职后福利、辞退福利之外所有的职工薪酬，包括长期带薪缺勤、长期残病福利、长期利润分享计划等。

职工福利的种类

1. 按职工福利内容分

①为职工生活提供方便，减轻家务劳动而举办的集体福利设施，如食堂、托儿所、幼儿园、浴室等。②为解决职工不同需要，减轻其生活费用开支而建立的各种福利补贴制度，部分地区职工宿舍冬季取暖补贴制度、职工探亲假制度、上下班交通费补贴制度等。③为活跃职工文化娱乐生活而建立的各种文化体育设施，如文化宫、俱乐部、图书馆、球场等。

2. 按职工福利享用的对象分

①集体福利。主要是指全部职工可以享受的公共福利设施。如职工集体生活设施，如职工食堂、托儿所、幼儿园等；集体文化体育设施，如图书馆、阅览室、健身室、浴池、体育场（馆）；医疗设施，如医院、医疗室等。②个人福利。是指在个人具备国家及所在

企业规定的条件时可以享受的福利，如探亲假、冬季取暖补贴、子女医疗补助、生活困难补助、房租补贴等。

3. 按职工福利包括的范围大小分

①广义的福利泛指在支付工资、奖金之外的所有待遇，包括社会保险在内。②狭义的福利是指企业根据劳动者的劳动在工资、奖金，以及社会保险等之外的其他待遇。

二、职工薪酬通过什么账户核算

企业应设置“应付职工薪酬”账户，核算根据有关规定应付给职工的各种薪酬，属负债类账户，可按“工资”“职工福利”“社会保险费”“住房公积金”“工会经费”“职工教育经费”“非货币性福利”“累积带薪缺勤”“辞退福利”“利润分享计划”“设定提存计划”等进行明细核算。

借方　　应付职工薪酬	贷方
本月实际支付的各种应付职工薪酬	本月实际发生的应付职工薪酬总额
	企业应付未付的职工薪酬

学习情境二　货币性职工薪酬的确认和支付

月末，薪酬会计岗位需要根据一张职工薪酬汇总表（见表5-2）进行分配，该怎么进行账务处理呢？

表5-2　　职工薪酬汇总表

2016年11月　　单位：元

车间部门	应发工资	医疗、工伤、生育保险费	住房公积金	工会经费	职工教育经费	合计
生产人员	10 000 000	2 400 000	1 050 000	200 000	150 000	13 800 000
行政管理人员	3 600 000	864 000	378 000	72 000	54 000	2 232 000
销售人员	1 000 000	240 000	105 000	20 000	15 000	620 000
合计	14 600 000	3 504 000	1 533 000	292 000	219 000	16 652 000

一、货币性职工薪酬如何确认

1. 一般短期薪酬的确认

（1）职工工资、奖金、津贴和补贴。

对于职工工资、奖金、津贴和补贴等货币性职工薪酬，企业应当在职工为其提供服务的会计期间，将实际发生的职工工资、奖金、津贴和补贴等确认为职工薪酬。

借：生产成本（生产产品的生产人员）
　　制造费用（生产车间管理人员）
　　管理费用（行政管理部门人员）
　　销售费用（销售部门人员）
　　在建工程（在建工程人员）
　　研发支出（开发人员）
　贷：应付职工薪酬

【做中学】根据“职工薪酬汇总表”即表5-2中的工资总额及相应工资明细表，账务处理如下：

借：生产成本　　10 000 000
　　管理费用　　3 600 000
　　销售费用　　1 000 000
　贷：应付职工薪酬——工资　　14 600 000

（2）具有明确计提标准的货币性薪酬（如医疗保险费、工伤保险费、生育保险费和住房公积金、工会经费和职工教育经费）。

①“五险一金”。对于医疗保险费、工伤保险费、生育保险费和住房公积金，企业应当按照国务院、所在地政府或企业年金计划规定的标准计量应付职工薪酬的金额和按“谁受益谁承担”的原则计入成本费用的金额。②工会经费。企业应当按照国家相关规定，分别按照职工工资总额的2%计量应付职工薪酬（工会经费）的金额和按“谁受益谁承担”的原则计入成本费用的金额。③职工教育经费。企业应当按照国家相关规定，分别按照职工工资总额的1.5%计量应付职工薪酬（职工教育经费）金额和按“谁受益谁承担”的原则计入成本费用的金额；另外从业人员技术要求高、培训任务重、经济效益好的企业，可根据国家相关规定，按照职工工资总额的2.5%计量应计入成本费用的职工教育经费。

【做中学】根据表5-2中的工资总额计提工会经费，分配工会经费计算如表5-3所示。

表 5-3　　分配工会经费表

2016 年 11 月　　单位：元

部门	工资金额	计提比例	提取金额	备注
基本生产车间	10 000 000	2%	200 000	
行政管理人员	3 600 000	2%	72 000	
销售人员	1 000 000	2%	20 000	
合计	14 600 000		292 000	

账务处理如下：

借：生产成本　　200 000

　　管理费用　　72 000

　　销售费用　　20 000

　贷：应付职工薪酬——工会经费　　292 000

【学中做】根据表 5-2 中的工资总额计提职工教育经费，分配职工教育经费比例为 1.5%。要求编制“分配职工教育经费表”，填入表 5-4 内，并编制相应的会计分录。

表 5-4　　分配职工教育经费表

2011 年 3 月　　单位：元

部门	工资金额	计提比例	提取金额	备注
基本生产车间				
行政管理人员				
销售人员				
合计				

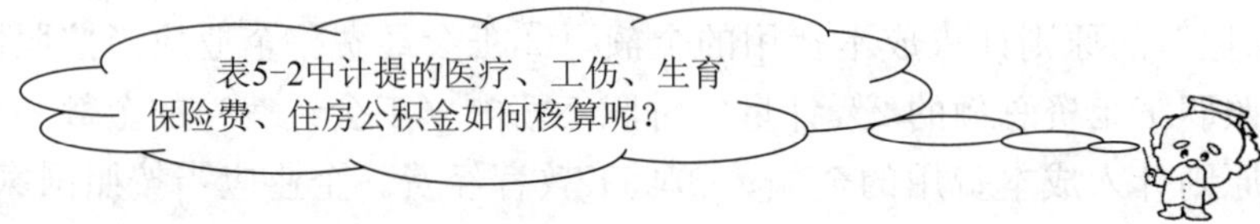

(3) 没有明确计提标准的货币性薪酬。对于国家（包括省、市、自治区政府）相关法规没有明确规定计提基础和计提比例的货币性职工薪酬，如职工福利费，企业应当在实际发生时根据实际发生额计入当期损益或相关资产成本。而发放非货币性福利时，则按公允价值计量。

【做中学】A 公司下设职工食堂，按公司规定，在食堂吃中餐的每位职工每日补贴 5 元伙食。3 月末，根据食堂提供的在岗职工就餐次数及人员分布情况，编制职工伙食补贴表，确认应付职工薪酬（职工福利费）。补贴情况如下：生产人员 50 人，共补贴 1 100 元；行政管理人员 20 人，共补贴 440 元；销售人员 10 人，共补贴 200 元。则确认应付职工薪酬（职工福利费）的分录如下：

借：生产成本　　　　　　　　　　　　1 100

　　管理费用　　　　　　　　　　　　440

　　销售费用　　　　　　　　　　　　200

　贷：应付职工薪酬——职工福利费　　　　　　1 740

2. 短期带薪缺勤的确认

对于带薪缺勤，企业应当根据其性质及职工享有的权利，分为累积带薪缺勤和非累积带薪缺勤，两者应分别进行账务处理。如累积带薪缺勤属于长期带薪缺勤，企业应当作为其他长期职工福利处理。

（1）累积带薪缺勤。累积带薪缺勤，是指带薪权利可以结转下期的带薪缺勤，本期尚未用完的带薪缺勤权利可以在未来期间使用。企业应当在职工提供服务从而增加了其未来享有的带薪缺勤权利时，确认与累积带薪缺勤相关的职工薪酬，并以累积未行使权利而增加的预期支付金额计量。借记“管理费用”等科目，贷记“应付职工薪酬—累积带薪缺勤”科目。

【做中学】B公司共有3 000名职工，从2016年1月1日起，该公司实行累积带薪缺勤制度。按规定，每个职工每年可享受10个工作日带薪年休假，未使用的年休假只能向后结转一个公历年度，超过1年未使用的权利作废，在职工离开企业时也无权获得现金支付；职工休年假时，首先使用当年可享受的权利，再从上年结转的带薪年休假中扣除。

2016年12月31日，B公司预计2017年有2910名职工将享受不超过10天的带薪年休假，剩余90名职工每人将平均享受11天年休假，假定这90名职工有50名为部门经理与副经理，该企业平均每名部门经理与副经理每个工作日工资为300元；30名为普通行政管理人员，平均日工资为200元；10名为销售人员，日工资为250元，暂不考虑其他因素。2016年12月31日，B公司应当预计由于职工累积未使用的带薪年休假权利而导致的预期支付的金额，即相当于90天（11－10）的年休假工资金额23 500元（50×300＋30×200＋10×250）。

编制会计分录如下：

借：管理费用　　　　　　　　　　　　21 000

　　销售费用　　　　　　　　　　　　2 500

　贷：应付职工薪酬——累积带薪缺勤　　　　　　23 500

（2）非累积带薪缺勤，是指带薪缺勤权利不能结转下期的带薪缺勤，本期尚未用完的带薪缺勤权利将予以取消，并且职工离开企业时也无权获得现金支付。我国企业职工休婚假、产假、探亲假、丧假、病假等期间的工资通常属于非累积带薪缺勤。企业应当在职工实际发生缺勤的会计期间确认与非累积带薪缺勤相关的职工薪酬。但通常情况下，与非累积带薪缺勤相关的职工薪酬已经包括在企业每期向职工发放的工资等薪酬中，因此，不必额外作相应的账务处理。

3. 离职后福利

离职后福利，是指企业为获得职工提供的服务而在职工退休或与企业解除劳动关系后，提供的各种形式的报酬和福利，属短期薪酬和辞退福利的除外。离职后福利包括退休福利（如养老金和一次性的退休支付）及其他离职后福利（如离职后人寿保险和离职后医疗保障）。

离职后福利计划，是指企业与职工就离职后福利达成的协议，或者企业为向职工提供离职后福利制定的规章或办法等。企业应当按照企业承担的风险和义务情况，将离职后福利计划分类为设定提存计划和设定受益计划两种类型。

设定提存计划，是指企业向单独主体（如基金等）缴存固定费用后，不再承担进一步支付义务的离职后福利计划，精算风险和投资风险实质上要由职工来承担。设定受益计划，是企业为现在及以前的职工提供约定的福利，并且精算风险和投资风险实质上由企业来承担。(本教材仅涉及设定提存计划)

对于设定提存计划，企业应当根据在资产负债表日为换取职工在会计期间提供的服务而应向单独主体缴存的提存金，确认为职工薪酬负债，并计入当期损益或相关资产成本。

【做中学】 2016年11月，长虹公司财会部门根据当地政府规定，按工资总额的12%计提基本养老保险费，如表5-5所示。

表5-5　　基本养老保险费分配表

部门	应发工资（元）	计提比例	计提金额（元）
生产彩电车间	6 000 000	12%	720 000
生产手机车间	4 000 000		480 000
车间管理人员	2 000 000		240 000
行政管理人员	3 600 000		432 000
销售人员	1 000 000		120 000
合计	16 600 000		1 992 000

2016年11月公司做如下账务处理：

借：生产成本——彩电　　720 000
　　　　　　——手机　　480 000
　　制造费用　　240 000
　　管理费用　　432 000
　　销售费用　　120 000
　贷：应付职工薪酬——设定提存计划　　1 992 000

【学中做】 2016年5月，达奋公司计提的基本养老保险费分配表，如表5-6所示。

表5-6　　基本养老保险费分配表

2016年5月　　单位：元

应借项目	应付工资总额	基本养老保险费	合计
在建工程	50 000	12 000	62 000
研发支出	30 000	7 200	37 200
合计	80 000	19 200	99 200

请问该公司该如何做账务处理？

4. 辞退福利

企业向职工提供辞退福利的，应当在下列两者孰早日确认辞退福利产生的职工薪酬负债，并计入当期损益（管理费用）：

（1）企业不能单方面撤回因解除劳动关系计划或裁减建议所提供的辞退福利时。

（2）企业确认与涉及支付辞退福利的重组相关的成本或费用时。

企业应当按照辞退计划条款的规定，合理预计并确认辞退福利产生的应付职工薪酬。辞退福利预期在其确认的年度报告期结束后 12 个月内完全支付的，应当适用短期薪酬的相关规定；辞退福利预期在年度报告期结束后 12 个月内不能完全支付的，应当适用关于其他长期职工福利的有关规定。

【做中学】四季春公司是一家空调制造企业。2016 年 9 月，为了能够在下一年度顺利实施转产，四季春公司管理层制订了一项辞退计划，计划规定，从 2017 年 1 月 1 日起，企业将以职工自愿方式，辞退其柜式空调生产车间的职工。辞退计划的详细内容，包括拟辞退的职工所在部门、数量、各级别职工能够获得的补偿以及计划大体实施的时间等均已与职工沟通，并达成一致意见，愿意接受辞退职工的数量为 123 名，预计补偿总额为 1 400万元，辞退计划已于 2016 年 12 月 10 日经董事会正式批准，辞退计划将于下一个年度内实施完毕。则企业在 2016 年 12 月 10 日应做如下账务处理：

借：管理费用　　　　　　　　　　　　　14 000 000

　贷：应付职工薪酬——辞退福利　　　　　　　14 000 000

二、货币性职工薪酬的支付如何核算

企业按照有关规定向职工支付工资、奖金、津贴等，借记“应付职工薪酬”科目，贷记“银行存款”“库存现金”等科目。

企业从应付职工薪酬中扣还的各种款项（代垫的家属药费、个人所得税等），借记“应付职工薪酬”科目，贷记“其他应收款”“应交税费——应交个人所得税”等科目。

【做中学】2016 年 12 月，长虹公司财会部门编制的部分工资结算表如表 5－7 所示。

表 5－7　　　　**工资结算表**

2016 年 12 月　　　　单位：元

部门	应付工资	代扣款项				实发工资
		房租	个税	社保费	合计	
第一车间	30 690	300	240	480	1 020	29 670
第二车间	40 680	450	315	600	1 365	39 315
厂部	47 040	125	250	450	825	46 215
合计	118 410	875	805	1 530	3 210	115 200

长虹公司的会计处理如下：

①通过银行转账发放工资时：

借：应付职工薪酬——工资　　115 200

　贷：银行存款　　115 200

②根据工资结算汇总表，结转本月代扣款项时：

借：应付职工薪酬——工资　　3 210

　贷：其他应收款　　875

　　应交税费——应交个人所得税　　805

　　其他应付款——社保费　　1 530

③编制个人所得税申报表，上缴个人所得税时：

借：应交税费——应交个人所得税　　805

　贷：银行存款　　805

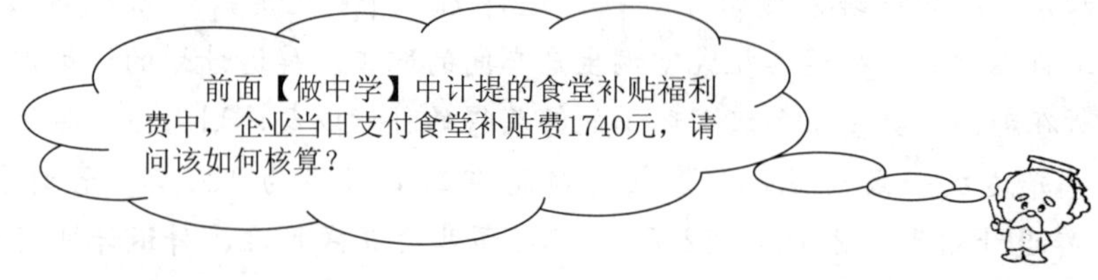

学习情境三　非货币性职工薪酬的确认和支付

转眼快到中秋了，财务科长向大家宣布一件好消息："经领导批准，我们要把企业生产的冰箱作为福利发放给职工。"财务科长所说的福利该怎么核算呢？

一、以自产产品或外购商品发放给职工作为福利如何核算

企业以其生产的产品作为非货币性福利提供给职工的，应当视同销售，按照该产品的公允价值和相关税费，计量应计入成本费用的职工薪酬金额，并确认为主营业务收入，其销售成本的结转和相关税费的处理，与正常商品销售相同。以外购商品作为非货币性福利提供给职工的，应当按照该商品的公允价值和相关税费计量应计入成本费用的职工薪酬金额。

职工薪酬账务处理程序

在以自产产品、外购商品或者库存现金发放给职工作为福利的情况下，企业在进行账务处理时，应当先通过“应付职工薪酬”科目确认当期应计入成本费用的货币性或者非货币性薪酬金额，以确定完整准确的企业人工成本金额，然后再进行职工薪酬的发放。

【做中学】 海尔公司为一家生产家电的一般纳税人企业，增值税适用税率为17%。董事会决定给部分优秀职工发放一台自产的冰箱作为中秋节福利，海尔公司部门优秀职工人员及冰箱资料如表5－8和表5－9所示。

表5－8　企业部门资料

部门	人数（人）
车间管理人员	20
行政管理人员	10
销售部门人员	70
合计	100

表5－9　冰箱资料

产品名称	生产成本（元/台）	销售价格（元/台）
冰箱	2 000	4 000

海尔公司会计处理如下：

1. 计算：

（1）冰箱的售价总额＝100×4 000＝400 000（元）

（2）冰箱的增值税销项税额＝400 000×17%＝68 000（元）

（3）海尔公司发放福利的总金额＝400 000＋68 000＝468 000（元）

（4）各个部门发放福利的金额：

①车间管理人员发放福利的金额＝20×4 000×（1＋17%）＝93 600（元）

②行政管理人员发放福利的金额＝10×4 000×（1＋17%）＝46 800（元）

③销售部门人员发放福利的金额＝70×4 000×（1＋17%）＝327 600（元）

2. 确认（决定发放时）：

借：制造费用　　93 600

　　管理费用　　46 800

　　销售费用　　327 600

贷：应付职工薪酬——非货币性福利　　468 000

3. 支付（实际发放时）：

借：应付职工薪酬——非货币性福利　　468 000

　贷：主营业务收入——冰箱　　400 000

　　应交税费——应交增值税（销项税额）　　68 000

借：主营业务成本——冰箱　　200 000

　贷：库存商品　　200 000

如果该冰箱是外购应怎样核算？

二、将企业自有资产无偿提供给职工使用如何核算

企业将拥有的房屋、小汽车等固定资产无偿提供给职工使用的，应当根据受益对象，将每期应计提的折旧计入相关资产成本或费用，同时确认应付职工薪酬。

【做中学】星光有限公司为部门经理级别以上职工每人提供一辆桑塔纳汽车免费使用，该公司总部共有部门经理级别以上职工 20 名，假定每辆桑塔纳汽车每月计提折旧 1 000元。

①确认：

借：管理费用　　20 000

　贷：应付职工薪酬——非货币性福利　　20 000

②支付：

借：应付职工薪酬——非货币性福利　　20 000

　贷：累计折旧　　20 000

三、租赁住房等资产供职工无偿使用如何核算

租赁住房等资产供职工无偿使用的，应当根据受益对象，将每期应付的租金计入相关资产成本或费用，并确认应付职工薪酬。难以认定受益对象的，直接计入当期损益。

【做中学】长虹公司为企业员工免费提供租入的单间住房，企业租入的每套单间 400 元/月，用银行存款支付。员工资料如表 5－10 所示。

表 5－10　　员工资料

部门	人数（人）
车间生产人员	50
车间管理人员	10
行政管理人员	10
合计	70

(1) 计算：

长虹公司每个月应该支付的房租金额＝70×400＝28 000（元）

各个部门应分摊房租金额如下：

①车间生产部门分摊房租金额＝50×400＝20 000（元）

②车间管理部门分摊房租金额＝10×400＝4 000（元）

③行政管理部门分摊房租金额＝10×400＝4 000（元）

(2) 确认（公司每月将租金计入相关成本费用时）：

借：生产成本　　　　　　　　　　　　20 000
　　制造费用　　　　　　　　　　　　 4 000
　　管理费用　　　　　　　　　　　　 4 000
　贷：应付职工薪酬——非货币性福利　　　　　28 000

(3) 支付（公司实际支付租金时）：

借：应付职工薪酬——非货币性福利　　28 000
　贷：银行存款　　　　　　　　　　　　　　28 000

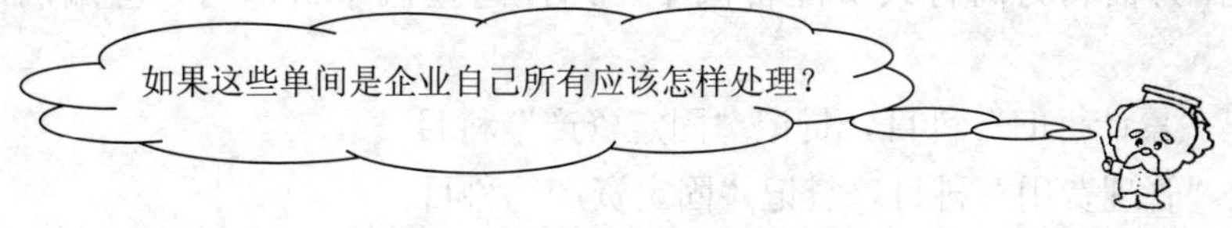

招待费超支，工资表上耍心眼

某汽配制造有限公司应付工资明细账“应付工资”科目中，在2016年6月和12月分两次列支了办事处人员工资150多万元。稽查人员在查看记账凭证时还注意到，该公司存在部分工资表上不是没有人签字就是多人工资由一人代签的现象。

稽查人员了解到，企业各办事处的行政管理人员主要是该公司外派的正式员工，这些人计酬相对固定。各办事处还有部分人员是从当地招聘的，按照业务量计酬，工资表上的数额每月都有较大变化。经查，企业每个办事处正式员工只有5～6人，但每个办事处的工资表所载的领取工资的人员达十四五人。

令他们没想到的是，企业竟没有办事处相关的房租费、水电费、业务招待费等支出记录。疑点一个接着一个，稽查人员进而又对银行存款日记账进行了检查。稽查人员发现，企业2016年6月支付工资的当日银行存款余额不足以支付办事处职工的工资，可是支付工资凭证附件中却附有两张现金支票的存根联。

检查进行到这一步，公司方面不得不承认，由于该公司业务招待费总额已经超支，房租、水电费未取得相应发票，为了使这些费用能够在所得税前列支，该公司将4个办事处近50万元的房租费、水电费、业务招待费等费用，通过虚增人员工资的方式转入相关费用，同时做了两笔假分录，掩人耳目。对此，税务机关根据《税收征管法》第六十三条的规定，做出了追缴企业所得税19.4万元，并按所偷逃税款处以1倍罚款的决定。

资料来源：根据http：//www.chinaacc.com改编

项目小结

本项目是会计实务中不可缺少的内容之一，应注意以下几点：第一，掌握职工薪酬的内容；第二，进行应付职工薪酬的核算时要走两步，即“确认”和“支付”，“确认”一般遵循“谁受益谁承担”的原则，而“支付”的形式多种多样，可以是货币资金也可以是非货币资金；第三，学会编制工资表及各种薪酬计提表，不可忽视其内容及格式；第四，关注社会保险费等由企业负担与个人负担的比例，学以致用。

任务检测

一、单选题

1. 企业作为福利为高管人员配备汽车。计提这些汽车折旧时，应编制的会计分录是（　　）。

A. 借记“累计折旧”科目，贷记“固定资产”科目

B. 借记“管理费用”科目，贷记“固定资产”科目

C. 借记“管理费用”科目，贷记“应付职工薪酬”科目；同时借记“应付职工薪酬”科目，贷记“累计折旧”科目

D. 借记“管理费用”科目，贷记“固定资产”科目；同时借记“应付职工薪酬”科目，贷记“累计折旧”科目

2. 企业在无形资产研究阶段发生的职工薪酬，最终应当计入（　　）。

A. 无形资产的成本　　B. 当期损益

C. 存货成本或劳务成本　　D. 在建工程成本

3. 职工工资中代扣的职工房租，应借记的会计科目是（　　）。

A. 应付职工薪酬　　B. 银行存款

C. 其他应收款　　D. 其他应付款

4. 企业计提工会经费和职工教育经费的比例分别为（　　）。

A. 2%和1.5%　　B. 2.5%和1.5%

C. 2%和2%　　D. 3%和2%

5. 甲公司本月以银行存款支付职工医疗卫生费用5 000元，以现金支付独生子女费用1 000元和生活困难补助800元，计算甲公司的应付职工薪酬为（　　）元。

A. 5 000　　B. 6 000　　C. 6 800　　D. 1 800

二、多选题

1. 下列各项中，应纳入职工薪酬核算的有（　　）。

A. 工会经费　　B. 职工养老保险费

C. 职工住房公积金　　　　　　　　　　D. 辞退职工经济补偿

2. 关于非货币性职工薪酬，说法正确的有（　　）。

A. 企业将拥有的房屋等资产无偿提供给职工使用的，应当根据受益对象，按照该住房的公允价值计入相关资产成本或当期损益，同时确认应付职工薪酬

B. 企业以其自产产品作为非货币性福利发放给职工的，应当根据受益对象，按照产品的账面价值，计入相关资产成本或当期损益，同时确认应付职工薪酬

C. 企业租赁住房等资产供职工无偿使用的，应当根据受益对象，将每期应付的租金计入相关资产成本或当期损益，并确认应付职工薪酬

D. 难以认定受益对象的非货币性福利，直接计入当期损益

3. 企业应当在职工在职的会计期间，将应付的职工薪酬确认为负债，除因解除与职工的劳动关系给予的补偿外，应当根据职工提供服务的受益对象，分别按下列情况处理（　　）。

A. 应由生产产品、提供劳务负担的职工薪酬，计入产品成本或劳务成本

B. 应由在建工程、无形资产开发成本负担的职工薪酬，计入建造固定资产或无形资产的开发成本

C. 上述两项之外的其他职工薪酬，计入当期损益

D. 应由生产产品、提供劳务负担的职工薪酬，计入当期损益

4. 应付职工薪酬的明细科目包括（　　）。

A. 工资　　　　　　　　　　B. 职工福利

C. 社会保险费　　　　　　　D. 住房公积金

5. 应付职工薪酬的账户结构（　　）。

A. 借方为本月实际支付的各种应付职工薪酬

B. 贷方为本月实际发生的应付职工薪酬总额

C. 贷方为本月实际支付的各种应付职工薪酬

D. 借方为本月实际发生的应付职工薪酬总额

三、判断题

1. 企业的工资总额都应计入产品成本。（　　）

2. 企业向职工食堂、职工医院、生活困难职工等支付职工福利费。应借记“应付职工薪酬——职工福利”科目。（　　）

3. 非累积带薪缺勤，是指带薪缺勤权利不能结转下期的带薪缺勤，本期尚未用完的带薪缺勤权利将予以取消，并且职工离开企业时也无权获得现金支付。（　　）

4. 短期薪酬。是指企业在职工提供相关服务的年度报告期间结束后十二个月内需要全部予以支付的职工薪酬，因解除与职工的劳动关系给予的补偿除外。（　　）

5. 职工薪酬核算的内容仅包括企业员工的工资。（　　）

四、实训项目

任务一

【目的】练习“应付职工薪酬——非货币性福利”的核算。

【资料】甲公司决定为每一位部门经理提供轿车免费使用，同时为每位副总裁租赁一

套住房免费使用。甲公司部门经理共有10名，副总裁共有2名。假定每辆轿车月折旧额8 000元，每套住房月租金为3 000元，企业每月底转账支付租金。

【要求】根据以上业务，进行相关账务处理。

任务二

【目的】练习“应付职工薪酬”的核算。

【资料】乙公司为增值税一般纳税人，适用的增值税税率为17%。2016年3月发生与职工薪酬有关的交易或事项如下：

（1）对行政管理部门使用的设备进行日常维修，应付企业内部维修人员工资1.2万元。

（2）为公司总部下属25位部门经理每人配备汽车一辆免费使用，假定每辆汽车每月折旧0.08万元。

（3）将50台自产的V型厨房清洁器作为福利分配给本公司行政管理人员。该厨房清洁器资料如表5-11所示。

表5-11　V型厨房清洁器资料

产品名称	生产成本（元/台）	销售价格（元/台）
V型厨房清洁器	12 000	15 000

（4）月末，该公司工资汇总表如凭2-1所示。

凭2-1

工资汇总表

2016年3月　　单位：元

部门	应发工资	代扣医疗保险	代扣个人所得税	实发工资
车间生产人员	1050 000	94 500	105 000	850 500
车间管理人员	150 000	13 500	15 000	121 500
销售机构人员	100 000	9 000	10 000	81 000
行政管理人员	200 000	18 000	20 000	162 000
合计	1 500 000	135 000	150 000	1 215 000

（5）3月20日，以现金支付职工李明生活困难补助1 000元。其相关原始凭证如凭2-2所示。

凭 2－2

领款单

2016 年 3 月 20 日

<table>
<tr><td colspan="2">领款部门</td><td colspan="2">第二车间</td><td colspan="2" rowspan="2">用途</td><td colspan="3" rowspan="2">生活困难补助</td></tr>
<tr><td colspan="2">姓名</td><td colspan="2">李明</td></tr>
<tr><td colspan="2">领款金额</td><td colspan="7">人民币（大写）壹仟元整</td></tr>
<tr><td rowspan="3">单位
领导
批示</td><td rowspan="3">同意
杨明
20160320</td><td rowspan="3">财会部
门领导
意见</td><td rowspan="3">同意
李涛
20160320</td><td rowspan="3">领款人
部门领
导意见</td><td rowspan="3">同意
谭采
20160320</td><td colspan="3">¥1 000.00</td></tr>
<tr><td rowspan="2">领款人
签收</td><td colspan="2">李明</td></tr>
<tr><td colspan="2">2016 年 3 月 20 日</td></tr>
</table>

会计主管：孙杰　　　　　　　　记账：赵晓　　　　出纳：王华

任务三

【目的】练习“应付职工薪酬”账户的综合核算。

【资料】某公司 2016 年 5 月发生以下有关“应付职工薪酬”账户的经济业务：

（1）10 日，根据人力资源部提供的职工工资明细表显示：4 月应发工资薪金总额 120 万元（其中，公司行政管理人员 30 万元、车间管理人员 35 万元、A 产品生产工人 40 万元、自建办公楼人员 5 万元、销售部 10 万元），财务部扣除应该代扣的个人所得税 1 万元、个人应该承担的社保费及住房公积金 18.1 万元及出差借款 0.9 万元后，本月实际应该支付的金额为 100 万元。出纳人员开出转账支票 100 万元，通过开户银行转款到职工的工资卡。

（2）15 日，开出转账支票支付社会保险费 46.2 万元，单位负担 34.1 万元，个人负担 12.1 万元。

（3）18 日，开出转账支票向公积金管理中心支付职工的住房公积金 12 万元，单位负担 6 万元，个人负担 6 万元。

（4）18 日，职工食堂报销购入餐具、炊具一批，价值 5 000 元，以现金支付。

（5）20 日，职工食堂炊事人员报销购入的主副食、调料一批，价值 10 000 元，以现金支付。

（6）月末根据本月计提折旧记录，公司高级管理人员无偿使用的住房分配折旧费 10 000元。

（7）30 日，职工报销培训费 2 000 元、外聘教师授课费 5 000 元（取得发票），以现金支付。

（8）31 日，以现金支付因解除与职工的劳动关系给予的经济补偿金 30 000 元。

（9）开出转账支票，向公司同级工会拨交本月工会经费 24 000 元，取得工会经费专用收据。

（10）月末根据本月应付职工薪酬总额即应付职工薪酬分配表中应付工资总额，按照受益对象分配到相关成本费用中。其中，公司行政管理人员 440 250 元、车间管理人员 466 958 元、A 产品生产工人 533 667 元、自建办公楼人员 66 708 元、销售部 133 417 元。

(11) 月末根据本月工资薪金总额，计提3%的职工福利费49 230元（根据去年开支水平测算本年每月暂时按照3%计提，年末按照实际开支额进行调整）、计提2%工会经费、计提2.5%职工教育经费。

【要求】 根据以上业务，进行相关账务处理。

五、案例分析

【资料】 A公司是一家冰箱生产企业，有职工200名，其中一线生产工人为180名，总部管理人员为20名。2016年10月，此公司决定以其生产的冰箱作为福利发放给职工。该冰箱单位成本为2 000元，单位计税价格（公允价值）为3 000元，适用的增值税税率为17%。该公司会计在核算时，直接按成本结转，未确认应交的增值税。

【要求】 根据以上业务，分析该公司会计核算正确吗？应确认多少应交的增值税？相关账务处理是怎样的？

项目六　资金管理岗位核算

任务一　资金管理岗位核算任务与业务流程

- 了解资金管理岗位的核算任务和业务流程。

学习情境　资金管理岗位核算任务与业务流程

王强会计专业刚刚毕业，很幸运，他找到了一份不错的工作，在一个企业任职资金管理部门助理会计。大家都知道在校的理论和实践都会有差别，的确，资金管理岗位具体是干什么的，王强也有点说不清道不明。还得从头开始学！

一、资金管理岗位有哪些核算任务

（1）拟定资金管理和核算办法。

（2）确定和监控公司负债和资本的合理结构，统筹管理和运作公司资金。

（3）进行筹资和投资方案的可行性分析，编制资金收支计划。

（4）做好企业的长短期资金运行计划，负责资金的调度。

（5）根据企业资金情况确定资金筹集方案。

（6）掌握长短借款、发行债券、接受投资或捐赠的形式进行筹资的核算。

（7）确定资金营运方案。

（8）掌握交易性金融资产、持有至到期投资、可供出售金融资产的核算。

（9）对公司重大的投资、融资、并购等经营活动提供建议和决策支持，参与风险评估、指导、跟踪和控制等。

（10）企业规定负责的其他工作。

二、资金管理岗位核算任务与业务流程是什么

资金管理岗位核算任务与业务流程如图6-1所示。

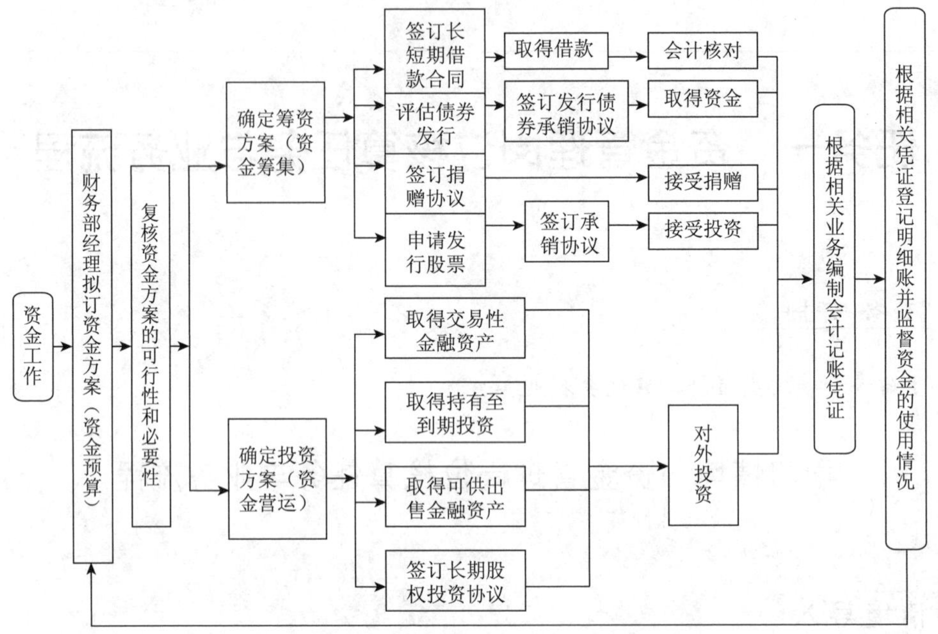

图6-1 资金管理岗位核算任务与业务流程

任务二 长短期负债的核算

- 掌握短期、长期借款的概念、特点及账务处理。
- 掌握应付债券的概念、债券的发行方式及账务处理。
- 能根据企业资金情况分析不同的情况下采用不同的负债方式。
- 了解长期应付款的核算内容。

学习情境一 银行借款

情境导入

王强所在的公司为了满足本公司对流动资金的需要，于2017年7月1日向广州市工

商银行科学城支行借入200 000元，期限6个月的临时借款，借入时的年利率为6%，利息于每月月末支付，期满一次归还本金，应如何会计处理？如果利息是按月预提，按季支付，那么会计上又该怎么处理？

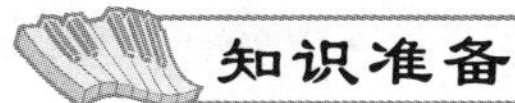

一、短期借款如何账务处理

1. 什么是短期借款

短期借款是指企业为了满足日常生产经营的需要，而向银行或其他金融机构等借入的期限在1年以下（含1年）的各种借款。

短期借款的分类

工商企业的短期借款主要有：经营周转借款、临时借款、结算借款、票据贴现借款。

（1）经营周转借款：也称生产周转借款或商品周转借款。企业因流动资金不能满足正常生产经营需要，而向银行或其他金融机构取得的借款。

（2）临时借款：企业因季节性和临时性客观原因，正常周转的资金不能满足需要，超过生产周转或商品周转款额划入的短期借款。

（3）结算借款：在采用托收承付结算方式办理销售货款结算的情况下，企业为解决商品发出后至收到托收货款前所需要的在途资金而借入的款项。

（4）票据贴现借款：持有银行承兑汇票或商业承兑汇票的，发生经营周转困难时，申请票据贴现的借款，期限一般不超过3个月。

2. 短期借款核算有哪些常用账户

（1）短期借款。属负债类，应按照债权人和短期借款的种类设置明细科目，进行明细分类核算。

借方	短期借款 贷方
归还的短期借款	借入的短期借款
	反映企业尚未偿还的借款本金数额

（2）应付利息。属于负债类，核算企业预提的应付利息费用，按照存款人或债权人设置明细科目进行明细核算。

借方	应付利息 贷方
实际支付的利息	计提应付未付的利息
	反映企业应付未付的利息

3. 短期借款如何核算

（1）取得短期借款。企业从银行或其他金融机构借入款项时，应签订借款合同，注明借款金额、借款利率和还款时间等。取得短期借款时，应借记“银行存款”科目，贷记“短期借款”科目。

（2）短期借款利息的处理。短期借款的利息一般计入“财务费用”。

①如果利息按月支付，或分期（季、半年）支付或到期一次支付但数额较小，直接计入“财务费用”，即借记“财务费用”，贷记“银行存款”。

②分期（季、半年）支付，或到期一次支付且数额较大，可采用预提的方法。预提时，借记“财务费用”，贷记“应付利息”；支付时，借记“应付利息”，贷记“银行存款”。

（3）归还短期借款。企业归还短期借款，按归还的借款本金，借记“短期借款”科目；按计算的利息金额，借记“财务费用”科目（如果利息已预提，则借记“应付利息”）；按实际归还的款项，贷记“银行存款”科目。

【做中学】2017 年 1 月，星光有限公司向工商银行借入 6 个月的银行贷款 60 万元，年利率 6%，按月预提利息，到期一次还本付息。

根据以上资料，星光有限公司的账务处理如下：

①取得借款时：

借：银行存款　　600 000
　贷：短期借款　　600 000

②按月计提利息时（6 个月的账务处理相同）

借：财务费用　　3 000（600 000×6%÷12）
　贷：应付利息　　3 000

③到期还本付息时：

借：短期借款　　600 000
　　应付利息　　15 000
　　财务费用　　3 000
　贷：银行存款　　618 000

【学中做】上述情境导入中王强所在的公司会计上该如何处理？

二、长期借款如何账务处理

1. 什么是长期借款

长期借款是指企业向银行或其他金融机构借入的偿还期限在一年以上（不含一年）的各项借款。一般用于固定资产的购建、改扩建工程、大修理工程，以及为了保持长期经营能力等方面。

长期借款一般通过“长期借款”科目核算，属负债类，分别设置“本金”“利息调整”“应计利息”等明细科目进行明细核算。

借方　　　　　　　　长期借款	贷方
①偿还的长期借款（本金） ②借款时产生的差额（利息调整）	①借入长期借款（本金） ②结转产生的差额（利息调整）
	反映企业尚未偿还的长期借款

2. 长期借款如何核算

(1) 取得长期借款。

借：银行存款（实际收到的款项）

　　长期借款——利息调整（实际收到款项与本金不一致时的差额，一般在借方）

　贷：长期借款——本金

注意：如果实际收到的款项与本金是一致的，则不存在利息调整。

(2) 借款利息的核算。长期借款计算确定的利息费用应当按谁受益谁承担的原则计入有关成本费用。

借：管理费用（筹建期间的借款利息）

　　在建工程（固定资产尚未达到预定可使用状态前的可资本化借款利息）

　　财务费用（生产经营期间借款利息、固定资产达到预定可使用状态后不予资本化的利息）

　　研发支出（自创无形资产的借款利息）

　贷：长期借款——应计利息（或应付利息）

　　　长期借款——利息调整（差额，记入借方或贷方）

费用账户＝摊余成本×实际利率（摊余成本为长期借款总账账面余额）

长期借款——应计利息（或应付利息）＝借款本金×合同利率

“利息调整”＝上述两者差额。

实际利率与合同利率差异较小的，也可以采用合同利率计算确定利息费用。

(3) 归还借款本金、利息。如果是分期付息，到期还本方式借款。

①分期支付利息时：

借：应付利息

　贷：银行存款

②到期还本及支付最后一期利息时：

借：长期借款——本金

　　在建工程等科目

　贷：银行存款

如果是到期一次还本付息方式借款：

借：长期借款——本金

　　　　　　——应计利息

　贷：银行存款

如果存在利息调整余额的：

借：在建工程等科目

　贷：长期借款——利息调整

会计园地

长期借款的利息计算

对长期借款的利息计算，我国目前有单利和复利两种方法。

单利是指在计算借款利息时，只按借款本金计算利息，其前期产生的尚未偿付的利息不再加入本金重复计算利息的计息制度。其计算公式如下：借款利息金额＝本金×利率×期数，由于长期借款的金额一般较大，因此在会计核算中，依据权责发生制原则和重要性原则，长期借款的利息费用需要在每期期末逐期计提。每期计提的计算公式：每期借款利息＝本金×相应期限的利率。

复利是指在计算借款利息时，不仅本金需要计算利息，而且前期未付的利息并入本期本金滚动计算利息的计息制度。其计算公式相对较复杂。按照国际惯例，长期借款的利息一般按复利法计算。

在我国的会计实务中，常常根据借贷双方的约定，采用单利法计算利息。

【做中学】星光有限公司为建造一幢厂房，于2015年1月1日借入期限为3年的长期借款1 500 000元，款项已存入银行，借款年利率为7%，每年付息到期一次还本。厂房2015年1月1日动工，并用借款购买了一批砖块，该厂房于2016年12月25日完工。

根据以上资料，该公司的账务处理如下：

①2015年1月1日，取得长期借款时：

借：银行存款　　　　　　　　　　1 500 000

　贷：长期借款——本金　　　　　　　　1 500 000

②2015年12月31日计算并支付利息时：

第一年的利息＝1 500 000×7%＝105 000（元）

借：在建工程　　　　　　　　　　105 000

　贷：应付利息　　　　　　　　　　　105 000

借：应付利息　　105 000

　贷：银行存款　　105 000

③2016 年 12 月 31 日计算并支付利息时：

借：财务费用　　105 000

　贷：应付利息　　105 000

借：应付利息　　105 000

　贷：银行存款　　105 000

④2016 年 12 月 31 日，归还长期借款时：

借：长期借款——本金　　1 500 000

　　财务费用　　105 000

　贷：银行存款　　1 605 000

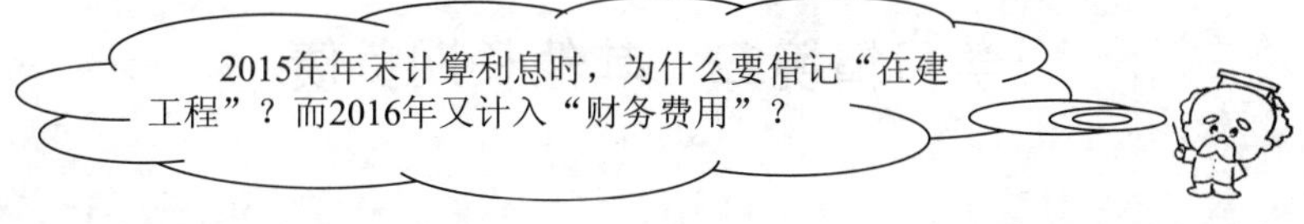

【学中做】 某公司因生产经营的需要，于 2017 年 1 月 1 日向银行借入期限为 4 年的长期借款 500 000 元，款项已存入银行，借款年利率为 8%，按合同规定，企业每年付息一次，到期偿还本金。该公司怎样进行账务处理？

民营企业融资七大误区

1. 中小企业融资视野狭窄，只看到银行贷款或股权中小企业融资

中小企业融资的方式很多，不只是银行贷款和股权中小企业融资，租赁、担保、合作、购并等方式都可以达到中小企业融资目的。

2. 过度包装或不包装

有些民营企业融资，不惜一切代价粉饰财务报表甚至造假，财务数据脱离了企业的基本经营状况。有些民营企业认为自己经营效益好，应该很容易取得中小企业融资，不愿意花时间及精力去包装企业，不知道资金方看重的不仅是企业短期的利润，企业的长期发展前景及企业面临的风险是资金方更为重视的方面。

3. 只想融资，不想让企业走向规范化

民营企业融资是企业成长的过程，也是企业走向规范化的过程。民营企业融资过程中，应不断促进企业走向规范化，通过企业规范化来提升民营企业融资能力。

4. 缺乏长期规划，临时抱佛脚

多数民营企业都是在企业面临资金困难时才想到去中小企业融资，企业在正常经营时就应该考虑中小企业融资策略，和资金方建立广泛联系。

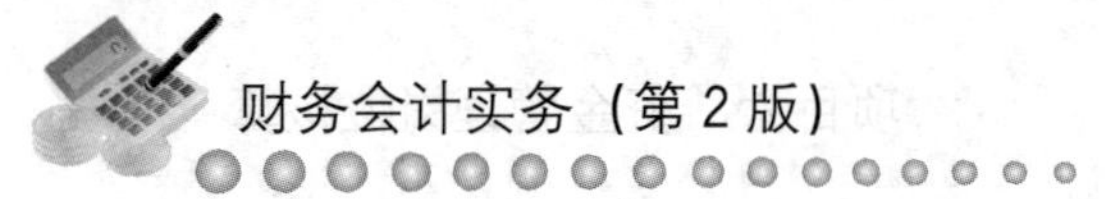

5. 不愿意花钱请专业的中小企业融资顾问

民营企业融资都有很强的融资意愿，但真正理解中小企业融资的人很少，总希望打个电话给投资人就把资金投入企业，把中小企业融资简单化，不愿意花钱聘请专业的中小企业融资顾问。中小企业融资是非常专业的，中小企业融资顾问要有丰富的中小企业融资经验，广泛的中小企业融资渠道，对资本市场和投资人要有充分的认识和了解，要有很强的专业策划能力，要考虑中小企业融资过程中遇到的各种问题及解决问题的方法。

6. 只认钱，不认人

民营企业急于融资，没有考虑中小企业融资后对企业经营发展的影响。民营企业融资时除了资金，还应考虑投资方在经营、发展方面对企业是否有帮助。

7. 低估中小企业融资难度，误以为仅靠自己的小圈子就可以拿到资金

资料来源：www. loancn. com

学习情境二　其他长期负债

王强所在的公司现在是越做越大，因又新增加几个新产品的生产，所以生产线等所需资金越来越多。光向银行借款已经不能满足生产的需要，于是公司发行了 6 年期的面值为 1 000 万元的债券，发行价为 1 100 万元，年利率为 6%，到期一次还本付息，该怎么核算，王强有点为难了。

一、应付债券如何账务处理

1. 什么是应付债券

应付债券是企业依照法定程序发行的，约定在一定期限内还本付息的一种有价证券。它是企业筹集长期资金的一种重要方式。如图 6 - 2 所示为一张 1994 年的企业债券。

图 6 - 2　1994 年的企业债券

债券发行的三种方式

面值发行：当债券票面利率＝同期市场利率（一般为银行存款利率，下同）时。

折价发行：当债券票面利率＜同期市场利率时，折价是企业以后少付利息而事先给投资者的补偿。

溢价发行：当债券票面利率＞同期市场利率时，溢价是企业以后多付利息事先得到的补偿。

当债券票面利率高于同期市场利率时，如果你有一笔钱，你愿意把它存到银行还是买债券呢？当然是买债券，因为买债券得到的利息会高于存到银行的利息。现在的人都很有头脑，除了你这样想之外，还有很多和你一样有这样想法的人，所以大家都争相购买，债券的发行商此时适当抬高价格，只要抬高的部分不超过按实际利率计算得到的收益，买家还是有得赚，债券仍然可以顺利发行，此时债券就是溢价发行；反之，折价发行是因为债券票面利率低于同期银行存款利率，大家都愿意把钱存入银行，而不愿购买债券，导致债券无人问津，债券发行商只有折价发行才会有人买。

企业应设置“应付债券”账户来核算企业发行的债券。该账户属于负债类，下设“债券面值”“利息调整”和“应计利息”三个明细账户，并按应付债券种类进行明细核算。

借方　　　　　　　　　　应付债券　　　　　　　　　　贷方

借方	贷方
①偿还的债券票面金额 ②折价发行债券时产生的差额 ③摊销溢价发行债券时产生的差额 ④偿还债券的利息（到期一次还本付息时）	①发行债券时应付的票面金额 ②溢价发行债券时产生的差额 ③摊销折价发行债券时产生的差额 ④计算应付未付的利息（到期一次还本付息时）
	反映企业尚未偿还的长期债券摊余成本

2. 应付债券如何核算

（1）发行债券

借：银行存款（实际收到的金额）

　　贷：应付债券——债券面值

借或贷：应付债券——利息调整（实收款与面值间的差额，折价在借方，溢价在贷方）

（2）利息调整的摊销。资产负债表日，利息调整在债券存续期间内采用实际利率法进行摊销。实际利率法是指按应付债券的实际利率计算其摊余成本及各期利息费用的方法。

注意：其实应付债券的摊余成本就是应付债券账户的总账账户余额，也就是三个明细账户余额借贷方相抵减后的合计数。

利息调整的摊销如表 6－1 所示。

表6-1　　债券溢折价发行利息调整摊销的会计处理

经济业务内容	账务处理
①对于分期付息、一次还本的债券	借：在建工程/制造费用/财务费用/研发支出（期初摊余成本×实际利率） 贷：应付利息（债券票面面值×票面利率） 应付债券——利息调整（借贷差额，或记入借方）
②对于一次还本付息的债券	借：在建工程/制造费用/财务费用/研发支出（期初摊余成本×实际利率） 贷：应付债券——应计利息（债券票面面值×票面利率） 应付债券——利息调整（借贷差额，或记入借方）

为什么要进行利息调整的摊销

前面说过债券的发行有溢价、折价，应付债券——利息调整是用来核算溢折价金额的，就可以得出利息调整的摊销，其实就是对溢折价的摊销。摊销的目的是要在债券到期时，将债券的账面价值恢复到面值的水平，或者在债券到期时，要将“利息调整”明细或溢折价全部摊销完毕。而按面值发行时，则不存在利息调整，不存在利息调整的摊销，账务处理也变得简单。

为什么要摊销呢？不摊销不行吗？以溢价发行为例，如果是在平价发行的情况下，我们在资产负债表日该如何计提利息费用呢？很简单，因为这个时候没有“利息调整”，其会计分录是：借记“财务费用/在建工程”等，贷记“应付利息/应付债券——应计利息”。换成溢价发行，前面初始确认的分录是：借记“银行存款”，贷记“应付债券——面值”和“应付债券——利息调整”。因为公司在发行时就收到了补偿，所以在资产负债表日计提利息费用时，实际上企业并没有按照应付给投资者利息的金额来承担相应的费用或成本，而是要少一部分，少的部分就是“应付债券——利息调整”的金额，分录是：借记“财务费用/在建工程”等、“应付债券——利息调整”，贷记“应付利息/应付债券——应计利息”。

（3）债券的偿还。企业发行的债券通常分为到期一次还本付息或分期付息一次还本两种。债券偿还本息的会计处理如表6-2所示。

表 6－2　　债券偿还本息的会计处理

经济业务内容	账务处理	
①对于分期付息、一次还本的债券偿还本息时	借：应付利息（分期计算利息，分期支付时） 　贷：银行存款	注意：如果存在利息调整余额的，借记或贷记“应付债券——利息调整”，贷记或借记“在建工程”“制造费用”“财务费用”等科目
	借：应付债券——债券面值（偿还本金时） 　贷：银行存款	
②对于一次还本付息的债券	借：应付债券——债券面值（面值） 　　应付债券——应计利息（计算的应付未付的利息之和） 　　财务费用等科目（最后一期的利息） 　贷：银行存款（到期一次付本息）	

【做中学】华洋股份有限公司于 2015 年 12 月 31 日经批准发行 4 年期、年利率为 12% 的企业债券 1 000 000 元，每年末付息一次，到期一次还本，款项全部存入银行，假设发行债券时的市场利率为 10%，债券发行价格为 1 063 397 元。

华洋股份有限公司应进行如下分析核算：

第一步，2015 年 12 月 31 日发行债券时：

借：银行存款　　1 063 397

　贷：应付债券——债券面值　　1 000 000

　　　　　　——利息调整　　63 397

第二步，计算 2015—2019 年度内的溢价利息摊销，则利息费用摊销如表 6－3 所示。

表 6－3　　利息费用摊销　　单位：元

付息日期	票面利息	利息费用	利息调整	期初债券摊余成本
	①	②＝④×10%	③＝①－②	④＝上期④－③
2015 年 12 月 31 日				1 063 397.00
2016 年 12 月 31 日	120 000	106 339.70	13 660.30	1 049 736.70
2017 年 12 月 31 日	120 000	104 973.67	15 026.33	1 034 710.37
2018 年 12 月 31 日	120 000	103 471.04	16 528.96	1 018 181.41
2019 年 12 月 31 日	120 000	101 818.59*	18 181.41	1 000 000.00
合计	480 000	416 603	63 397	

注：* 尾数调整

第三步，根据上述利息摊销表，编制如下分录：

①2016 年 12 月 31 日计算并支付利息：

借：财务费用　　106 339.70

　　应付债券——利息调整　　13 660.30

贷：应付利息　　120 000

借：应付利息　　120 000

贷：银行存款　　120 000

②2017 年 12 月 31 日计算并支付利息：

借：财务费用　　104 973.67

应付债券——利息调整　　15 026.33

贷：应付利息　　120 000

借：应付利息　　120 000

贷：银行存款　　120 000

③2018 年 12 月 31 日计算并支付利息：

借：财务费用　　103 471.04

应付债券——利息调整　　16 528.96

贷：应付利息　　120 000

借：应付利息　　120 000

贷：银行存款　　120 000

第四步，摊销第四年的利息和偿还债券时，编制如下分录：

2019 年 12 月 31 日

借：财务费用　　101 818.59

应付债券——面值　　1 000 000

——利息调整　　18 181.41

贷：银行存款　　1 120 000

【学中做】上述情境导入中王强所在公司应如何账务处理？

【做中学】华洋股份有限公司于 2015 年 12 月 31 日经批准发行 4 年期、年利率为 12%的企业债券 1 000 000 元，每年年末付息一次，到期一次还本，款项全部存入银行。假设发行债券时的市场利率为 13%，债券发行价格为 970 256 元。

根据以下资料，进行如下分析核算：

第一步，2015 年 12 月 31 日发行债券时：

借：银行存款　　970 256

应付债券——利息调整　　29 744

贷：应付债券——债券面值　　1 000 000

第二步，计算 2016—2019 年度内的折价利息摊销，则利息费用摊销如表 6-4 所示。

表 6-4　　**利息费用摊销**　　单位：元

付息日期	票面利息	利息费用	利息调整	期初债券摊余成本
	①	②=④×13%	③=②-①	④=上期④+③
2015 年 12 月 31 日				970 256.00
2016 年 12 月 31 日	120 000	126 133.28	6 133.28	976 389.28

续　表

付息日期	票面利息	利息费用	利息调整	期初债券摊余成本
	①	②=④×13%	③=②-①	④=上期④+③
2017 年 12 月 31 日	120 000	126 930.61	6 930.61	983 319.89
2018 年 12 月 31 日	120 000	127 831.59	7 831.59	991 151.48
2019 年 12 月 31 日	120 000	128 848.52*	8 848.52	1 000 000.00
合计	480 000	509 744	29 744	

注：* 尾数调整

第三步，根据上述利息摊销表，编制如下分录：

2016 年 12 月 31 日：

借：财务费用　　126 133.28

　贷：应付利息　　120 000

　　应付债券——利息调整　　6 133.28

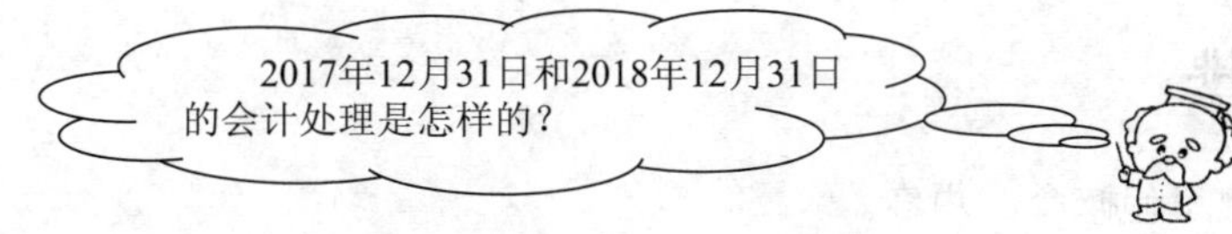

第四步，2019 年偿还债券时，编制如下分录：

借：财务费用　　128 848.52

　应付债券——面值　　1 000 000

　贷：银行存款　　1 120 000

　　应付债券——利息调整　　8 848.52

【学中做】华洋股份有限公司于 2016 年 1 月 1 日发行面值总额为 2 000 万元，期限为 5 年的债券，该债券票面利率为 6%，每年年初付息、到期一次还本，发行价格总额为 2 000万元。该公司相关账务处理是怎样的？

二、长期应付款如何账务处理

1. 什么是长期应付款

长期应付款是企业对其他单位发生的付款期限在 1 年以上的长期负债，如采用分期付款方式购入固定资产和无形资产发生的应付账款、应付融资租入固定资产的租赁费等。

“长期应付款”账户属于负债类，按长期应付款的种类和债权人进行明细核算。

借方　　长期应付款	贷方
归还的长期应付款	发生的长期应付款
	反映企业应付未付的长期应付款项

2. 长期应付款如何核算

（1）企业融资租入的固定资产，在租赁期开始日，按应计入固定资产成本的金额（租赁开始日租赁资产公允价值与最低租赁付款额现值两者中较低者，加上初始直接费用），借记“在建工程”或“固定资产”科目，按最低租赁付款额，贷记本科目，按发生的初始直接费用，贷记“银行存款”等科目，按其差额，借记“未确认融资费用”科目。

按期支付的租金，借记本科目，贷记“银行存款”等科目。

（2）采用分期付款方式购入有关资产的，实质上具有融资性质，应按购买价款的现值，借记“固定资产”“在建工程”等科目，按应支付的金额，贷记本科目，按其差额，借记“未确认融资费用”科目。

按期支付的价款，借记本科目，贷记“银行存款”科目。

任务三　借款费用的核算

● 掌握借款费用的概念、内容。

● 掌握借款费用的确认和计量。

● 掌握借款费用的核算。

学习情境一　借款费用基础知识

王强进入资金管理岗位时，接触比较多的几个字是“资本化”和“费用化”，并且财务经理也一直强调借款费用的资本化问题，那这些借款费用资本化、费用化的规则是什么？在工作中如何运用呢？

知识准备

一、什么是借款费用

借款费用是指企业因借款而发生的利息及其他相关成本，是企业借款发生的代价。

二、借款费用包括哪些内容

借款费用主要包括以下4部分内容：

（1）借款利息，包括企业向银行或其他金融机构等借入资金发生的利息、发行公司债券发生的利息（又称为一般借款利息），以及为购建或生产符合资本化条件的资产而发生的带息债务所承担的利息等（又称为专门借款利息）。

（2）应付债券折价或溢价的摊销，包括发行公司债券等所发生的折价或溢价在每期的摊销金额。

（3）借款辅助费用，包括企业在借款过程中发生的如手续费、佣金、印刷费等交易费用。

（4）因外币借款而发生的汇兑差额，是指由于汇率变动导致市场汇率与账面汇率出现差异，从而对外币借款本金及其利息的记账本位币金额所产生的影响金额。

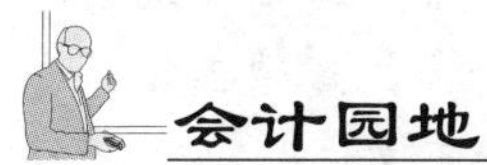

你能分清哪些是借款费用吗

某企业发生了各种费用，其中借款手续费 10 万元，发行公司债券佣金 1 000 万元，发行公司股票佣金 1 000 万元和借款利息 200 万元。借款手续费、公司债券佣金、借款利息属于借款费用。但是，发行公司股票属于公司股权性融资性质，不属于借款范畴，相应地，所发生的佣金也不属于借款费用范畴，不应作为借款性质进行会计处理。

三、借款费用有哪些确认原则

企业发生的借款费用，可直接归属于符合资本化条件的资产购建或生产的，应当予以资本化，计入相关资产成本；其他借款费用，应当在发生时根据其发生额确认为费用，计入当期损益。

符合资本化条件的资产是指需要经过相当长时间的构建或生产活动才能达到预定可使用或可销售状态的固定资产、投资性房地产和存货等资产。其中“相当长时间”是指为资产的构建或者生产所必需的时间，通常为一年以上（含一年）。

四、如何界定借款费用的资本化期间

资本化期间的界定应注意 3 个问题：资本化起点、暂停资本化和停止资本化。

1. 借款费用资本化起点是什么时候

借款费用开始资本化应同时具备的三个条件：

（1）资产支出已经发生，资产支出包括为购建或生产符合资本化条件的资产而以支付现金、转移非现金资产或承担带息债务形式发生的支出。

（2）借款费用已经发生。

（3）为使资产达到预定可使用或者可销售状态所必需的购建或者生产活动已经开始。

2. 借款费用何时暂停资本化

（1）暂停资本化的条件。符合资本化条件的资产在购建或生产过程中发生非正常中断、且中断时间连续超过 3 个月，应当暂停借款费用的资本化，在中断期间发生的借款费用应当确认为费用，计入当期损益，直至资产的购建或生产活动重新开始。

如果中断是所购建或生产的符合资本化条件的资产达到预定可使用或可销售状态必要的程序，借款费用的资本化应当继续进行。

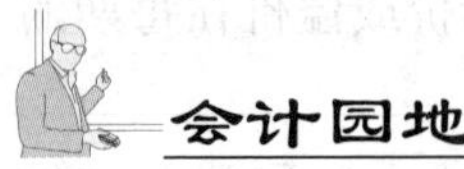

会计园地

正常中断的情况

正常中断通常仅限于因购建或生产符合资本化条件的资产达到预定可使用或可销售状态所必要的程序，或者事先可预见的不可抗力因素导致的中断。比如，某些工程建造到一定阶段必须暂停下来进行质量或安全检查，检查通过后才可继续下一阶段的建造工作，这类中断是在施工前可以预见的，而且是工程建造必须经过的程序，属于正常中断。

某些地区的工程在建造过程中，由于可预见的不可抗力因素（如雨季或冰冻季节等原因）导致施工出现停顿，也属于正常中断。比如，某企业在北方某地建造某工程期间，正遇冰冻季节，工程施工因此中断，待冰冻季节过后方能继续施工。由于该地区在施工期间出现较长时间的冰冻为正常情况，由此导致的施工中断是可预见的不可抗力因素导致的中断，属于正常中断。

（2）非正常中断的判断。非正常中断通常是由于企业管理决策上的原因或其他不可预见的原因等所导致的中断。例如，企业因与施工方发生了质量纠纷，工程或生产用料没有及时供应，资金周转发生了困难，施工或生产发生了安全事故，发生了与资产购建或生产有关的劳动纠纷等，导致资产购建或者生产活动发生中断，均属于非正常中断。也就是说计划以外的中断属于非正常中断。

3. 借款费用什么时候停止资本化

当所购建或生产符合资本化条件的资产达到预定可使用状态或可销售状态时，应当停止其借款费用的资本化。在符合资本化条件的资产达到预定可使用或可销售状态之后再发生的借款费用，应当根据其发生额确认为费用，计入当期损益。

购建或生产符合资本化条件的资产达到预定可使用或可销售状态，可从下列几个方面进行判断：

（1）符合资本化条件的资产的实体建造（包括安装）或生产工作已经全部完成或实质上已经完成。

（2）所购建或者生产的符合资本化条件的资产与设计要求、合同规定或生产要求相符或者基本相符，即使有极个别与设计、合同或生产要求不相符的地方，也不影响其正常使用或销售。

（3）继续发生在所购建或生产的符合资本化条件的资产上的支出金额很少或几乎不再发生。

购建或生产符合资本化条件的资产需要试生产或试运行的，在试生产结果表明资产能够正常生产出合格产品，或者试运行结果表明资产能够正常运转或者营业时，应当认为该资产已经达到预定可使用或可销售状态。

借款费用资本化期间的确定

甲公司为建造一座办公楼于2016年1月1日借入500万元借款，借期2年，同日开工兴建，2月1日支付工程款200万元；从5月1日—8月31日工程因纠纷停工；9月1日重新开始，于2016年12月31日达到预定可使用状态。则：

资本化起点为2016年2月1日，终点为2016年12月31日，暂停资本化期间为5月、6月、7月、8月共4个月；2016年实际资本化时间为2月、3月、4月、9月、10月、11月、12月共7个月（见图6-3）。

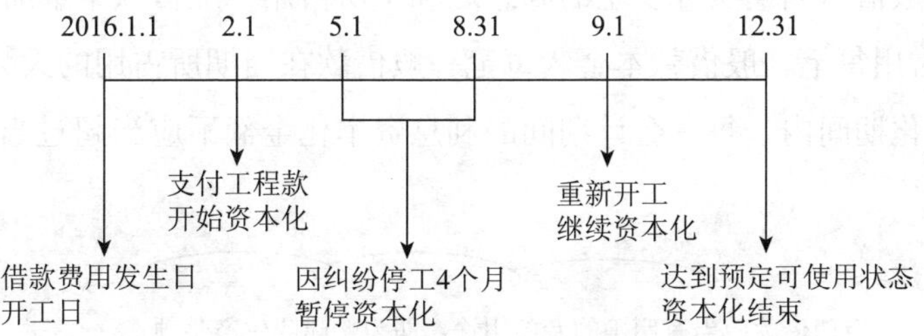

图6-3　借款费用资本化期间示意图

学习情境二　借款费用的计量与核算

王强所在的公司规模大了，人也多了，公司领导决定建一栋新的办公楼，但苦于发展壮大时期资金有限，于是2016年5月1日以两栋生产用房做抵押向一家银行争取了500万元的4年期的专门借款，年利率为11%，工程6月动工，那在5月的利息是计入“财务费用”还是“在建工程”呢?

知识准备

借款费用资本化金额的计算分为三种情况：利息资本化、借款辅助费用资本化和汇兑差额资本化。

一、利息资本化金额的计量与核算

在资本化期间内，每一会计期间的利息（包括折价或溢价的摊销）资本化金额，应当按照下列规定确定：

（1）为购建或生产符合资本化条件的资产而借入专门借款的，应当以专门借款当期实际发生的利息费用，减去将尚未动用的借款资金存入银行取得的利息收入或进行暂时性投资取得的投资收益后的金额确定。

（2）为购建或生产符合资本化条件的资产而占用了一般借款的，企业应当根据累计资产支出超过专门借款部分的资产支出加权平均数乘以所占用一般借款的资本化率，计算确定一般借款应予资本化的利息金额。资本化率应当根据一般借款加权平均利率计算确定。有关计算公式如下：

一般借款利息费用资本化金额＝累计资产支出超过专门借款部分的资产支出加权平均数×所占用一般借款的资本化率

其中：

所占用一般借款的资本化率＝所占用一般借款加权平均利率

＝所占用一般借款当期实际发生的利息之和÷所占用一般借款本金加权平均数

＝$\sum$（所占用每笔一般借款本金×每笔一般借款在当期所占用的天数）÷当期天数

（3）在资本化期间内，每一会计期间的利息资本化金额不应当超过当期相关借款实际发生的利息金额。

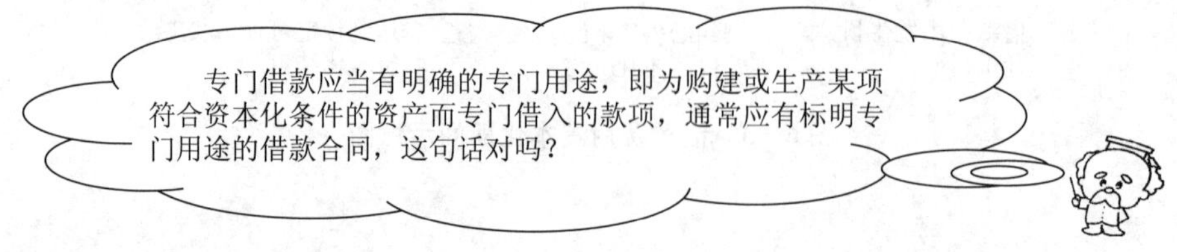

【做中学】华洋股份有限公司于2015年1月1日正式动工兴建一幢办公楼，工期预计为1年零6个月，工程采用出包方式，分别于2015年1月1日、2015年7月1日和2016年1月1日支付工程进度款。

公司为建造办公楼在2015年1月1日专门借款2 000万元，借款期限为3年，年利率为6%。另外，在2015年7月1日又专门借款6 000万元，借款期限为5年，年利率为8%。借款利息按年支付。闲置借款资金均用于固定收益债券短期投资，该短期投资月收益率为0.5%。办公楼于2016年6月30日完工，达到预定可使用状态。

公司为建造该办公楼的支出金额如表6－5所示。

表6－5　建造该办公楼的支出金额　单位：万元

日期	每期资产支出金额	资产支出累计金额	闲置借款资金用于短期投资金额
2015年1月1日	1 500	1 500	500
2015年7月1日	2 500	4 000	4 000
2016年1月1日	1 500	5 500	2 500
合计	5 500	—	7 000

根据以上资料，分析核算如下：

第一步，确定借款费用资本化期间为2015年1月1日—2016年6月30日。

第二步，计算在资本化期间内专门借款实际发生的利息金额：

①2015年专门借款发生的利息金额＝2 000×6%＋6 000×8%×6/12＝360（万元）

②2016年1月1日—6月30日专门借款发生的利息金额＝2 000×6%×6/12＋6 000×8%×6/12＝300（万元）

第三步，计算在资本化期间内利用闲置的专门借款资金进行短期投资的收益：

①2015年短期投资收益＝500×0.5%×6＋4 000×0.5%×6＝135（万元）

②2016年1月1日—6月30日短期投资收益＝2 500×0.5%×6＝75（万元）

第四步，由于在资本化期间内，专门借款利息费用的资本化金额应当以其实际发生的利息费用减去将闲置的借款资金进行短期投资取得的投资收益后的金额确定，根据第二步和第三步，计算每年的资本化金额：

①公司2015年的利息资本化金额＝360－135＝225（万元）

②公司2016年的利息资本化金额＝300－75＝225（万元）

第五步，根据上述计算，编制如下分录：

①2015年12月31日：

借：在建工程　　2 250 000

　　应收利息（或银行存款）　　1 350 000

　贷：应付利息　　3 600 000

②2016年6月30日：

借：在建工程　　2 250 000

　　应收利息（或银行存款）　　750 000

　贷：应付利息　　3 000 000

【做中学】华洋股份有限公司为了扩大生产规模，经研究决定，采用出包方式建造生产厂房一栋。2016年7月至12月发生的有关借款及工程支出业务资料如下：

7月1日，为建造生产厂房从银行借入三年期的专门借款3 000万元，年利率为7.2%，于每季度末支付借款利息。当日，该工程已开工。

7月1日，以银行存款支付工程款1 900万元。暂时闲置的专门借款在银行的存款年利率为1.2%，于每季度末收取存款利息。

10月1日，借入半年期的一般借款300万元，年利率为4.8%，利息于每季度末支付。

10月1日，华洋股份有限公司与施工单位发生纠纷，工程暂时停工。

11月1日，华洋股份有限公司与施工单位达成谅解协议，工程恢复施工，以银行存款支付工程款1250万元。

12月1日，借入1年期的一般借款600万元，年利率为6%，利息于每季度末支付。

12月1日，以银行存款支付工程款1 100万元。

假定工程支出超过专门借款时占用一般借款；仍不足的，占用自有资金。

要求：

①分别计算华洋股份有限公司2016年第三季度、第四季度专门借款利息支出、暂时闲置专门借款的存款利息收入和专门借款利息支出资本化金额。

②计算华洋股份有限公司2016年第四季度一般借款利息支出，占用一般借款工程支出的累计支出加权平均数、一般借款平均资本化率和一般借款利息支出资本化金额。

根据以上资料，计算如下：

第一步，计算公司2016年第三季度专门借款利息支出、暂时闲置专门借款的存款利息收入和专门借款利息支出资本化金额。

①专门借款应付利息（利息支出）＝3 000×7.2%×3/12＝54（万元）

②暂时闲置专门借款的存款利息收入＝（3 000－1 900）×1.2%×3/12＝3.3（万元）

③专门借款利息支出资本化金额＝54－3.3＝50.7（万元）

第二步，计算公司2016年第四季度专门借款利息支出、暂时闲置专门借款的存款利息收入和专门借款利息支出资本化金额。

①专门借款应付利息（利息支出）＝3 000×7.2%×3/12＝54（万元）

②暂时闲置专门借款的存款利息收入＝1 100×1.2%×1/12＝1.1（万元）

③专门借款利息支出资本化金额＝54－1.1＝52.9（万元）

第三步，计算公司2016年第四季度一般借款利息支出，占用一般借款工程支出的累计支出加平均数、一般借款平均资本化率和一般借款利息支出资本化金额。

①第四季度一般借款利息支出＝300×4.8%×3/12＋600×6%×1/12＝6.6（万元）

②占用一般借款工程支出的累计支出加平均数＝150×2/3＋（300＋600－150）×1/3＝350（万元）

③一般借款平均资本化率＝（300×4.8%×3/12＋600×6%×1/12）/（300×3/3＋600×1/3）＝1.32%

④一般借款利息支出资本化金额＝350×1.32%＝4.62（万元）

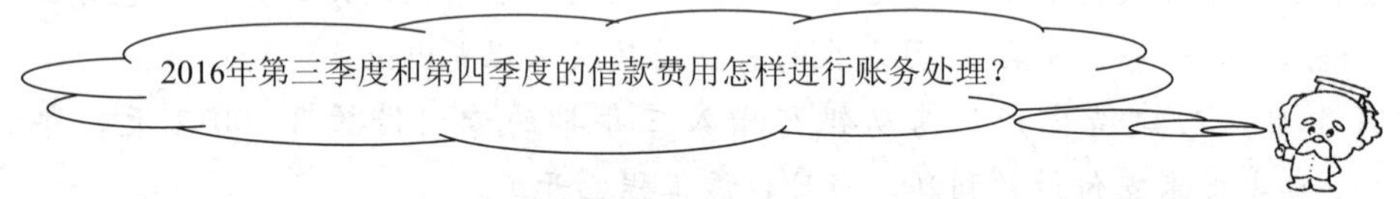

二、借款辅助费用资本化金额如何确定

专门借款发生的辅助费用，在所购建或生产的符合资本化条件的资产达到预定可使用或可销售状态之前发生的，应当在发生时根据其发生额予以资本化，计入符合资本化条件的资产的成本；在所购建或生产的符合资本化条件的资产达到预定可使用或可销售状态之后发生的，应当在发生时根据其发生额确认为费用，计入当期损益。

一般借款发生的辅助费用，也应当在发生时根据其发生额确认为费用，计入当期损益。

三、因外币专门借款而发生的汇兑差额资本化金额如何确定

在资本化期间内，外币专门借款本金及利息的汇兑差额，应当予以资本化，计入符合

资本化条件的资产的成本。

任务四　所有者权益的核算

- 掌握实收资本的概念及确认、实收资本（或股本）的账务处理。
- 掌握资本公积的概念、资本公积的账务处理。
- 掌握盈余公积的概念、盈余公积的账务处理。

学习情境一　实收资本

王强在公司一干就是五六年，现在，这家公司也发展成为股份有限公司，投资者越来越多，企业的资本总额也大大增加，6月又募集资金，股本总额快达到两个亿了……

知识准备

所有者权益是指企业资产扣除负债后由所有者享有的剩余权益，其金额为资产减去负债后的余额，即净资产数额。所有者权益实质上是所有者在某个企业中所享有的一种财产权利，包括所有权、使用权、处置权和收益分配权等。但是所有者权益只是一种剩余权益，也就是说，当企业进行清算时，变现后的资产必须用于偿还企业的债务，剩余的资产才能按照出资比例或股份比例在所有者之间进行分配。

所有者权益按其构成，分为实收资本、资本公积和盈余公积、未分配利润。其中，盈余公积和未分配利润构成企业的留存收益。

一、什么是实收资本

实收资本是指企业投资者按照企业章程或合同、协议的约定，实际投入企业的资本。实收资本原则上应与注册资本一致。如企业实收资本与原注册资本数额相差超过20%时，应变更登记。注册资本是企业在工商行政管理部门登记注册的资本金数额，公司法对各类公司注册资本的最低限额都有明确的规定，所以注册资本亦称为法定资本。

为了反映和监督投资者投入资本的增减变动情况，企业必须按规定进行实收资本的核算。由于企业组织形式不同，对所有者投入资本的会计核算方法也不同。除股份有限公司通过“股本”核算外，其他各类企业应通过“实收资本”账户核算。

“实收资本”账户属所有者权益类，按投资者进行明细核算。

借方 实收资本（股本）	贷方
①企业因重大亏损而减少注册资本 ②企业因资本结构调整，通过回购股票减资	①企业收到投资者投入的资本金 ②盈余公积转增资本 ③资本公积转增资本 ④发放股票股利方式增资 ⑤可转换公司债券持有人持有的债券转为股票
	企业实收资本（股本）总额

有限责任公司和股份有限公司的区别

有限责任公司的注册资本为在公司登记机关登记的全体股东认缴的出资额。公司全体股东的首次出资额不得低于注册资本的20%，也不得低于法定的注册资本最低限额，其余部分由股东自公司成立之日起两年内缴足。其中，投资公司可以在5年内缴足。有限责任公司注册资本的最低限额为人民币3万元。但是，法律、行政法规另有规定的，从其规定。

股份有限公司的设立，可以采取发起设立或募集设立的方式。采取发起方式设立的，注册资本为在公司登记机关登记的全体发起人认购的股本总额，公司全体发起人首次出资额不得低于注册资本的20%，其余部分由发起人自公司成立之日起两年内缴足（投资公司可以在五年内缴足）。采取募集方式设立的，注册资本为在公司登记机关登记的实收股本总额。以募集设立方式设立股份有限公司的，发起人认购的股份不得少于公司股份总数的35%，股份有限公司注册资本的最低限额为人民币500万元。但是，法律、行政法规另有规定的，从其规定。

二、实收资本如何进行账务处理

1. 实收资本增加怎样核算

投资者投入企业的资金形式是多种多样的，投资者可以用现金投资，也可以用非现金资产投资，符合国家规定比例的有关要求的，还可以用无形资产投资。

（1）企业收到投资者以现金投入的资本。

企业收到投资者以现金投入的资本时，应当以实际收到或存入企业开户银行的金额作为实收资本入账，借记“银行存款”“库存现金”等科目，按投资者在注册资本中应享有的份额，贷记“实收资本”科目。对于实际收到或存入企业开户银行的金额超过投资者在企业注册资本中所占份额的部分，应当作为资本溢价处理，计入资本公积。

【做中学】星光有限公司是由A、B两位投资者各出资200万元而设立的，设立时的实收资本为 400 万元。经过 3 年的经营，该公司留存收益为 150 万元。这时，又有投资者 C 有意加入该公司，并享有与 A、B 两位投资者同等的权利。按照投资协议，C 需要出资 250 万元。星光有限公司已收到该笔出资额。

星光有限公司账务处理如下：

借：银行存款　　2 500 000

　贷：实收资本　　2 000 000

　　　资本公积——资本溢价　　500 000

【学中做】某公司收到国家投入企业的资本 500 000 元，法人投入企业的资本 200 000 元，个人投入的资本 100 000 元，全部款项已存入该公司开户银行。该公司应如何进行账务处理？

(2) 企业收到投资者以非现金资产投入的资本。

企业收到投资者以非现金资产投入的资本时，应按投资者各方确认的价值作为非现金资产的价值（但合约或协议约定价值不公允的除外），在办理完有关产权转移手续后，借记“库存商品”“原材料”“固定资产”等科目，按投资者在注册资本中应享有的份额，贷记“实收资本”科目。资产价值超过投资者在企业注册资本中所占份额的部分，应当作为资本溢价处理，计入资本公积。

【做中学】星光有限公司收到红星公司作为资本投入企业的设备十台，双方评估协议价值 2 500 000 元，红星公司开出的增值税发票注明原价 2 500 000 元，增值税进项税额 425 000 元，星光有限公司注册资本 10 000 000 元，红星公司投资占其注册资本的 20%。星光有限公司应如何账务处理？

借：固定资产　　2 500 000

　　应交税费——增值税税额（进项税额）　　425 000

　贷：实收资本——红星　　2 000 000

　　　资本公积——资本溢价　　925 000

【学中做】星光有限公司收到华洋股份有限公司作为资本投入的库存商品一批，该批商品经双方评估确认的价值为 2 000 000 元，华洋股份有限公司开出给星光有限公司的增值税专用发票上注明的增值税税额为 340 000 元。星光有限公司注册资本 10 000 000 元，华洋股份有限公司投资占其注册资本的 15%。星光有限公司应如何进行账务处理？

(3) 资本公积（或盈余公积）转增资本。

资本公积（或盈余公积）转增资本核算时，应按转增的资本金额，借记“资本公积”或“盈余公积”科目，贷记“实收资本”或“股本”科目。

【做中学】为了扩大生产经营规模，经公司董事会研究决定，星光有限公司按原出资比例（甲 50%，乙 50%）将资本公积 800 000 元转增资本。

借：资本公积　　800 000

　贷：实收资本——甲　　400 000

　　　　　　　——乙　　400 000

2. 实收资本减少如何核算

企业的实收资本不得随意减少，股东在公司存续期间不能随意抽回投资。但在某些特殊情况下，可按法定程序报经批准后减少已登记注册的实收资本，如资本过剩、发生重大亏损等，但公司减资后的注册资本不得低于法定的固定限额。

（1）因资本过剩而减少实收资本时

借：实收资本

　贷：银行存款等

（2）因发生重大亏损而用实收资本来弥补时：

借：实收资本

　贷：利润分配——未分配利润

注意：投资者依法转让其持有的投资，不影响本企业实收资本总额，只需在出让方与受让方之间办理转让手续。

三、股份有限公司股本怎样核算

股份有限公司是指全部资本由等额股份构成，并通过发行股票筹集资本，股东以其所持股份对公司承担有限责任，公司以其全部资产对公司债务承担责任的企业法人。与其他企业相比，其显著特点在于将企业的资本划分为等额股份，并通过发行股票的方式来筹集资本。股票的面值与股份总数的乘积即为公司股本，股本等于股份有限公司的注册资本。

1. 股本增加如何核算

（1）发行股票。根据我国法律规定，股份有限公司应当在核定的股本总额及核定的股份总额范围内发行股票。在发行股票时，可以溢价发行，也可以面值发行，但是不可以折价发行。

①按面值发行股票时，企业发行股票取得的收入，应全部记入“股本”科目处理。

②在溢价发行股票时，企业发行股票取得的收入，等于股票面值的部分记入“股本”科目，超出股票面值的溢价收入记入“资本公积——股本溢价”科目。

③股份有限公司在发行股票过程所支付相关的手续费、佣金等交易费用，如果是溢价发行股票的，应从发行股票取得的溢价中抵扣，冲减资本公积（股本溢价）；如果发行股票没有溢价或溢价金额不足以抵扣发行费用的部分，应将不足支付的发行费用冲减盈余公积和未分配利润。

【做中学】星光有限公司首次公开发行了普通股1 000 000股，每股面值1元，每股发行价格为4元。假定股票发行成功，款项已经收存银行，不考虑发行手续费、咨询费等因素。

借：银行存款　　　　　　　　　　4 000 000

　贷：股本　　　　　　　　　　　　1 000 000

　　　资本公积——股本溢价　　　　3 000 000

【做中学】华洋股份有限公司首次公开发行了普通股60 000 000股，每股面值1元，每股发行价格为5元。华洋股份有限公司以银行存款支付发行手续费、佣金和咨询费等费用共计5 000 000元。假定股票发行收入已全部收到，发行费用已全部支付，不考虑其他因素。

借：银行存款　　295 000 000

　贷：股本　　60 000 000

　　　资本公积——股本溢价　　235 000 000

华尔街的教训

炒股是老行业。在华尔街，一百年前流行的是火车股、钢铁股，接着流行收音机股、电视机股，今天流行的是电脑股、网络股。每种股票的兴起都代表了新的行业和人类文明的进步。在这千变万化的股市历史万象中，唯一不变的是股票的运动规律。和百年前甚至更早时期的先辈一样，现代人有着同样的贪婪、恐惧和希望，一样在亏损时不肯割肉，一样满足于小利而在股票的牛市中途退席。当年的股市充满小道消息，今天的股市还是充满小道消息；当年有公司做假账，今天也有公司做假账。

华尔街的教训总离不开以下这些：①分散风险。②避免买太多股票。③有疑问的时候，离场！④忘掉你的入场价。⑤别频繁交易。⑥不要向下摊平。⑦别让利润变成亏损。⑧跟着股市走，别跟朋友走！⑨订好计划，按既定方针办。⑩市场从来不会错，你自己的想法常常是错的。

资料来源：《炒股的智慧》

（2）发放股票股利。我国《公司法》规定，公司分配股利可以采用现金股利和股票股利两种方式。其中，股票股利又称为分红股或送股，是公司无偿向普通股股东增发普通股股票。

【做中学】2016 年 3 月 10 日星光有限公司为了扩大生产经营规模，经股东大会批准采用发行股票股利的方式增资，增加发行普通股 500 000 股，按持股比例发放给原股东，作为股利的发放。办理增资手续后，作如下分录：

借：利润分配——转作股本的普通股股利　　500 000

　贷：股本　　500 000

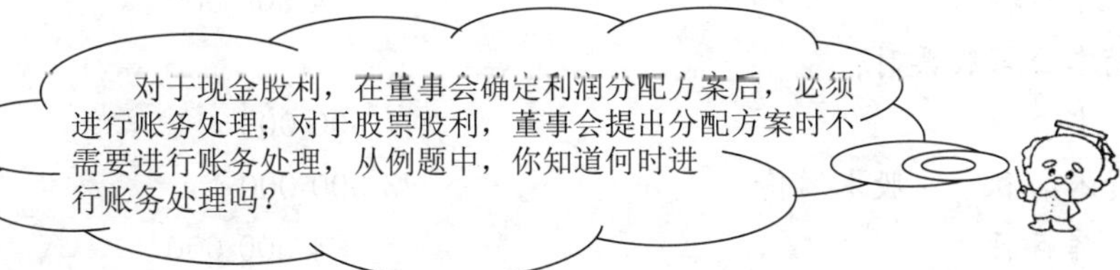

2. 股票回购减资如何核算

股份有限公司采用收购本公司股票方式减资的，应按注销股票的面值总额减少股本。具体会计核算如表 6－6 所示。

表6-6　　股票回购账务处理

<table>
<tr><th colspan="2">经济业务内容</th><th>账务处理</th><th>备注</th></tr>
<tr><td colspan="2">(1) 回购公司股票</td><td>借：库存股
　贷：银行存款</td><td>按股票市价回购</td></tr>
<tr><td rowspan="2">(2) 注销公司股票</td><td>①回购价大于面值时</td><td>借：股本
　　资本公积——股本溢价
　　盈余公积
　　利润分配——未分配利润
　贷：库存股</td><td>回购价大于面值部分，依次冲减资本公积、盈余公积、未分配利润</td></tr>
<tr><td>②回购价小于面值时</td><td>借：股本
　贷：库存股
　　　资本公积——股本溢价</td><td>回购价小于面值部分，可作为资本公积</td></tr>
</table>

【做中学】华洋股份有限公司于2016年12月31日的股本为20 000 000股，面值为1元，资本公积（股本溢价）3 000 000元，盈余公积4 000 000元。经公司股东大会研究批准，华洋股份有限公司以现金回购本公司股票1 500 000股并注销。假定华洋股份有限公司按每股0.8元回购股票，不考虑其他因素。

(1) 假定华洋股份有限公司按每股0.8元回购股票，账务处理如下：

①回购本公司股票时：

借：库存股　　1 200 000

　贷：银行存款　　1 200 000

②注销本公司股票时：

借：股本　　1 500 000（回购股数×每股面值）

　贷：库存股　　1 200 000

　　　资本公积——股本溢价　　300 000

(2) 假定华洋股份有限公司按每股3元回购股票，其他条件不变。账务处理如下：

①回购本公司股票时：

借：库存股　　4 500 000

　贷：银行存款　　4 500 000

②注销本公司股票时：

借：股本　　1 500 000

　　资本公积——股本溢价　　3 000 000

　贷：库存股　　4 500 000

(3) 假定华洋股份有限公司按每股4元回购股票，其他条件不变。账务处理如下：

①回购本公司股票时：

借：库存股　　6 000 000

　贷：银行存款　　6 000 000

②注销本公司股票时：

借：股本　　　　　　　　　　　　　　1 500 000

　　资本公积——股本溢价　　　　　　3 000 000

　　盈余公积　　　　　　　　　　　　1 500 000

　贷：库存股　　　　　　　　　　　　　　6 000 000

注册资本、实收资本和股本的关系是怎样的？

A股回购第二案：海马股份拟回购3 000万股

海马股份于2008年11月19日召开股东大会审议回购方案，获得股东大会批准，海马股份将在13个月内分阶段择机实施回购方案。海马股份公告称，公司将以不超过3.6元/股的价格回购不超过3 000万股社会公众股。以回购3 000万股计算，回购股份比例占公司目前总股本的3.66%，拟用于回购的资金总额不超过1亿元。此次股份回购的目的：受近期证券市场低迷的影响，公司股价持续下跌，公司的股票市场表现与公司长期内在价值不相符，公司投资价值被低估。损害了公司在资本市场的良好形象，也侵害了全体股东的利益。因此，公司拟回购部分社会公众股股份，以增强公众投资者对公司的信心，并进一步提升公司价值，实现股东利益最大化。

资料来源：根据中国证券网案例改编

学习情境二　资本公积

“资本公积”曾经是一个比较特殊的会计科目，核算内容庞杂，被戏称为“聚宝盆”科目。2014年新准则增设了“其他综合收益”一级科目和报表项目，部分原在“资本公积”科目下核算的内容转入“其他综合收益”核算，到底哪些应该计入“资本公积”，哪些应该计入“其他综合收益”科目呢？

一、什么是资本公积

资本公积是企业收到投资者出资额超出其在企业注册资本（或股本）中所占份额的部

分，以及直接计入所有者权益的利得和损失等。

资本公积包括资本溢价（或股本溢价）和直接计入所有者权益的利得和损失等。

企业应当设置“资本公积”账户，属所有者权益类，用来核算资本公积的增减变动情况，分别设置“资本溢价（股本溢价）”“其他资本公积”明细账户进行明细核算。

借方　　　　资本公积	贷方
用资本公积转增资本或弥补亏损	①资本（或股本）溢价 ②产生的其他资本公积
	企业结存资本公积总额

其他综合收益是指企业根据企业会计准则规定未在损益中确认的各项利得和损失扣除所得税影响后的净额。

二、资本公积如何进行账务处理

1. 资本溢价（或股本溢价）怎样核算

资本溢价（或股本溢价）是企业收到投资者出资额超出其在企业注册资本（或股本）中所占份额的部分。具体核算见实收资本内容。

阜丰溢价两成发行8.2亿元可转换债券集资为未来收购做准备

阜丰集团（00546）拟发行2015年到期总额为8.2亿元人民币，年利率为4.5%，期限为5年的可换股债券，初步换股价为7.03元，较昨日收市价5.86元，溢价近两成。若悉数兑换涉及1.65亿股，分别占已发行及经扩大后股本9.98%及9.08%。集资所得款项总额1.5亿美元，净额1.46亿美元，主要用作拓展业务的资本开支及为捕捉未来合适的收购契机进行融资，并做一般企业及营运资金用途。

资料来源：根据中国证券网案例改编

2. 其他资本公积怎样核算

投资企业对于被投资单位除净损益、其他综合收益和利润分配以外的所有者权益的其他变动，应当按照持股比例计算应享有的份额，借记或贷记“长期股权投资——其他权益变动”科目，贷记或借记“资本公积——其他资本公积”科目。注意，权益法下，如果是被投资方除净损益以外的其他综合收益发生变化的，投资企业在持有长期股权投资期间，应当按照应享有的或应分担的被投资单位实现其他综合收益的份额，借记“长期股权投资——其他综合收益”科目，贷记“其他综合收益”科目。

【做中学】A有限责任公司于2016年1月1日向B公司投资10 000 000元，拥有该公司20%的股份，并对该公司有重大影响，因而对B公司长期股权投资采用权益法核算。2016年12月31日，B公司净损益以外的所有者权益增加了1 000 000元。假定除此之外，B公司的所有者权益没有变化，A有限责任公司的持股比例没有变化，B公司资产的账面价值与公允价值一致，不考虑其他因素。

A有限责任公司账务处理如下：

借：长期股权投资——B公司　　　　　　　　200 000

　贷：资本公积——其他资本公积　　　　　　　　200 000

【学中做】 W公司于2016年8月1日从二级市场购入股票20 000股，每股市价25元，手续费4 000元。初始确认时，该股票划分为可供出售金融资产。2016年12月31日，该股票的市价每股为26元。则2016年12月31日应确认其他综合收益。W公司如何进行账务处理？如果M公司持有W公司40%的股份，则M公司2016年年底应如何进行账务处理？

3. 资本公积转增资本怎样核算

【学中做】 2016年3月10日，星光有限公司为了扩大经营规模，同时调整资本结构，经股东大会批准，用资本公积1 000万元转增资本。该公司应如何进行账务处理？

学习情境三　盈余公积

由于金融危机爆发，市场需求的减少，企业上一年度出现亏损，为了保证今年的生产经营正常进行，经管理层研究，公司决定用盈余公积弥补亏损……盈余公积弥补亏损如何核算呢？

知识准备

一、什么是盈余公积

盈余公积是指企业按规定从税后利润中按一定比例提取的企业积累资金，包括法定盈余公积和任意盈余公积。

企业提取的法定盈余公积和任意盈余公积，主要用于以下几个方面。

(1) 弥补亏损。企业发生的年度亏损，弥补渠道有三种：①以后年度税前利润弥补(不超过5年)。②以后年度税后利润弥补。③以盈余公积金弥补。

(2) 扩大企业经营规模或者转增资本金。转增资本后，所留有的该资本公积金不得少于注册资本的25%。

(3) 分配股利原则上企业当年没有利润，不得分配股利，如为了维护企业信誉，用盈余公积分配股利，必须符合下列条件：①用盈余公积弥补亏损后，该项公积金仍有结余。②用盈余公积分配股利时，股利率不能太高，不得超过股票面值的6%。③分配股利后，法定盈余公积金不得低于注册资本的25%。

会计园地

盈余公积知多少

按照《公司法》的有关规定，公司制企业应当按照当期实现的净利润（扣除弥补以前年度亏损）的10%提取法定盈余公积。法定盈余公积累计额为公司注册资本的50%以上的，就可以不再提取。公司制企业从税后利润中提取法定盈余公积后，经股东大会批准，还可以提取任意盈余公积。提取的比例为由股东大会批准的比例。

二、盈余公积如何进行账务处理

“盈余公积”账户属所有者权益类，用于核算盈余公积的提取、使用及增减变动结果，并在“盈余公积”科目下设置“法定盈余公积”“任意盈余公积”明细科目，分别核算企业从税后利润中提取的各项盈余公积及其使用情况。

借方　　盈余公积　　贷方

借方	贷方
①用盈余公积转增资本 ②用盈余公积弥补亏损 ③用盈余公积发放现金股利或利润	按一定比例从税后利润中提取的盈余公积
	企业期末结存盈余公积金额

1. 提取盈余公积怎样核算

企业按规定从税后利润中提取盈余公积时，借记“利润分配——提取法定盈余公积、提取任意盈余公积”账户，贷记“盈余公积——法定盈余公积/任意盈余公积”账户。

【做中学】华洋股份有限公司于2017年度实现净利润为5 000 000元，年初未分配利润为200 000元，华洋股份有限公司按当年税后利润的10%提取法定盈余公积；另经股东大会批准，提取任意盈余公积200 000元。

借：利润分配——提取法定盈余公积　　500 000（5 000 000×10%）
　　　　　　——提取任意盈余公积　　200 000
　贷：盈余公积——法定盈余公积　　500 000
　　　　　　——任意盈余公积　　200 000

2. 盈余公积补亏怎样核算

当企业用盈余公积弥补亏损时，应借记“盈余公积——法定（或任意）盈余公积”账户，贷记“利润分配——盈余公积补亏”账户。

【做中学】华洋股份有限公司于2017年度发生亏损5 000 000元，经股东大会批准，用以前年度提取的任意盈余公积弥补亏损。

借：盈余公积——任意盈余公积　　5 000 000

　贷：利润分配——盈余公积补亏　　5 000 000

3. 用盈余公积转增资本怎样核算

当企业为了扩大经营规模，经股东大会等权力机构批准，将盈余公积转增资本时，应借记“盈余公积——法定（任意）盈余公积”账户，贷记“实收资本（或股本）”账户。

【学中做】华洋股份有限公司因扩大生产规模的需要，经股东大会批准，将以前年度累计提取的法定盈余公积 12 000 000 元转增资本。该公司应如何进行账务处理？

4. 用盈余公积发放现金股利或利润又怎样核算

企业发放的现金股利或利润，在股东大会批准利润分配方案并实际发放时进行账务处理。在股东大会批准利润分配方案时，如果用盈余公积发放现金股利或利润，则直接冲减盈余公积，并将利润分配的金额确认为流动负债，记入“应付股利”账户；在实际发放股利时，再冲减“应付股利”和“银行存款”账户。

【做中学】华洋股份有限公司于 2016 年 12 月 31 日普通股股本为 60 000 000 股，每股面值为 1 元。可供投资者分配的利润为 9 000 000 元，盈余公积 20 000 000 元。2017 年 3 月 10 日，股东大会批准了 2016 年度利润分配方案，以 2017 年 3 月 25 日为股权登记日，按每股 0.2 元发放现金股利。华洋股份有限公司共需要分派 12 000 000 元现金股利，其中动用可供投资者分配利润 9 000 000 元、盈余公积 3 000 000 元。

①股东大会批准，宣告分派现金股利时：

借：利润分配——应付现金股利　　9 000 000

　　盈余公积　　3 000 000

　贷：应付股利　　12 000 000

②发放现金股利时：

借：应付股利　　12 000 000

　贷：银行存款　　12 000 000

任务五　金融资产的核算

- 掌握交易性金融资产的概念及账务处理。
- 掌握持有至到期投资的概念及账务处理。
- 掌握可供出售金融资产的概念及账务处理。

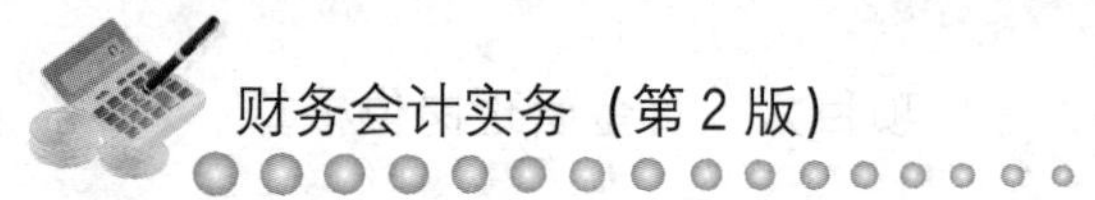

学习情境一　交易性金融资产

为了提高闲置资金的使用效率，很多公司、企业都会投入资金从证券交易市场上购入股票短期持有，等股价上涨时就售出以赚取差价。王强所在的公司也购入一些股票，打算短期持有，这些股票该怎样进行核算呢？

一、什么是交易性金融资产

交易性金融资产主要是指企业为了近期内出售而持有的金融资产，如企业以赚取差价为目的从二级市场购入的股票、债券、基金等。满足以下条件之一的金融资产，应当划分为交易性金融资产。

（1）取得金融资产的目的就是为了近期出售。

（2）属于进行集中管理的可辨认金融工具组合的一部分，且有客观证据表明企业近期采用短期获利方式对该组合进行管理。

（3）属于衍生工具。但是，被指定为有效套期工具的衍生工具、属于财务担保合同的衍生工具，与在活跃市场没有报价且其公允价值不能可靠计量的权益工具投资挂钩，并须通过交付该权益工具结算的衍生工具除外。

衍生工具

金融资产的衍生工具是金融创新的产物，也就是通过创造金融工具来帮助金融机构管理者更好地进行风险控制，这种工具就叫金融衍生工具。目前最主要的金融衍生工具有：远期合同、金融期货、期权等。

二、交易性金融资产取得的核算有哪些常用账户

（1）“交易性金融资产”账户属资产类，核算企业为交易目的所持有的债券投资、股票投资、基金投资等交易性金融资产的公允价值。企业按交易性金融资产的类别和品种，分别设置“成本”“公允价值变动”等明细账进行核算。

借方	交易性金融资产　　　　　　　　　贷方
①取得的交易性金融资产成本 ②资产负债表日其公允价值高于账面价值的差额等	①出售交易性金融资产时结转的成本 ②出售交易性金融资产时公允价值变动损益的结转（也可能在借方） ③资产负债表日其公允价值低于账面价值的差额
企业持有的交易性金融资产的公允价值	

（2）“公允价值变动损益”账户属损益类账户，核算企业交易性金融资产等公允价值变动而形成的应计入当期损益的利得或损失。

（3）“投资收益”账户属损益类账户，核算企业持有交易性金融资产等期间取得的投资收益以及处置交易性金融资产等实现的投资收益或投资损失。

借方	投资收益　　　　　　　　　贷方
①企业投资时发生的投资损失 ②期末结转入“本年利润”的净收益	①投资时实现的投资收益 ②期末结转入“本年利润”的净损失
	期末结转后应无余额

（4）“应收股利”或“应收利息”账户属资产类账户，分别核算企业应收到的利息、现金股利（或利润），并分别按投资单位或借款人设置明细账。

借方	应收利息（或应收股利）　　　　　　　贷方
投资时应收而未收的利息（或股利）	收到应收而未收的利息（或股利）
尚未收回的利息、现金股利或利润	

三、交易性金融资产的取得怎样进行账务处理

交易性金融资产的会计核算如表 6－7 所示。

表 6－7　　　　　　　　交易性金融资产的账务处理

经济业务内容	账务处理
（1）企业取得交易性金融资产时	借：交易性金融资产——成本 　　投资收益（交易费用） 　　应收股利（已宣告尚未发放的现金股利）/ 　　应收利息（已宣告尚未支付的利息） 　贷：银行存款
（2）持有期间被投资单位宣告发放现金股利时	借：应收股利（或应收利息） 　贷：投资收益

续 表

经济业务内容		账务处理
（3）资产负债表日时	①资产负债表日，交易性金融资产的公允价值高于其账面价值的差额	借：交易性金融资产——公允价值变动 　贷：公允价值变动损益
	②资产负债表日，交易性金融资产的公允价值低于其账面价值的差额	借：公允价值变动损益 　贷：交易性金融资产——公允价值变动
（4）出售交易性金融资产时		借：银行存款（收到的款项） 　贷：交易性金融资产——成本 　　　　　　　　　——公允价值变动 　　　　　　　　　（也可能在借方） 　　投资收益　（借贷差额）
		同时， 借：公允价值变动损益 　贷：投资收益 　　如果为发生的损失就做相反分录

1. 取得交易性金融资产怎样核算

【做中学】2016年4月1日，星光有限公司从证券市场购入A公司的普通股股票2 000股，每股买入价30元，计60 000元，其中含有A公司已宣告发放但尚未支取的现金股利2 000元，另支付交易费用500元，全部以银行存款支付。星光有限公司将其划分为交易性金融资产。

星光有限公司账务处理如下：

①收到银行付款通知，已支付股票款和交易费用，根据银行付款凭证：

借：交易性金融资产——成本　　58 000
　　应收股利　　2 000
　　投资收益　　500
　贷：银行存款　　60 500

②2016年5月2日，收到银行收款通知，已收到A公司发放的现金股利2 000元。根据收账通知：

借：银行存款　　2 000
　贷：应收股利　　2 000

2. 交易性金融资产公允价值发生变动时怎样核算

【做中学】2016年6月30日，星光有限公司所持有的A公司股票的公允价值为50 000元，星光有限公司确认公允价值变动损益。

星光有限公司账务处理如下：

借：公允价值变动损益　　8 000
　贷：交易性金融资产——公允价值变动　　8 000

【学中做】2016 年 12 月 31 日，星光有限公司持有的 A 公司股票的公允价值为 61 000 元，星光有限公司确认公允价值变动损益。该公司如何进行账务处理？

3. 出售交易性金融资产怎样核算

【做中学】2017 年 4 月 3 日，星光有限公司将上述 A 公司股票全部出售，售价为 60 000元，存入银行。

星光有限公司账务处理如下：

借：银行存款　　60 000
　　投资收益　　1 000
　贷：交易性金融资产——成本　　58 000
　　　　　　　　　　——公允价值变动　　3 000

借：公允价值变动损益　　3 000
　贷：投资收益　　3 000

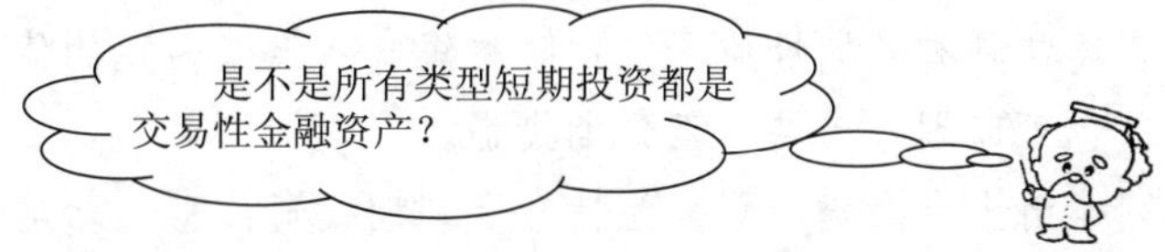

【学中做】2016 年 1 月 1 日，A 企业购入 10 万股面值 100 元股票，A 企业将其划分为交易性金融资产。取得时实际支付价款 1 050 万元（含已宣告发放的股息 50 万元），另外支付交易费用 10 万元。2016 年 1 月 6 日，收到最初支付价款中所含股息 50 万元。2016 年 12 月 31 日，股票公允价值为 1 120 万元。2017 年 1 月 6 日，收到 2010 年股息 30 万元。2017 年 6 月 6 日，将该股票处置，售价 1 200 万元，不考虑相关税费。A 企业应如何进行账务处理？

学习情境二　持有至到期投资（选学）

王强所在公司又从深圳证券交易的二级市场上购入华洋公司债券 20 000 000 元，债券期限是 5 年，年利率为 10%，在购入时是为保值，没有意外则持有该笔债券至到期收回本利，这可是个大难题！

一、什么是持有至到期投资

持有至到期投资是指到期日固定、回收金额固定或可确定，且企业有明确意图和能力持有至到期的非衍生金融资产。

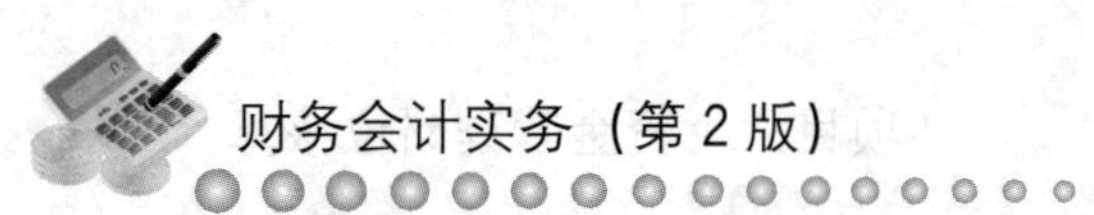

持有至到期投资具有以下特点：

（1）到期日固定、回收金额固定或可确定是指相关合同明确了投资者在确定的期间内获得或应收取的现金流量的金额和时间。

（2）有明确意图持有至到期是指投资者在取得时意图就是明确的，除非企业遇到一些所不能控制、预期不会重复发生且难以合理预计的独立事件，否则将持有至到期。

（3）有能力持有至到期是指企业有足够的财务资源，并不受外部因素影响将投资持有至到期。

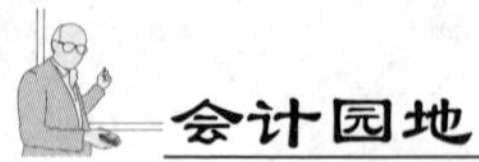

持有至到期投资的界定

企业从二级市场上购入的固定利率国债、浮动利率公司债券等，都属于持有至到期投资。持有至到期投资通常具有长期性质，但期限较短（一年以内）的债券投资，符合持有至到期投资条件的，也可以划分为持有至到期投资。

企业不能将下列非衍生金融资产划分为持有至到期投资：①初始确认时即被指定为以公允价值计量且其变动计入当期损益的非衍生金融资产；②初始确认时被指定为可供出售的非衍生金融资产；③符合贷款和应收款项定义的非衍生金融资产。

如果企业管理层决定将某项金融资产持有至到期，则在该金融资产未到期前，不能随意地改变其“最初意图”。也就是说，投资者在取得投资时意图就应当是明确的，除非遇到一些企业所不能控制、预期不会重复发生且难以合理预计的独立事件，否则将持有至到期。

二、持有至到期投资的核算有哪些常用账户

（1）“持有至到期投资”账户属资产类账户，核算企业持有至到期投资的摊余成本，应按持有至到期投资的类别、品种，分别设置“成本”“利息调整”“应计利息”科目进行明细核算。

其中：持有至到期投资——成本：反映取得该债券时的债券面值

——利息调整：反映债券投资时实际成本与面值的差额

——应计利息：计提到期一次还本付息债券的利息

借方　　　　持有至到期投资　　　　贷方

借方	贷方
①取得持有至到期投资的公允价值和交易费用之和 ②持有至到期投资在持有期间折价摊销额	①出售持有至到期投资而转出的成本、利息调整、应计利息 ②持有至到期投资在持有期间溢价摊销额
企业持有至到期投资的摊余成本	

（2）“持有至到期投资减值准备”账户，是“持有至到期投资”的备抵账户，反映持

有至到期投资应计提的减值准备金额，按投资类别和品种进行明细核算。

借方　　持有至到期投资减值准备	贷方
持有至到期投资其价值恢复而转销的金额	计提持有至到期投资减值准备的金额
	企业已计提但尚未转销的持有至到期投资减值准备

(3)“应收利息”账户核算分期付息到期一次还本情况下已到付息期还未收到的债券利息。

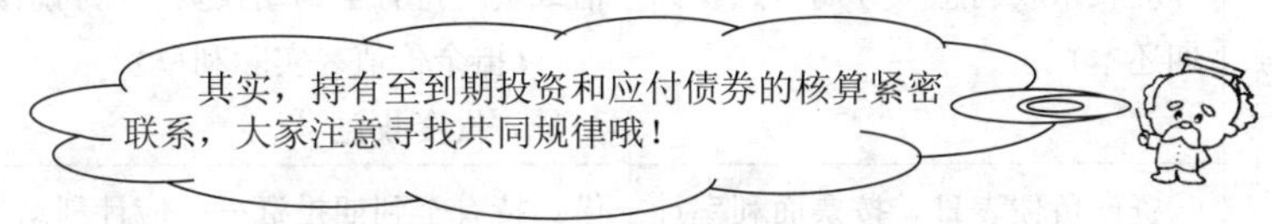

三、持有至到期投资如何进行账务处理

1. 取得持有至到期投资如何核算

企业取得持有至到期投资，应按该投资的面值，借记“持有至到期投资——成本”账户，持有至到期投资为一次还本付息债券投资的，应按支付的价款中包含的已到付息期但尚未领取的利息，借记“持有至到期投资——应计利息”账户，若购买的为分期付息债券，则支付的价款中包含的已到付息期但尚未领取的利息，借记“应收利息”账户，按实际支付的金额，贷记“银行存款”等账户，按其差额，借记或贷记“持有至到期投资——利息调整”账户。

2. 期末计息如何核算

资产负债表日，若持有至到期投资为分期付息、一次还本债券，按票面利率计算确定的应收未收利息，借记“应收利息”账户；按持有至到期投资摊余成本和实际利率计算确定的利息收入，贷记“投资收益”账户；按其差额，借记或贷记“持有至到期投资——利息调整”账户。

持有至到期投资为一次还本付息债券投资的，按票面利率计算确定的应收未收利息，借记“持有至到期投资——应计利息”账户；按持有至到期投资摊余成本和实际利率计算确定的利息收入，贷记“投资收益”账户；按其差额，借记或贷记“持有至到期投资——利息调整”账户。

3. 到期收回或处理投资如何核算

企业到期收回投资时，按照实际收到的价款借记“银行存款”账户；按持有至到期投资的账面余额，贷记“持有至到期投资——成本、应计利息”账户。

出售持有至到期投资时，应按实际收到的金额，借记“银行存款”等账户；按其账面余额，贷记“持有至到期投资——成本、利息调整、应计利息”账户；按其差额，贷记或借记“投资收益”账户，已计提减值准备的，还应同时结转减值准备。

持有至到期投资的账务处理如表 6－8 所示。

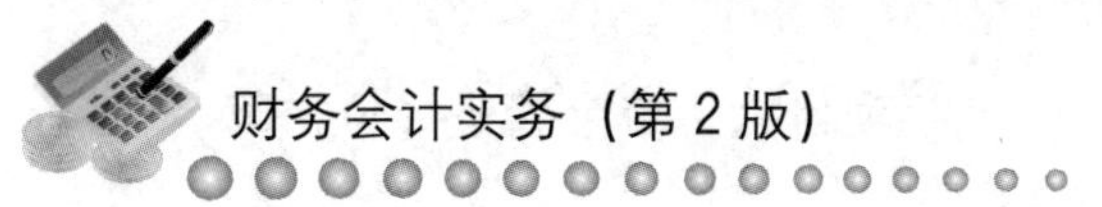

表6－8 持有至到期投资的账务处理

<table>
<tr><th colspan="2">经济业务内容</th><th>账务处理</th></tr>
<tr><td colspan="2">（1）企业取得持有至到期投资时</td><td>借：持有至到期投资——成本（面值）
——利息调整（借贷差额）
应收利息（已宣告尚未支付的利息）
贷：银行存款（已付的款项）</td></tr>
<tr><td rowspan="2">（2）资产负债表日时</td><td>①资产负债表日，按票面利率计算应收未收利息（分期付息，到期还本）</td><td>借：持有至到期投资——利息调整（借贷差）
应收利息（债券面值×票面利率×期限）
借或贷：持有至到期投资——利息调整
（摊余价值×实际利率）
贷：投资收益</td></tr>
<tr><td>②资产负债表日，按票面利率计算应收未收利息
（到期一次还本付息）</td><td>借：持有至到期投资——应计利息
借或贷：持有至到期投资——利息调整
贷：投资收益</td></tr>
<tr><td rowspan="2">（3）持有至到期投资减值的核算</td><td>①发生减值时</td><td>借：资产减值损失
贷：持有至到期投资减值准备</td></tr>
<tr><td>②资产价值恢复，原确认的减值损失转回时</td><td>借：持有至到期投资减值准备
贷：资产减值损失</td></tr>
<tr><td colspan="2">（4）债券到期收回本息</td><td>借：银行存款
贷：持有至到期投资——成本
——应计利息</td></tr>
<tr><td colspan="2">（5）出售持有至到期投资时</td><td>借：银行存款
持有至到期投资减值准备
贷：持有至到期投资——成本
——应计利息
——利息调整（可能在借方）
投资收益（借贷差额）</td></tr>
</table>

持有至到期投资的摊余价值

摊余价值（或成本）就是持有至到期投资的账面价值，是其三个明细账户（成本、利息调整、应计利息）之和。

投资收益＝持有至到期投资摊余价值（成本）×实际利率

摊余价值的计算是因债券的溢价或折价产生的。

【做中学】2016年1月1日，星光有限公司支付价款10 000元（含交易费用），从活跃市场上购入甲公司的5年期债券，面值为12 500元，票面利率为4.72%，市场利率为10%，按年支付利息（每年支付590元），本金最后一次支付。合同约定，债券的发行方在遇到特定情况时可以将债券赎回，且不需要为提前赎回支付额外款项。星光有限公司在购买该债券时，预计发行方不会提前赎回。不考虑所得税、减值损失等因素。

账务处理中的具体数据如表6-9所示。

表6-9　持有至到期投资摊余价值计算表　　单位：元

年份	期初摊余价值（1）	实际利息（2）＝（1）×10%	现金流入（3）	期末摊余价值（4）＝（1）＋（2）－（3）
2016	10 000	1 000	590	10 410
2017	10 410	1 041	590	10 861
2018	10 861	1 086	590	11 357
2019	11 357	1 136	590	11 903
2020	11 903	1 187*	590＋12 500	0

注：* 数字考虑到了计算过程中出现的尾差3元。

根据以上资料，账务处理如下：

①2016年1月1日，购入债券时：

借：持有至到期投资——成本　　12 500（面值）

　贷：银行存款　　10 000

　　　持有至到期投资——利息调整　　2 500

②2016年12月31日，星光有限公司确定持有至到期投资投资收益时：

借：应收利息　　590（12 500×4.72%×1）

　　持有至到期投资——利息调整　　410

　贷：投资收益　　1 000

持有至到期投资摊余价值×实际利率＝（12 500－2 500）×10%＝10 000（元）

③实际收到票面利息金额时：

借：银行存款　　590

　贷：应收利息　　590

④债券期满，收回持有至到期投资时：

借：银行存款　　12 500

　贷：持有至到期投资——成本　　12 500

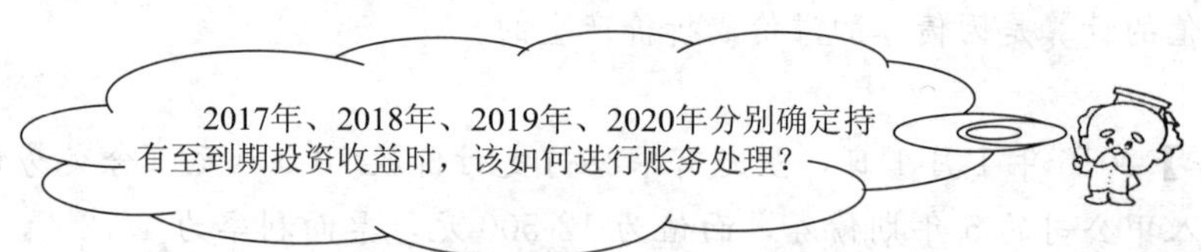

【学中做】M公司2016年1月1日购入某公司于当日发行的三年期债券，作为持有至到期投资。该债券票面金额为100万元，票面利率为10%，M公司实际支付106万元。该债券每年年末付息一次，最后一年归还本金并支付最后一期利息，假设M公司按年计算利息。实际利率为7.6889%。M公司应如何进行账务处理？

学习情境三　可供出售金融资产（选学）

有些企业买了股票、债券等后，管理层的意图很明显，行情好时，就短期持有，赚取差价。买了债券，利率不错，就持有至到期。可是当股市行情很差、企业经营状况不是很稳定时，是短期持有还是长期投资？王强所在公司的企业管理层的意图也不确定，如果这样，会计要怎么核算？

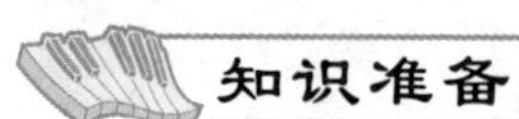

一、什么是可供出售金融资产

可供出售金融资产是指初始确认时即被指定为可供出售的非衍生金融资产，以及除贷款和应收款项、持有至到期投资、以公允价值计量且其变动计入当期损益的金融资产等各类资产以外的金融资产。

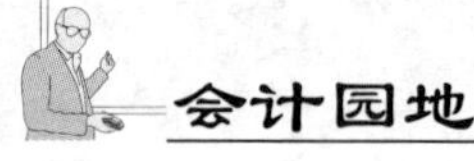

什么是非衍生金融资产

非衍生金融资产涉及金融工具的另外一个理解，像股票、债券、现金、应收账款等都是传统的基本的金融工具，都属于非衍生金融资产。两者最主要的区别：衍生金融资产是由非衍生金融资产所衍生出来的。衍生金融资产包括期货、期权、货币的交换等。

二、可供出售金融资产核算用到的主要账户是什么

“可供出售金融资产”账户属资产类账户，核算企业持有的可供出售金融资产的公允价值，包括可供出售的股票投资、债券投资等金融资产。该科目按可供出售金融资产的

类别和品种，分别设置“成本”“利息调整”“应计利息”“公允价值变动”等进行明细核算。

借方	可供出售金融资产 贷方
①取得可供出售金融资产的公允价值和交易费用之和 ②在资产负债表日按票面利率计算确定的应收未收利息 ③在资产负债表日可供出售金融资产的公允价值高于其账面价值的差额	①出售可供出售金融资产而转出的成本、应计利息、公允价值变动和利息调整 ②在资产负债表日可供出售金融资产的公允价值低于其账面价值的差额
企业期末结存的可供出售金融资产金额	

三、可供出售金融资产如何进行账务处理

可供出售金融资产的会计核算如表 6－10 所示。

表 6－10　可供出售金融资产账务处理

可供出售金融资产 / 经济业务内容	账务处理	
	股票	债券
(1) 取得	借：可供出售金融资产——成本 应收股利 贷：银行存款	借：可供出售金融资产——成本 ——利息调整（或贷方） （溢价在借方，折价在贷方） 应收利息 贷：银行存款
(2) 资产负债表日	借：可供出售金融资产——公允价值变动 贷：其他综合收益 （可供出售金融资产的公允价值高于其账面价值的差额时处理，如低于则反之）	借：可供出售金融资产——应计利息 （分期付息时用“应收利息”） 贷：投资收益 可供出售金融资产——利息调整 （借贷差额，也可能在借方） 借：可供出售金融资产——公允价值变动 贷：其他综合收益 （可供出售金融资产的公允价值高于其账面价值的差额时处理，如低于则反之）

续 表

<table>
<tr><th rowspan="2">可供出售金融资产
经济业务内容</th><th colspan="3">账务处理</th></tr>
<tr><th colspan="2">股票</th><th>债券</th></tr>
<tr><td rowspan="2">（3）减值</td><td>确认减值</td><td>借：资产减值损失
贷：其他综合收益
可供出售金融资产——公允价值变动</td><td>借：资产减值损失
贷：其他综合收益
可供出售金融资产——公允价值变动</td></tr>
<tr><td>减值转回</td><td>借：可供出售金融资产——公允价值变动
贷：其他综合收益</td><td>借：可供出售金融资产——公允价值变动
贷：资产减值损失</td></tr>
<tr><td rowspan="2">（4）处置</td><td colspan="2">借：银行存款
贷：可供出售金融资产——成本
——公允价值变动
（若累计公允价值变动为下降，则借方结转）
借或贷：投资收益（借贷差额）</td><td>借：银行存款
贷：可供出售金融资产——成本
——应计利息
——公允价值变动
（若累计公允价值变动下降，则借方结转）
——利息调整
（若为折价购入，则借方结转）
借或贷：投资收益（借贷差额）</td></tr>
<tr><td colspan="2">借：其他综合收益
贷：投资收益
（若累计其他综合收益为下降，则编制相反分录）</td><td>借：其他综合收益
贷：投资收益
（若累计其他综合收益为下降，则编制相反分录）</td></tr>
</table>

【做中学】星光有限公司于2016年7月13日从二级市场上购入华洋股份有限公司股票10 000股，每股市价15元，手续费3 000元；初始确认时，该股票划分为可供出售金融资产。星光有限公司于2016年12月31日仍持有该股票，该股票当时的每股市价为16元。2017年2月1日，星光有限公司将该股票售出，售价为每股13元，另支付交易费用1 300元。假定不考虑其他因素。

星光有限公司账务处理如下。

①2016年7月13日，购入股票时：

借：可供出售金融资产——成本　　　153 000

　贷：银行存款　　　153 000

②2016年12月31日，确认股票价格变动时：

借：可供出售金融资产——公允价值变动　　　7 000

　贷：其他综合收益　　　7 000

③2017年2月1日，星光有限公司出售股票时

借：银行存款　　　128 700

　　投资收益　　　　　　　　　　　　　　31 300
　贷：可供出售金融资产——成本　　　　　　　　153 000
　　　　　　　　　　——公允价值变动　　　　　　7 000
借：其他综合收益　　　　　　　　　　　　7 000
　贷：投资收益　　　　　　　　　　　　　　　7 000

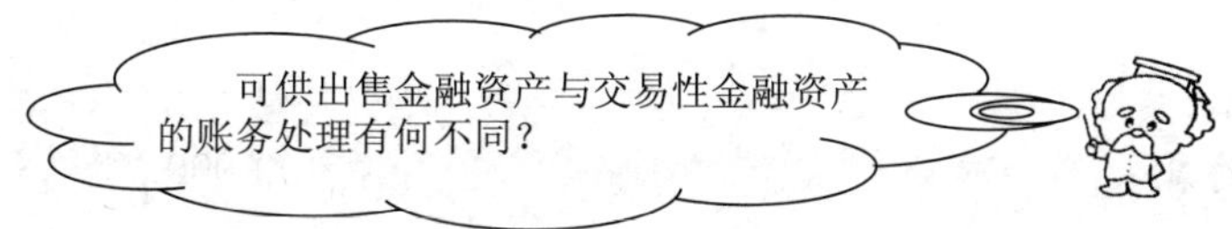

【做中学】2017 年 1 月 1 日，星光有限公司支付价款 10 282 440 元购入华洋股份有限公司发行的 3 年期公司债券，该公司债券的票面总金额为 10 000 000 元，票面利率为 4%，实际利率为 3%，利息每年年末支付，本金到期支付。星光有限公司将该公司债券划分为可供出售金融资产。2017 年 12 月 31 日，该债券的市场价格为 10 390 940 元。假定不考虑交易费用和其他因素的影响，星光有限公司和华洋股份有限公司如何进行账务处理？

(1) 星光有限公司的账务处理如下：

①2017 年 1 月 1 日，购入债券时：

借：可供出售金融资产——成本　　　　　　10 000 000
　　　　　　　　　　——利息调整　　　　　　282 440
　贷：银行存款　　　　　　　　　　　　　10 282 440

②2017 年 12 月 31 日，收到债券利息、确认公允价值变动和投资收益时：

实际利息＝10 282 440×3%＝308 473（元）

应收利息＝10 000 000×4%＝400 000（元）

借：应收利息　　　　　　　　　　　　　　400 000
　贷：投资收益　　　　　　　　　　　　　　　308 473
　　　可供出售金融资产——利息调整　　　　　　91 527

年末摊余价值＝10 282 440－91 527＝10 190 913（元）

③收到利息时：

借：银行存款　　　　　　　　　　　　　　400 000
　贷：应收利息　　　　　　　　　　　　　　　400 000

④期末根据市场价格调整成本时：

期末市场价格－摊余价值＝10 390 940－10 190 913＝200 027（元）

借：可供出售金融资产——公允价值变动　　　200 027
　贷：其他综合收益　　　　　　　　　　　　　200 027

(2) 华洋股份有限公司账务处理如下：

①2017 年 1 月 1 日时华洋股份有限公司收到其开户银行的收款通知时：

借：银行存款　　　　　　　　　　　　　10 282 440
　贷：应付债券——面值　　　　　　　　　　10 000 000

——利息调整　　282 440

②2017 年 12 月 31 日，计提债券利息时：

借：财务费用　　308 473

　　应付债券——利息调整　　91 527

　贷：应付利息　　400 000

③支付利息时：

借：应付利息　　400 000

　贷：银行存款　　400 000

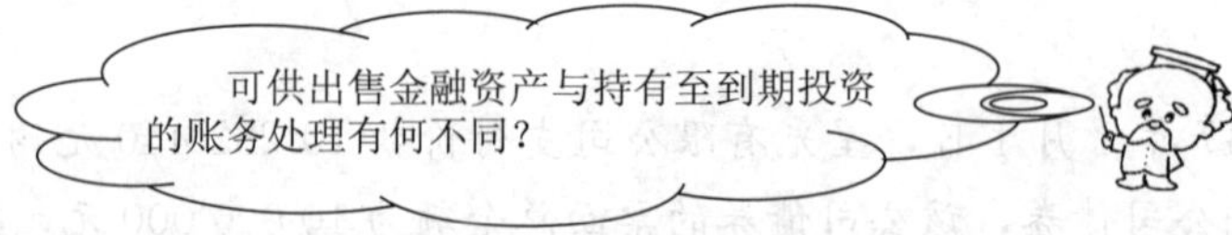

【学中做】甲公司 2016 年 4 月 10 日以每股 3 元购入乙公司股份 100 万股作为可供出售金融资产，另支付相关税费 2 万元。6 月 30 日每股市价 2.8 元，9 月 30 日每股市价 2.6 元，12 月 31 日由于乙公司发生严重财务困难，每股市价 1 元，甲公司应对该金融资产计提减值准备。2017 年 1 月 5 日，甲公司将该金融资产出售，每股售价 0.9 元。甲公司对外提供季度报告。甲公司该如何进行账务处理？

任务六　长期股权投资的核算

- 掌握长期股权投资基础知识。
- 掌握长期股权投资的初始计量。
- 掌握长期股权投资后续计量及成本法和权益法的核算。

学习情境一　长期股权投资基础知识

一个值得我们反思的现象是美国人的收入组成一般为：50%来自投资收入，50%来自薪资收入。而中国人的收入组成一般为：98%来自薪金，2%来自投资。现在不仅美国人，中国人也认为：只有投资，才能避免通货膨胀的损失，使手中的钱保值。受这种观念的影响，王强所在公司管理者都是积极进行投资的，投资的几家公司都占了百分之四五十的比例，对被投资公司的影响重大，像这种长期的投资该怎么进行账务处理呢？

长期股权投资是指投资方对被投资单位实施控制、重大影响的权益性投资，以及对其合营企业的权益性投资。长期股权投资从范围上主要包括以下几个方面：

（1）企业持有的能够对被投资单位实施控制的权益性投资，即控制。控制，是指投资方拥有对被投资单位的权力，通过参与被投资单位的相关活动而享有可变回报，并且有能力运用对被投资单位的权力影响其回报金额。企业能够对被投资单位实施控制的，被投资单位一般为本企业的子公司。通常，当投资企业直接拥有被投资单位50%以上的表决权资本，或虽然直接拥有被投资单位50%或以下的表决权资本，但具有实质控制权时，也说明投资企业能够控制被投资单位。

（2）企业持有的与其他合营方一同对被投资单位实施共同控制且对被投资单位净资产享有权利的权益性投资，即共同控制。共同控制，是指按照相关约定对某项安排所共有的控制，并且该安排的相关活动必须经过分享控制权的参与方一致同意后才能决策。企业与其他方对被投资单位实施共同控制的，被投资单位为本企业的合营企业。

（3）企业持有的能够对被投资单位施加重大影响的权益性投资，即重大影响。重大影响，是指对一个企业的财务和经营政策有参与决策的权力，但并不能够控制或者与其他方一起共同控制这些政策的制定。企业能够对被投资单位施加重大影响的，被投资单位为本企业的联营企业。

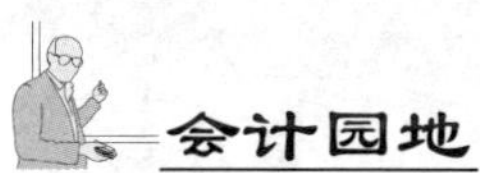

重大影响的界定

当投资企业直接或通过子公司间接拥有被投资单位20%或以上至50%的表决权资本时，一般认为对被投资单位具有重大影响。除非有明确的证据表明该种情况下不能参与被投资单位的生产经营决策，不形成重大影响。在确定能否对被投资单位施加重大影响时，一方面应考虑投资方直接或间接持有被投资单位的表决权股份，同时要考虑投资方及其他方持有的当期可执行潜在表决权在假定转换为对被投资单位的股权后产生的影响，如被投资单位发行的当期可转换的认股权证、股份期权及可转换公司债券等的影响。

此外，虽然投资企业直接拥有被投资单位20%以下的表决权资本，但符合下列情况之一的，也应确认对被投资单位具有重大影响：

①在被投资单位的董事会或类似权力机构中派有代表。

②参与被投资单位财务和经营政策制定过程。

③与被投资单位之间发生重要交易。

④向被投资单位派出管理人员。

⑤向被投资单位提供关键技术资料。

存在上述一种或多种情形并不意味着投资方一定对被投资单位具有重大影响。企业需要综合考虑所有事实和情况来做出恰当的判断。

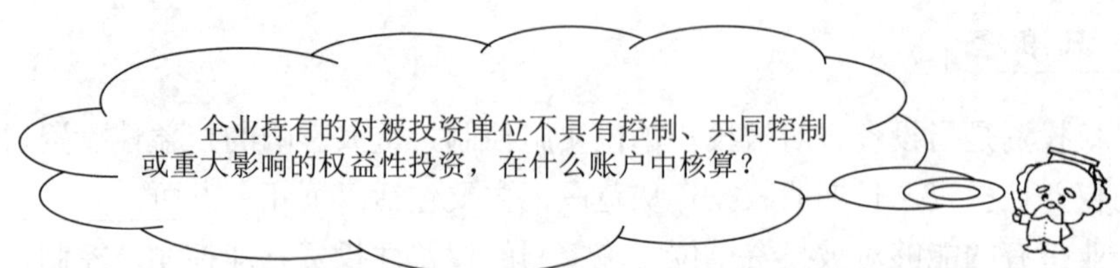

“长期股权投资”账户属于资产类账户，用于核算企业持有的对被投资单位实施控制、共同控制和重大影响的权益性投资。本科目应当按照被投资单位进行明细核算。长期股权投资核算采用权益法的，应当分别对“投资成本”“损益调整”“其他综合收益”“其他权益变动”进行明细核算。

借方　　　　　长期股权投资	贷方
取得长期股权投资的成本	收回或其他情况减少长期股权投资
持有的长期股权投资的价值	

学习情境二　长期股权投资的初始计量

2016年7月7日，王强所在的公司收到了控股子公司分配的股利6万元，会计业务该如何处理？

知识准备

长期股权投资在取得时，应按初始投资成本计量。长期股权投资初始成本的确定应分企业合并和非企业合并两种情况确定。

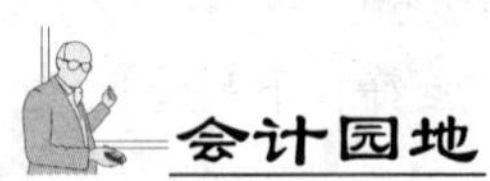

企业合并概述

企业合并是指将两个或两个以上单独的企业合并形成一个报告主体的交易或事项。它包括：①同一控制下的企业合并，即参与合并的企业在合并前后均受同一方或相同的多方最终控制且该控制并非暂时性的。②非同一控制下的企业合并，即参与合并的各方在合并前后不受同一方或相同的多方最终控制的。

企业合并形成的长期股权投资初始计量方法：

1. 同一控制下企业合并形成的长期股权投资

同一控制下企业合并形成的长期股权投资，合并方以支付现金、转让非现金资产或承担债务方式作为合并对价的，应在合并日按取得被合并方所有者权益在最终控制方合并财务报表中的账面价值的份额，借记“长期股权投资（投资成本）”科目，按支付的合并对价的账面价值，贷记或借记有关资产、负债科目，按其差额，贷记“资本公积——资本溢价或股本溢价”科目；如为借方差额，借记“资本公积——资本溢价或股本溢价”科目，资本公积（资本溢价或股本溢价）不足冲减的，应依次冲减“盈余公积”“利润分配——未分配利润”科目。

合并方以发行权益性证券作为合并对价的，应当在合并日按照被合并方所有者权益在最终控制方合并财务报表中的账面价值的份额，借记“长期股权投资（投资成本）”科目，按照发行股份的面值总额，贷记“股本”，按其差额，贷记“资本公积——资本溢价或股本溢价”；如为借方差额，借记“资本公积——资本溢价或股本溢价”科目，资本公积（资本溢价或股本溢价）不足冲减的，应依次借记“盈余公积”“利润分配——未分配利润”科目。

企业无论是以何种方式取得长期股权投资，取得投资时，对于支付的对价中包含的应享有被投资单位已经宣告但尚未发放的现金股利或利润应确认为应收项目，不构成取得长期股权投资的初始投资成本。

企业合并形成的长期股权投资的账务处理如表 6－11 所示。

表 6－11　　企业合并形成的长期股权投资的账务处理

合并对价 合并类型	同一控制下企业合并	非同一控制下企业合并
以支付现金、转让非现金资产或承担债务方式作为合并对价	借：长期股权投资 （被合并方净资产账面价值份额） 应收股利 （已宣告尚未发放的现金股利） 资本公积——资本溢价 盈余公积 利润分配——未分配利润 贷：银行存款/固定资产清理/应付账款/等（合并对价的账面价值） 若合并对价账面价值小于被合并方净资产账面价值份额，则资本公积在贷方	借：长期股权投资 （合并对价公允价值） 应收股利 （已宣告尚未发放的现金股利） 营业外支出 （固定资产/无形资产处置损失） 贷：银行存款/固定资产清理/应付账款等（合并对价的账面价值） 营业外收入（固定资产、无形资产处置收益）

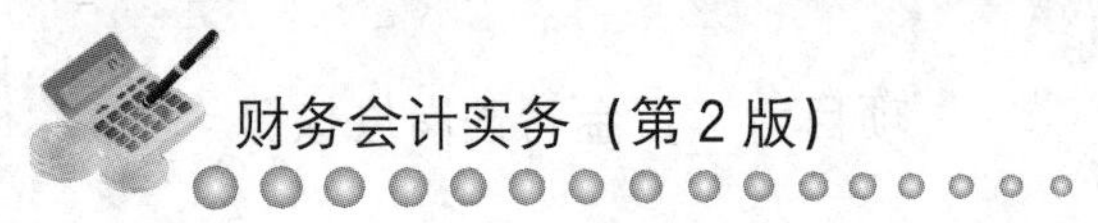

续 表

合并对价 合并类型	同一控制下企业合并	非同一控制下企业合并
以发行权益性证券作为合并对价	借：长期股权投资 （被合并方净资产账面价值份额） 资本公积——资本溢价 盈余公积 利润分配——未分配利润 }（借方差额） 贷：股本（权益性证券的面值） 资本公积——资本溢价 （贷方差额）	借：长期股权投资 （权益性证券的公允价值） 资本公积——资本溢价 （借方差额） 贷：股本（股份面值） 资本公积——资本溢价 （贷方差额）
合并费用	审计、法律服务、评估咨询等中介费用以及其他相关管理费用	借：管理费用 贷：银行存款
	权益性工具交易费用如发行手续费佣金等	冲减发行溢价形成的资本公积
	债务性工具的交易费用如发行手续费佣金等	作为债券发行的折价，计入利息调整

【做中学】华洋股份有限公司于 2017 年 3 月 10 日购入同一集团内的甲公司 80%的股权，实际支付价款 300 万元，实现同一控制企业合并。合并日，甲公司股东权益总额为 400 万元。

华洋股份有限公司账务处理如下。

借：长期股权投资　　　　3 200 000

　贷：银行存款　　　　　　3 000 000

　　资本公积——股本溢价　　200 000

【学中做】华洋股份有限公司于 2017 年 7 月 1 日取得同一集团内的 A 公司 100%的股权，为进行该项合并，华洋股份有限公司发行了 800 万股普通股（每股面值 1 元）作为对价。合并日，A 公司的股东权益总额为 1 000 万元。华洋股份有限公司应如何进行账务处理？

2. 非同一控制下企业合并形成的长期股权投资

非同一控制下企业合并形成的长期股权投资，购买方以支付现金、转让非现金资产或承担债务方式等作为合并对价的，应按合并对价在购买日的公允价值借记“长期股权投资（投资成本）”科目，按合并对价的账面价值，贷记或借记有关资产、负债科目，按其差额，贷记“主营业务收入”“营业外收入”“投资收益”等科目或借记“管理费用”“营业外支出”“主营业务成本”等科目。

购买方以发行权益性证券作为合并对价的，应在购买日按照发行的权益性证券的公允价值，借记本科目（投资成本），按照发行的权益性证券的面值总额，贷记“股本”，按其差额，贷记“资本公积——资本溢价或股本溢价”。

合并方或购买方为企业合并发生的审计、法律服务、评估咨询等中介费用以及其他相关管理费用，应当于发生时计入当期损益。购买方作为合并对价发行的权益性工具或债务性工具的交易费用，应当计入权益性工具或债务性工具的初始确认金额。

【做中学】华洋股份有限公司于2017年4月1日取得了对乙公司70%的股权。合并中，华洋股份有限公司支付的有关资产在购买日的账面价值和公允价值如表6-12所示。

表6-12　　**账面价值和公允价值**

2017年4月1日　　单位：元

项目	账面价值	公允价值
土地使用权	140 000	160 000
专利技术	100 000	120 000
银行存款	300 000	300 000
合计	540 000	580 000

合并中，华洋股份有限公司为核实乙公司的资产价值，聘请有关机构对该项资产进行咨询，支付咨询费用10万元，假定合并前华洋股份有限公司、乙公司没有任何关联关系。

华洋股份有限公司账务处理如下：

借：长期股权投资　　580 000
　贷：无形资产　　240 000
　　银行存款　　300 000
　　营业外收入　　40 000
借：管理费用　　10 000
　贷：银行存款　　10 000

公允价值知多少

公允价值是指在公平交易中，熟悉情况的交易双方，自愿进行资产交换或债务清偿的金额。

公允价值按以下原则确定。

(1) 以非现金资产投资，其公允价值即为所放弃非现金资产经评估确认的价值。

(2) 以非现金资产投资，如果按规定所放弃非现金资产可不予评估的，则公允价值的确定为：如该资产存在活跃市场的，该资产的市价即为其公允价值；如该资产不存在活跃市场但与该资产类似的资产存在活跃市场的，该资产的公允价值应比照相关类似资产的市

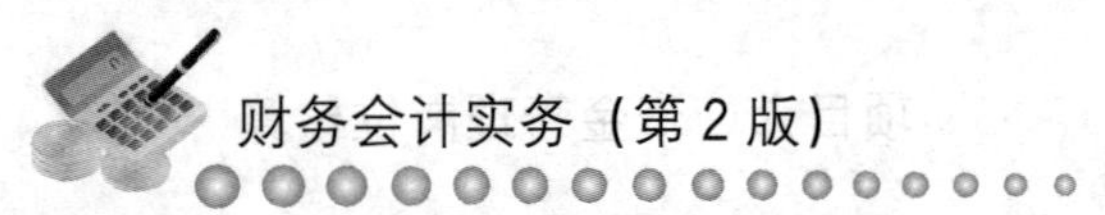

价确定；如该资产和与该资产类似的资产均不存在活跃市场的，该资产的公允价值按其所能产生的未来现金流量以适当的折现率贴现计算的现值确定。

（3）如果所取得的股权投资的公允价值比所放弃非现金资产的公允价值更为清楚，在以取得股权投资的公允价值确定其投资成本时，如被投资企业为股票公开上市公司，该股权的公允价值即为对应的股份的市价总额；如被投资企业为其他企业，该股权的公允价值按评估确认价或双方协议价确定。

3. 非企业合并方式取得的长期股权投资如何初始计量

（1）以支付现金取得的长期股权投资，应当按照实际支付的购买价款为初始投资成本。初始投资成本包括与取得长期股权投资直接相关的费用、税金及其他必要支出。

（2）以发行权益性证券取得的长期股权投资，应当按照发行权益性证券的公允价值作为初始投资成本。

（3）投资者投入的长期股权投资，应当按照投资合同或协议约定的价值作为初始投资成本，但合同或协议约定价值不公允除外。

（4）通过非货币性资产交换取得的长期股权投资，其初始投资成本应当按照《企业会计准则第7号——非货币性资产交换》确定。

（5）通过债务重组取得的长期股权投资，其初始投资成本应当按照《企业会计准则12号——债务重组》确定。

学习情境三　长期股权投资的后续计量

投资的比例有大有小，投资目的也有对被投资企业实施控制、共同控制、产生重大影响等情况，不同的情况下，长期股权投资的核算方法会完全相同吗？财务经理王强告诉大家：不相同。

知识准备

长期股权投资的核算方法有两种，一种是成本法，另一种是权益法。

一、长期股权投资的成本法如何核算

1. 什么情况下采用成本法核算

成本法是指长期股权投资按取得成本计价，投资的账面金额不受被投资企业所有者权益的变动而影响的会计方法。

《企业会计准则第2号——长期股权投资》（2014）规定，投资方能够对被投资单位实施控制的长期股权投资应当采用成本法核算。

2. 成本法的特点

(1)“长期股权投资”账户的账面价值始终反映该投资的初始投资成本或追加后的投资成本。

(2) 投资持有期内分得的现金股利或投资利润确认为投资收益。

(3) 长期股权投资采用成本法核算，还可设置“股票投资”和“其他股权投资”明细账。

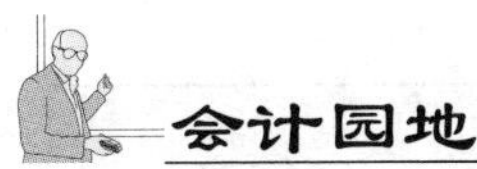

成本法和权益法适用范围

根据投资企业和被投资企业间的关系，投资企业的会计核算方法是选用成本法还是选用权益法，具体内容如表 6-13 所示。

表 6-13 成本法与权益法适用范围

投资方和被投资方的关系	持股比例	被投资方称谓	投资方核算方法
控制	大于 50%	子公司	成本法
重大影响	20%或以上至 50%（含 50%）	联营企业	权益法
共同控制	两方或多方对被投资方持股比例相同	合营企业	权益法

3. 成本法下长期股权投资怎样核算

除企业合并形成的长期股权投资以外，以支付现金取得的长期股权投资，应当按照实际支付的购买价款（不包括已宣告但尚未发放的现金股利或利润）作为初始投资成本。企业所发生的与取得长期股权直接相关的费用、税金及其他必要支出应计入长期股权投资的初始投资成本。

持有期间，被投资单位宣告发放的现金股利或利润中属于本企业的部分，借记“应收股利”科目，贷记“投资收益”科目。

处置长期股权投资时，应按实际收到的金额，借记“银行存款”等科目，原已计提减值准备的，借记“长期股权投资减值准备”科目，按其账面余额，贷记“长期股权投资”科目，按尚未领取的现金股利或利润，贷记“应收股利”科目，按其差额，贷记或借记“投资收益”科目。

成本法下长期股权投资账务处理如表 6-14 所示。

表6-14　　成本法下长期股权投资账务处理

经济业务内容	账务处理
（1）购入时	借：长期股权投资（实际支付的购买价款） 　　应收股利（已宣告尚未发放的现金股利或利润） 　贷：银行存款
（2）收到购买时已宣告发放的现金股利（购买时宣告）	借：银行存款 　贷：应收股利
（3）持有期间被投资单位宣告发放现金股利或利润时	借：应收股利 　贷：投资收益
（4）处置长期股权投资时 （“长期股权投资减值准备”账户内容见权益法核算）	借：银行存款 　　长期股权投资减值准备（已计提） 　贷：长期股权投资 　　　应收股利 　　　投资收益（如果为损失记入借方）

【做中学】星光有限公司于2016年1月1日自非关联方处以现金800万元取得对乙公司60%的股权，相关手续于当日完成，并能够对乙公司实施控制。乙公司于2016年4月2日宣告分派2015年度的现金股利100 000元，并于5月10日收到。H公司2016年度实现净利润150 000元，2017年4月1日宣告分派现金股利300 000元。不考虑相关税费等其他因素影响。

星光有限公司账务处理如下：

①2016年1月1日，购入股票时：

借：长期股权投资——乙公司（投资成本）　　8 000 000

　贷：银行存款　　8 000 000

②2016年4月2日，宣告分派现金股利时：

借：应收股利——乙公司　　60 000

　贷：投资收益　　60 000

③5月10日实际收到现金股利时：

借：银行存款　　60 000

　贷：应收股利　　60 000

④2017年4月1日，宣告分派现金股利时：

借：应收股利——乙公司　　180 000

　贷：投资收益　　180 000

二、长期股权投资权益法如何核算

1. 什么情况下采用权益法核算

权益法是指投资以初始投资成本计量，在投资持有期间根据投资企业享有被投资企业所有者权益份额的变动对投资的账面价值进行调整的方法。《企业会计准则第2号——长期股权投资》（2014）规定，投资方对联营企业和合营企业的长期股权投资，即对被投资单位实施共同控制和重大影响的，长期股权投资采用权益法核算。

2. 权益法的特点

（1）股权投资的账面价值随被投资企业可辨认净资产公允价值的变化而调整。

股权投资的账面价值＝受资企业可辨认净资产公允价值×持股比例

（2）“长期股权投资”账户还应分别设置“投资成本”“损益调整”“其他权益变动”“其他综合收益”明细账户，对因权益法核算所产生的影响长期股权投资账面余额的增减变动因素分别进行明细核算。

3. 权益法下长期股权投资怎样核算

（1）取得长期股权投资的核算。权益法下，长期股权投资的初始投资成本大于投资时应享有被投资单位可辨认净资产公允价值份额的，不调整长期股权投资的初始投资成本；长期股权投资的初始投资成本小于投资时应享有被投资单位可辨认净资产公允价值份额的，其差额应当计入当期损益，同时调整长期股权投资的成本。具体如表6-15所示及下面实例。

表6-15　　权益法下长期股权投资核算方法（1）

项目	核算方法
（1）长期股权投资的初始投资成本＞投资时应享有被投资企业可辨认净资产公允价值	借：长期股权投资——××（投资成本） （投资成本，包括直接相关的费用、税金及其他必要支出） 贷：银行存款
（2）长期股权投资的初始投资成本＜投资时应享有被投资企业可辨认净资产公允价值	借：长期股权投资——××（投资成本）（被投资企业净资产公允价值份额） 贷：银行存款 营业外收入（差额）

【做中学】星光有限公司于2014年1月1日以150 000元购入华洋股份有限公司的普通股股票，占华洋股份有限公司的30％的普通股股份，并对华洋股份有限公司具有重大影响。假定购入时华洋股份有限公司的所有者权益的公允价值为600 000元。

星光有限公司账务处理如下：

借：长期股权投资——华洋股份有限公司（投资成本）　180 000（600 000×30％）

　贷：银行存款　　150 000（实际支付）

　　营业外收入　　30 000

【学中做】假定购入时华洋股份有限公司的所有者权益账面价值和公允价值相等，均为450 000元。星光有限公司应如何进行账务处理？

（2）持有长期股权投资期间的核算。资产负债表日，企业应按被投资单位实现的净利润（以取得投资时被投资单位可辨认净资产的公允价值为基础计算）中企业享有的份额，确认投资收益，同时调增长期股权投资的账面价值；亏损则反之。

投资方确认被投资单位发生的净亏损，应当以长期股权投资的账面价值以及其他实质上构成对被投资单位净投资的长期权益减记至零为限，投资方负有承担额外损失义务的，确认为预计负债。除上述情况仍未确认的应分担被投资单位的损失，应在账外备查登记。发生亏损的被投资单位以后实现净利润的，应按与上述相反的顺序进行处理，投资方在其收益分享额弥补未确认的亏损分担额后，恢复确认收益分享额。

被投资单位其他综合收益发生变动的，投资方应当按照归属于本企业的部分，相应调整长期股权投资的账面价值，同时增加或减少其他综合收益。

投资方按照被投资单位宣告分派的利润或现金股利计算应享有的部分，相应减少长期股权投资的账面价值。

投资方对于被投资单位除净损益、其他综合收益和利润分配以外所有者权益的其他变动，应当调整长期股权投资的账面价值并计入所有者权益。

具体见表6-16所示。

表6-16　　权益法下长期股权投资核算方法（2）

核算内容	账务处理
（1）当被投资企业盈利时	借：长期股权投资——××（损益调整）（××指被投资企业名称） 　贷：投资收益
（2）当被投资企业亏损时	借：投资收益 　贷：长期股权投资——××（损益调整） 　　（亏损由投资企业负担的份额一般以“长期股权投资”账户账面价值减至零为限，剩下的备查登记，以后被投资企业盈利时就需要先冲减备查登记的部分，再做调整处理）
（3）当被投资企业宣告发放现金股利时	借：应收股利 　贷：长期股权投资——××（损益调整）
（4）当被投资企业的其他权益变动时	借：长期股权投资——其他权益变动 　贷：资本公积——其他资本公积（或借贷方反方向）
（5）当被投资企业的其他综合收益变动时	借：长期股权投资——其他综合收益 　贷：其他综合收益（或相反分录）

【做中学】沿用前资料，2014年度，华洋股份有限公司全年实现净利润60 000元；2015年3月2日，华洋股份有限公司宣告分派现金股利50 000元；2015年度华洋股份有限公司全年净亏损80 000元。2016年度华洋股份有限公司继续发生亏损500 000元。2017年度华洋股份有限公司扭亏为盈，实现净利润100 000元。2017年年末华洋股份有限公司因持有的可供出售金融资产公允价值的变动计入其他综合收益的金额为30 000元。

星光有限公司账务处理如下：

①2014年12月31日，星光有限公司应确认的投资收益=60 000×30%=18 000（元）

借：长期股权投资——华洋股份有限公司（损益调整）　18 000

　贷：投资收益　　18 000

②2015 年 3 月 2 日，华洋股份有限公司宣告分派现金股利 50 000 元时：

星光有限公司应得现金股利＝50 000×30％＝15 000（元）

借：应收股利——华洋股份有限公司　　15 000

　贷：长期股权投资——华洋股份有限公司（损益调整）　15 000

③2015 年 12 月 31 日：

星光有限公司对华洋股份有限公司股权投资账面价值＝180 000＋18 000－15 000＝147 000（元）

星光有限公司应确认的投资损失＝80 000×30％＝24 000（元）

借：投资收益　　24 000

　贷：长期股权投资——华洋股份有限公司（损益调整）　24 000

④2016 年 12 月 31 日：

星光有限公司对华洋股份有限公司股权投资账面价值＝147 000－24 000＝123 000（元）

星光有限公司应承担亏损＝500 000×30％＝150 000（元）

未确认投资损失＝150 000－123 000＝27 000（元）

借：投资收益　　123 000

　贷：长期股权投资——华洋股份有限公司（损益调整）　123 000

⑤2017 年 12 月 31 日华洋股份有限公司扭亏为盈：

星光有限公司应确认投资收益额＝100 000×30％－27 000＝3 000（元）

借：长期股权投资——华洋股份有限公司（损益调整）　3 000

　贷：投资收益　　3 000

⑥2017 年 12 月 31 日华洋股份有限公司可供出售金融资产价值增加时：

借：长期股权投资——华洋公司（其他综合收益）

　　9 000（30 000×30％）

　贷：其他综合收益　　9 000

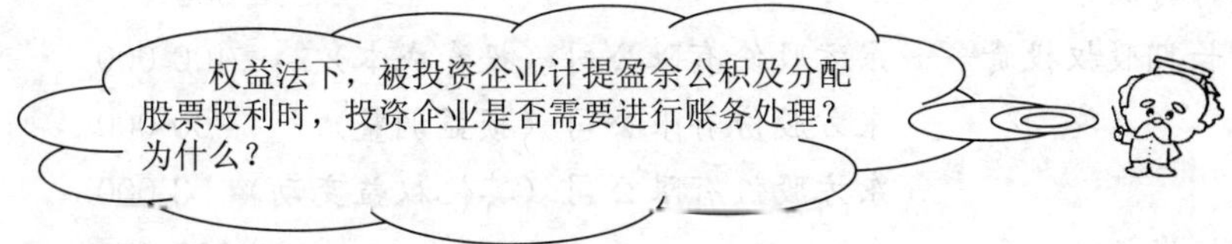

三、长期股权投资减值的核算

“长期股权投资减值准备”账户属长期股权投资的备抵账户，核算企业长期股权投资可回收金额低于其账面价值的差额。

企业的长期股权投资在资产负债表日存在可能发生减值的迹象时，其可收回金额低于账面价值的，应当将该长期股权投资的账面价值减计至可收回金额，减计的金额确认为减值损失，计入当期损益，同时计提相应的资产减值准备。

借方	长期股权投资减值准备 贷方
处置长期股权投资，转销已计提的长期股权投资减值准备	企业计提的长期股权投资减值准备
	已计提但尚未转销的长期股权投资减值准备

企业计提长期股权投资减值准备的会计处理为：

借：资产减值损失——计提的长期股权投资减值准备　×××

　贷：长期股权投资减值准备　×××

长期股权投资计提的减值损失一经确认，在以后会计期间不得转回。

四、长期股权投资处置的核算

借：银行存款（实际收到的金额）　×××

　　长期股权投资减值准备（原已计提的减值准备）　×××

　贷：长期股权投资（账面余额，权益法下所有相关明细账户余额都要结转）

　　　×××

　　应收股利（按尚未领取的现金股利或利润）　×××

　　投资收益（按其差额，贷记或借记）　×××

同时，还应结转原记入“资本公积”“其他综合收益”的相关金额。

借记或贷记“资本公积——其他资本公积”/“其他综合收益”，贷记或借记“投资收益”。

【做中学】星光有限公司原持有东方股份有限公司40%的股份，并具有重大影响，2016年2月10日，星光有限公司决定将持有的东方股份有限公司1/4的股份出售，出售时，星光有限公司账面上对东方股份有限公司长期股权投资的构成为：投资成本160万元，损益调整80万元，其他权益变动1.2万元，出售取得价款80万元。

星光有限公司账务处理如下：

借：银行存款　800 000

　贷：长期股权投资——东方股份有限公司（投资成本）　400 000

　　　　　　　　——东方股份有限公司（损益调整）　200 000

　　　　　　　　——东方股份有限公司（其他权益变动）　3 000

　　投资收益　197 000

同时，

借：资本公积——其他资本公积　3 000

　贷：投资收益　3 000

【学中做】A公司2015年1月1日以950万元（含支付的相关费用10万元）购入B公司股票400万股，每股面值1元，占B公司发行在外股份的20%，A公司采用权益法核算该项投资。①2015年1月1日B公司股东权益的公允价值总额为4 000万元；②2015年B公司实现净利润600万元，提取盈余公积120万元；③2016年B公司实现净利润800万元，提取盈余公积160万元，宣告发放现金股利100万元，A公司已经收到；④2016年B公司由于可供出售金融资产公允价值变动增加资本公积200万元（假定不考虑所得税）；⑤2016年年末该项股权投资的可收回金额为1 200万元；⑥2017年1月5日A公司转让对B公司的全部投资，实得价款1 300万元。根据上述资料，A公司应如何进行账务处理？

兴趣拓展

中国风险投资界最火的案例——PPG

PPG，2005年10月成立，业务模式是通过互联网售卖衬衫。轻资产、减少流通环节的概念，加上狂轰滥炸的电视、户外广告，迅速让PPG建立起市场领导者的地位，满世界都是“Yes! PPG”的广告语和吴彦祖自信的微笑。

2006年第三季度，PPG获得了TDF和JAFCO Asia（集富亚洲）的第一轮600万美元的联合投资。2007年4月，PPG获得了第二轮千万美元的投资，除了第一轮的TDF和集富亚洲追加投资之外，还引入了KPCB（凯鹏华盈，KPCB公司是美国最大的风险投资基金），与红杉齐名。在2006—2007年，电子商务在VC投资圈非常吃香，而PPG更是其中的佼佼者，可谓绝对的明星项目，无数同行都羡慕这几家能有幸投资进去的VC。

2007年年底，PPG已经开始被媒体披露出一些问题，比如，拖欠货款、货品质量投诉等，但PPG仍然受到了数家风险投资机构的追捧，三山投资公司击退其他竞争对手，向PPG投了超过3 000万美元的资金。三山投资公司宣称选择PPG是因为很看好其市场、模式及团队。

2008年，PPG模式出现了VANCL（凡客诚品）、优衫网、CARRIS等几十家模仿者，PPG不但丢掉了行业老大的地位、官司缠身、高管流散，更传出创始人李亮卷款潜逃一说。据悉，李亮2008年年中前往美国筹备美国公司开业事宜，之后一直未在国内现身。

2009年年末，一度被誉为“服装业的戴尔”“轻公司的样板”的商业神话终于还是像肥皂泡那样破碎了。PPG总部早已人去楼空，一片狼藉，贴在墙上的法院执行裁定书则显示PPG已经关门大吉，不少消费者付款后拿不到货物，因而愤怒地将PPG称为“骗骗哥”。而随后，PPG唯一剩下可以称为“资产”的东西——注册商标“PPG”，在拍卖中无人问津。PPG累计从上述多家知名VC处获得了5 000万美元左右的投资，彻底关门也意味着5 000万美元血本无归。搜狐IT在2009年互联网大会上曾评选出5年来投资最失败网站，PPG名列榜首，成为近几年来中国互联网最大的投资笑话。

事后，有人透露了PPG失败的真正原因：创始人李亮表面上是做电子商务，但配套的物流、仓储都是自己的公司，或间接与他有关，他不停地向这些公司打钱，投资人的钱作为费用变相进入他自己的名下。钱转移光了，李亮也没了。他从一开始就是有预谋、有准备地圈钱，他很聪明、勤奋，执行力也够，但就是出发点不纯。

PPG模式的模仿者之一VANCL的发展状况非常好，可以说，PPG模式的生命力是

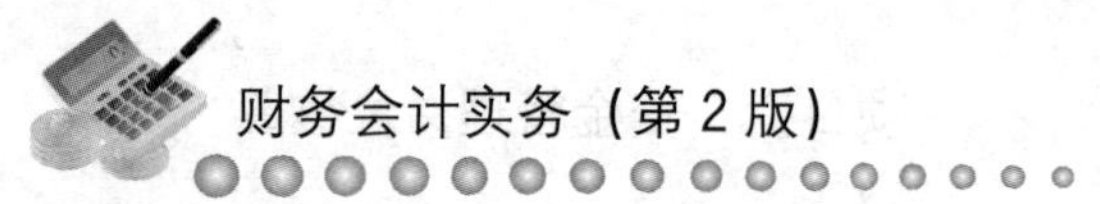

不容置疑的。一家公司的成功，商业模式这是其中的一部分，而更重要的是执行这个商业模式的操盘手。PPG失败，错的是人而非商业模式。

创业者的教训：创业的目的之一是赚钱，但不能仅仅是赚钱。

资料来源：http：//www.ezcap.cn/News/3/20100628/33718.html

项目小结

资金管理岗位的核算任务跟企业的筹资、投资活动是密切相关的，筹资具体体现为权益资金，投资具体表现为企业持有的各项金融资产和长期股权投资。

本项目有几个难点：一是应付债券的溢折价，要理解溢折价出现的原因，从而理解以摊余成本和实际利率的积确认本期实际的利息费用，掌握溢折价时利息调整的摊销；二是借款费用资本化的问题，要在理解借款费用资本化的起点、中断和终点端基础上，掌握专门借款和一般借款资本化金额计算的原理；三是交易性金融资产和可供出售金融资产虽然都是采用公允价值计量，但具体核算还有一定差异，应注意比较，这样事半功倍；四是持有至到期投资，其实就是债券投资，但管理者预计持有到期，这个核算要和筹资方的应付债券对照起来，减少学习的难度；五是长期股权投资的核算，要掌握成本法和权益法的适用范围，针对企业的投资情况选择正确的核算方法。理解这两种方法的特点，有利于对其的掌握。

任务检测

一、单选题

1. 短期借款的借款期限在（　　）以下。

A. 6个月　　B. 3个月　　C. 1年　　D. 3年

2. 某企业2016年6月1日从银行借入3个月的短期借款8 000 000元，年利率为9%，7月31日，企业对该短期借款计提月利息时，正确的账务处理是（　　）。

A. 借：预提费用　60 000　　贷：应付利息　60 000

B. 借：财务费用　60 000　　贷：应付利息　60 000

C. 借：财务费用　60 000　　贷：短期借款　60 000

D. 借：财务费用　120 000　　贷：应付利息　120 000

3. 为购建固定资产而专门借入的款项，所发生的折价或溢价的摊销，在所购建的固定资产达到预定可使用状态之前发生的，应（　　）。

A. 借记“在建工程”　　B. 贷记“在建工程”

C. 借记“财务费用”　　D. 贷记“财务费用”

4. 当新投资者介入有限责任公司时，其出资额大于按约定比例计算的，在注册资本中所占的份额部分，应计入（　　）。

A. 实收资本　　B. 营业外收入　　C. 资本公积　　D. 盈余公积

5. 在股份有限公司，股东投入企业的资本，应通过（　　）账户进行核算。

A. 实收资本　　B. 资本公积　　C. 盈余公积　　D. 股本

6. D公司接受A公司投入设备一台，原价50 000元，账面净值30 000元，评估净值为35 000元。则D公司接受设备投资时，“实收资本”账户的入账金额为（　　）。

A. 30 000元　　B. 35 000元　　C. 50 000元　　D. 20 000元

7. 下列说法中不正确的是（　　）。

A. 直接指定为以公允价值计量且其变动计入当期损益的金融资产主要是指企业基于风险管理、战略投资需要等所做的决定

B. 以公允价值计量且其变动计入当期损益的金融资产包括交易性金融资产

C. 以公允价值计量且其变动计入当期损益的金融资产与交易性金融资产是同一概念

D. 交易性金融资产主要是指企业为了近期内出售而持有的金融资产

8. 被投资单位存在一项可供出售金融资产，本期公允价值增加了800万元；投资企业的持股比例为20%。(不考虑所得税等因素）则投资企业其他综合收益增加了（　　）万元。

A. 160　　B. 150　　C. 16　　D. 80

9. 甲公司2016年3月2日从证券市场上购入乙公司发行在外的股票100万股作为可供出售金融资产，每股价格5元（含已宣告但尚未发放的现金股利1元），另支付相关费用8万元，甲公司取得的该项金融资产的入账价值为（　　）万元。

A. 408　　B. 400　　C. 500　　D. 508

10. 下列各项中，应当确认为投资收益的是（　　）。

A. 长期股权投资减值损失

B. 长期股权投资处置净损益

C. 期末交易性金融资产公允价值变动的金额

D. 支付与取得长期股权投资直接相关的费用

二、多选题

1. 根据《企业会计准则》的规定，企业在对长期借款进行明细核算时，应在“长期借款”科目下分别设置的二级科目有（　　）。

A. 面值　　B. 本金　　C. 成本　　D. 利息调整

2. “应付债券”账户的贷方反映的内容有（　　）。

A. 债券发行时产生的债券折价　　B. 债券折价的摊销

C. 期末计提应付债券利息　　D. 债券的发行费用

3. 下列各项中，应作为长期股权投资核算的有（　　）。

A. 对子公司的投资

B. 对联营企业的投资

C. 对合营企业的投资

D. 对被投资单位不具有控制、共同控制或重大影响，并且在活跃市场中有报价、公允价值能够可靠计量的权益性投资

4. 长期借款所发生的利息支出，可能借记的科目有（　　）。

A. 在建工程　　B. 销售费用　　C. 管理费用　　D. 财务费用

5. 借款费用开始资本化应同时具备的三个条件是（　　）。

A. 资产支出已经发生

B. 借款费用已经发生

C. 为使资产达到预定可使用或可销售状态所必需的购建或者生产活动已经开始

D. 发生非正常中断且中断时间连续超过1个月

6. 盈余公积减少是由于（　　）。

A. 用盈余公积对外捐赠　　B. 用盈余公积弥补亏损

C. 用盈余公积转增资本　　D. 用盈余公积派发股利

7. 企业的留存收益包括（　　）。

A. 实收资本（或股本）　　B. 资本公积

C. 盈余公积　　D. 未分配利润

8. 企业实收资本减少的主要原因是（　　）。

A. 实收资本转盈余公积　　B. 因资本过剩而减资

C. 实收资本转资本公积　　D. 因严重亏损而减资

9. 下列项目中可以作为交易性金融资产的有（　　）。

A. 企业以赚取差价为目的从二级市场购入的股票

B. 企业以赚取差价为目的从二级市场购入的债券

C. 企业以赚取差价为目的从二级市场购入的基金

D. 到期日固定、回收金额固定或可确定，且企业有明确意图和能力持有至到期的非衍生金融资产

10. 采用权益法核算长期股权投资，下列各项中会导致长期股权投资账面价值发生增减变动的有（　　）。

A. 长期股权投资发生减值损失

B. 持有长期股权投资期间被投资企业实现净利润

C. 被投资企业宣告分派现金股利

D. 被投资企业提取盈余公积

三、判断题

1. 企业在计算短期借款利息时，可以随意选择利率计提利息。（　　）

2. 公司债券溢、折价发行，是整个债券存续期间对举债公司利息费用的一项调整。（　　）

3. 企业取得长期借款时，应记入“长期借款”账户的贷方。（　　）

4. 同一控制下的企业合并，应当在合并日按照取得被合并方所有者权益账面价值的份额作为长期股权投资的初始投资成本。（　　）

5. 资本公积由所有投资者和债权人共同享有。（　　）

6. 在权益法下，当被投资企业发生亏损时，投资企业一般不做账务处理；当被投资企业发生盈利时，投资企业应按持股比例计算应享有的份额并确认为投资收益。（　　）

7. 任意盈余公积的提取比例由企业的权力机构自行决定。（　　）

8. 资产负债表日可供出售金融资产应当以公允价值计量，且公允价值变动计入其他综合收益。（　　）

9. 通常我们所指的交易费用包括支付给代理机构，咨询公司等的手续费和佣金及其

他必要支出，不包括债券溢折价、融资费用、内部管理成本及其他与交易不直接相关的费用。（　　）

10. 企业为取得交易性金融资产发生的交易费用应计入交易性金融资产初始确认金额。（　　）

四、实训任务

任务一

【目的】掌握“长期借款”的核算。

【资料】某公司于2015年1月1日从中国工商银行借款100万元，期限3年，用于建造一个厂房，年利率12%，该厂房第2年年末完工并投入使用。从2015年1月1日起借款费用开始资本化。

【要求】

（1）根据以上资料，进行到期一次还本付息方式下的账务处理。

（2）根据以上资料，进行分期付息到期还本方式下的账务处理。

任务二

【目的】掌握“借款费用资本化”的核算。

【资料】某企业于2016年1月1日正式动工兴建一幢办公楼，工期预计为一年零六个月，工程采用出包方式，分别于2016年1月1日、2016年7月1日和2017年1月1日支付工程进度款。

公司为建造办公楼于2016年1月1日专门借款4 000万元，借款期限为3年，年利率为8%，另外，在2016年7月1日又专门借款8 000万元，借款期限为5年，年利率为10%。借款利息按年支付。

闲置借款资金均用于固定收益债券短期投资，该短期投资月收益率为0.5%。

办公楼于2017年6月30达到预定可使用状态。

公司为建造办公楼的支出金额见表6-17。

表6-17　　**支出金额**　　单位：万元

日期	每期资产支出金额	资产支出金额累计金额	闲置借款资金用于短期投资金额
2016年1月1日	3 000	3 000	1 000
2016年7月1日	5 000	8 000	4 000
2017年1月1日	3 000	11 000	1 000
合计	11 000	—	6 000

【要求】根据以上资料，进行相关账务处理。

任务三

【目的】掌握“资本公积”和“盈余公积”的核算。

【资料】东方公司2017年利润分配，相关凭证如凭3-1、凭3-2、凭3-3、凭3-4所示。

【要求】根据以下凭证，进行相关账务处理。

凭 3-1

东方公司利润分配计算表

2017 年 1 月 20 日　　　　　　单位：万元

利润分配项目	分配标准	金额
净利润		200
法定盈余公积	10%	20
应付股利（现金）		80

复核：冯海霞　　　　制表：李雷生

凭 3-2

东方公司股东股份分布明细表

2017 年 1 月 20 日

股东名称	持股比例	备注
A公司	25%	
B公司	30%	
C公司	10%	
D公司	35%	
合计	100%	

复核：冯海霞　　　　制表：李雷生

凭 3-3

东方公司关于盈余公积转增资本报告

为了生产经营规模的扩大，同时也是维护全体股东的利益，经股东大会批准，将盈余公积 100 万元转增资本，特请公司领导批准。

制表：李雷生　　　　审批：李海生

2017 年 1 月 20 日

凭 3-4

东方公司盈余公积补亏明细表

2017 年 1 月 20 日　　　　　　单位：万元

项目	金额	备注
减少盈余公积	100	
弥补亏损	100	
事由	维持正常的生产经营，经股东大会批准，将盈余公积 100 万元用于弥补亏损	

制表：李雷生　　　复核：冯海霞　　　审批：李海生

任务四

【目的】掌握“交易性金融资产”的核算。

【资料】2017年1月1日广州伟业钢板有限责任公司购入股票，相关凭证如凭4－1、凭4－2、凭4－3、凭4－4所示（企业将其划分为交易性金融资产）。

【要求】根据以下凭证，进行相关账务处理。

凭4－1

广州市长江证券营业所

2017年1月1日　　成交过户交割凭单　　买

公司代码：24533	证券名称：茂翔股份　代码：633521
股东账号：1256652	成交数量：30 000股
资金账号：7582354	成交价格：300 000
股东名称：广州伟业钢板有限责任公司	成交金额：300 000
申请编号：809	标准佣金：1 290
申请时间：10：32：24	过户费用：
成交时间：11：32：24	印花税：600
资金前余额：540 000	附加费用：
资金余额：23 811	其他费用：
证券前余额：0股	实际收付金额：301 890.00
本次余额：30 000股	

广州市长江证券营业所 财务专用章

备注：股价中含有已宣告但尚未分派的现金股利0.3元。

凭4－2

中国工商银行转账支票存根

支票号码 No.　3789648

科　目

对方科目

签发日期　2017年1月1日

收款人：广州市长江证券营业所
金额：¥301 890.00
用途：购股票款
备注：

单位主管：　　会计：

复　核：　　记账：

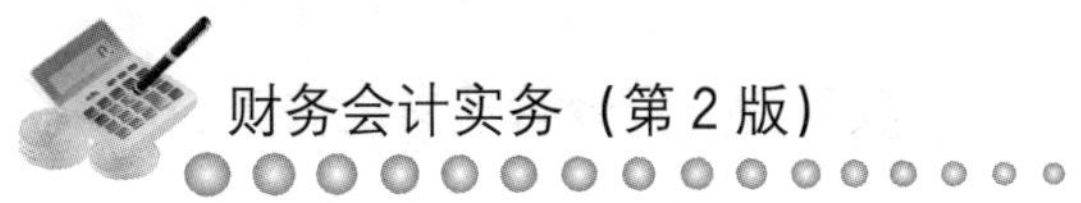

凭4-3

费用报销审批单

部门：业务部　　　　　　　　时间：2017年1月1日

经手人	李雷生		事由	支付股票及交易费用款	
项目			金额	付款方式	备注
购茂翔股份股票款			301 890.00	转账支票	
合计			301 890.00		
公司领导审批意见	财务主管		部门领导	出纳	经手人
赵佳			张如		陈颖

凭4-4

中国工商银行 电汇凭证（收账通知）

委托日期　2017年　1　月　6　日　　　　第　4　号

付款人	全称	广州伟业钢板有限责任公司			收款人	全称	河南茂翔股份有限责任公司		
	账号	6372166				账号	3246366		
	汇出地址	广东省广州市	汇出行名称	越秀区办事处		汇入地址	河南省大河市	汇入行名称	嵩山路办事处

汇款金额	人民币（大写）：玖仟元整	千	百	十	万	千	百	十	元	角	分
					¥	9	0	0	0	0	0

汇款用途	付2009年度股息	科　目（借） 对方科目（贷） 汇出行汇出日期　年　月　日 复核　　记账

此汇款支付给收款人。

电划　汇款人

任务五

【目的】练习“实收资本”的核算。

【资料】甲股份有限公司（以下简称甲公司）2016年12月31日的股本总额为30 000万股，每股面值为1元，资本公积（股本溢价）5 000万元，盈余公积3 000万元，未分配利润2 000万元。经股东大会批准，甲公司拟以现金回购本公司股票3 000万股并注销。

假定每股回购价分别为0.9元、3元、4元。

【要求】根据以上业务，进行相关账务处理。

任务六

【目的】练习“可供出售金融资产”的核算。

【资料】甲公司2015年1月1日，按面值从债券二级市场购入乙公司公开发行的债券50 000张，每张面值100元，票面利率3%，划分为可供出售金融资产。2015年12月31

日，该债券的市场价格为每张 100 元。2016 年，乙公司因投资决策失误，发生严重财务困难，但仍可支付该债券当年的票面利息。2016 年 12 月 31 日，该债券的公允价值下降为每张 80 元。甲公司预计，如乙不采取措施，该债券的公允价值预计会持续下跌。

假定甲公司初始确认该债券时计算确定的债券实际利率为 3%，且不考虑其他因素。

【要求】 做出甲公司对可供出售金融资产有关的账务处理。

五、案例分析

【资料】 B 公司 2014 年 2 月 1 日出资 180 万元取得对 C 公司的长期股权投资，占 B 公司股权比例的 40%，B 公司没有对 C 公司的其他长期权益。当年 C 公司亏损 100 万元；2015 年 C 公司亏损 400 万元；2016 年 C 公司实现净利润 30 万元。2016 年 B 公司会计在核算时计入投资收益的金额为 12 万元。

【要求】 分析 B 公司的会计在对长期股权投资进行核算时应采用成本法还是权益法？计入投资收益的 12 万元是否正确？

项目七　税务岗位核算

任务一　税务岗位核算任务与业务流程

- 了解税务岗位的核算任务和业务流程。

学习情境　税务岗位核算任务与业务流程

浙江省建德市新安江管子钳厂于2008年10月被叶来根承包经营，2010年8月，该厂因经营不善而停产。该厂在2009年1月—2010年7月经营期间，大量隐匿销售收入，多次偷逃国家税收。经建德市国税稽查局专案检查发现，该厂在叶来根承包经营期间采取销售不开发票、销售收入不记收入账簿或长期挂记“应收账款”往来账户等违法手段，隐匿应税销售收入76.29万元，偷逃国家税款11.44万元，占应缴纳税额39%以上。叶来根因涉嫌偷税被建德市公安局依法逮捕。该案是建德市第一起因单位涉税犯罪，单位法定代表人被司法部门追究刑事责任的案件。企业应缴纳哪些税金？税务岗位会计有哪些核算任务？税务核算的流程又是怎样的呢？

一、税务岗位有哪些核算任务

（1）负责增值税发票、普通发票等各种发票领购、保管，按规定及时登记发票领购簿。

（2）正确、及时地开具增值税专用发票、普通发票。对异地纳税要开出外出经营活动证明并做登记备查。

（3）严格对各种发票特别是增值税专用发票进行审核，及时进行发票认证。

（4）规范本地、异地各项涉税事项的核算、管理流程，对发现的问题及时反映。

（5）负责编制国税、地税需要的各种报表，每月按时进行纳税申报；用好税收政策，规避企业涉税风险，依法纳税；负责减免税、退税的申报。

（6）做好公司的统计工作，填报公司涉税的各种统计报表。

（7）负责主营业务税金及附加、应交税费等凭证填制及明细账登记、核对。

（8）负责记账凭证的及时装订，税务相关资料的装订存档。

（9）每月对纳税申报、税负情况进行综合分析，提出合理化建议。

（10）积极完成领导交办的其他工作。

二、税务岗位业务流程是什么

税务岗位业务流程如下图所示。

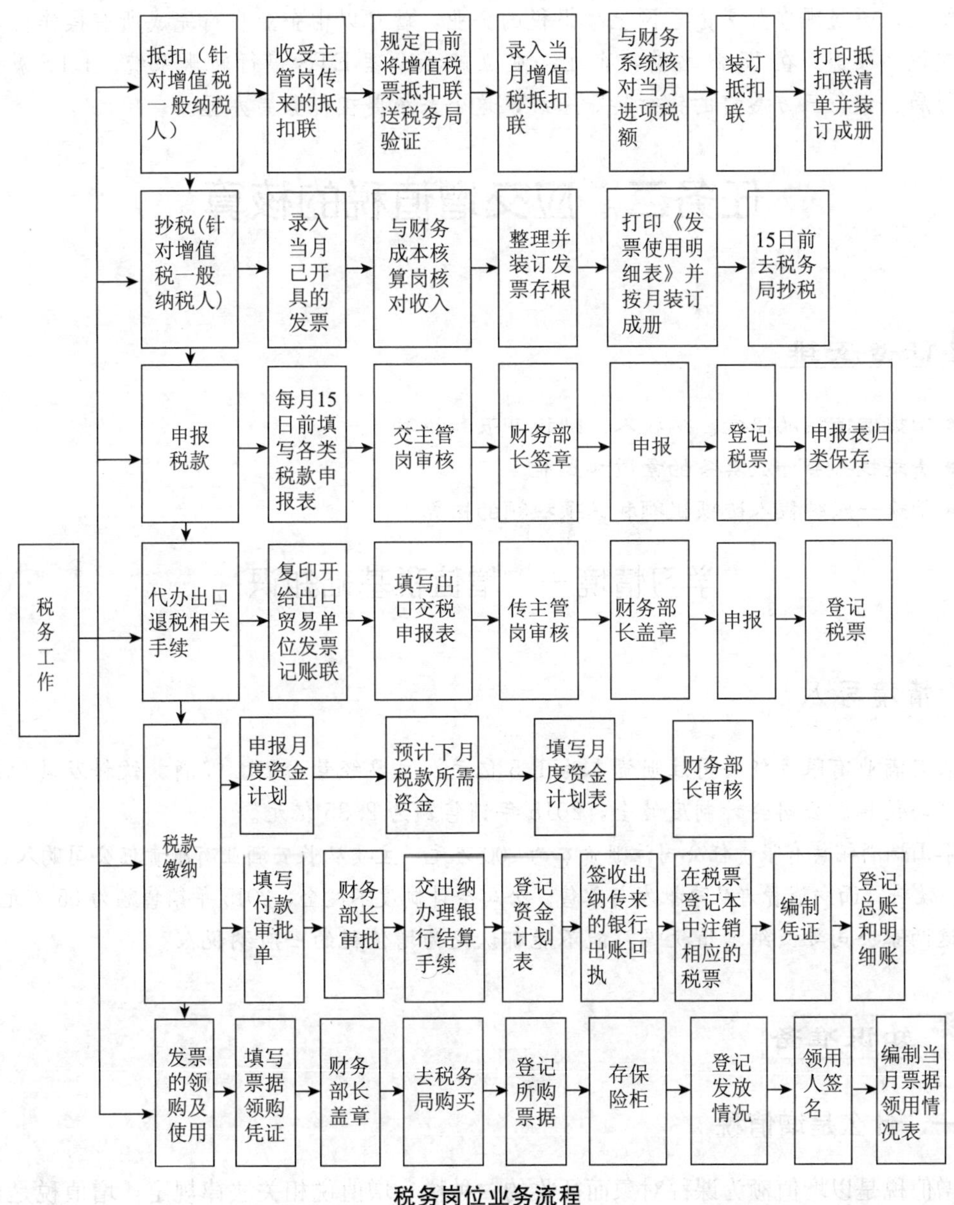

税务岗位业务流程

关于抄报税及交税

抄税和报税是两个流程，统称为抄报税，IC卡是购发票、开发票和抄税用的工具。

抄税就是把上月开出的发票全部记入发票IC卡，然后报税务部门读入他们的电脑以此作为企业计算税额的依据。一般抄了税才能报税，而且抄过税后才能开具下个月发票。

企业自己抄税是每月1日，申报时的抄税时间是每月15日之前。抄税只是开票系统报税的一个程序，一般是下月初就要抄上期的税，这样系统才能读取上月的数据。税务局的抄税是说企业完成了上月的所有申报表向税务局申报数据之前，税务局也要抄在税务局的系统里，不过现在如果办了网上抄报税的企业，就可以由企业自行完成所有操作。

交税一般都是在15日之前，企业一成立就要办理ETS银行转账系统。ETS就是企业、税局、银行三方签订的银行转账系统，这个系统要在税务局办理。

任务二　应交增值税的核算

- 掌握增值税的概念、纳税人、纳税期限和税率。
- 清楚税务会计应具备的素质和技能。
- 掌握一般纳税人进项税额和销项税额的核算。

学习情境一　增值税基础知识

长安酒业有限责任公司注册资本为1.5亿元，主要经营白酒、啤酒、饮料及其他酒类的生产与销售。公司会计制度健全，2015年销售额为2.35亿元。

泰山烟酒销售有限责任公司注册资本为200万元，主要从长安酒业有限责任公司购入白酒、啤酒、饮料，面向消费者从事批发与零售。公司会计制度不健全，2015年销售额为65万元。

这两家公司要交纳增值税吗？能不能都认定为增值税的一般纳税人？

知识准备

一、什么是增值税

增值税是以增值额为课税对象而征收的一种税。增值税相关法律规定，增值税是对在我国境内销售货物或提供加工、修理修配劳务，(简称应税劳务)、销售应税服务、无形资产和不动产（应税行为）以及进口货物的企业单位和个人为增值税的纳税人。增值税是价外税，是我国的主要流转税之一。

现实经济生活中，对增值额可以从以下两个方面理解。

(1) 从一个生产经营单位来看，增值额是该单位的销售货物或提供劳务的收入额扣除为生产经营这种货物（包括劳务）而外购的那部分货物价款后的余额。

(2) 从一项货物来看，增值额是该项货物经历的生产和流通的各个环节所创造的增值额之和，也就是该项货物的最终销售价值。

增值税只对增值额征税，这样可以避免对一个经营额重复征税，也可以防止前一生产经营环节企业的偷漏税行为。

二、增值税纳税人如何认定

我国将增值税纳税人按生产经营规模大小和会计核算是否健全划分为一般纳税人和小规模纳税人。

1. 一般纳税人如何认定

一般纳税人是指年应纳增值税销售额（以下简称应税销售额）超过《增值税暂行条例实施细则》小规模纳税人标准的企业和企业性单位（以下简称企业)。下列纳税人不属于一般纳税人：①年应税销售额未超过小规模纳税人标准的企业；②个人（除个体经营者以外的其他个人)；③非企业性单位；④不经常发生增值税应税行为的企业。

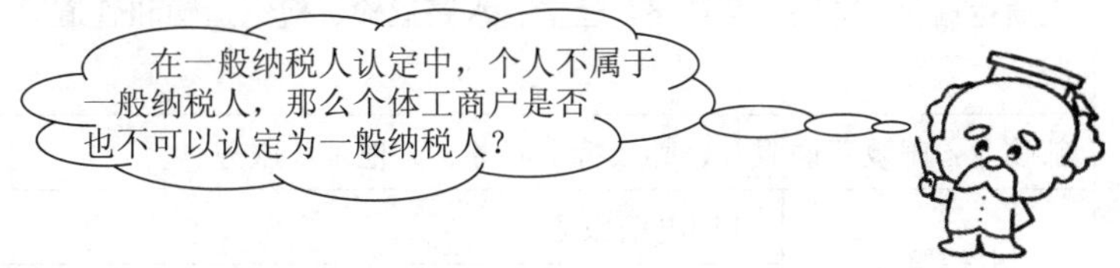

2. 小规模纳税人如何认定

小规模纳税人是指按照一定的标准确定的，规模较小、会计核算制度不健全的增值税纳税人。根据《增值税暂行条例》及其实施细则的规定，营改增应税行为的年应征销售额超过500万元的纳税人为一般纳税人、年应征增值税销售额未超过500万元的纳税人为小规模纳税人。其他行业小规模纳税人的认定标准为：①从事货物生产或提供应税劳务的纳税人，以及以从事货物生产或提供应税劳务为主，并兼营货物批发或者零售的纳税人，年应税销售额在50万元以下（含本数，下同）的；②除上述规定以外（如批发、零售）的纳税人，年应税销售额在80万元以下的。

三、增值税的纳税期限有何规定

增值税纳税期限为1日、3日、5日、10日、15日或1个月。纳税人具体纳税期限由主管税务机关根据纳税人应纳税额的大小分别核定；不能按固定期限纳税的，也可按次纳税。

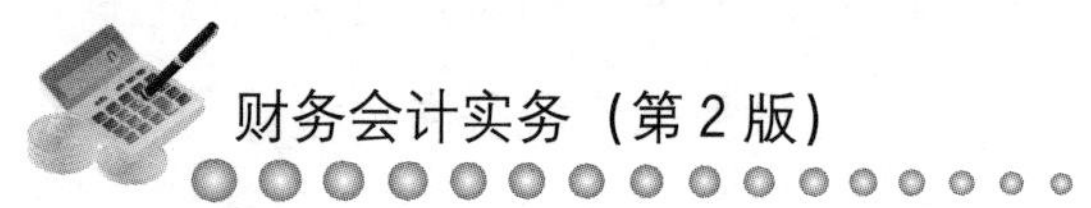

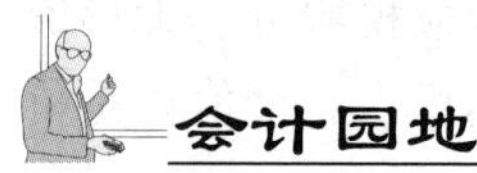

增值税税率知多少

表7-1　　营改增后增值税税率一览表

<table>
<tr><th colspan="4">纳税人</th><th>税率（%）</th></tr>
<tr><td rowspan="17">一般纳税人</td><td rowspan="7">原增值税纳税人</td><td colspan="2">销售或者进口货物（另有列举的货物除外）；提供加工、修理修配劳务</td><td>17</td></tr>
<tr><td colspan="2">粮食、食用植物油、鲜奶</td><td rowspan="5">11</td></tr>
<tr><td colspan="2">自来水、暖气、冷气、热气、煤气、石油液化气、天然气、沼气，居民用煤炭制品</td></tr>
<tr><td colspan="2">图书、报纸、杂志</td></tr>
<tr><td colspan="2">饲料、化肥、农药、农机（整机）、农膜</td></tr>
<tr><td colspan="2">国务院规定的其他货物：农产品（指各种动、植物初级产品）；音像制品；电子出版物；二甲醚</td></tr>
<tr><td colspan="2">出口货物</td><td>0</td></tr>
<tr><td rowspan="10">营改增增值税纳税人</td><td colspan="2">交通运输业：陆路（含铁路）运输、水路运输、航空运输和管道运输服务</td><td>11</td></tr>
<tr><td colspan="2">邮政业：邮政普遍服务、邮政特殊服务、其他邮政服务</td><td>11</td></tr>
<tr><td rowspan="2">电信服务</td><td>基础电信服务</td><td>11</td></tr>
<tr><td>增值电信服务</td><td>6</td></tr>
<tr><td colspan="2">建筑服务：工程、安装、修缮、装饰、其他</td><td>11</td></tr>
<tr><td colspan="2">金融服务：贷款、保险、直接收费金融、金融商品转让</td><td>6</td></tr>
<tr><td colspan="2">生活服务：文化体育服务、教育医疗服务、旅游娱乐服务、餐饮住宿服务、居民日常服务、其他生活服务</td><td>6</td></tr>
<tr><td colspan="2">现代服务业：研发和技术服务、信息技术服务、文化创意服务、物流辅助服务、鉴证咨询服务、广播影视服务、商务辅助服务、其他现代服务</td><td>6</td></tr>
<tr><td rowspan="2">租赁</td><td>有形动产融资租赁、经营租赁服务</td><td>17</td></tr>
<tr><td>不动产融资租赁、经营租赁服务</td><td>11</td></tr>
<tr><td rowspan="3">销售无形资产</td><td colspan="3">技术、商标、著作权、商誉、其他权益性无形资产</td><td rowspan="2">6</td></tr>
<tr><td colspan="2" rowspan="2">自然资源使用权</td><td>海域权、探矿权、采矿权、取水权、其他</td></tr>
<tr><td>土地使用权</td><td>11</td></tr>
</table>

续　表

<table>
<tr><td colspan="3">纳税人</td><td>税率（%）</td></tr>
<tr><td colspan="2">销售不动产</td><td></td><td>11</td></tr>
<tr><td>小规模纳税人</td><td colspan="2">从事货物销售，提供增值税加工、修理修配劳务，以及各项应税服务</td><td>征收率 3</td></tr>
<tr><td rowspan="3">纳税人</td><td colspan="2">境内单位和个人提供的规定的涉外应税服务</td><td>免税</td></tr>
<tr><td colspan="2">境内单位和个人提供的往返香港、澳门、台湾的交通运输服务
境内单位和个人在香港、澳门、台湾提供的交通运输服务</td><td>0</td></tr>
<tr><td colspan="2">境内单位和个人提供的国际运输服务、向境外单位提供的研发服务和设计服务</td><td>0</td></tr>
</table>

兴趣拓展

增值税一般纳税人报税时应特别注意的事项

◆纳税人报税时，要将作废发票的电子信息与纸质发票进行核对，纳税人要提供符合作废条件的作废纸质专用发票份数和联次，作废纸质专用发票各联次上是否注明“作废”字样，作废发票作废是否在开票当月，纳税人资料提供不齐全的，暂不予报税。

◆纳税人报税时，要将开具红字专用发票的电子信息与纸质发票进行核对，企业报税时要提供《开具红字增值税专用发票通知单》，报税数据中红字专用发票的信息与《开具红字增值税专用发票通知单》要一一对应。纳税人资料提供不齐全的，暂不予报税。

资料来源：根据 http://info.72ec.com/article 改编

学习情境二　一般纳税人增值税核算

情境导入

理光管件有限公司（以下简称理光公司）根据合同的规定每年加工生产各种铸铁件1 200吨，该公司2010年10月销售额215.1万元，销售成本179.4万元，产品销售毛利率16.6%，公司财务核算制度较为健全。公司委托的××注册税务师事务所经过调查后向主管国税局提交“关于理光管件有限公司申请认定增值税一般纳税人的核查报告”，并填写《增值税一般纳税人申请认定表》。

小张是理光公司的会计，在公司认定为一般纳税人以后，面对与增值税有关的经济业务，小张应该怎么记账呢？

知识准备

一般纳税企业应交的增值税，在“应交税费”账户下设置“应交增值税”明细账户进行核算。为了详细核算企业应纳增值税的计算和解缴、抵扣等情况，企业应在“应交增值税”明细账设三栏明细专栏核算。

借方　　　　　　　　　　　　　　　　　　应交税费	——应交增值税　　　　　　　　　　　　　　　贷方
①进项税额 ②已交税金	①销项税额 ②进项税额转出 ③出口退税
期末借方余额，尚未抵扣或多交的增值税	期末贷方余额，尚未缴纳的增值税

一、如何核算进项税额

1. 采购等业务进项税额允许抵扣的账务处理

（1）非不动产采购业务取得专票当月认证并可抵扣：

借：存货/资产/成本/费用类科目

　　应交税费——应交增值税（进项税额）

　贷：银行存款/ 应付账款等

（2）非不动产采购业务取得专票当月未认证的：

借：存货/资产/成本/费用类科目

　　应交税费——待认证进项税额

　贷：银行存款/应付账款等

（3）退货并取得红字发票的，如下处理：

借：存货/资产/成本/费用类科目（红字）

　　应交税费——应交增值税——进项税额（红字）

　　应交税费——待认证进项税额（红字）

　贷：银行存款/应付账款等（红字）

2. 如何核算购进免税农产品的进项税额

企业购进免税产品，一般情况下不能扣税，但按税法规定，对于购入的免税农业产品等可以按买价（或收购金额）的一定比率（11%）计算进项税额，并准予从销项税额中抵扣。

【做中学】星光有限公司（一般纳税人，下同）2017年10月购进免税农产品一批用于生产，买价为80 000元（含税），农产品已验收入库，价款尚未支付。

①计算进项税额：

购进免税农产品的进项税额＝80 000×11%＝8 800（元）

②编制会计分录如下：

借：原材料　　71 200

　　应交税费——应交增值税（进项税额）　　8 800

　贷：应付账款　　80 000

3. 如何核算接受应税劳务的进项税额

企业接受加工、修理修配等应税劳务，按照增值税专用发票上注明的增值税额，借记“应交税费——应交增值税（进项税额）”账户；按照增值税专用发票上注明的劳务费用，借记“委托加工物资”“其他业务成本”“制造费用”“管理费用”等账户；按照应付或实际支付的金额，贷记“银行存款”“应付账款”等账户。

【做中学】星光有限公司2017年9月发出材料40 000元，委托市机械制造厂加工工具、模具一批，同月收回加工完毕的工具、模具，取得对方开具的增值税专用发票，注明加工费用15 000元，增值税额2 550元，款项已支付。

①4月发出材料：

借：委托加工物资　　40 000

　贷：原材料　　40 000

②支付加工费及增值税：

借：委托加工物资　　15 000

　　应交税费——应交增值税（进项税额）　　2 550

　贷：银行存款　　17 550

③加工完毕，收回工具、模具：

借：周转材料——低值易耗品　　55 000（40 000＋15 000）

　贷：委托加工物资　　55 000

4. 如何核算接受投资、捐赠转入货物的进项税额

企业接受投资或捐赠转入的货物，按照专用发票上注明的增值税额，借记“应交税费——应交增值税（进项税额）”账户；按照双方确认的货物价值扣除增值税后的数额，借记“原材料”等账户；按照双方确认的货物价值总额贷记“实收资本”或“营业外收入”等账户。

【做中学】美华公司2017年10月接受某外资企业捐赠的材料一批，增值税专用发票上注明价款50 000元，增值税额8 500元。

借：原材料　　50 000

　　应交税费——应交增值税（进项税额）　　8 500

　贷：营业外收入　　58 500

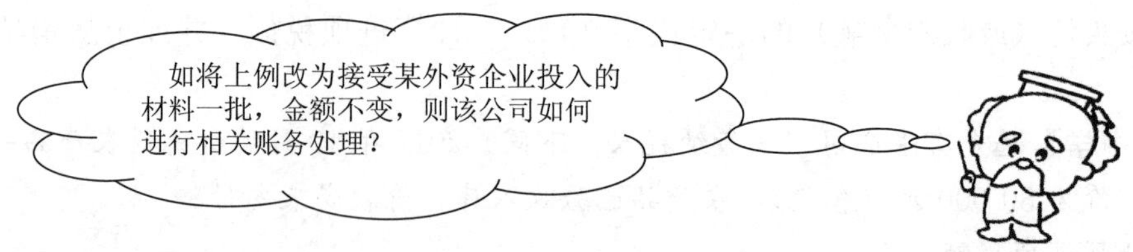

5. 如何核算运输费用的进项税额

营业税改增值税后，运输发票属于增值税发票范围，其抵扣的进项税在专用发票上已经体现，按发票上11%的税率计算的进项税额进行抵扣。若是小规模纳税人申请税务机关代开的专用发票税率则为3%。

【做中学】 星光有限公司2017年11月购进原材料一批，专用发票上注明价款60 000元，增值税额10 200元，材料已验收入库，货款未付。另以银行存款支付运费，运费增值税专用发票注明运费1 000元，增值税110元。

借：原材料　　61 000

　　应交税费——应交增值税（进项税额）　　10 310

　贷：应付账款　　70 200

　　　银行存款　　1 110

6. 购进不动产或不动产在建工程按规定进项税额分年抵扣的如何账务处理

一般纳税人自2016年5月1日后取得并按固定资产核算的不动产或者2016年5月1日后取得的不动产在建工程，其进项税额按现行增值税制度规定自取得之日起分2年从销项税额中抵扣的，应当按取得成本，借记“固定资产”“在建工程”等科目，按当期可抵扣的增值税额，借记“应交税费——应交增值税（进项税额）”科目，按以后期间可抵扣的增值税额，借记“应交税费——待抵扣进项税额”科目，按应付或实际支付的金额，贷记“应付账款”“应付票据”“银行存款”等科目。尚未抵扣的进项税额待以后期间允许抵扣时，按允许抵扣的金额，借记“应交税费——应交增值税（进项税额）”科目，贷记“应交税费——待抵扣进项税额”科目。

（1）直接采购不动产，取得专票并认证

借：固定资产

　　应交税费——应交增值税（进项税额）60%

　　应交税费——待抵扣进项税额40%

　贷：银行应付款等

（2）自建不动产，取得建筑物资、配套设备、工程费等各类业务专票并认证

借：在建工程

　　应交税费——应交增值税（进项税额）60%

　　应交税费——待抵扣进项税额40%

　贷：银行应付款等

（3）形成不动产原值的每张专票，取得后第13个月

借：应交税费——应交增值税（进项税额）40%

　贷：应交税费——待抵扣进项税额40%

【做中学】2016 年 6 月 5 日，星光有限公司购进办公大楼一座，价款 1 000 万元，该大楼用于公司办公经营，计入固定资产，并于次月开始计提折旧。6 月 20 日，该公司取得该大楼增值税专用发票并认证相符，专用发票注明税额 110 万元。价税款均通过银行存款支付。则该 110 万元进项税额中的 60%于当期（2016 年 6 月）抵扣，剩余 40%于当期的第 13 个月（2017 年 6 月）抵扣。

①2016 年 6 月，星光有限公司账务处理如下：

借：固定资产　　10 000 000

　　应交税费——应交增值税（进项税额）　　660 000（1 100 000×60%）

　　应交税费——待抵扣进项税额　　440 000（1 100 000×40%）

　贷：银行存款　　11 100 000

②2017 年 6 月，星光有限公司账务处理如下：

借：应交税费——应交增值税（进项税额）　　440 000

　贷：应交税费——待抵扣进项税额　　440 000

哪些进项税额不得从销项税额中抵扣

(1) 增值税小规模纳税人购进货物、加工修理修配劳务、服务、无形资产和不动产。

(2) 一般纳税人会计核算不健全，或者不能够提供准确税务资料的。

(3) 增值税一般纳税人从小规模纳税人购进货物或者应税劳务取得普通发票（购进农产品除外）不允许抵扣进项税额。

(4) 纳税人取得的增值税扣税凭证不符合法律、行政法规或者国家税务总局有关规定的，其进项税额不得从销项税额中抵扣。

(5) 增值税专用发票开出之日起，超过 180 天未认证的（因客观原因导致除外），不能抵扣。

(6) 非正常损失的购进货物，以及相关的加工修理修配劳务和交通运输服务。非正常损失是指因管理不善造成货物被盗、丢失、霉烂变质，以及因违反法律法规造成货物或者不动产被依法没收、销毁、拆除的情形。

(7) 非正常损失的在产品、产成品所耗用的购进货物（不包括固定资产）、加工修理修配劳务和交通运输服务。

(8) 非正常损失的不动产，以及该不动产所耗用的购进货物、设计服务和建筑服务。

(9) 非正常损失的不动产在建工程所耗用的购进货物、设计服务和建筑服务。

(10) 用于集体福利或者个人消费的购进货物、加工修理修配劳务、服务、无形资产和不动产。

(11) 纳税人的交际应酬消费属于个人消费，进项税额不得抵扣。

(12) 购进的旅客运输服务、贷款服务、餐饮服务、居民日常服务和娱乐服务，进项税额不得抵扣。

(13) 纳税人接受贷款服务向贷款方支付的与该笔贷款直接相关的投融资顾问费、手续费、咨询费等费用，其进项税额不得从销项税额中抵扣。

(14) 用于简易计征办法和免税项目，不得抵扣。

(15) 采用差额征税的，允许扣减的款项中的进项税额不得扣除。

7. 如何核算非正常损失购进货物的进项税额

(1) 属于购入货物时即能认定其进项税额不能抵扣的。企业购进货物时即能认定其进项税额不能抵扣的，纳税人应将支付的增值税额计入外购货物或应税劳务的成本之中。即按所应支付的价款借记“原材料”“固定资产”“在建工程”等账户，贷记“银行存款”等账户。

【做中学】星光有限公司2016年7月购进包装物2 000个，每个不含税单价为5元，10月实际验收入库1 500个，该包装物的定额损耗率为10%，包装物已验收入库，已取得增值税专用发票并且货款已付。

①计算全部进项税额（定额损耗无须扣除）：

全部进项税额＝2 000×5×17%＝1 700（元）

②计算不得抵扣的进项税额：

超定额损耗的部分属于非正常损失，其进项税额不得抵扣。

不得抵扣的进项税额＝（2 000－1 500－2 000×10%）×5×17%＝255（元）

③原材料的入账金额（定额损耗无须扣除）：

2000×5－（2 000－1 500－2 000×10%）×5＝8 500（元）

④待处理财产损溢的入账金额：

（2 000－1 500－2 000×10%）×5×（1＋17%）＝1 755（元）

⑤根据上述计算，编制会计分录如下：

借：待处理财产损溢——待处理流动资产损溢　　1 755
　　原材料　　8 500
　　应交税费——应交增值税（进项税额）　　1 445（1 700－255）
　贷：银行存款　　11 700

(2) 已经购进的货物发生非正常损失或改变用途。对于企业已经购进的货物，如发生非正常损失，或者改变用途（由用于应税项目生产经营改为用于免税项目、集体福利、个人消费等），其进项税额也不能从销项税额中抵扣。由于这些货物的进项税额在其购进时已从当期销项税额中抵扣，因此，应将其从进项税额中转出，作为相关项目的成本、费用或损失处理。账务处理为：借记“待处理财产损溢”“在建工程”“应付职工薪酬”等科目，贷记“应交税费——应交增值税（进项税额转出）”“库存商品”等。

【做中学】星光有限公司因火灾库存商品发生非常损失，其实际成本为37 000元，其中所耗原材料成本为20 000元。星光有限公司为一般纳税人，增值税率为17%。则星光有限公司如何账务处理？

借：待处理财产损溢——待处理流动资产损溢　　40 400
　贷：库存商品　　37 000

应交税费——应交增值税（进项税额转出）　　　　3 400（20 000×17%）

二、如何核算销项税额

1. 视同销售行为如何核算

哪些属于视同销售行为

①将货物交付其他单位或个人代销；②销售代销货物；③设有两个以上机构并实行统一核算的纳税人，将货物从一个机构移送至其他机构用于销售，但相关机构设在同一县（市）的除外；④将自产或委托加工的货物用于集体福利或者个人消费；⑤将自产、委托加工或购买货物作为投资，提供给其他单位或个体经营者；⑥将自产、委托加工或购买的货物分配给股东或投资者；⑦将自产、委托加工的货物用于集体福利或个人消费；⑧将自产、委托加工或购买的货物无偿赠送其他单位或个人。

主要视同销售业务账务处理如表 7－2 所示。

表 7－2　　主要视同销售业务账务处理

经济业务事项	账务处理
自产、委托加工或购买货物作为投资	借：长期股权投资 　贷：主营业务收入/其他业务收入（公允价值） 　　　应交税费——应交增值税（销项税额） 借：主营业务成本/其他业务成本 　贷：库存商品
自产、委托加工货物用于职工福利	借：应付职工薪酬 　贷：主营业务收入/其他业务收入（外购公允价值） 　　　应交税费——应交增值税（销项税额） 借：主营业务成本/其他业务成本 　贷：库存商品
自产、委托加工或购买货物无偿赠送他人	借：营业外支出 　贷：库存商品 　　　应交税费——应交增值税（销项税额）

续　表

经济业务事项	账务处理
自产、委托加工或购买货物分配给股东或投资者	借：应付股利 　贷：主营业务收入/其他业务收入（外购公允价值） 　　　应交税费——应交增值税（销项税额） 借：主营业务成本/其他业务成本 　贷：库存商品
委托代销货物	具体见财务成果岗位核算内容

【做中学】星光有限公司2017年6月领用C产品一批，作为福利发放给职工，该批产品实际成本21 250元，不含税售价25 000元。

①计算销项税额：

C产品销项税额＝25 000×17%＝4 250（元）

②领用C产品一批，作为福利发放给职工（确认收入，结转成本）：

借：应付职工薪酬　　29 250
　贷：主营业务收入　　25 000
　　　应交税费——应交增值税（销项税额）　　4 250
借：主营业务成本　　21 250
　贷：库存商品——B产品　　21 250

2. 特殊销售行为如何核算

（1）“以物易物”销售货物的核算。以物易物是指以自产、委托加工或购买的货物交换原材料或其他商品的销售行为。这种销售行为实际上是购销两种行为，交换双方均应做货物销售进行会计核算，计算增值税销项税额。

【做中学】星光有限公司2017年11月以自产C产品换取原材料一批，原材料已验收入库，取得的专用发票上注明价款76 000元，增值税额12 920元，发出C产品不含税价款65 000元，增值税额11 050元，另支付差价款12 870元。

借：原材料　　76 000
　　应交税费——应交增值税（进项税额）　　12 920
　贷：主营业务收入　　65 000
　　　应交税费——应交增值税（销项税额）　　11 050
　　　银行存款　　12 870

（2）“以旧换新”方式销售货物的核算。以旧换新是指纳税人在销售自己的货物时，有偿回收旧货物的销售行为。因为销售货物和收购货物是两个不同的业务活动，销售额和收购额不能相互抵减。按税法规定，采取以旧换新方式销售货物的，应按新货物的同期销售价格确定销售额，不得扣减旧货物的收购价格。

【做中学】某商场采用以旧换新方式销售电冰箱2台，电冰箱零售价格为3 510元，同品牌的旧冰箱回收价为180元，顾客交付新旧电冰箱差价3 330元，可得到一台新冰箱。

①计算销项税额：

不含税售价＝含税售价÷（1＋增值税税率）

销项税额＝3 510÷（1＋17％）×17％×2＝1 020（元）

②会计分录如下：

借：库存现金　　6 660

　　材料采购　　360

　贷：主营业务收入　　6 000

　　　应交税费——应交增值税（销项税额）　　1 020

三、缴纳增值税如何核算

1. 交纳当月应交增值税的账务处理

企业交纳当月应交的增值税，借记“应交税费——应交增值税（已交税金）”科目，贷记“银行存款”科目。

纳税人销售货物或应税劳务按以下公式计算应纳税额：

当期应纳税额＝(当期销项税额＋当期进项税额转出＋当期出口退税发生额）－（上期留抵＋当期发生的允许抵扣的进项税额）

2. 交纳以前期间未交增值税的账务处理

企业交纳以前期间未交的增值税，借记“应交税费——未交增值税”科目，贷记“银行存款”科目。

3. 月末转出多交增值税和未交增值税的账务处理

①转出当月应交未交的增值税

借：应交税费——应交增值税——转出未交增值税

　贷：应交税费——未交增值税

②转出当月实际多交的增值税

借：应交税费——未交增值税

　贷：应交税费——应交增值税——转出多交增值税

4. 预缴增值税的账务处理

企业预缴增值税时，借记“应交税费——预交增值税”科目，贷记“银行存款”科目。月末，企业应将“预交增值税”明细科目余额转入“未交增值税”明细科目，借记“应交税费——未交增值税”科目，贷记“应交税费——预交增值税”科目。房地产开发企业等在预缴增值税后，应直至纳税义务发生时方可从“应交税费——预交增值税”科目结转至“应交税费——未交增值税”科目。

【做中学】星光有限公司2017年9月应缴增值税额为600 000元，当月已缴纳增值税共500 000元；2017年10月应交增值税额为600 000元，已缴纳增值税800 000元（其中包括上月未交增值税额为100 000元)，多交了增值税100 000元。该公司9月、10月缴纳增值税如何进行账务处理？

①2017年9月，星光有限公司应做如下账务处理：

借：应交税费——应交增值税（已交税金）　　500 000

贷：银行存款　　　　500 000

借：应交税费——应交增值税（转出未交增值税）　　　　100 000

贷：应交税费——未交增值税　　　　100 000

②2017年10月，星光有限公司应做如下账务处理：

借：应交税费——应交增值税（已交税金）　　　　600 000

贷：银行存款　　　　600 000

借：应交税费——未交增值税　　　　100 000

贷：银行存款　　　　100 000

借：应交税费——未交增值税　　　　100 000

贷：应交税费——应交增值税（转出多交增值税）　　　　100 000

③减免增值税如何进行账务处理？

一般纳税人当期直接减免的增值税，应进行如下账务处理：

借：应交税费——应交增值税—减免税款

贷：营业外收入

（按《政府补助》准则，直接减免的税收不属于政府补助准则范围，故不能用“递延收益”）

以物易物不计销售收入偷逃增值税案

某市一汽车制造厂系增值税一般纳税人，该市国税局的稽查人员在对其进行全面检查时，发现该汽车制造厂用三辆小客车换取某发动机制造厂的一批发动机，在账务处理上直接增加原材料，未计入销售收入，也未计缴税金。

根据《增值税暂行条例》的规定，以物易物的交易双方均应做购销处理，即分别计算销项税额和进项税额。另据《中华人民共和国税收征收管理法》第四十条规定，税务机关决定对汽车制造厂的行为以偷税论处并处以2倍罚款。

据调查，同类小客车的销售价格为每辆12万元（含税），因此该汽车制造厂应补提增值税120 000÷（1+17%）×17%×3=52 308（元）。

资料来源：http：//info.72ec.com/article

学习情境三　小规模纳税人增值税核算

华腾公司不符合一般纳税人条件，由主管税务机关认定为小规模纳税人。对于小规模纳

税人而言，在增值税的核算上，和一般纳税人的差别在哪里呢？账务处理上有何不同呢？

知识准备

小规模纳税人不得填开或索取增值税专用发票，也不得进行销项税额与进项税额的抵扣，只需要设置“应交税费——应交增值税”明细科目核算增值税的应缴数、已缴数及欠缴数或多缴数。

借方	应交税费——应交增值税　　　贷方
已缴纳的增值税	应缴纳的增值税
期末借方余额为多交的增值税	期末贷方余额为尚未缴纳的增值税

一、小规模纳税人购进货物如何核算

小规模纳税人不享有进项税额的抵扣权，在购入货物及接受劳务时支付的增值税额，应该直接计入有关货物及劳务的成本。

【做中学】华腾公司为小规模纳税人（采用实际成本法核算材料），本期购入的生产材料为600 000元，购入货物的适用税率为17%，材料尚未验收入库，公司已用银行存款支付。

借：在途物资　　　　　　　　　702 000（600 000＋600 000×17%）

　贷：银行存款　　　　　　　　　702 000

二、小规模纳税人销售货物如何核算

因为小规模纳税人除可以向税务机关申请代开增值税专用发票外，一般开出的是普通发票（如将商品直接销售给消费者），普通发票的销售额是含税销售额，而确认收入及应交增值税时应按不含税销售额计算，所以要把含税销售额转化成不含税销售额。

不含税销售额＝含税销售额÷（1＋征收率）；应纳税额＝不含税销售额×征收率

【做中学】某商店为小规模纳税人，本期实现的销售收入为468 000元，全部销售给消费者，所收款项全部送存银行。

(1) 计算应纳增值税额：

含税销售额＝468 000÷（1＋3%）＝454 368.93（元）

本期应纳增值税额＝454 368.93×3%＝13 631.07（元）

(2) 确认收入：

借：银行存款　　　　　　　　　468 000

　贷：主营业务收入　　　　　　　　454 368.93

　　　应交税费——应交增值税　　　　13 631.07

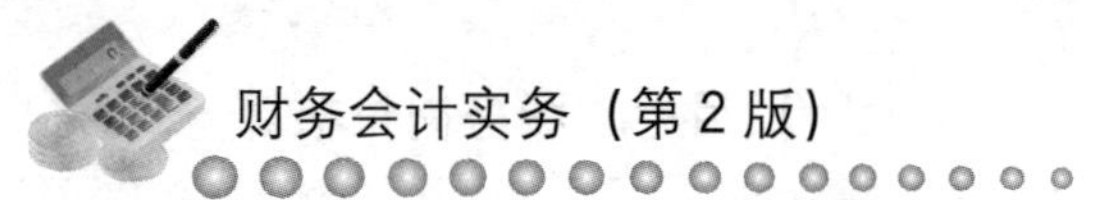

(3) 下月初缴纳增值税：

借：应交税费——应交增值税　　13 631.07

　贷：银行存款　　13 631.07

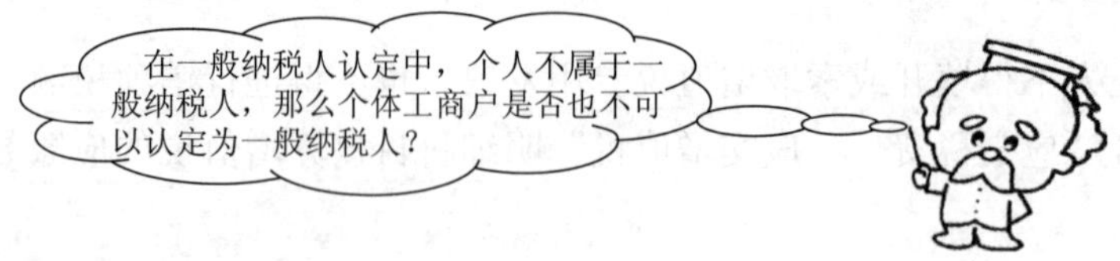

小规模纳税人愿意被认定为一般纳税人吗

从2009年1月1日开始，我国实行增值税转型，增值税一般纳税人购进生产性固定资产的进项税金可以抵扣，加上一般纳税人认定门槛的降低，人们原以为小规模纳税人申请一般纳税人资格的积极性会增加。但事与愿违，不少基层税务机关在调研中发现，一些行业的小规模纳税人在征收率降为3%后，不愿升格为增值税一般纳税人。

浙江省某税务机关调研显示，实施增值税转型后，当地木材加工业增值税一般纳税人平均税负约为6.5%，而小规模纳税人税负率降到3%，比增值税一般纳税人平均税负低3.5个百分点。显然，小规模纳税人不愿转为增值税一般纳税人。为了规避升格为增值税一般纳税人，这些小规模纳税人大多采取两种办法：一是“注销—登记—再注销”反复登记，即小规模纳税人在达到一般纳税人认定标准前就注销登记，随后再重新办理登记，循环往复，成为“长不大”的小规模纳税人。二是“化整为零”开发票，即当某项经营业务需要开具发票时，就冒用他人的姓名到税务部门代开销售发票，并按3%税率缴纳税款，借机取得销售发票的同时，也降低了企业销售额，避免跨出小规模纳税人“门槛”。更何况，冒用他人姓名开具销售发票，当月销售额达不到起征点（2000～5000元），或每次（日）达不到起征点（150～200元）时，还无须纳税。

资料来源：百度知道

任务三　其他应交税费的核算

任务安排

- 了解各税种的概念、证收范围、税目与税率。
- 掌握消费税的计算和相关的账务处理。
- 掌握企业所得税和个人所得税的准确计算方法，并能熟练进行所得税的会计处理。
- 了解城市维护建设税、城镇土地使用税、房产税、车船税、印花税等税种基础知识。

● 掌握城市维护建设税、城镇土地使用税、房产税、车船税、印花税等税种的简单会计处理。

● 了解各税种的特点、税收优惠政策。

学习情境一　应交消费税的核算

李丽为鸿运摩托车企业的税务会计，她所在的这家企业主要是生产和销售气缸容量大于250毫升型号的摩托车，每辆摩托车的生产成本是22 000元。同时该企业为一般纳税人，增值税税率为17%，消费税税率为10%。今年9月1日他们单位按不含税出厂价每辆30 000元销售给特约经销商摩托车30辆，另外收取包装费和售后服务费每辆1 170元。款项已通过银行收讫。请问，作为税务会计人员的李丽该怎样来核算这项经济业务？

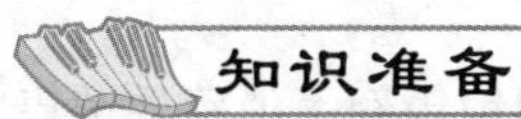

一、什么是消费税

消费税是对在中华人民共和国境内从事生产、委托加工和进口特定应税消费品的单位和个人，就其销售额或销售数量在特定环节征收的一种税。我国的消费税是在征收增值税的基础上选择一部分消费品和消费行为征收，而不是对所有的消费品和消费行为征收。作为价内税的消费税计税依据是含消费税不含增值税的销售额，即应税销售收入中包含了消费税税额。

二、哪些消费品属应税消费品

应税消费品大体上可分为5个类型。

第一类：一些过度消费会对人类健康、社会秩序、生态环境等方面造成危害的特殊产品，如烟、酒及酒精、鞭炮、烟火等。

第二类：奢侈品、非生活必需品，如贵重首饰、珠宝玉石、化妆品等。

第三类：高能耗及高档消费品，如摩托车、小汽车等。

第四类：不可再生和替代的稀缺资源消费品，如汽油、柴油。

第五类：税基宽广、消费普遍、征税后不影响居民基本生活并具有一定财政意义的消费品，如汽车轮胎。

我国消费税采用比例税率和定额税率两种形式。

会计园地

消费税政策知多少

我国现行消费税的征收环节具有单一性，除了金银首饰消费税在零售环节课税和卷烟在批发环节多加一道税外，其他消费税主要在生产、委托加工和进口环节，而不是在消费品生产、流通和消费的多环节征收。消费税不能像增值税那样形成环环抵扣、环环监督的链条，不能形成严密的监督制约机制，结果给偷、逃税以可乘之机。另外，我国目前消费税采用的是价内税的方法，价内税是一种隐蔽的形式，将消费税金额包括在货物价格之内，即在产品价格中包含了消费税但并不标明。

三、如何计算消费税应纳税额

我国消费税应纳税额的计算方法有三种，即从价定率方法、从量定额方法、从价定率和从量定额复合计税方法。

1. 从价定率方法

实行从价定率方法征税的应税消费品，计税依据为应税消费品的销售额。消费税销售额和增值税销售额基本一致，即都含消费税而不含增值税。计算公式为：

应纳税额＝销售额×比例税率

【做中学】南方化妆品厂为增值税一般纳税人，2017 年 5 月销售品牌化妆品 1 170 000 元（含增值税），消费税税率为 30%。

应纳消费税销售额＝［1 170 000÷（1＋17%）］＝1 000 000（元）

应纳消费税税额＝1 000 000×30% ＝ 300 000（元）

2. 从量定额方法

从量定额通常以每单位应税消费品的重量、容积或数量为计税依据，并按每单位应税消费品规定固定税额。计算公式为：

应纳税额＝销售数量×定额税率

【做中学】宏达炼油厂在 2017 年 10 月销售汽油 200 吨，销售柴油 150 吨；用 30 吨汽油抵偿债务；企业基建部门又领用柴油 40 吨。汽油消费税税率为 1.52 元/升，柴油消费税税率为 1.20 元/升。则该厂当月应纳消费税额为多少（汽油 1 吨＝1 388 升，柴油 1 吨＝1 176 升）？

应纳消费税额＝（200×1 388＋30×1 388）×1.52＋（150×1 176＋40×1 176）×1.20
＝485 244.8＋268 128＝753 372.8（元）

3. 从价定率和从量定额复合计税方法

卷烟、白酒实行从量定额和从价定率相结合计算应纳税额的复合计税方法。计算公式为：

应纳税额＝销售额×比例税率＋销售数量×定额税率

【做中学】长江酒厂以粮食白酒 100 000 箱（每箱 120 元，每箱 6 瓶，每瓶 500 克）换取建筑材料，以满足工厂扩建需要。粮食白酒从量征税的计税单位为 0.5 元/斤，税率为

20%。则该业务应纳消费税额为多少?

应纳消费税税额=100 000×120×20%+100 000×6×0.5=2 700 000(元)

四、如何进行消费税的会计核算

1. 消费税核算有哪些常用账户

(1)“税金及附加”账户。全面试行营业税改征增值税后,“营业税金及附加”科目名称调整为“税金及附加”科目,该科目核算企业经营活动发生的消费税、城市维护建设税、资源税、教育费附加及房产税、土地使用税、车船使用税、印花税等相关税费。期末将本科目余额转入本年利润科目,结转后本科目应无余额。利润表中的“营业税金及附加”项目调整为“税金及附加”项目(自2016年12月3日起施行)。

借方　　税金及附加　　贷方

借方	贷方
按规定计算缴纳的税金及附加	期末转入“本年利润”数额
结转后本科目应无余额	

(2)“应交税费——应交消费税”账户。

借方　　应交税费——应交消费税　　贷方

借方	贷方
实际缴纳的消费税额	按规定应缴纳的消费税额
借方余额表示多交或待扣的消费税额	贷方余额表示尚未缴纳的消费税

2. 销售自制应税消费品如何账务处理

纳税人销售自制应税消费品,在销售实现时,应当按应交消费税税额借记“税金及附加”账户,贷记“应交税费——应交消费税”账户。同时还需做与销售收入和应缴增值税有关的账务处理。

【做中学】飞跃公司(一般纳税企业)2017年3月销售摩托车10辆,每辆售价1.5万元(不含增值税),货款尚未收到,摩托车每辆成本0.5万元。适用消费税税率为10%。

(1)计算应交消费税:

应向购买方收取的增值税额=15 000×10×17%=25 500(元)

应交消费税=15 000×10×10% = 15 000(元)

(2)编制会计分录如下:

借:应收账款　　175 500

　贷:主营业务收入　　150 000

　　　应交税费——应交增值税(销项税额)　　25 500

借:税金及附加　　15 000

贷：应交税费——应交消费税　　15 000

借：主营业务成本　　50 000

贷：库存商品　　50 000

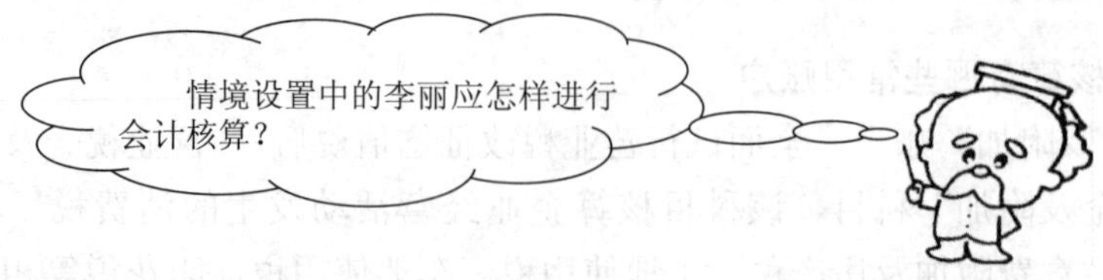

3. 委托加工应税消费品如何进行账务处理

对于委托加工的应税消费品，由受托方在向委托方交货时代扣代缴税款（除受托方为个人外）。如委托方将加工收回的消费品用于连续生产应税消费品的，所纳消费税税款按规定可予抵扣；若委托方收回应税消费品后，直接用于销售，则应将代扣代缴的消费税计入委托加工的应税消费品成本，不再征收消费税。

【学中做】星光有限公司委托外单位加工材料（非金银首饰），原材料价款20万元，加工费用5万元，由受托方代收代缴的消费税0.5万元（不考虑增值税），材料已经加工完毕验收入库，加工费用等尚未支付。假定该企业材料采用实际成本法核算。

如果委托方收回加工后的材料用于继续生产应税消费品或收回加工后的材料直接用于销售，委托方应分别如何进行相关账务处理？

4. 视同销售时消费税如何进行账务处理

对税法规定的视同销售的会计处理有两种情形：一种是确认收入，如企业将自产、委托加工的货物，用于对外捐赠、对外投资、分配给股东、作为职工集体福利发放、本单位个人消费等；一种是不确认收入，只需按成本结转，如企业将自产、委托加工的货物，用于非应税项目等。

【学中做】南方化妆品公司为增值税一般纳税人，2017年7月将自产化妆品一批作为福利发给本公司职工。该批化妆品的成本为2 500元，市场不含增值税售价为3 000元。如何计算当月该批化妆品应纳消费税额及账务处理？

5. 进口应税消费品如何进行账务处理

进口应税消费品，应在进口时，由进口者缴纳消费税，缴纳的消费税应计入进口应税消费品的成本。借记“固定资产”“材料采购”等科目，贷记“银行存款”等科目。

【学中做】某公司进口汽车轮胎一批用于组装卡车，汽车轮胎为应税消费品，缴纳消费税金250 000元，则该公司应如何进行账务处理？

消费税调整怎样影响百姓消费

◆奢侈消费将受遏制，更多体现社会公平。调整项目：将游艇纳入消费税征收范围，按照10%的税率征收消费税；将高尔夫球及球具作为一个税目，按照10%的税率征收消费税；将高档手表纳入征收范围，按照 20%的税率征收消费税。

◆环保、节约就在举手投足间。调整项目：将木制一次性筷子和实木均作为单独的税目，分别按照 5%的税率征收消费税。

◆谁耗能多，谁就付出更大代价。调整项目：对航空煤油、石脑油、溶剂油、润滑油、燃料油开始征收消费税。石脑油、溶剂油、润滑油比照汽油，税率（税额）为每升 1.52 元；航空煤油、燃料油比照柴油，税率（税额）为每升 1.20 元。

◆远离豪华比阔，崇尚轻型汽车。调整项目：调整小汽车税率结构，提高大排量汽车的税率。对乘用车（包括越野车）按排量大小分别适用六档税率。对中轻型商用客车统一适用 5%税率。对混合动力汽车等具有节能、环保特点的汽车将实行一定的税收优惠。将摩托车消费税现行 10%的税率，改为按排量划分两档税率。

资料来源：http：//www.cnlyjd.com/tax

学习情境二　应交所得税的核算

天宇实业股份有限公司被税务机关认定为一般纳税人，执行《企业会计准则》和现行企业所得税政策，企业所得税税率 25%，2016 年税前会计利润总额 1100 万元，有以下纳税调整事项：①2016 年 11 月，公司购入交易性金融资产，入账价值为 400 万元；年末按公允价值计价为 550 万元。②2016 年 12 月末，公司将应计产品保修成本 50 万元确认为预计负债。年终该公司应缴纳多少企业所得税？如何进行账务处理？

知识准备

一、什么是企业所得税

企业所得税是对我国境内的企业和其他取得收入的组织的生产经营所得和其他所得所征收的一种税收，它是规范和处理国家与企业分配关系的重要形式。企业所得税的纳税人分为居民企业和非居民企业，所谓居民企业，是指依法在中国境内成立，或者依照外国（地区）法律成立但实际管理机构在中国境内的企业。所谓非居民企业，是指依照外国（地区）法律成立且实际管理机构不在中国境内，但在中国境内设立机构、场所的，或者在中国境内未设立机构、场所，但有来源于中国境内所得的企业。

二、企业所得税税率是多少

企业所得税的税率为 25%。在中国境内未设立机构、场所的，或者虽设立机构、场所但取得的所得与其所设机构、场所没有实际联系的非居民企业，符合条件的小型微利企业，减按20%的税率征收企业所得税。国家需要重点扶持的高新技术企业，减按15%的税率征收企业所得税。

应纳税所得额是企业所得税的计税依据，应纳税所得额有两种计算方法，一是直接法，二是间接法。公式表示如下：

直接法下：

应纳税所得额=收入总额－不征税收入－免税收入－各项扣除－允许弥补的以前年度亏损

间接法下：

应纳税所得额=税前会计利润＋纳税调整增加额－纳税调整减少额

三、如何进行企业所得税的会计处理

我国所得税会计采用了资产负债表债务法，要求企业从资产负债表出发，通过比较资产负债表上列示的资产、负债，按照《企业会计准则》规定确定的账面价值与按照税法规定确定的计税基础，对两者之间的差异分别按应纳税暂时性差异与可抵扣暂时性差异，确认相关的递延所得税负债与递延所得税资产，并在此基础上确定每一会计期间利润表中的所得税费用。

会计园地

税法规定与会计规定差异的处理

税法规定与会计规定差异的处理，是指企业在财务会计核算中与税法规定不一致的，应当依照税法规定予以调整。也就是说，企业在平时进行会计核算时，可以按会计制度的有关规定进行账务处理，但在申报纳税时，对税法规定和会计制度规定有差异的，要按税法规定进行纳税调整。

(1) 企业不能提供完整、准确的收入及成本、费用凭证，不能正确计算应纳税所得额的，由税务机关核定其应纳税所得额。

(2) 企业依法清算时，以其清算终了后的清算所得为应纳税所得额，按规定缴纳企业所得税。所谓清算所得，是指企业清算的全部资产或财产扣除各项清算费用、损失、负债、企业未分配利润、公益金后的余额，超过实缴资本的部分。

(3) 企业应纳税所得额是根据税收法规计算出来的，它在数额上与依据财务会计制度计算的利润总额往往不一致。因此，税法规定：对企业按照有关财务会计规定计算的利润总额，要按照税法的规定进行必要调整后，才能作为应纳税所得额计算缴纳所得税。

1. 所得税核算有哪些常用账户

(1)“所得税费用”账户。其属损益类，该账户核算和监督企业按规定从本期损益中扣除的所得税费用，期末结转入“本年利润”后，该账户无余额。

借方　　　　　所得税费用	贷方
企业计入本期损益的所得税额	转入“本年利润”账户的所得税额
结转后无余额	

(2)“应交税费——应交所得税”账户。该账户核算和监督所得税的应交、已交及余额情况。

借方　　　　　应交税费——应交所得税	贷方
反映企业已交所得税	反映企业应交所得税
借方余额为多交的所得税	贷方余额为尚未缴纳的所得税

(3)“递延所得税资产”账户。该账户属资产类。资产、负债的账面价值与其计税基础不同产生可抵扣暂时性差异的，在估计未来期间能够取得足够的应纳税所得额用以抵扣暂时性差异，应当以很可能取得用来抵扣暂时性差异的应纳税所得额为限，确认相关的递延所得税资产。

借方　　　　　递延所得税资产	贷方
①应予确认的递延所得税资产 ②反映本期应确认的递延所得税资产大于其账面余额的差额	①转回递延所得税资产 ②反映本期应确认的递延所得税资产小于其账面余额的差额
反映企业已确认的递延所得税资产的余额	

(4)“递延所得税负债”账户。该账户属负债类。应纳税暂时性差异在转回期间将增加未来期间企业的应纳税所得额和应交所得税，导致企业经济利益的流出，从其发生当期来看，构成企业应支付税金的义务，应作为递延所得税负债确认。

借方　　　　　递延所得税负债	贷方
①转回递延所得税负债 ②反映本期应予确认的递延所得税负债小于其账面余额的差额	①应予确认的递延所得税负债 ②反映本期应予确认的递延所得税负债大于其账面余额的差额
	反映企业已确认的递延所得税负债的余额

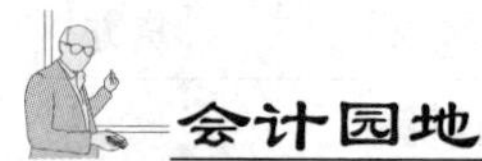

资产负债表债务法程序

第一步：计算应交税费——应交所得税，即在会计利润总额的基础上，加或减纳税调整事项，得到应纳税所得额，再乘以当期适用所得税税率，得到应交的所得税。应交所得税＝应纳税所得额×所得税税率。

第二步：确定资产或负债的账面价值及计税基础，比较账面价值和计税基础，判断其差异属于可抵扣暂时性差异还是应纳税暂时性差异，进而确认递延所得税资产或递延所得税负债期末余额（关键步骤）。

第三步：将本期递延所得税资产或递延所得税负债期末应有余额与期初余额比较，确定增加或减少额。

第四步：做分录，倒挤所得税费用。

2. 什么是计税基础

计税基础分为两个：资产的计税基础及负债的计税基础。

（1）资产的计税基础。资产的计税基础是指资产在未来期间计税时按照税法规定可税前扣除的金额。通常情况下，资产在取得时其入账价值与计税基础相同，后续计量过程中因《企业会计准则》规定与税法规定不同，可能产生资产的账面价值与其计税基础的差异。

资产计税基础＝取得成本－以前期间按税法规定已税前扣除的金额

资产账面价值＝按会计准则规定在资产负债表中列示的金额

例如：固定资产计税基础＝成本－按税法规定以前期间已提折旧

固定资产账面价值＝原值－累计折旧－固定资产减值准备

无形资产计税基础＝成本－按税法规定以前期间已累计摊销

无形资产账面价值＝原值－累计摊销－无形资产减值准备

【做中学】某企业一项固定资产原价120万元，假设会计折旧年限为4年，税法折旧年限为3年，不考虑净残值，会计与税法均按直线法计提折旧。则会计上每年计提30万元的折旧，税法上每年计提40万元的折旧。如何确定账面价值和计税基础？

①第一年年末：

账面价值＝120－30（当年的会计折旧）＝90（万元）

计税基础＝120－40（当年的税法折旧）＝80（万元）

②第二年年末：

账面价值＝90－30（当年的会计折旧）＝60（万元）

计税基础＝80－40（当年的税法折旧）＝40（万元）

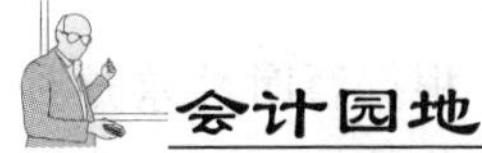

资产的账面价值与计税基础产生差异的原因

企业会计准则规定与税法规定不一致，可能产生资产的账面价值与其计税基础的差异。

例如：固定资产的差异主要产生于：①会计采用的折旧方法、折旧年限与税法规定的折旧方法折旧年限不一致导致的差异。②因计提减值准备而产生差异。会计可以计提资产减值准备，而税法只允许在实际发生减值损失时按实际发生额作税前扣除。

无形资产的差异主要产生于：①自行研发的无形资产，税法规定其研发支出，未形成无形资产而计入当期损益的，加计扣除50%；形成无形资产的，按无形资产成本的150%进行摊销。②使用寿命不确定的无形资产，会计上不进行摊销，税法对所有无形资产都进行摊销。③对减值准备的处理不同，计算会计的账面价值是要扣除减值准备的，计算计税基础时不允许扣除减值准备。

交易性金融资产、可供出售金融资产的差异主要产生于：企业会计准则规定，交易性金融资产、可供出售金融资产期末应以公允价值计量，但是按照税法规定，交易性金融资产、可供出售金融资产在持有期间公允价值变动不计入应纳税所得额，即其计税基础保持不变，则产生了其账面价值与计税基础之间的差异。

（2）负债的计税基础。负债的计税基础是指负债的账面价值减去未来期间计算应纳税所得额时按照税法规定可予抵扣的金额。

负债的计税基础＝账面价值－未来期间税法允许税前扣除的金额

负债的确认与偿还一般不会影响企业的损益，也不会影响其应纳税所得额，未来期间计算应纳税所得额时按照税法规定可予抵扣的金额为0，计税基础即为账面价值。但是，某些情况下，负债的确认可能会影响企业的损益，进而影响不同期间的应纳税所得额，使得其计税基础与账面价值之间产生差额，如按照会计规定确认的某些预计负债。

【做中学】星光有限公司2016年因销售产品承诺提供3年的保修服务，在当年年度利润表中确认了500万元的销售费用，同时确认为预计负债，当年度未发生任何保修支出。按照税法规定，与产品售后服务相关的费用在实际发生时允许税前扣除。

星光有限公司会计账务处理如下：

借：销售费用　　　　　　　　　　　　　5 000 000

　贷：预计负债　　　　　　　　　　　　　5 000 000

该项预计负债在甲企业2016年12月31日资产负债表中的账面价值为500万元。因当年未实际发生保修支出，所以计提的500万元保修费用可以在未来实际发生时扣除。

则该项预计负债的计税基础＝账面价值－未来期间按税法规定可予抵扣的金额

＝500万元－500万元＝0

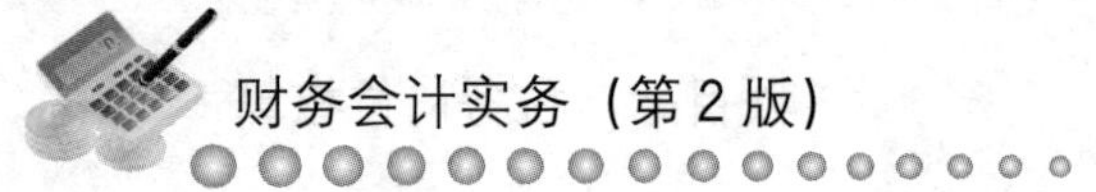

3. 什么是暂时性差异

暂时性差异是指资产或负债的账面价值与其计税基础之间的差额。根据暂时性差异对未来期间应税金额影响的不同，分为应纳税暂时性差异与可抵扣暂时性差异。

（1）应纳税暂时性差异。应纳税暂时性差异是指在确定未来收回资产或清偿负债期间的应纳税所得额时，将导致产生应纳税金额的暂时性差异。应纳税暂时性差异通常产生于以下情况。

①资产的账面价值大于其计税基础。

【做中学】星光有限公司持有一项交易性金融资产，成本为1 000万元，期末公允价值为1 500万元，即期末账面价值为1 500万元，但是按照税法规定，交易性金融资产在持有期间公允价值变动不计入应纳税所得额，即计税基础仍维持1 000万元不变，由于该项资产的升值部分500万元，在将来收回时将会产生应交所得税，因此该项资产的账面价值1 500万元与其计税基础1 000万元之间的差额500万元属于应纳税暂时性差异。

②负债的账面价值小于其计税基础。

（2）可抵扣暂时性差异。可抵扣暂时性差异是指在确定未来收回资产或清偿负债期间的应纳税所得额时，将导致产生可抵扣金额的暂时性差异。可抵扣暂时性差异通常产生以下情况。

①资产的账面价值小于其计税基础。

【做中学】星光有限公司期末持有一批存货，原账面价值（账面成本）为1 000万元，估计其可变现净值为800万元，按照存货准则规定，计提了存货跌价准备200万元。但是税法规定存货跌价损失在发生实质性损失前不允许税前扣除，因此该批存货的计税基础仍为1 000万元。由于存货跌价准备在存货跌价时可从应纳税所得额中扣除，在期末资产负债表中，该批存货的账面价值800万元与其计税基础1 000万元之间的差额200万元属于可抵扣暂时性差异。

②负债的账面价值大于其计税基础。

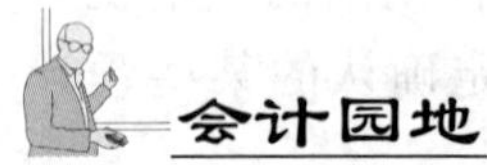

递延所得税资产及递延所得税负债的确认

递延所得税资产及递延所得税负债的确认如表7-3所示。

表 7-3 递延所得税资产及递延所得税负债的确认

项目	资产	负债
应纳税暂时性差异 确认为递延所得税负债	资产的账面价值 > 资产的计税基础	负债的账面价值 < 负债的计税基础
可抵扣暂时性差异 确认为递延所得税资产	资产的账面价值 < 资产的计税基础	负债的账面价值 > 负债的计税基础

据这样一个关系，可以发现，只要确定账面价值与计税基础不符，就会对未来产生影响，如果对未来没有影响，那其账面价值就等于计税基础。

技巧：记住一种情况，可以推出其他三种情况。

理解诀窍：现在抵扣得少，多交税了，未来就会少交税，形成递延所得税资产。

现在抵扣得多，少交税了，未来就会多交税，形成递延所得税负债。

4. 如何进行递延所得税资产的确认和计量

资产、负债的账面价值与其计税基础不同产生可抵扣暂时性差异的，在估计未来期间能够取得足够的应纳税所得额用以利用该可抵扣暂时性差异时，应当以很可能取得用来抵扣可抵扣暂时性差异的应纳税所得额为限，确认相关的递延所得税资产。

确认递延所得税资产时，应估计相关可抵扣暂时性差异的转回时间，采用转回期间适用的所得税税率为基础计算确定。

【做中学】星光有限公司 2017 年存在一项可抵扣的暂时性差异 300 万元，适用的所得税税率为 25%，那么，

（1）企业未来能够产生足够的应纳税所得额用以抵减可抵扣暂时性差异的影响，比如应纳税所得额超过 300 万元，且存在明确的证据，则可以确认递延所得税资产 75 万元（300×25%）。做会计分录如下：

借：递延所得税资产　　750 000

　贷：所得税费用——递延所得税费用　　750 000

（2）企业未来不能够产生足够的应纳税所得额用以抵减可抵扣暂时性差异的影响，比如应纳税所得额为 120 万元，且存在明确的证据，则可以确认递延所得税资产 30 万元（120×25%），而不能将 300 万元的可抵扣暂时性差异完全确认为递延所得税资产 75 万元。做会计分录如下：

借：递延所得税资产　　300 000

　贷：所得税费用——递延所得税费用　　300 000

5. 如何进行递延所得税负债的确认和计量

递延所得税负债产生于应纳税暂时性差异，一般来说，企业对于所有的应纳税暂时性

差异均应确认相关的递延所得税负债。递延所得税负债应以相关应纳税暂时性差异转回期间按照税法规定适用的所得税税率计量。

【做中学】 星光有限公司于2017年8月1日购买股票600万元，会计上作为交易性金融资产进行核算。当年12月31日，其公允价值为645万元，所适用的所得税税率为25%。

借：交易性金融资产——公允价值变动　　450 000
　贷：公允价值变动损益　　450 000
借：所得税费用　　112 500（450 000×25%）
　贷：递延所得税负债　　112 500

6. 如何进行所得税费用的确认和计量

（1）当期所得税。当期所得税是指企业按照税法规定计算确定的针对当期发生的交易和事项，应缴纳给税务部门的所得税金额，即应交所得税，应以适用的税收法规为基础计算确定。即

应纳税所得额＝会计利润＋纳税调整增加额－纳税调整减少额＋境外所得弥补境内亏损－弥补以前年度亏损

当期所得税＝当期应交所得税＝应纳税所得额×适用税率－减免税额－抵免税额

企业在确定当期所得税时，对于当期发生的交易或事项，会计处理与税收处理是不同的，应在会计利润的基础上，按照适用税收法规的要求进行调整，计算出当期应纳税所得额，按照应纳税所得额与适用所得税税率计算确定当期应交所得税。

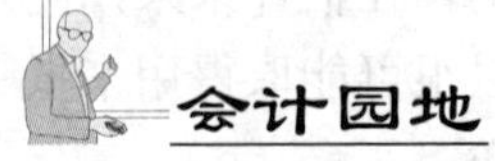

纳税调整知多少

纳税调整就是在会计利润的基础上，按税法规定把会计利润调整为应纳税所得额。

其中，纳税调整增加额包括：一是会计中作为费用从税前利润中扣除了，但税法不允许扣除的项目。如：支付的税收滞纳金，计提的资产减值准备等。二是会计和税法都允许从利润中扣除，但会计扣得多，而税法允许扣得少。如：因折旧方法不同而导致的会计比税法多算的折旧额，会计比税法多扣的广告费、业务招待费等。

纳税调整减少额包括：一是会计计入了利润，而税法规定不计入应纳税所得额（即税法规定不交税的项目）。如：国债利息收入、成本法计入投资收益的股利、权益法分享被投资方净利润计入投资收益的部分。二是会计比税法少扣除的部分，如因折旧方法不同而导致会计比税法少算的折旧额等。

（2）递延所得税。递延所得税是指按照《企业会计准则》规定应予确认的递延所得税资产和递延所得税负债在期末应有的金额相对于原已确认金额之间的差额，即递延所得税资产及递延所得税负债的当期发生额，但不包括直接计入所有者权益的交易或事项及企业合并的所得税影响。即

递延所得税＝（期末递延所得税负债－期初递延所得税负债）－

（期末递延所得税资产－期初递延所得税资产）

＝当期递延所得税负债的增加（－减少）－

当期递延所得税资产的增加（＋减少）

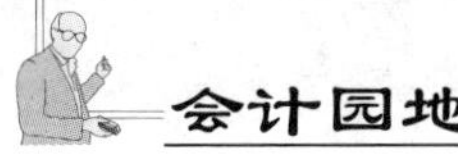

递延所得税资产、递延所得税负债和所得税费用

通常将递延所得税资产的发生额（这里发生额仅指增加）称为递延所得税收益，因为确认递延所得税资产的分录一般为：

借：递延所得税资产

　贷：所得税费用（当期所得税费用减少，相当于收益）

递延所得税负债的发生额（这里发生额仅指增加）则相反，使所得税费用增加，一般分录为：

借：所得税费用

　贷：递延所得税负债

所以，将当期所得税和递延所得税综合考虑就可以计算得出当期所得税费用。

值得注意的是，确认递延所得税资产或递延所得税负债，对应的科目并不一定是“所得税费用”。比如可供出售金融资产公允价值变动导致的递延所得税资产或递延所得税负债，对应的科目一般为“其他综合收益”。

（3）所得税费用。利润表中的所得税费用由两个部分组成：当期所得税和递延所得税。

所得税费用＝当期所得税＋递延所得税

具体账务处理如下：

借：所得税费用（当期所得税＋递延所得税）

　　递延所得税资产（增加）

　　递延所得税负债（减少）

　贷：应交税费——应交所得税（按照税法规定计算确定的当期应交所得税）

　　　递延所得税资产（减少）

　　　递延所得税负债（增加）

【做中学】星光有限公司2017年度利润表中利润总额为3 000万元，该公司适用的所得税税率为25%，递延所得税资产及递延所得税负债不存在期初余额。与所得税核算有关的情况如下：

2017年发生的有关交易和事项中，会计处理与税收处理存在差别的有：

①2017年1月开始计提折旧的一项固定资产，成本为1 500万元，使用年限为10年，净残值为0。会计处理按双倍余额递减法计提折旧，税收处理按直线法计提折旧。假定税法规定的使用年限及净残值与会计规定相同。

②向关联企业捐赠现金500万元。假定按照税法规定，企业向关联方的捐赠不允许税

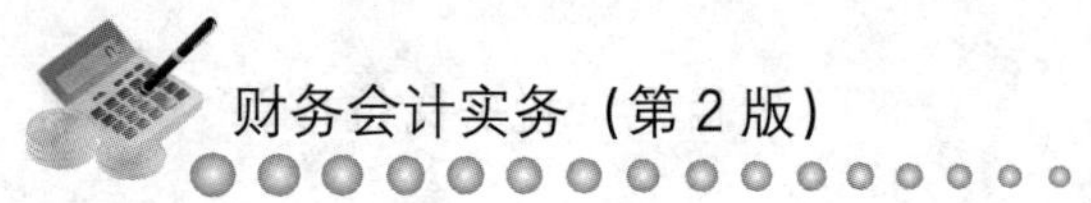

前扣除。

③当期取得作为交易性金融资产核算的股票投资成本为800万元，2017年12月31日的公允价值为1 200万元。税法规定，以公允价值计量的金融资产持有期间市价变动不计入应纳税所得额。

④违反环保法规定应支付罚款250万元。

⑤期末对持有的存货计提了75万元的存货跌价准备。

根据上述资料，计算如下：

第一步，计算2017年度当期应交所得税：

应纳税所得额＝3 000＋150（1 500÷10）＋500－400（1 200－800）＋250＋75＝3 575（万元）

应交所得税＝3 575×25％＝893.75（万元）

第二步，计算2017年度递延所得税：

递延所得税资产＝（150＋75）×25％＝56.25（万元）

递延所得税负债＝400×25％＝100（万元）

递延所得税＝100－56.25＝43.75（万元）

第三步，计算利润表中应确认的所得税费用：

所得税费用＝893.75＋43.75＝937.5（万元）

第四步，会计分录如下：

借：所得税费用　　　　9 375 000
　　递延所得税资产　　　562 500
　贷：应交税费——应交所得税　　　8 937 500
　　　递延所得税负债　　　　　　　1 000 000

兴趣拓展

《企业所得税法》实现了“四个统一”

《企业所得税法》总体上体现了“四个统一”：

（1）内资、外资企业适用统一的《企业所得税法》。

（2）统一并适当降低企业所得税税率。

（3）统一和规范税前扣除办法和标准。

（4）统一税收优惠政策，实行“产业优惠为主、区域优惠为辅”的新税收优惠体系。

学习情境三 其他应交税费的核算

维美有限公司是一家从事工业产品生产的企业，该公司适用的税种除了增值税、消费税、企业所得税之外，还需要缴纳什么税？如何进行会计处理？

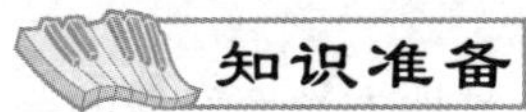

一、如何核算个人所得税

个人所得税是对个人（即自然人）取得各项所得征收的一种税。

由于我国个人所得税实行源泉扣缴，因而对企业而言个人所得税的会计处理主要是指企业代扣代缴个人所得税所涉及的会计核算。其中工资、薪金所得应纳税额的计算公式为：

应纳税额＝应纳税所得额×适用税率－速算扣除数

＝（每月收入额－3 500 元）×适用税率－速算扣除数

应纳税所得额是指依照税法规定，以每月收入额扣减费用 3 500 元（境外人员以及赴境外工作人员为 4 800 元）后的余额。

个人所得税的核算，主要通过“应交税费——应交个人所得税”科目进行。

【学中做】 星光有限公司 2017 年 9 月 25 日，汇总本公司应付工资总额为 65 000 元，其中生产工人工资 40 000 元，车间管理人员工资 10 000 元，公司管理人员工资 15 000 元；按税法规定应代扣代缴个人所得税 650 元，该公司应该如何进行账务处理？

个人取得哪些所得应当缴纳个人所得税

①工资、薪金所得；②个体工商户的生产、经营所得；③对企事业单位的承包经营、承租经营所得；④劳务报酬所得；⑤稿酬所得；⑥特许权使用费所得；⑦利息、股息、红利所得；⑧财产租赁所得；⑨财产转让所得；⑩偶然所得；⑪经国务院财政部门确定征税的其他所得。

二、如何核算城市维护建设税和教育费附加

（1）城市维护建设税，简称城建税，是对从事工商经营，缴纳增值税、消费税（简称“二税”）的单位和个人，就其实际缴纳的“二税”税额为计税依据而征收的一种税。该税的税款收入由地方人民政府安排，专门用于城镇公用事业和公共设施的维护建设，属于地

方附加税性质。

城建税征税范围和税率

城市维护建设税征税范围包括城市、县城和建制镇，以及税法规定征收“二税”的其他地区。城市、县城和建制镇的范围，应根据行政区划作为划分标准。其税率如下。

市区：7%；县城和建制镇：5%；县城和建制镇以外的地区：1%。

（2）教育费附加是对实际缴纳“二税”税额征收的一种附加税，是地方教育经费的一项来源，由教育部门统筹安排，专门用于改善中小学教学设施和办学条件，教育费附加的附加率是3%。

上述两税种的计算公式为：

应纳税额＝实际缴纳的“二税”税额×适用税率

＝（实际缴纳的增值税＋实际缴纳的消费税）×适用税率

企业提取城市维护建设税和教育费附加的会计处理是，借记“税金及附加”，贷记“应交税费——应交城市维护建设税”“应交税费——教育费附加”；企业缴纳城市维护建设税和教育费附加时，借记“应交税费—应交城市维护建设税”“应交税费—教育费附加”贷记“银行存款”。

【学中做】星光有限公司所在地为城市市区，为一般纳税人，当月实际已缴纳的增值税275万元，消费税400万元。则公司应缴纳的城市维护建设税是多少？教育费附加是多少？应该如何进行账务处理？

三、如何核算城镇土地使用税

城镇土地使用税是以城镇土地为征税对象，对拥有土地使用权的单位和个人征收的一种税。

城镇土地使用税＝土地证上记载的土地面积×地级单位税额

企业在缴纳城镇土地使用税时，应借记“应交税费—应交城镇土地使用税”，贷记“银行存款”。

【学中做】星光有限公司某年实际占用土地面积5 000平方米。该土地每平方米税额为4元，当地的城镇土地使用税每半年征收一次。则公司应缴纳的城镇土地使用税是多少？应该如何进行账务处理？

正确应用城镇土地使用税单位税额

城镇土地使用税实行分级幅度税额。

省、自治区、直辖市人民政府应当在法定税额幅度内，根据市政建设状况、经济繁荣程度等条件确定所辖地区的适用税额。

经省、自治区、直辖市人民政府批准，经济落后地区的土地使用税适用税额可适当降低，但降低额不得超过规定的最低税额的30%。经济发达地区的土地使用税适用税额可适当提高，须报财政部批准。不同级别每平方米年税额如下：

大城市：1.5～30元；中等城市：1.2～24元；小城市：0.9～18元；县城、建制镇、工矿区：0.6～12元。

四、如何核算房产税

房产税是以房屋为征税对象，按房屋的计税余值或租金收入为计税依据向房产所有人或经营人征收的一种财产税。

年应纳税额＝房产账面原值×（1－30%）×1.2%

年应纳税额＝年租金收入×适用税率（12%）

企业按规定缴纳的房产税，应在“税金及附加”账户中据实列支。计算应交房产税时，借记“税金及附加”科目，贷记“应交税费——应交房产税”科目；缴纳房产税时，借记“应交税费——应交房产税”科目，贷记“银行存款”科目。

【做中学】 星光有限公司2016年1月1日拥有房产原值6 600 000元，其中有一部分房产为企业办幼儿园使用，原值1 000 000元。当地政府规定，按原值一次减除20%。

①计算应纳税额时：

年应纳税额＝（6 600 000－1 000 000）×（1－20%）×1.2%＝53 760（元）

借：税金及附加　　53 760

　贷：应交税费——应交房产税　　53 760

②实际交税时：

借：应交税费——应交房产税　　53 760

　贷：银行存款　　53 760

五、如何核算车船税

车船税是指对在中国境内车船管理部门登记的车辆、船舶依法征收的一种税。

应交车船税＝车船的计税单位×年单位税额

企业设置“应交税费——应交车船税”科目以反映车船税的计提和缴纳情况。按规定缴纳的车船税，应在“税金及附加”账户中列支。企业计提税金时，借记“税金及附加”科目，贷记“应交税费——应交车船税”科目。缴纳税金时，借记“应交税费——应交车船税”科目，贷记“银行存款”科目。

【学中做】 星光有限公司拥有乘人车2辆，年税额400元；货车120吨位，年每吨税额60元，按季预缴车船税。如何计算该公司应纳车船税额和账务处理？

六、如何核算印花税

印花税是对经济活动和经济交往中书立、领受的凭证征收的一种税。

企业缴纳的印花税一般是自行计算、购买、贴花、注销，不会形成税款债务，因此不通过“税金及附加”账户核算，直接在“税金及附加”中列支。计算应纳税时，借记“税金及附加”科目，贷记“银行存款”科目。

【做中学】星光有限公司向市工商行政管理局申请注册登记，取得营业执照。该公司注册资金5 000 000元已全部到账，建立企业账册5本，其中资金账册2本上列示“实收资本”5 000 000元。

（1）计算应纳印花税额：

账册3本，3×5=15（元）

营业执照1份，5元

资金账册（实收资本）5 000 000×0.5‰=2 500（元）

合计15+5+2 500=2 520（元）

（2）会计分录如下：

借：税金及附加　　　　2 520

　贷：银行存款　　　　2 520

【学中做】星光有限公司与其他公司订立预购销售合同200 000 000元。印花税率为3‰。如何计算该公司应纳印花税额和账务处理？

关于印花税票的常识

印花税票是缴纳印花税的完税凭证，由国家税务总局负责监制。其票面金额以人民币为单位，分为壹角、贰角、伍角、壹元、贰元、伍元、拾元、伍拾元、壹佰元9种。印花税票为有价证券。印花税票可以委托单位或个人代售，并由税务机关付给5%的手续费，支付来源从实征印花税款中提取。

七、如何核算资源税

资源税是以各种自然资源为纳税对象的一种流转税。资源税的纳税义务人是指在中华人民共和国境内开采应税资源的矿产品或者生产盐的单位和个人。收购未税矿产品的单位为资源税的代扣代缴义务人。

根据应税产品的课税数量和规定的单位税额可以计算资源税应纳税额，具体计算公式为：

应纳税额=课税数量×适用的单位税额

扣缴义务人代扣代缴资源税的计算公式为：

代扣代缴应纳税额=收购未税矿产品的数量×适用的单位税额

企业计算出销售的应税产品应缴纳的资源税，借记“税金及附加”等科目，贷记“应交税费——应交资源税”科目；企业计算出自产自用的应税产品应缴纳的资源税，借记“生产成本”“制造费用”等科目，贷记“应交税费——应交资源税”科目；缴纳资源税时，借记“应交税费——应交资源税”科目，贷记“银行存款”科目。

【学中做】某煤矿12月对外销售原煤1 100 000吨，该煤矿所采原煤的资源税单位税额为0.8元/吨，应纳资源税880 000元。如何进行相关的账务处理？

八、如何核算土地增值税

土地增值税是对有偿转让国有土地使用权及地上建筑物和其他附着物产权，取得增值收入的单位和个人征收的一种税。土地增值税以纳税人转让房地产所取得的增值额为计税依据。土地增值额为纳税人转让房地产所取得的收入减去税法规定的扣除项目金额后的余额。土地增值税率为四级超率累进税率。土地增值税的计算公式为：

应纳土地增值税＝增值额×税率－扣除项目余额×速算扣除系统

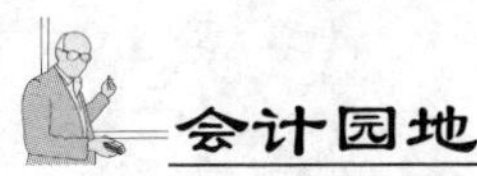

土地增值税税率表

档次	级距	税率	速算扣除系数	说明
1	增值额未超过扣除项目金额50%的部分	30%	0%	扣除项目指取得土地使用权所支付的金额；开发土地的成本、费用；新建房及配套设施的成本、费用或旧房及建筑物的评估价格；与转让房地产有关的税金；财政部规定的其他扣除项目
2	增值额超过扣除项目金额50%，未超过100%的部分	40%	5%	
3	增值额超过扣除项目金额100%，未超过200%的部分	50%	15%	
4	增值额超过扣除项目金额200%的部分	60%	35%	

主营房地产业务的企业，应由当期营业收入负担的土地增值税，借记“税金及附加”科目，贷记“应交税费——应交土地增值税”科目。

一般企业转让国有土地使用权连同地上建筑物及其他附着物的，在“固定资产”或“在建工程”等科目核算的，转让时应缴纳土地增值税，借记“固定资产清理”“在建工程”等科目，贷记“应交税费——应交土地增值税”科目。

【学中做】星光有限公司将其拥有的二座仓库出售给某公司，取得转让收入1300万元。该仓库固定资产账面原值为500万元，已提折旧200万元。仓库的评估价格为496.3万元，该项业务应纳土地增值税额为280.5万元，如何进行相关的账务处理？

项目小结

本项目主要介绍了一般企业常纳税种的基础知识，以及如何运用会计学的基本理论和方法，对纳税单位的纳税活动所引起的资金运动进行反映和监督。税务会计并不是与企业财务会计并列的领域，而是对企业生产经营活动中涉税部分的核算和反映。通过此项目的学习，会计人员应掌握税务岗位必需的理论知识与核算技能，懂得如何帮助纳税人自觉履行纳税义务，促进企业正确处理分配关系，维护国家和纳税人的合法权益。

难度比较大的是一般纳税人增值税的销项税额、进项税额、进项税额转出的核算；所得税费用的相关处理思路。

任务检测

一、单选题

1. 我国现行增值税的课税对象是（　　）。

A. 销售额　　B. 增值额　　C. 营业额　　D. 收入额

2. 根据我国现行的消费税制度，下列说法不正确的是（　　）。

A. 消费税是价内税

B. 一切消费品均在生产环节征收

C. 消费税实行单一环节纳税

D. 消费税的计税依据是含消费税不含增值税的销售额

3. 甲公司2016年12月1日购入固定资产，账面原值为1 000万元，会计规定按直线法计提折旧，折旧年限为5年；税法规定按年数总和法计提折旧，折旧年限为7年；则2017年12月31日产生的暂时性差异为（　　）。

A. 应纳税暂时性差异为50万元　　B. 可抵扣暂时性差异为50万元

C. 应纳税暂时性差异为800万元　　D. 可抵扣暂时性差异为800万元

4. 依据《企业会计准则》的规定，企业所得税会计的核算方法是（　　）。

A. 应付税款法　　B. 纳税影响会计法　　C. 递延法　　D. 资产负债表债务法

5. 城建税的计税依据是（　　）。

A. 纳税人当期应纳的“二税”　　B. 纳税人当期实纳的“二税”

C. 纳税人被处罚的“二税”税额　　D. 纳税人“二税”加收的滞纳金

二、多选题

1. 下列属于应交消费税的消费品有（　　）。

A. 小汽车　　B. 手机　　C. 化妆品　　D. 烟酒

2. 进口应税消费品时，进口单位缴纳的消费税应计入应税消费品中。按进口成本连同应纳关税、消费税、增值税，借记（　　）等账户。

A. 固定资产　　B. 原材料　　C. 税金及附加　　D. 生产成本

3. 所得税会计应设置的会计账户有（　　）。

A. 所得税费用　　B. 递延税款　　C. 递延所得税资产　D. 递延所得税负债

4. 下列各情形中，会产生可抵扣暂时性差异的有（　　）。

A. 资产的账面价值大于计税基础　　B. 资产的账面价值小于计税基础

C. 负债的账面价值大于计税基础　　D. 负债的账面价值小于计税基础

5. 我国现行增值税的征收范围包括（　　）。

A. 在中国境内销售货物　　B. 在中国境内提供应税劳务

C. 进口货物　　D. 过境货物

三、判断题

1.《增值税暂行条例》将纳税人按经营规模大小和纳税数额的多少来划分一般纳税人和小规模纳税人。（　　）

2. 某企业生产的化妆品，用于本企业职工运动会奖品用途时，应征收消费税。（　　）

3. 企业采用资产负债表法核算所得税，则产生暂时性差异的一定是财务会计报告中列示的资产、负债项目。（　　）

4. 只要产生了可抵扣暂时性差异，企业就应该在期末按适用的税率确认相应的递延所得税资产。（　　）

5. 企业将购买的货物无偿赠予他人，因该货物购买时已缴纳了增值税，所以，赠送他人时可以不再并入销售额征税。（　　）

四、实训任务

任务一

【目的】练习一般纳税人增值税专用发票的开具。

【资料】南昌市两家企业的基本信息如下：

企业名称	兴华公司	风林公司
地址及电话	南昌市胜利路 152 号 8030462	南昌市筷子巷 108 号 8206679
所属行业	工业企业（一般纳税人）	工业企业（一般纳税人）
开户银行及账号	工行胜利路支行 24031668180000	工行城南支行 2305486900234
纳税人识别号	1985982310042168	2305486900234

2017 年 1 月 8 日，兴华公司向风林公司销售甲材料 10 吨，单价 200 元，增值税税率 17%，货已发出并办妥托收手续，货款已收到，收款人为段玲。

【要求】请向风林公司开具增值税专用发票，发票样张如下。

江西省增值税专用发票

此联不作报销、扣税凭证使用

开票日期：　　　　年　　月　　日　　　　No 343252528

<table>
<tr><td>购货单位</td><td colspan="6">名称：
纳税人识别号：
地址、电话：
开户行及账号：</td><td>密码区</td><td colspan="3">（略）</td></tr>
<tr><td colspan="2">货物或应税劳务、服务名称

合计</td><td>规格型号</td><td>单位</td><td>数量</td><td>单价</td><td colspan="2">金额</td><td>税率</td><td>税额</td></tr>
<tr><td colspan="2">价税合计（大写）</td><td colspan="8">（小写）</td></tr>
<tr><td>销货单位</td><td colspan="6">名称：
纳税人识别号：
地址、电话：
开户行及账号：</td><td>备注</td><td colspan="3"></td></tr>
</table>

收款人：　　　复核：　　　开票人：　　　　　销货单位（章）：

第一联　记账联　销货方记账凭证

任务二

【目的】练习一般纳税人增值税的会计核算。

【资料】某工业企业为一般纳税人，生产A、B两种产品，A产品增值税税率为17%，B产品增值税税率为13%。10月有关经济业务如下：

（1）销售A产品取得不含税收入1 100 000元，增值税187 000元，款项已存入银行；

（2）销售B产品取得含税收入915 300元，款项已存入银行；

（3）本月购入零配件取得专用发票上注明销售额500 000元，增值税税率为17%，所有款项已通过银行支付，材料已入库；

（4）向另一单位购入一批原材料，取得普通发票上注明买价98 000元，款项已通过银行支付，材料已入库。

【要求】计算该企业应纳增值税额，并编制4项业务的会计分录。

任务三

【目的】练习小规模纳税人会计核算。

【资料】某工业企业核定为小规模纳税企业，本期购入原材料，按照增值税专用发票上记载的原材料成本为100万元，支付的增值税税额为17万元，企业开出商业承兑汇票，材料尚未到达；该企业本期销售产品，含税价格为90万元，货款尚未收到。

【要求】根据上述经济业务，进行相关账务处理。

任务四

【目的】练习生产销售应税消费品的账务处理。

【资料】某汽车制造厂本月销售小轿车 30 辆，消费税率 8%，出厂每辆不含税售价 120 000 元，款项已到，存入银行。

【要求】根据上述经济业务，进行相关账务处理。

任务五

李丽为鸿运摩托车企业的税务会计，她所在的这家企业主要是生产和销售气缸容量大于 250 毫升型号的摩托车，每辆摩托车的生产成本是 22 000 元。同时该企业为一般纳税人，增值税税率为 17%，消费税率为 10%。今年 9 月份他们单位一共发生了以下经济业务：

(1) 9 月 1 号按不含税出厂价每辆 30 000 元销售给特约经销商摩托车 30 辆，另外收取包装费和售后服务费每辆 1170 元。款项已通过银行收讫。

(2) 9 月 5 号销售给某使用单位摩托车 10 辆，含税销售价 35 100 元/辆，款项已通过银行收讫。同时以银行存款支付运费 5 000 元，已取得运输单位开具的运费发票。

(3) 9 月 7 号将同型号摩托车 3 辆移送给本厂售后服务部使用。

请问，作为税务会计人员的李丽该如何做好相应的会计分录？

五、案例分析

【目的】培养多税种综合核算能力，能根据业务资料计算应纳增值税和消费税额，并进行增值税和消费税的涉税会计核算。

【资料】

企业名称：永利有限公司

企业性质：国有企业（一般纳税人）

企业地址及电话：北京市光明路 98 号　　68554429

企业所属行业：工业企业

开户银行及账号：工行光明路分理处　　1255378

纳税人识别号：110100000010002

该企业主要生产化妆品，适用消费税税率为 30%，2017 年 6 月发生如下经济业务：

(1) 6 月 8 日，销售一批化妆品，开出增值税专用发票，收取价款 100 万元，增值税款 17 万元，货款已存入银行。

(2) 6 月 10 日，没收逾期未归还的化妆品包装物押金 23 400 元。

(3) 6 月 15 日，将自产化妆品一批以福利形式发放给职工，按同类产品不含税售价计算，价款为 50 000 元，成本价为 30 000 元。

(4) 6 月 20 日，受托加工化妆品一批，委托方提供原材料 20 万元，本企业收取加工费 8 万元，本企业无同类化妆品销售价格。

(5) 6 月 28 日，将护肤品、护发品、化妆品装入一盒内作为礼品送给关系单位，成本价为 16 000 元，不含税售价应为 20 000 元。

【要求】根据上述经济业务，分析计算该企业 6 月应纳增值税税额和消费税税额（含代收代缴消费税），并编制相关会计分录。

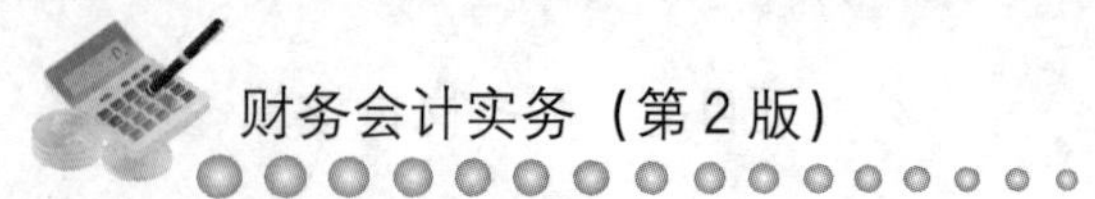

项目八　财务成果岗位核算

任务一　财务成果岗位核算任务与业务流程

● 了解财务成果岗位的核算任务和业务流程。

学习情境　财务成果岗位核算任务与业务流程

大洋电器公司按照合同向客户发货并开出发票，约定3个月后收款结算。对于该笔业务，财务成果岗位会计小张认为现在只是开出发票，并未收款，所以无须确认收入，同事王超却认为应该在收到销售部门转来的发票（记账联）时确认收入。看来关于企业财务成果岗位的核算流程得再学习一下了。

知识准备

一、财务成果岗位有哪些核算任务

(1) 负责编制收入、利润计划。
(2) 办理销售款项结算业务。
(3) 负责收入和费用的明细核算。
(4) 负责利润及利润分配的明细核算。
(5) 编制收入和利润报表。

二、财务成果岗位业务流程是什么

财务成果岗位业务流程如图8-1所示。

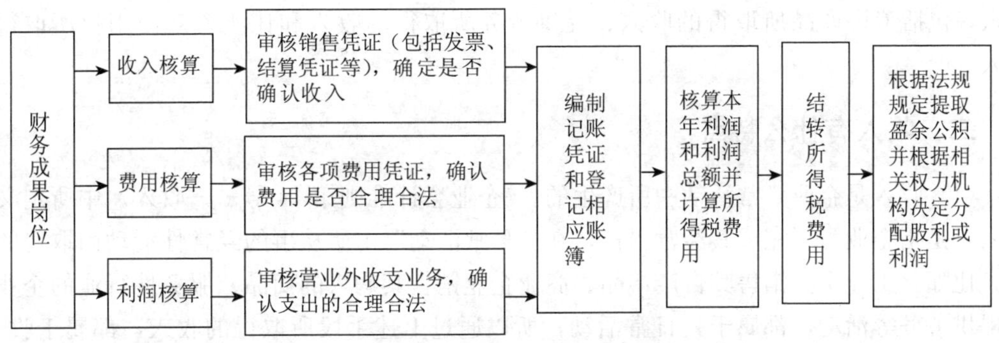

图 8-1　财务成果岗位业务流程

任务二　营业收入的确认与核算

- 掌握收入的概念、特点及其确认条件。
- 掌握销售商品、提供劳务收入、让渡资产使用权收入的核算。
- 能够针对企业的收入核算提出基本的内控管理措施。

学习情境一　收入核算的基础知识

大洋电器公司与广弘公司签订合同购买商品一批。合同签订后由于广弘公司没有按时发货给其造成了一定的损失，对此，广弘公司按照合同约定向大洋电器公司支付了合同违约金 30 万元。收到违约金的当日，大洋电器公司的会计赵刚将 30 万元确认为营业收入，会计主管在审核这笔业务的时候向赵刚指出了其账务处理是错误的。你知道为什么主管说赵刚的做法是错误的吗？

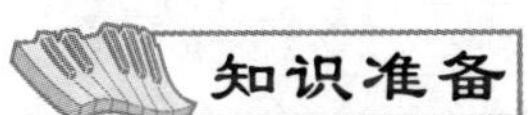

一、什么是收入

收入是指企业在日常活动中形成的，会导致所有者权益增加的，与所有者投入资本无关的经济利益的总流入。例如，工业企业的收入就是指通过产品销售等活动而取得的经济利益

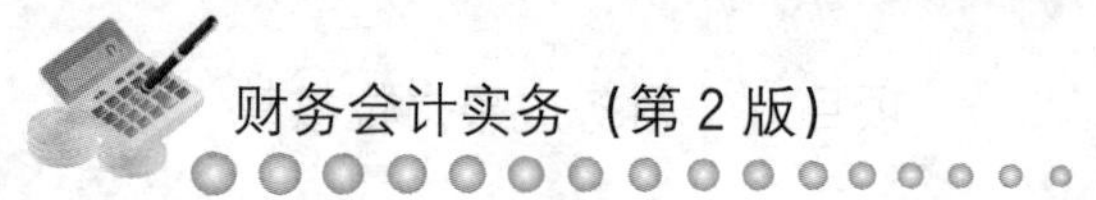

流入，包括销售产品所取得的收入、提供劳务所取得的收入和让渡资产使用权所取得的收入。

二、收入有什么特点

(1) 收入是企业日常活动中所产生的。《企业会计准则第14号——收入》中所定义的收入，是指企业为了完成其经营目标，在“日常活动”中所从事的经常性活动而取得的收入，比如，工业企业销售其自产产品、商业企业销售其购入的商品、服务性行业的企业对外提供劳务等活动，都属于其日常活动，所以通过上述手段所取得的收入，都属于收入。另外，企业发生的与经常性活动相关的企业活动，如工业企业对外出售不用的原材料、对外转让无形资产使用权等形成的经济利益流入也构成收入。

企业发生的既不属于经常性活动也不属于与经常性活动相关的其他活动，其所取得的收入不属于收入。如企业取得的捐赠收入、处置固定资产或者无形资产形成的经济利益净流入，计入“营业外收入”，不属于《企业会计准则第14号——收入》所说的收入。

(2) 收入会导致企业所有者权益的增加。企业取得收入可能表现为资产的增加，如增加银行存款或应收账款等；也可能表现为负债的减少，减少预收账款等；或者是两者兼而有之，如销售产品取得的收入部分冲减预收账款，其余差额取得银行存款等。根据“收入－费用＝利润”，而利润就是属于所有者的权益，所以企业取得收入必定会导致所有者权益的增加。

如果某项经济利益的流入不会导致所有者权益的增加，则其肯定不属于收入。例如，企业向银行借款，取得了一项资产，但同时必须确认一笔负债，该项业务没有增加企业的所有者权益，所以不属于收入。

必须强调的是，投资者投入资本也会导致所有者权益增加，但由于其是投入自有资本而不会增加企业利润，所以也不是收入。

(3) 收入只包括本企业经济利益的流入，不包括为第三方或客户代收的款项。企业为第三方或客户代收的款项，虽然是一项资产，但同时也是一笔必须在将来归还给第三方或客户的负债，所以不能作为一项收入确认。

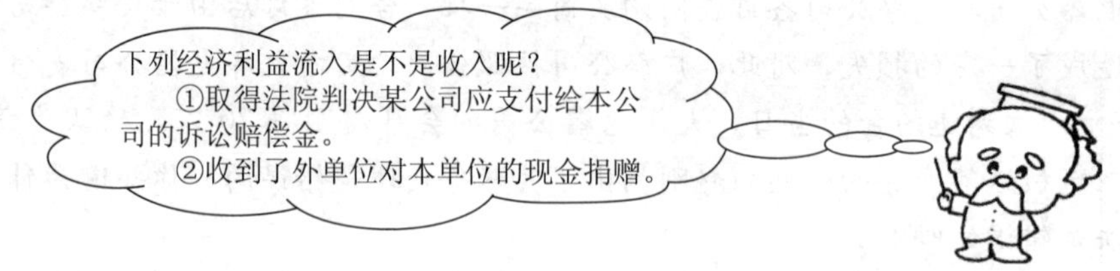

三、收入如何分类

1. 按企业从事日常活动的性质划分

收入按企业从事日常活动的性质不同进行划分，可以分为：

(1) 商品销售收入。商品销售收入是指企业通过销售商品实现的收入。这里所说的商品，既包括企业自产的商品和对外购入的商品，也包括企业已购入而不需用的原材料等。

(2) 提供劳务收入。提供劳务收入是指企业通过对外提供劳务而实现的收入，比如，对外提供修理修配、安装、培训咨询等劳务而取得的收入。

(3) 让渡资产使用权收入。让渡资产使用权收入是指企业通过让渡资产使用权而取得的收入。让渡资产使用权主要包括金融企业对外贷款所取得的利息收入、一般企业对外转让无形资产的使用权的使用费收入，或者对外出租资产所取得的租金收入。

2. 收入按企业经营业务的主次划分

收入按企业经营业务的主次不同，分为主营业务收入和其他业务收入。

(1) 主营业务收入。主营业务收入是指企业为完成其经营目标所从事的经常性活动而实现的收入。主营业务收入是企业的主要收入来源，一般所占比重较大，对企业的影响也较大。例如，某酒楼的餐饮收入、某房地产公司的现房销售收入、某会计师事务所的咨询服务收入，都属于其主营业务收入。

(2) 其他业务收入。其他业务收入是指企业为完成其经营目标所从事的与经常性活动相关的活动而实现的收入。

在一般工业企业中，生产并销售产品取得的收入是其主营业务收入，销售本企业不需用的材料所取得的收入就是其他业务收入；出租本企业临时不需用的固定资产所取得的收入，也属于其他业务收入。

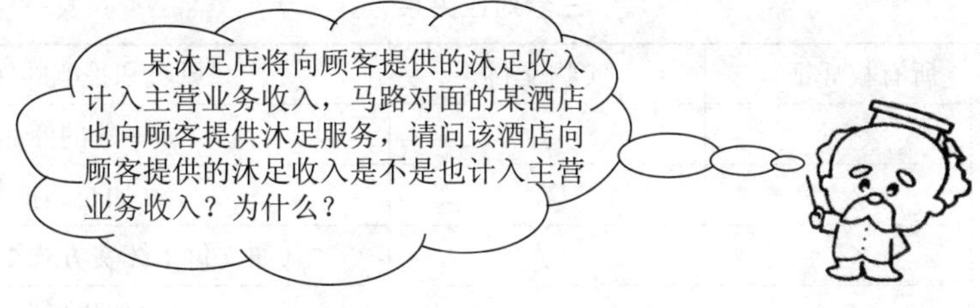

学习情境二　商品销售收入的确认与核算

大洋电器公司销售商品到底在何时确认收入呢？经过一番讨论，小张知道原来要符合5个条件才可以确认，收入的确认不得提前也不得推后，一起来学学吧！

一、收入有什么确认条件

销售商品收入同时满足下列条件的，才能予以确认：

(1) 企业已将商品所有权上的主要风险和报酬转移给购买方。与商品所有权有关的风险，是指商品可能发生减值或毁损等形成的损失；与商品所有权有关的报酬，是指商品价值增值或通过使用商品等形成的经济利益。

判断企业是否已将商品所有权上的风险和报酬转移给购买方，应当关注交易的实质，而不是形式，并结合所有权凭证的转移或实物的交付进行判断。如果与商品所有权有关的任何损失均不需要销货方承担，与商品所有权有关的任何经济利益也不归销货方所有，就意味着商品所有权上的主要风险和报酬转移给了购货方。

例如，甲公司向乙公司销售一部电梯，电梯已经运抵乙公司，发票账单已经交付，同时收到部分货款。合同约定，甲公司应负责该电梯的安装工作，在安装结束并经乙公司验收合格后，乙公司应立即支付剩余货款。

根据本例的资料，电梯安装调试工作通常是电梯销售合同的重要组成部分，在安装过程中可能会发生一些不确定因素，影响电梯销售收入的实现。因此，电梯实物的交付并不表明商品所有权的主要风险和报酬随之转移，不能确认收入。只有在安装完成并验收合格，表明与电梯有关的风险和报酬已经转移给乙公司，同时满足收入确认的其他条件时，甲公司才能确认收入。

将所有权凭证的转移、实物的交付和主要风险、报酬是否已经转移之间的对应关系归纳如表8-1所示。

表8-1　　三者对应关系

项目	所有权凭证	实物交付	风险和报酬的转移
情况1	√	√	√（如一般的商品销售）
情况2	√	×	√（如交款提货）
情况3	×	√	×（如支付手续费方式委托代销商品）
情况4	√	√	×（如售后回购）

（2）企业既没有保留通常与所有权相联系的继续管理权，也没有对已售出的商品实施有效控制。这里的“管理权”和“控制”都强调与“所有权是否转移”有联系。

例如，一开发商将房屋出售给业主，销售完毕之后，开发商的一个物业管理公司继续管理小区的物业。这种情况下，由于销售后产权证已经办理，物业公司的后续管理与所有权没有联系，不影响所有权转移的判断，所以开发商是可以确认收入的。

又如，公司将开发的软件销售出去，并负责后续的维护，这也不影响销售软件收入的确认。

（3）收入的金额能够可靠地计量。收入的金额能够可靠地计量，是指收入的金额能够合理地估计。通常情况下，企业在销售商品时，商品销售价格已经确定，企业应当按照从购货方已收或应收的合同或协议价款确定收入金额。如果销售商品涉及现金折扣、商业折扣、销售折让等因素，还应当在考虑这些因素后确定销售商品收入金额。

有时，由于商品销售过程中某些不确定因素的影响，也有可能存在商品销售价格发生变动的情况，如附有销售退回条件的商品销售。如果企业不能合理估计退货的可能性，就不能合理估计收入的金额，不应在发出商品时确认收入，而应当在售出商品退货期满、销售商品收入金额能够可靠计量时确认收入。

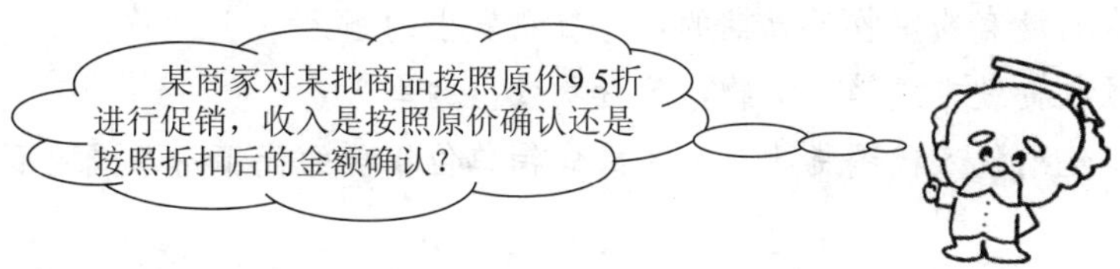

(4) 相关的经济利益很可能流入企业。相关的经济利益很可能流入企业，是指销售商品价款收回的可能性大于不能收回的可能性，即销售商品价款收回的可能性超过 50%。

企业销售的商品符合合同或协议要求，已将发票账单交付买方，买方承诺付款，通常表明满足本确认条件（相关的经济利益很可能流入企业）。如果企业根据以前与买方交往的直接经验判断买方信誉较差，或销售时得知买方在另一项交易中发生了巨额亏损，资金周转十分困难，就很可能出现与销售商品相关的经济利益不能流入企业的情况，不应确认收入。如果企业判断商品销售收入满足确认条件确认了一笔应收债权，以后由于购货方资金周转困难无法收回该债权时，不应调整原确认的收入，而应当对该债权计提坏账准备、确认坏账损失。

(5) 相关的已发生或将发生的成本能够可靠地计量。通常情况下，销售商品相关的已发生的或将发生的成本能够合理地估计，如库存商品的成本等。如果库存商品是本企业生产的，其生产成本能够可靠计量；如果是外购的，购买成本能够可靠计量。有时，销售商品相关的已发生或将发生的成本不能够合理地估计，此时企业不应确认收入，已收到的价款应确认为负债。

如甲公司将产品销售给乙公司，已收到相关款项，甲公司所生产的产品有一部分是委托丙公司生产的，丙公司尚未将有关成本资料交给甲公司，因此甲公司尚无法确定所售产品成本。这种情况下，尽管已经满足其他收入确认条件，但甲公司此时不应确认收入。

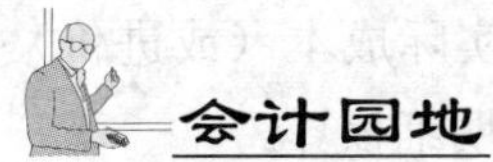

税法上关于收入的确认

《企业会计准则》规定的收入确认原则，与我国税法上规定的收入确定原则既有联系，又有区别。总体上来说，《企业会计准则》偏重于强调谨慎性原则，而税法在规定上除强调谨慎性原则之外，还注重国家的税收收入保障。我们可以联系起来学习。

根据《中华人民共和国增值税暂行条例实施细则》第三十三条规定：销售货物或应税劳务的纳税义务发生时间，按销售结算方式的不同，具体为：

(1) 采取直接收款方式销售货物，不论货物是否发出，均为收到销售额或取得索取销售额的凭据，并将提货单交给买方的当天。

(2) 采取托收承付和委托银行收款方式销售货物，为发出货物并办妥托收手续的当天。

（3）采取赊销和分期收款方式销售货物，为书面合同约定的收款日期的当天，无书面合同或者书面合同没有约定收款日期的，为货物发出的当天。

（4）采取预收货款方式销售货物，为货物发出的当天。

（5）委托其他纳税人代销货物，为收到代销单位销售的代销清单或收到全部或部分货款的当天。

（6）销售应税劳务，为提供劳务同时收讫销售额或取得索取销售额的凭据的当天。

（7）纳税人发生本相关视同销售货物行为，为货物移送的当天。

二、一般商品销售业务应该如何账务处理

对于一般商品销售业务的会计处理，首先要考虑该交易是否符合收入确认条件。符合收入确认条件的，企业按已收或应收的合同或协议价款，加上应收取的增值税税额，借记“银行存款”“应收账款”“应收票据”等科目，按确定的收入金额，贷记“主营业务收入”“其他业务收入”等科目；按应收取的增值税税额，贷记“应交税费——应交增值税（销项税额）”科目。同时结转相关销售成本，借记“主营业务成本”“其他业务成本”等科目，贷记“库存商品”“原材料”等科目。

【学中做】2017 年 10 月 1 日，星光有限公司向万达公司销售电视机 100 台，每台不含税价格 5 000 元，双方均为增值税一般纳税人，适用增值税税率为 17%，星光有限公司已发货并开出专用发票，万达公司已按合同约定验收并付款。星光有限公司每台电视机的生产成本为 4 000 元。星光有限公司该如何进行账务处理？

三、不符合收入确认条件的商品销售应如何账务处理

某些情况下，从形式上看企业的销售行为已经发生，但从实质上看却还不符合收入的确认条件，这时候企业就不应该确认销售收入，而应将已经发出的商品记入“发出商品”账户。

“发出商品”用来核算企业未满足收入确认条件但已发出商品的实际成本（或进价）或计划成本（或售价），属资产类，按购货单位、商品类别和品种进行明细核算。

借方　　　　　　　　　　　　发出商品　　　　　　　　　　　　贷方

借方	贷方
企业已经发出，但是尚未满足收入确认条件的商品成本	满足收入确认条件后，结转已发出商品销售成本
已发出商品实际成本（或进价）或计划成本（或售价）	

【做中学】星光有限公司 2017 年 3 月 1 日向 A 企业发出一批商品，成本 60 000 元，开出增值税专用发票，售价总额 100 000 元，增值税额 17 000 元。假定星光有限公司在发

出商品时，知道一直有往来业务的A企业遇到很大的资金周转问题，因为公司存货积累太多，仍将商品发出。7月10日A企业承诺付款80 000元。7月15日星光有限公司收到货款80 000元。

①发出商品：

借：发出商品　　　　　　　　　　　　60 000

　贷：库存商品　　　　　　　　　　　　　60 000

②因为已开出增值税专用发票，纳税义务已发生，应确认销项税额：

借：应收账款　　　　　　　　　　　　17 000

　贷：应交税费——应交增值税（销项税额）　　17 000

③如果发出商品时未开出增值税专用发票，则不用确认销项税额。

④A企业承诺付款（若此时才开具增值税专用发票，应同时确认增值税销项税额）：

借：应收账款　　　　　　　　　　　　63 000（80 000－17 000）

　贷：主营业务收入　　　　　　　　　　　63 000

借：主营业务成本　　　　　　　　　　60 000

　贷：发出商品　　　　　　　　　　　　　60 000

⑤收到货款：

借：银行存款　　　　　　　　　　　　80 000

　贷：应收账款　　　　　　　　　　　　　80 000

四、涉及现金折扣、商业折扣的商品销售业务如何账务处理

企业销售商品有时会遇到现金折扣、商业折扣等问题，应当分别不同情况进行处理，具体内容参考本书项目二。

1. 现金折扣

【学中做】星光有限公司在2017年10月2日向万利公司销售一批商品，开出的增值税专用发票上注明的销售价款为20 000元，增值税税额为3 400元。为及早收回货款，星光有限公司和万利公司约定的现金折扣条件为2/10、1/20、*n*/30。该批商品的成本是15 000元。假如计算现金折扣时不考虑增值税税额，请问在下列情况下，星光有限公司应如何进行账务处理？

（1）假设万利公司在10月9日支付货款。

（2）假设万利公司在10月18日支付货款。

（3）假设万利公司在10月28日支付货款。

2. 商业折扣

【学中做】2017年10月10日，金达公司销售电视机10台给万红公司，双方约定在每台正常销售价格5 000元的基础上给予5%的价格折扣，增值税税率为17%，价税款已存入银行，该批电视机的成本是40 000元。金达公司应如何进行账务处理？

五、发生销售折让应如何账务处理

具体内容参考本书项目二。

【学中做】金达公司2017年11月3日向万图公司销售400台电视机，开出的增值税专用发票上注明的销售价款800 000元，增值税税额136 000元，每台电视机成本为1 200元。11月20日，万图公司在验收过程中发现商品质量不合格，要求在价格上给予5%的折让。假定金达公司折让前已确认销售收入，款项尚未收到，已取得税务机关开具的红字增值税专用发票。金达公司和万图公司分别应如何账务处理？

六、发生销售退回如何账务处理

销售退回是指企业售出的商品由于质量、品种不符合要求等原因而发生的退货。对于销售退回，企业应分别不同情况进行会计处理：

（1）对于未确认收入的售出商品发生销售退回的，企业应按已记入“发出商品”科目的商品成本金额，借记“库存商品”科目，贷记“发出商品”科目。

（2）对于已确认收入的售出商品发生退回的，企业应在发生时冲减当期的销售商品收入，同时冲减当期销售商品成本。如该项销售退回已发生现金折扣的，应同时调整相关财务费用的金额；如该项销售退回允许扣减增值税额的，应同时调整“应交税费——应交增值税（销项税额）”科目的相应金额。

（3）已确认收入的售出商品发生的销售退回属于资产负债表日后事项的，应当按照有关资产负债表日后事项的相关规定进行会计处理。

【做中学】承前资料，11月20日，假如金达公司销售给万图公司的400台电视机中有10台存在质量问题，经协商双方同意退货，金达公司收到万图公司退回的10台电视机之后，开具红字发票，冲减商品销售收入20 000元，增值税税额3 400元。退货款以银行存款支付。金达公司账务处理如下：

①发生销售退回：

借：主营业务收入　　20 000
　　应交税费——应交增值税（销项税额）　　3 400
　贷：银行存款　　23 400

②确认收到退回的商品并入库：

借：库存商品　　12 000
　贷：主营业务成本　　12 000

【学中做】光日公司于2017年5月22日向百图公司销售一批商品，开出的增值税专用发票上注明的销售价格为40 000元，增值税税额为6 800元。该批商品成本为30 000元。光日公司与百图公司约定的现金折扣条件为：2/10、1/20、n/30，假定计算现金折扣时不考虑增值税及其他因素。百图公司在2017年6月1日支付货款。2017年6月15日，该批商品在使用过程中存在严重质量问题而被百图公司全部退回，光日公司当日支付款项。请问光日公司与百图公司就整个交易事项如何账务处理？

七、采用支付手续费方式委托代销商品时如何账务处理

在采用支付手续费方式委托代销商品的情况下，委托方和受托方账务处理如表8-2所示。

表8-2　　支付手续费方式委托代销商品账务处理

经济业务内容	账务处理	
	委托方	受托方
(1) 交付商品	借：委托代销商品/发出商品（成本价） 　贷：库存商品（成本价）	借：受托代销商品（售价） 　贷：受托代销商品款（售价）
(2) 受托方实际销售商品，委托方收到代销清单	①借：应收账款——受托方 　贷：主营业务收入 　　应交税费——应交增值税（销项税额） ②借：主营业务成本 　贷：委托代销商品/发出商品	借：银行存款 　贷：受托代销商品（售价） 　　应交税费——应交增值税（销项税额）
(3) 结算货款和手续费	①借：销售费用（手续费） 　贷：应收账款——受托方 ②借：银行存款 　贷：应收账款——受托方	借：受托代销商品款 　应交税费——应交增值税（进项税额） 　贷：银行存款 　　主营业务收入/其他业务收入（手续费）

【做中学】 星光有限公司委托A公司销售商品200件，商品已经发出，每件成本为60元。合同约定A公司应按每件100元对外销售，星光有限公司按不含增值税的售价的10%向A公司支付手续费。A公司对外实际销售100件，开出的增值税专用发票上注明的销售价款为10 000元，增值税税额为1 700元，款项已经收到。星光有限公司收到A公司的代销清单时，向A公司开出一张相同金额的增值税专用发票。不考虑其他因素，请问该项业务的交易双方应如何进行账务处理？

第一步，星光有限公司的账务处理如下：

①发出商品：

借：发出商品/委托代销商品　　　　12 000

　贷：库存商品　　　　　　　　　　　12 000

②收到代销清单时，确认收入，结转成本：

借：应收账款　　11 700

　贷：主营业务收入　　10 000

　　　应交税费——应交增值税（销项税额）　　1 700

借：主营业务成本　　6 000

　贷：发出商品/委托代销商品　　6 000

③收到A公司支付的款项：

借：银行存款　　10 700

　　销售费用　　1 000

　贷：应收账款　　11 700

第二步，A公司的账务处理如下：

①收到商品：

借：受托代销商品　　20 000

　贷：受托代销商品款　　20 000

②对外销售：

借：银行存款　　11 700

　贷：受托代销商品　　10 000

　　　应交税费——应交增值税（销项税额）　　1 700

③向星光公司开具代销清单，同时取得增值税专用发票：

借：受托代销商品款　　10 000

　　应交税费——应交增值税（进项税额）　　1 700

　贷：应付账款　　11 700

④支付货款并计算代销手续费：

借：应付账款　　11 700

　贷：银行存款　　10 700

　　　其他业务收入　　1 000

八、采用预收款销售商品时如何账务处理

具体内容参考本书项目二。

【学中做】星光有限公司与B公司签订协议，采用预收款方式向B公司销售一批商品。该批商品实际成本为700 000元。协议约定，该批商品销售价格为1 000 000元，增值税税额为170 000元；B公司应在协议签订时预付60%的货款（按不含增值税销售价格计算），剩余货款于两个月后支付。星光有限公司应如何进行账务处理？

常见的关于销售收入的舞弊手段（一）

销售收入的舞弊不外乎两种情况：一种是为了达到偷税、漏税，获取最大收益的目的而减少收入；另一种就是为了粉饰财务报表，达到特定目的，比如，向银行贷款、准备上市、配股、增发新股条件及操纵股票价格而尽量虚增收入调高利润。

常见的少计收入达到逃税漏税转移利润目的的舞弊手段有：

(1) 企业将商品已发出并已收到货款后，按照规定应确认收入。但企业在购货方尚未索取发票的情况下，将发票联单独存放，把收到的货款作为“应付账款”挂在往来账上，从而减少当期税金和利润。

(2) 当某项商品供不应求时，供货方会要求购货方先预付货款，当供货方发出商品后应及时确认收入，但企业为了偷逃税金、转移利润，就会不确认收入冲减“预收账款”而是按商品成本记入“分期收款发出商品”。

(3) 企业采取托收承付方式结算货款时，应在商品已发出、托收手续办妥时确认收入，但企业为了调整利税，故意拖延办理托收手续而推迟确认收入。

(4) 企业为了搞促销活动，采取“以旧换新”销售方式，按照规定回收产品应做购进处理，销售的商品按新货物的同期销售价格确定销售收入，不得扣减收购旧货物的收购价格。但企业为了减少税金及利润，采取以差价入账，调整收入和利润。

(5) 企业在市场不太景气时，会采取赊销方式销售。为了尽快回笼资金，会采取现金折扣方式即购货方在不同期限内付款可享受不同比例的折扣，折扣部分应计入当期财务费用，销售收入按全额确认。但企业经常为了减少收入而按二者的差额入账。

(6) 企业在建工程领用自制产品，按规定应视同销售处理，但企业在具体账务处理时直接按其生产成本冲减库存商品，不仅减少了销售收入和税金，还同时降低了在建工程成本。

(7) 企业将自产的产品用于集体福利或个人消费、分配给股东或投资者、用于捐赠他人都应视同销售。但企业为了少纳税、转移利润不做销售处理，而是直接冲减产品成本。

(8) 企业利用错误的会计分录转移收入，将正常的销售收入转入营业外收入，不仅偷逃税金还增加了利润。

资料来源：王益萍，《企业销售收入舞弊手段分析及防范》

学习情境三 劳务收入的确认与核算

2017 年 7 月，万利建筑公司（下同）与某房地产开发商签订合同，承包该房地产公司

某新开发楼盘的阳台支架安装工作。合同约定工程总价款 500 000 元，预计总成本为 400 000元，假设按照已发生成本占总成本的比例来确定工程进度，并且项目完成时能够收回全部工程款项。截至 2017 年 12 月 31 日，累积已发生安装成本 250 000 元。2017 年万利建筑公司对于该项目应该确认的工程安装收入是多少？

知识准备

一、劳务收入应如何确认

对于提供劳务收入的确认应该区分交易结果是否能够可靠估计两种情况。

1. 在资产负债表日，提供劳务交易结果能够可靠估计如何确认

对于企业在资产负债表日提供劳务交易的结果能够可靠估计的，应当采用完工百分比确认提供劳务收入。

提供劳务交易的结果能够可靠估计，是指同时满足下列条件：

（1）收入的金额能够可靠地计量。

（2）相关的经济利益很可能流入企业。

（3）交易的完工进度能够可靠地确定。

（4）交易中已发生和将发生的成本能够可靠地计量。

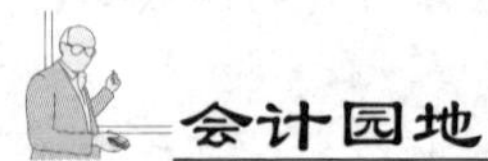
会计园地

企业确定完工进度的方法

（1）已完工作的测量。这是一种比较专业的测量方法，由专业测量师对已经提供的劳务进行测量，并按一定方法计算确定提供劳务交易的完工程度。

（2）已经提供的劳务占应提供劳务总量的比例。这种方法主要以劳务量为标准确定提供劳务交易的完工程度。

（3）已经发生的成本占估计总成本的比例。这种方法主要以成本为标准确定提供劳务交易的完工程度。

2. 在资产负债表日，提供劳务交易结果不能够可靠估计如何确认

企业在资产负债表日提供劳务交易结果不能够可靠估计的，即不能满足提供劳务交易的结果能够可靠估计的四个条件中的任何一条时，企业不能采用完工百分比法确认提供劳务收入。

二、劳务收入如何账务处理

1. 交易结果能够可靠估计的劳务收入如何核算

（1）不跨年度的劳务收入，应在劳务完成时，按合同或协议金额确认收入。

①实际发生成本：

借：劳务成本

　贷：银行存款等

② 确认收入和结转成本：

借：银行存款/应收账款等

　贷：主营业务收入/其他业务收入

　　　应交税费——应交增值税（销项税额）

借：主营业务成本/其他业务成本

　贷：劳务成本

(2) 对于跨年度的劳务，按完工百分比法核算，计算公式如下：

本期确认的收入＝劳务总收入×本期末止劳务的完工进度－以前期间已确认的收入

本期确认的费用＝劳务总成本×本期末止劳务的完工进度－以前期间已确认的费用

①发生劳务成本：

借：劳务成本

　贷：应付职工薪酬等

②预收劳务款：

借：银行存款

　贷：预收账款

③确认收入和成本：

借：预收账款

　贷：主营业务收入

　　　应交税费——应交增值税（销项税额）

借：主营业务成本

　贷：劳务成本

【做中学】万利建筑公司于2016年12月1日接受一项设备安装任务，安装期限为3个月，合同总收入600 000元，增值税6 6000元，至年底已预收安装费466 200元，实际发生安装费用280 000元（假定均为安装人员薪酬），估计还会发生安装费用280 000元。假定万利建筑公司按实际发生的成本占估计总成本的比例确定劳务的完工进度（营改增后建筑安装企业一般纳税人适用税率为11%）。

第一步，计算。

实际发生的成本占估计总成本的比例＝280 000÷（280 000＋280 000）×100%

＝50%

2016年12月31日确认的提供劳务收入＝600 000×50%－0

＝300 000（元）

2016年12月31日结转的提供劳务成本＝（280 000＋280 000）×50%－0

＝280 000（元）

第二步，账务处理。

①实际发生劳务成本：

借：劳务成本　　280 000
　贷：应付职工薪酬　　280 000

②预收劳务款：

借：银行存款　　420 000
　贷：预收账款　　420 000

③2016 年 12 月 31 日确认提供劳务收入并结转劳务成本：

借：预收账款　　333 000
　贷：主营业务收入　　300 000
　　应交税费——应交增值税（销项税额）　　33 000

借：主营业务成本　　280 000
　贷：劳务成本　　280 000

2. 当提供劳务交易结果不能可靠估计的时候应如何核算

交易结果无法可靠估计的（这里主要针对款项能否收回），应做如下账务处理：

（1）按能收回的价款做收入确认（如果全部不能收回，则不确认提供劳务收入）。

（2）按实耗的劳务成本做成本（费用）确认。

（3）以上二者如有差额作当期损益认定。

【做中学】承上资料，假设万利建筑公司继续安装任务，至 2017 年 1 月 31 日，较上一期间又新发生安装成本 140 000 元，但委托安装方因为资金紧张尚未支付其余安装费用，万利公司也无法确定任务完成时是否能够足额收回合同款项。

第一步，分析并计算。

因为 2017 年 1 月之后，万利建筑公司对该项业务的结果无法确定是否能够收到其余安装费用。所以，万利公司应该对上年已经预收、但尚未确认为收入的余款 120 000 元［466 200－333 000＝133 200；133 200÷（1＋11%）＝120 000］确认为收入。对于已经发生，但是无法全部收回的安装费用，确认为劳务成本。

实际发生的成本占估计总成本的比例＝（280 000＋140 000）÷560 000×100%
＝75%

2017 年 1 月 31 日本应该确认的提供劳务收入＝600 000×75%－300 000
＝150 000（元）

注意：由于提供劳务交易结果不能可靠估计，上期已收但未确认收入的金额只有 120 000 元，故只能按照已收的 120 000 元确认收入。

2017 年 1 月 31 日结转的提供劳务成本＝560 000×75%－280 000
＝140 000（元）

第二步，账务处理。

①实际发生劳务成本：

借：劳务成本　　140 000
　贷：应付职工薪酬　　140 000

②2011 年 1 月 31 日确认提供劳务收入并结转劳务成本：

借：预收账款　　133 200

贷：主营业务收入　　　　　　　　　　　　　　120 000
　　应交税费——应交增值税（销项税额）　　　　13 200

借：主营业务成本　　　　　　　　　　140 000
　贷：劳务成本　　　　　　　　　　　　　　140 000

常见的关于销售收入的舞弊手段（二）

销售收入舞弊不外乎两种情况：一种是为了达到偷税、漏税，获取最大收益的目的而减少收入；另一种就是为了粉饰财务报表，达到特定目的，比如向银行贷款、准备上市、配股、增发新股条件及操纵股票价格而尽量虚增收入调高利润。

常见的为了达到粉饰财务报表目的销售收入舞弊手段有：

(1) 与关系单位对开增值税专用发票，虚拟购销业务，虚增收入及资产，引起增值税销项税与增值税进项税对等，既不增加税负，又增加了收入。

(2) 虚开产品销售发票，虚增收入，不惜付出真纳税的代价。因为是虚构收入，所以货款是收不回来的，只能将货款挂在"应收账款"中，通过坏账准备的提取等方法处理。

(3) 伪造购销合同、出口报关单，虚开增值税发票，伪造免税文件和金融票据，虚增收入。形式上核算齐全，实际上根本没有业务发生，从而虚增收入和利润。

(4) 企业为了虚构销售收入，将产品从此仓库发运至另一仓库或公开仓库，凭出库单及运输单据作为销售收入入账，而实际上商品只是从此仓库移入另一仓库，销售根本没有发生，从而虚构收入虚增利润。

(5) 有些企业为了虚增收入，在风险和报酬尚未全部转移给客户之前确认销售收入。比如，有些大型设备需要安装和检验，在未安装和检验完毕前不应确认收入。但企业为了增加收入就会提前确认收入。

(6) 有些企业在产品销售后，会签订一些补充协议，协议中规定了由于特定原因买方可以退款的条款。在这种情况下，企业尽管已经售出商品，货款也已收到，但还不能确认是否会退货，所以不能确认销售收入，当退货期满时才可以确认收入。但企业为了提前确认收入就会按原销售合同条款而不顾及补充协议的规定。

(7) 企业有时采用代销方式销售货物，当受托单位将货物提走时，货物所有权上的风险和报酬并未转移给受托人，所以在交付货物时不能确认收入，只有当受托方将货物售出后，并收到受托方的代销清单时按实际售价确认收入。而企业为了操纵销售收入就会在未收到代销清单时提前确认了收入。

(8) 企业售出的商品已经确认收入，因质量或品种不符合要求等原因发生退回时不论销售的是当年的还是以前年度的都应冲减退回当月的销售收入。但企业为了不减少收入，对退回的商品不入账，形成账外商品。

(9) 企业采用售后回购方式销售商品时，即在销售商品的同时，销售方同意日后重新购回这批商品。企业在销售时若附有回购协议的话，不应当确认收入，应将发出商品的实际成本与销售价格及相关税费之间的差额，记入“待转库存商品差价”。而企业为了多计收入便会不顾协议的规定或将协议单放。

(10) 企业有时会利用关联企业之间的交易来调整收入，在确定交易价格上显失公允，或在确认收入时手续不全而虚增收入和利润。

资料来源：王益萍，《企业销售收入舞弊手段分析及防范》

学习情境四　让渡资产使用权收入的确认与核算

大洋电器公司于2017年1月1日与万利建筑公司签订租赁合同，合同规定：大洋电器公司将其不需用的仓库租给万利建筑公司使用，租期为2年，每月租金50 000元，每年年初支付下一年度租金。会计小张在处理业务时有以下疑惑：公司是生产电器并销售的，把不需用的仓库租赁给外单位使用，那收入也是计入“主营业务收入”核算吗？

知识准备

一、让渡资产使用权的收入应如何确认

1. 让渡资产使用权收入的内容

(1) 利息收入，主要是指金融企业对外贷款形成的利息收入，以及同业之间往来形成的利息收入等。

(2) 使用权收入，主要是指企业转让无形资产（如商标权、专利权、专营权、软件、版权）等资产的使用权形成的使用费收入。

企业对外出租的资产收取的租金、进行债券投资收取的利息、进行股权投资取得的现金股利等，也构成了让渡资产使用权收入。

2. 让渡资产使用权收入同时满足下列条件的，才能予以确认

(1) 相关的经济利益很可能流入企业。

(2) 收入的金额能够可靠地计量。

二、让渡资产使用权收入如何账务处理

1. 利息收入如何核算

企业应在资产负债表日，按照他人使用本企业货币资金的时间和实际利率计算确认利息收入金额。按计算确定的利息收入金额，借记“应收利息”“银行存款”等科目，贷记

“利息收入”“财务费用”“应交税费——应交增值税（销项税额）”等科目。金融企业对外贷款形成的利息收入，增值税税率为6%，但企业存款利息不征收增值税。

【学中做】大洋电器公司在乙商业银行有存款250 000元，每年存款利率为5%，2016年12月31日收到本月的存款利息1 041.67元。大洋电器公司该如何账务处理？

2. 使用费收入如何核算

企业转让资产的使用权形成的使用费收入，应视该业务是否为其主营业务，记入“主营业务收入”或“其他业务收入”，同时确认相关成本，记入“主营业务成本”或“其他业务成本”。

如果合同或协议规定分期收取使用费的，应按合同或协议规定的收款时间和金额或规定的收费方法计算确定的金额分期确认收入。如果合同或协议规定一次性收取使用费，且不提供后续服务的，应当一次性确认收入；提供后续服务的，应在合同或协议规定的有效期内分期确认收入。

【做中学】大洋电器公司自2017年1月1日起将企业不需用的设备一台出租给C公司，约定租期为1年，每月租金3 510元并于月底结清。

(1) 2016年1月31日大洋电器公司确认当月租金收入时：

3 510÷（1+17%）=3 000

3 000×17%=510

借：银行存款　　3 510

　贷：其他业务收入　　3 000

　　　应支税费——应交增值税（销项税额）　　510

(2) 假设该设备每月的折旧费为1 500元，则同时：

借：其他业务成本　　1 500

　贷：累计折旧　　1 500

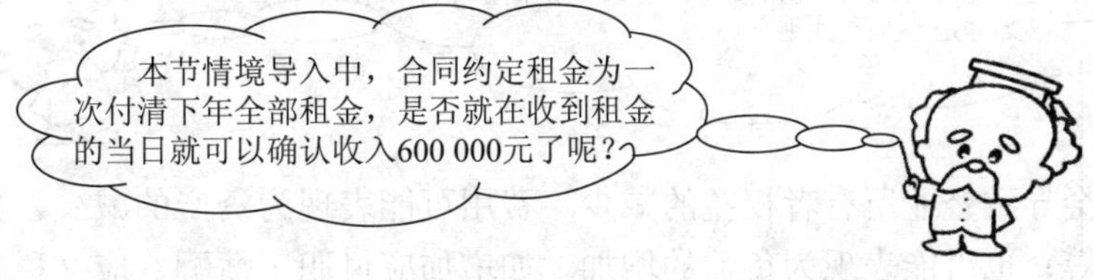

任务三　费用的确认与核算

- 掌握费用的概念及其核算。
- 掌握营业成本、税金及附加、三大期间费用的核算。
- 能够针对企业的费用核算提出基本的内控管理措施。

学习情境　费用的确认与核算

情境导入

大洋电器公司每月的销售收入不少，会计小张发现其成本费用也不低，成本费用有哪些？如何核算？

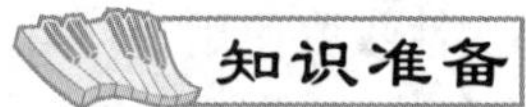

知识准备

一、什么是费用

费用是指企业在日常活动中发生的、会导致所有者权益减少的、与向所有者分配利润无关的经济利益的总流出。

二、费用有什么特点

（1）费用是企业日常活动中发生的经济利益的总流出。只有企业日常活动中发生的利益流出才能确认为费用，企业在非日常活动中发生的损失不确认为费用。比如，企业对外的捐赠支出、因为触犯某些法律法规而支付的罚款支出，都不属于企业的费用，只能作为企业的损失确认，计入营业外支出。

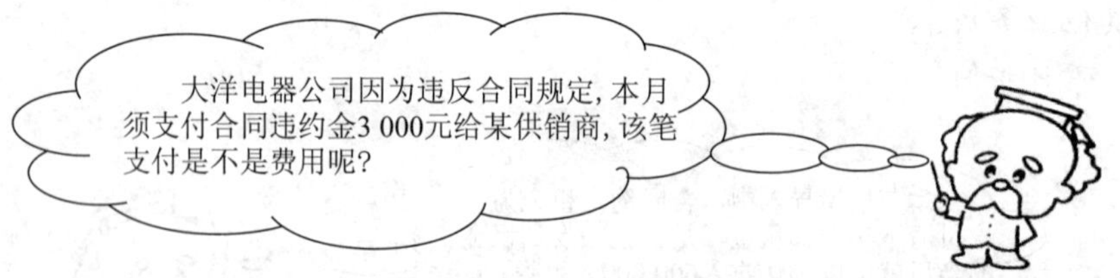

（2）费用会导致企业所有者权益的减少。费用可能表现为资产的减少，如减少银行存款、库存商品等；也可能表现为负债的增加，如增加应付职工薪酬、应交税费等。当企业发生费用时，根据“收入－费用＝利润”，其利润就相应减少了，所以费用会导致所有者权益的减少。

有时候某些业务也会导致经济利益流出企业，但其并没有导致所有者权益减少，则该项支出不属于费用。例如，企业以银行存款偿还一笔负债，该项业务是一项资产减少的同时也减少一笔负债，对利润没有实质影响，故其不能作为费用确认。

（3）费用与向所有者分配利润无关。企业向所有者分配利润是对经营成果在投资人之间进行的分配，属于利润分配的内容，不影响经营结果，故不构成企业的费用。

三、费用应如何账务处理

企业的费用主要包括主营业务成本、其他业务成本、税金及附加、销售费用、管理费用和财务费用等。

1. 主营业务成本如何核算

主营业务成本是指企业销售商品、提供劳务等经常性活动所发生的成本。根据配比原则，企业一般在确认销售商品、提供劳务等主营业务收入时或在月末，将已销售商品、已提供劳务的成本结转入“主营业务成本”。

【学中做】星光有限公司向万利公司销售液晶电视机10台，每台不含税单价5 000元，每台生产成本为4 000元，商品已发出，货款已经收到。星光有限公司如何进行账务处理？

2. 其他业务成本如何核算

其他业务成本是指企业除主营活动以外的其他经营活动所发生的成本，比如，工业企业销售不需用原材料的成本、出租不需用固定资产所计提的折旧等。

【学中做】星光有限公司本月将其不需用的材料对外销售，取得现金5 850元并存入银行，其中销售价款5 000元，增值税税额850元，该批出售的材料成本为4 000元。星光有限公司如何进行账务处理？

3. 税金及附加如何核算

税金及附加是指企业经营活动应负担的相关税费，如消费税、城市维护建设税、资源税、土地增值税和教育费附加等（但不包括增值税）。

【学中做】星光有限公司确认本月应交城市维护建设税700元，教育费附加300元。该公司如何进行账务处理？

4. 销售费用如何核算

销售费用是指企业在销售商品和材料、提供劳务的过程中发生的各种费用，包括企业在销售商品过程中发生的保险费、包装费、展览费和广告费、商品维修费、预计产品质量保证损失、运输费、装卸费等，以及为销售本企业商品而专设的销售机构（含销售网点、售后服务网点）的职工薪酬、业务费、折旧费、固定资产修理费等费用。

【做中学】10月，星光有限公司销售部发生费用50 000元，其中应付销售人员工资40 000元，计提销售部门办公设备折旧10 000元。请问该公司应如何进行账务处理？

借：销售费用——工资　　40 000

　　　　　　——折旧费　　10 000

　贷：应付职工薪酬　　40 000

　　　累计折旧　　10 000

【学中做】星光有限公司为宣传新产品发生产品广告费30 000元，以银行存款支付。该公司如何进行账务处理？

5. 管理费用如何核算

管理费用是指企业为组织和管理企业生产经营所发生的管理费用，包括企业在筹建期间发生的开办费、董事会和行政管理部门在企业的经营管理中发生的，或者应由企业统一负担的公司经费（包括行政管理部门职工工资及福利费、物料消耗、低值易耗品摊销、办公费和差旅费等）、工会经费、董事会费（包括董事会成员津贴、会议费和差旅费等）、聘请中介机构费、咨询费（含顾问费）、诉讼费、业务招待费、技术转让费、矿产资源补偿费、研究费用、排污费以及企业生产车间（部门）和行政管理部门等发生的固定资产修理费用等。

【学中做】 10月，星光有限公司行政管理部门共发生费用125 000元，其中：计提应付行政管理人员工资100 000元，计提行政管理部门办公设备折旧20 000元，购买办公用品5 000元，用银行存款支付。请问星光公司如何进行账务处理？

6. 财务费用如何核算

财务费用是指企业为筹集生产经营所需资金等而发生的筹资费用，包括利息支出（减利息收入）、汇兑损益，以及相关的手续费、企业发生的现金折扣或收到的现金折扣等。

【学中做】 某公司于2017年10月1日向银行取得借款100 000元，借款期限为6个月，约定年利率为6%，利息按季支付，到期一次归还本金。该公司2017年第四季度的每个月末如何进行账务处理？

常见的利用费用项目进行舞弊的手段

费用舞弊由于风险小、成本低、隐蔽性好，尤其受到造假者的喜爱。主要的舞弊手段及案例如下：

(1) 提前确认费用。上市公司为了提高以后年度的赢利水平，有可能把以后期间发生的损失提前确认。

(2) 递延确认费用。上市公司为了提高当期赢利水平，有可能暂不确认本期已实际发生的费用或损失。例如，渤海集团股份有限公司于1993年兼并济南火柴厂时产生的债务问题，在未得到银行批准的情况下，公司未计提1996年到1998年的利息，导致这三年年度财务报告存有虚假。

(3) 费用过度资本化。目前，不少上市公司通过混淆资本化与费用化的界限，将应费用化的利息却资本化，以进行利润操纵，这样做一方面使得当期费用减少，虚增利润；另一方面使得长期资产增加，美化财务状况。例如，丰乐种业2002年以管理费用、营业费用虚构在建工程246万元。

资料来源：http：//www.14edu.com/falv/jingjifa/032CJ12010.html

任务四　营业外收支的核算

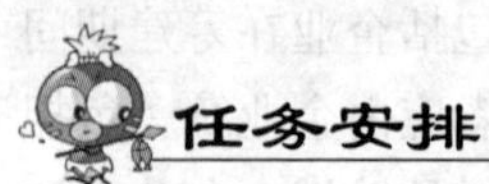

- 掌握营业外收支业务的内容。
- 掌握营业外收支业务的核算。

学习情境一　营业外收支的核算

大洋电器公司会计小张最近很烦恼。这几天工作上的事情很多，还很棘手。除了有日常业务要处理外，还有好几单预料之外的事情发生，其中有两项业务是这样的：①2016年12月20日，公司因为被环保部门查处违反相关环保规定，被处以50 000元的罚款，款项已经支付；②公司本月收到外单位现金捐赠50 000元并存入银行。你知道小张是怎样核算的吗？

知识准备

一、营业外收入如何账务处理

1. 营业外收入包括哪些内容

营业外收入是指企业发生的与其日常经营活动无直接关系的各项利得，主要包括以下内容：

（1）非流动资产处置利得。非流动资产处置利得是指企业处置各项非流动资产取得的收入扣除所处置的非流动资产的账面价值及所发生的相关税费后的净收益，包括固定资产处置所得和无形资产出售利得。

（2）债务重组利得。债务重组利得是指重组债务的账面价值超过清偿债务的现金、非现金资产的公允价值、所转股份的公允价值，或者重组后债务账面价值之间的差额。

（3）盘盈利得。盘盈利得是指企业对于现金（不包括固定资产）等资产清查盘点中盘盈的资产，报经批准后计入营业外收入的金额。

（4）政府补助。政府补助是指企业从政府无偿取得货币性资产或非货币性资产形成的利得。对于政府补助的确认和核算，本章下节将进行详细讲解。

（5）捐赠利得。捐赠利得是指企业接受捐赠产生的利得。

2. 营业外收入如何核算

企业应当通过“营业外收入”账户，核算营业外收入的取得和结转情况。该账户可按营业外收入项目进行明细核算。期末，应将该账户余额转入“本年利润”账户，结转后该账户无余额。

【做中学】星光有限公司2010年12月收到A公司对其的现金捐赠10 000元，存入银行。

借：库存现金　　　　　　　　　　　　10 000

　贷：营业外收入　　　　　　　　　　　　10 000

二、营业外支出如何账务处理

1. 营业外支出包括哪些内容

营业外支出是指企业发生的与日常活动无直接关系的各项损失，主要包括以下内容：

（1）非流动资产处置损失。非流动资产处置损失是指企业处置各项非流动资产取得的收入扣除所处置的非流动资产的账面价值及所发生的相关税费后的净损失，包括固定资产处置所得和无形资产出售损失。

（2）债务重组损失。债务重组损失是指重组债权的账面余额超过受让资产的公允价值、所转股份的公允价值，或者重组后债权的账面价值之间的差额。

（3）公益性捐赠支出。公益性捐赠支出是指企业对外进行公益性捐赠发生的支出。对于带有商业目的的非公益性捐赠，企业应视具体情况按关联方交易处理或根据实质重于形式原则进行恰当会计处理。

（4）非常损失。非常损失是指企业对于因客观因素（如自然灾害等）造成的损失，在扣除保险公司赔偿后计入营业外支出的净损失。

（5）罚没支出。罚没支出是指企业由于违反法律法规而被政府罚款、没收或由于违反经济合同而对合同签订方支付的经济赔偿支出等。

（6）盘亏损失。盘亏损失是指对于财产清查盘点中盘亏的资产，查明原因并报经批准计入营业外支出的损失。

2. 营业外支出如何核算

企业应当通过“营业外支出”账户，核算营业外支出的发生和结转情况。该账户可按营业外支出项目进行明细核算。期末，应将该账户余额转入“本年利润”账户，结转后该账户无余额。

需要注意的是，营业外收入和营业外支出应当分别核算。在具体核算时，不得以营业外支出直接冲减营业外收入，也不得以营业外收入冲减营业外支出。

【做中学】星光有限公司于2017年12月1日向民政局捐赠20 000元。

借：营业外支出　　　　20 000

　贷：银行存款　　　　　　20 000

【学中做】星光有限公司因为没有按照合同约定期限向A客户交付商品，本月末以银行存款向A客户支付合同违约金40 000元。该公司如何进行账务处理？

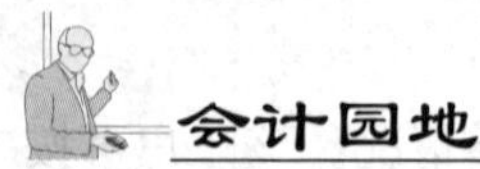

损益类账户的共同点

损益类账户：包括主营业务收入、其他业务收入等收入类；主营业务成本、其他业务成本、税金及附加、销售费用、管理费用和财务费用、所得税费用等费用类。

期末，应将所有损益类账户余额转入“本年利润”账户，结转后该账户无余额。

学习情境二　政府补助的核算

星光有限公司因为某项生产技术在世界上属于领先的高新技术，受到国家大力扶持。本月收到国家拨付的技术开发补助资金500 000元。这笔业务该如何处理呢？

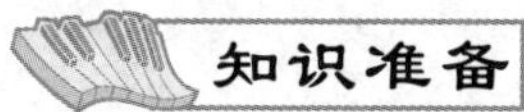

一、什么是政府补助？有什么特征

政府补助是指企业从政府无偿取得货币性资产或非货币性资产，但不包括政府作为企业所有者投入的资本。

政府补助具有以下两个特征：①无偿性，即企业取得政府的补助是无偿的，政府对企业不享有所有权，企业也无须向政府分配利润；②直接取得资产，政府补助是企业从政府直接取得的资产，包括货币性资产和非货币性资产。不涉及资产直接转移的经济支持不属于政府补助。

政府补助通常为货币性资产形式，也存在非货币性资产形式。常见的有财政拨款、财政贴息和税收返还，先征后返的所得税和先征后退、即征即退的流转税，本质上都属于税收返还。但是，增值税出口退税也不属于政府补助，因为其实质不是企业从政府无偿取得资产，而是政府归还企业事先在出口环节以前所垫付的资金。

二、政府补助如何核算

政府补助应当划分为与资产相关的政府补助和与收益相关的政府补助。

1. 与资产相关的政府补助如何核算

与资产相关的政府补助是指企业取得的、用于购建或以其他方式形成的长期资产的政府补助。

企业取得与资产相关的政府补助，不能全额确认为当期收益，应当随着相关资产的使用逐渐计入以后各期的收益。也就是说，这类补助应当先确认为递延收益，然后自相关资产可供使用时起，在相关资产计提折旧或摊销时，在该项资产使用寿命内平均分配，计入当期营业外收入。相关资产在使用寿命结束时或结束前被处置（出售、转让、报废等），尚未分摊的递延收益余额应当一次转入资产处置当期的收益，不再予以递延。

【做中学】2009年2月，甲企业购置一台环保设备，预计价款为500万元，因资金不足，按相关规定向有关部门提出补助210万元的申请。2009年3月1日，政府批准了甲企业的申请并拨付了甲企业210万元的财政拨款（同日到账）。2009年4月30日，甲企业购入不需安装的环保设备，实际成本为480万元，使用寿命10年，采用直线法计提折旧

（假设无残值）。2017年4月，甲企业出售了这台设备，取得价款120万元（假定不考虑其他因素）。

（1）2009年3月1日实际收到财政拨款，确认政府补助：

借：银行存款　　2 100 000

　贷：递延收益　　2 100 000

（2）2009年4月30日购入设备：

借：固定资产　　4 800 000

　贷：银行存款　　4 800 000

（3）自2009年5月起每个资产负债表日（月末）计提折旧，同时分摊递延收益：

①计提折旧：

每个月的折旧额＝4 800 000÷10÷12＝40 000（元）

借：管理费用　　40 000

　贷：累计折旧　　40 000

②分摊递延收益（月末）：

将取得的210万元补贴款逐月分摊确认收益＝2 100 000÷10÷12＝17 500（元）

借：递延收益　　17 500

　贷：营业外收入　　17 500

（4）2017年4月出售设备，同时转销递延收益余额：

①出售设备：

借：固定资产清理　　960 000（4 800 000÷10×2）

　　累计折旧　　3 840 000

　贷：固定资产　　4 800 000

借：银行存款　　1 200 000

　贷：固定资产清理　　960 000

　　　营业外收入　　240 000

②转销递延收益余额：

至出售日未确认的递延收益＝2 100 000－17 500×12×8＝420 000（元）

借：递延收益　　420 000

　贷：营业外收入　　420 000

【学中做】某企业于2017年6月15日收到国家1 200万元的政府补助用于购买一台生产设备，6月20日，企业用1 200万元购买了不需安装的生产设备并投入使用。假定该设备按5年，采用年限平均法计提折旧，无残值，设备预计使用年限为5年。2017年该笔业务如何进行账务处理？

【做中学】甲企业生产一种先进的模具产品，按照国家相关规定，该企业的这种产品适用增值税先征后返政策，即先按规定征收增值税，然后按实际缴纳增值税税额返还70%。2017年1月，该企业实际缴纳增值税税额120万元。2017年2月，该企业实际收到返还的增值税税额84万元。甲企业该如何账务处理？

借：银行存款　　840 000

　贷：营业外收入　　　　　　　　　　　　　840 000

2. 与收益相关的政府补助如何核算

与收益相关的政府补助是指除与资产相关的政府补助之外的政府补助。

与收益相关的政府补助应当在其补偿的相关费用或损失发生的期间计入当期损益，即用于补偿企业以后期间费用或损失的，在取得时先确认为递延收益，然后在确认相关费用的期间计入当期营业外收入；用于补偿企业已发生费用或损失的，在取得时直接计入当期营业外收入。

【做中学】A储备粮食企业2017年实际粮食储备量1.5亿斤（1斤＝0.5千克）。根据国家有关规定，财政部门按照企业的实际储备量给予每斤0.039元的粮食保管费补贴，于每个季度初支付。2017年1月10日，A储备粮食企业收到财政拨付的补贴款。

(1) 2017年1月1日，A储备粮食企业确认应收的财政补贴款：

1.5亿斤粮食可获得的保管费补贴＝150 000 000×0.039＝5 850 000（元）

借：其他应收款　　　　　　　　　　5 850 000

　贷：递延收益　　　　　　　　　　　　5 850 000

(2) 2017年1月10日，A储备粮食企业实际收到财政补贴款：

借：银行存款　　　　　　　　　　　5 850 000

　贷：其他应收款　　　　　　　　　　　5 850 000

(3) 2017年1月，将补偿1月的保管费的补贴计入当期收益：

确认每个月的保管费补贴＝5 850 000÷3＝1 950 000（元）

借：递延收益　　　　　　　　　　　1 950 000

　贷：营业外收入　　　　　　　　　　　1 950 000

2017年2月和3月的分录同上。

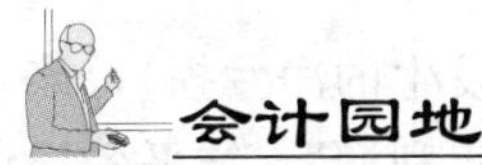

政府补助的计量

当企业取得的政府补助为货币性资产时，按照收到或应收的金额计算。

当企业取得的政府补助为非货币性资产时：

(1) 如该资产附带有关文件协议发票报关单等凭证注明的价值与公允价值差异不大的，应当以有关凭据中注明的价值作为公允价值入账。

(2) 没有注明价值或注明价值与公允价值差异较大，但有活跃交易市场的，应当根据确凿证据表明的同类或类似市场交易价格作为公允价值计量。

(3) 如没有注明价值且没有活跃交易市场，不能可靠取得公允价值的，应当按照名义金额计量，名义金额为1元。

任务五　利润及其分配的核算

任务安排

- 掌握本年利润的核算。
- 掌握利润分配的核算。

学习情境一　本年利润的核算

情境导入

利润是企业经营者辛苦经营的成果，投资者也最关心企业的利润，作为职场新人的小张担心自己工作出错而给管理层和投资者提供错误的信息。请帮助小张解决利润核算方面的问题。

知识准备

期末损益类账户余额应如何结转

企业应设置“本年利润”账户，核算企业当期实现的净利润（或发生的净亏损），该账户属所有者权益类。期末，企业应将各损益类科目的金额转入“本年利润”，结平各损益类科目：将各收入类科目的余额转入“本年利润”科目的贷方，将各费用支出类科目的余额转入“本年利润”科目的借方。结转后“本年利润”贷方余额为当期实现的净利润，借方余额为当期发生的净亏损。

借方　　　　本年利润	贷方
从损益类账户中结转过来的各种费用支出	从损益类账户中结转过来的各种收入
差额在借方，表示亏损	差额在贷方，表示赢利 （期末转入“利润分配”后无余额）

将损益类账户结转至“本年利润”账户如下所示：

借方　　本年利润	贷方
	从收入类账户结转过来的金额

←结转收入账户

借方　　各收入类账户	贷方
将贷方金额结转至“本年利润”，故记借方	发生时记在收入类账户的贷方金额
	结转后无余额

借方　　各费用类账户	贷方
发生时记在费用支出账户的借方金额	将借方金额结转至“本年利润”，故记贷方
结转后无余额	

结转费用支出账户→

借方　　本年利润	贷方
从费用支出类账户结转过来的金额	

年度终了，应将“本年利润”账户的全部累计余额，转入“利润分配——未分配利润”账户。如为净利润，借记“本年利润”账户，贷记“利润分配——未分配利润”账户；如为净亏损，做相反的分录。年度结转后，“本年利润”账户应无余额。

借方　　本年利润	贷方
①损益类账户中结转过来的各种费用支出 ②转出当年的净亏损	①从损益类账户中结转过来的各种收入 ②转出当年的净利润
	年末转入“利润分配”账户后无余额

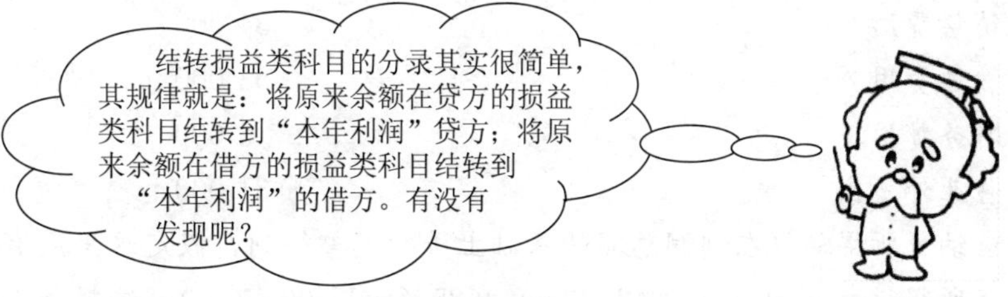

【做中学】大洋电器公司2016年1月末各损益类科目余额如表8-3所示。

表8-3　　**损益类科目余额表**　　单位：元

科目名称	借方金额	贷方金额
主营业务收入		300 000
其他业务收入		100 000
投资收益		50 000
营业外收入		41 000

续　表

科目名称	借方金额	贷方金额
主营业务成本	200 000	
其他业务成本	70 000	
税金及附加	30 000	
销售费用	34 000	
管理费用	53 000	
财务费用	5 000	
营业外支出	31 000	
所得税费用	17 000	
合计	440 000	491 000

①结转各收入类账户：

借：主营业务收入　　300 000
　　其他业务收入　　100 000
　　投资收益　　50 000
　　营业外收入　　41 000
　贷：本年利润　　491 000

②结转费用类账户：

借：本年利润　　423 000
　贷：主营业务成本　　200 000
　　　其他业务成本　　70 000
　　　税金及附加　　30 000
　　　销售费用　　34 000
　　　管理费用　　53 000
　　　财务费用　　5 000
　　　营业外支出　　31 000

③根据应纳税所得额（在利润总额的基础上进行调整得到，假定这里没有利润调整事项）计提应交所得税＝（491 000－423 000）×25%＝17 000（元），编制分录如下：

借：所得税费用　　17 000
　贷：应交税费——应交所得税　　17 000

④结转所得税费用：

借：本年利润　　17 000
　贷：所得税费用　　17 000

将所有损益类账户余额结转至“本年利润”后，该公司1月“本年利润”科目的贷方余额为51 000元，即该公司12月实现的净利润是51 000元。

学习情境二　利润分配的核算

核算出本期的经营成果之后，企业可能会对利润进行一定的分配，比如，提留一部分作为企业的公积金，发放利润的一定比例作为股东分红等。你知道如何对利润分配进行账务处理吗?

知识准备

利润分配是指企业根据有关法律法规及企业章程、协议等，对企业当年可供分配的利润所进行的分配。

企业当年可供分配的利润＝当年实现的净利润＋年初未分配利润（－年初未弥补亏损）＋其他转入利润

一、企业进行利润分配的顺序是怎样的

根据《公司法》等有关法规的规定，企业当年实现的净利润，一般应当按照如图 8－2 所示顺序进行分配。

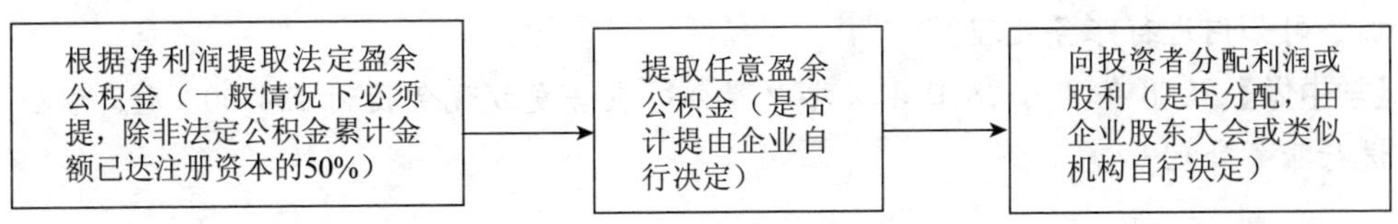

图 8－2　当年净利润分配顺序

（1）提取法定盈余公积金。公司制企业的法定盈余公积金按照税后利润 10%的比例提取（非公司制企业也可按照超过 10%的比例提取），在计算提取法定盈余公积的基数时，不应包括企业年初未分配利润。公司法定盈余公积金累计额为公司注册资本的 50%以上时，可以不再提取法定盈余公积金。公司的法定盈余公积金不足以弥补以前年度亏损的，在提取法定公积金之前，应当先用当年利润弥补亏损。

（2）提取任意盈余公积金。公司从税后利润提取法定盈余公积金后，经股东会或股东大会决议，还可以从税后利润中提取任意盈余公积金。非公司制企业经类似权力机构批准，也可提取任意盈余公积。

（3）向投资者分配利润或股利。公司弥补亏损和提取公积金后所余税后利润，公司的股东可以按照持股比例或公司章程的约定分取红利。

企业按规定所提取的法定公积金与任意公积金，统称为盈余公积，前者也叫法定盈余公积，后者也叫任意盈余公积。

二、企业利润分配如何核算

企业设置“利润分配”账户核算企业利润的分配（或亏损的弥补）和历年分配（或弥补）后余额。该账户属所有者权益类，分别设置“提取法定盈余公积”“提取任意盈余公积”“应付现金股利或利润”“转作股本的股利”“盈余公积补亏”和“未分配利润”等明细账户进行明细核算。

企业提取盈余公积时，借记“利润分配——提取法定盈余公积”“利润分配——提取任意盈余公积”科目，贷记“盈余公积——法定盈余公积”“盈余公积——任意盈余公积”科目。

企业经股东大会或类似机构决议分配现金股利或利润时，借记“利润分配——应付现金股利或利润”科目，贷记“应付股利”科目。分配股票股利时，在办理增资手续后，借记“利润分配——转作股本的股利”科目，贷记“股本”科目。

【做中学】 大洋电器公司2017年1～12月的净利润为620 000元，假设该公司以前年度未发生亏损，按当年净利润10%提取法定盈余公积62 000元。

①年末先结转本年利润：

借：本年利润　　620 000

　贷：利润分配——未分配利润　　620 000

②计提法定盈余公积：

借：利润分配——提取法定盈余公积　　62 000

　贷：盈余公积——法定盈余公积　　62 000

【学中做】 承上资料，大洋电器公司经股东大会批准后，计提任意盈余公积31 000元。该公司如何进行账务处理？

【学中做】 2018年3月28日，大洋电器公司宣告发放现金股利124 000元。该公司应如何进行账务处理？

三、期末“利润分配——未分配利润”账户应如何结转

年度终了，企业应将“利润分配”科目所属其他明细科目的余额转入“利润分配——未分配利润”明细科目。结转后，“利润分配——未分配利润”科目如为贷方余额，表示累积未分配利润的数额；如为借方余额，则表示累积未弥补的亏损数额。

借方　　　利润分配——未分配利润	贷方
①“本年利润”账户结转过来的净亏损 ②分配利润后导致未分配利润的减少数	“本年利润”账户结转过来的净利润
企业的未弥补亏损	企业的未分配利润

【做中学】 续前资料，假设大洋电器公司2017年年初“利润分配——未分配利润”为730 000元。2017年12月31日“本年利润”余额为620 000元，结转“利润分配”各明

细科目。

借：利润分配——未分配利润　　217 000
　　贷：利润分配——提取法定盈余公积　　62 000
　　　　利润分配——提取任意盈余公积　　31 000
　　　　利润分配——应付现金股利　　124 000

借方　　利润分配——未分配利润　　贷方

借方		贷方	
转入的利润分配各明细科目：		年初余额	730 000
①利润分配——提取法定盈余公积	62 000	本年转入净利润	620 000
②利润分配——提取任意盈余公积	31 000		
③利润分配——应付现金股利	124 000		
		年末余额	1 133 000

项目小结

本项目是每一个会计人员必须具备的基本技能之一。学会如何核算企业的财务成果，不但可以充分了解企业的经营成果，还可以通过对财务成果形成过程的分析，对企业的生产经营提供有效建议。注意以下要点：①不同的企业有不同的收入，但不外乎是商品销售收入、劳务收入、让渡资产使用权收入，每个企业的主营、兼营业务也会不同；②劳务收入要区分交易结果能否可靠估计的情况，掌握完工百分比法的运用；③理解收入与费用配比的原则，如主营业务收入对应主营业务成本，其他业务收入对应其他业务成本；④掌握营业外收支的内容；⑤掌握政府补助的内容及核算，特别是“递延收益”账户的运用；⑥掌握“本年利润”账户和“利润分配”账户的内容与核算。

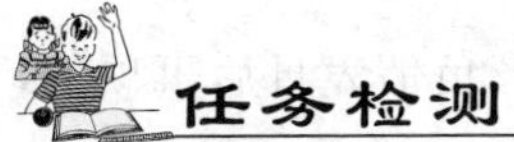

任务检测

一、单选题

1. 下列各项中，应计入其他业务成本的是（　　）。

A. 库存商品盘亏净损失　　B. 经营租出固定资产的折旧
C. 向灾区捐赠的商品成本　　D. 火灾导致原材料毁损净损失

2. 某企业在 2017 年 10 月 8 日销售商品 100 件，增值税专用发票上注明的价款为 10 000元，增值税额为 1 700 元。企业为了及早收回货款而在合同中规定的现金折扣条件为：2/10，1/20，n/30。假定计算现金折扣时不考虑增值税。如买方 2017 年 10 月 24 日付清货款，该企业实际收款金额应为（　　）元。

A. 11 466　　B. 11 500　　C. 11 583　　D. 11 600

3. 某企业某月销售商品发生商业折扣 20 万元、现金折扣 15 万元、销售折让 25 万元。该企业上述业务计入当月财务费用的金额为（　　）万元。

A. 15　　B. 20　　C. 35　　D. 45

4. 某企业年初未分配利润贷方余额为200万元，本年实现净利润1 000万元，按净利润的10%提取法定盈余公积，提取任意盈余公积50万元，该企业年末可供分配利润为（　　）万元。

A. 1 200　　B. 1 100　　C. 1 050　　D. 1 000

5. 某企业年初未分配利润为100万元，本年净利润为1 000万元，按10%计提法定盈余公积，按5%计提任意盈余公积，宣告发放现金股利为80万元，该企业年末未分配利润为（　　）万元。

A. 855　　B. 867　　C. 870　　D. 874

二、多选题

1. 下列各项中，不会引起留存收益变动的有（　　）。

A. 盈余公积补亏　　B. 计提法定盈余公积

C. 盈余公积转增资本　　D. 计提任意盈余公积

2. 下列各项中，工业企业应确认为其他业务收入的有（　　）。

A. 对外销售材料收入　　B. 出售专利所有权收入

C. 处置营业用房净收益　　D. 转让商标使用权收入

3. 下列各项中，年度终了需要转入“利润分配——未分配利润”科目的有（　　）。

A. 本年利润　　B. 利润分配——应付现金股利

C. 利润分配——盈余公积补亏　　D. 利润分配——提取法定盈余公积

4. 下列各项中，应列入利润表“营业成本”项目的有（　　）。

A. 销售材料成本　　B. 无形资产处置净损失

C. 固定资产盘亏净损失　　D. 经营出租固定资产折旧费

5. 下列各项中，应计入营业外支出的有（　　）。

A. 无形资产处置损失　　B. 存货自然灾害损失

C. 固定资产清理损失　　D. 长期股权投资处置损失

三、判断题

1. 企业已确认销售收入的售出商品发生销售折让，且不属于资产负债表日后事项的，应在发生时冲减销售收入。（　　）

2. 已完成销售手续、但购买方在当月尚未提取的产品，销售方仍应作为本企业库存商品核算。（　　）

3. 企业取得与资产相关的政府补助，应当确认为递延收益，并在该项资产使用寿命内分期计入当期损益。（　　）

4. 年度终了，除“未分配利润”明细科目外，“利润分配”科目下的其他明细科目应无余额。（　　）

5. 企业对于发出的商品，不符合收入确认条件的，应按其实际成本编制会计分录：借记“发出商品”科目，贷记“库存商品”科目。（　　）

四、实训项目

任务一

【目的】练习收入的核算。

【资料】广州市锦华食品有限公司2017年5月8日销售产品业务如凭1-1、凭1-2所示。

【要求】根据上述资料编制相关记账凭证（假设上笔业务为记字11号）。

凭1-1

广东省增值税专用发票

4400081140　　此联不作报销、扣税凭证使用　　No. 021586008

开票日期　2017年5月8日

购货单位	名称：广州市朝阳有限公司 纳税人识别号：440103190488888 地址、电话：广州丽江路12号81000068 开户银行及账号：建行广州丽江支行44001891109010465666				密码区	（略）	
货物或应税劳务名称	规格型号	单位	数量	单价	金额	税率	税额
火腿肠	一级	箱	20	500.00	10 000.00	17%	1 700.00
合计					10 000.00		1 700.00
税合计（大写）	⊗ 壹万壹仟柒佰元整				（小写）￥11 700.00		
销货单位	名称：广州市锦华食品有限公司 纳税人识别号：440103190488228 地址、电话：广州沿江路10号81000088 开户银行及账号：建行广州岭南支行44001891109010465688				备注	广州市锦华食品有限公司 440103190488228 发票专用章	

收款人：（略）　　复核：（略）　　开票人：李梅　　销货单位：

第一联：记账联　销货方记账凭证

凭1-2

中国建设银行　进账单　（回单）1

2017年5月8日

出票人	全称	广州市朝阳有限公司	收款人	全称	广州市锦华食品有限公司
	账号	44001891109010465666		账号	44001891109010465688
	开户银行	建行广州丽江支行		开户银行	建行广州岭南支行

金额	人民币（大写）	壹万壹仟柒佰元整	亿	千	百	十	万	千	百	十	元	角	分
						￥	1	1	7	0	0	0	0

票据种类	转账支票	票据张数	壹张
票据号码	04237565		

复核　记账

中国建设银行股份有限公司
广州市岭南支行
★ 2011.05.8 ★
票据受理专用章
收妥抵用
（4）

收款人开户银行签章

此联是收款人开户银行交持票人的回单

任务二

【目的】练习收入、费用及利润的核算。

【资料】长河公司为增值税一般纳税人，适用的增值税税率为17%，商品、原材料售价中不含增值税。假定销售商品、原材料和提供劳务均符合收入确认条件，其成本在确认收入时逐笔结转，不考虑其他因素。2017年3月，长河公司发生如下交易或事项：

(1) 销售商品一批，按商品标价计算的金额为200万元，由于是成批销售，长河公司给予客户10%的商业折扣并开具增值税专用发票，款项尚未收回。该批商品实际成本为150万元。

(2) 向本公司行政管理人员发放自产产品作为福利，该批产品的实际成本为8万元，市场售价为10万元。

(3) 向乙公司转让一项软件的使用权，一次性收取使用费20万元并存入银行，且不再提供后续服务。

(4) 销售一批原材料，增值税专用发票注明售价80万元，款项收到并存入银行。该批材料的实际成本为59万元。

(5) 将以前会计期间确认的与资产相关的政府补助在本月分配计入当月收益300万元。

(6) 确认本月设备安装劳务收入。该设备安装劳务合同总收入为100万元，预计合同总成本为70万元，合同价款在前期签订合同时已收取。采用完工百分比法确认劳务收入。截至本月末，该劳务的累计完工进度为60%，前期已累计确认劳务收入50万元、劳务成本35万元。

(7) 以银行存款支付管理费用20万元，财务费用10万元，营业外支出5万元。

【要求】

(1) 逐笔编制长河公司上述交易或事项的会计分录。

(2) 计算长河公司3月的营业收入、营业成本、营业利润、利润总额。

任务三

【目的】练习收入确认及销售退回的核算。

【资料】金达公司为增值税一般纳税人，增值税税率为17%。商品销售价格不含增值税，在确认销售收入时逐笔结转销售成本。假定不考虑其他相关税费。2017年6月金达公司发生如下业务：

(1) 6月2日，向乙公司销售A商品1 600件，标价总额为800万元（不含增值税），商品实际成本为480万元。为了促销，金达公司给予乙公司15%的商业折扣并开具增值税专用发票。甲公司已发出商品，并向银行办理了托收手续。

(2) 6月10日，因部分A商品的规格与合同不符，乙公司退回A商品800件。当日，金达公司按规定向乙公司开具增值税专用发票（红字），销售退回允许扣减当期增值税销项税额，退回商品已验收入库。

(3) 6月15日，金达公司将部分退回的A商品作为福利发放给本公司职工，其中生产工人500件，行政管理人员40件，专设销售机构人员60件，该商品每件市场价格为0.4万元（与计税价格一致），实际成本0.3万元。

(4) 6月25日，金达公司收到丙公司来函。来函提出，2017年5月10日从金达公司所购B商品不符合合同规定的质量标准，要求金达公司在价格上给予10%的销售折让。

该商品售价为600万元，增值税额为102万元，货款已结清。经金达公司认定，同意给予折让并以银行存款退还折让款，同时开具了增值税专用发票（红字）。

除上述资料外，不考虑其他因素。

【要求】

（1）逐笔编制金达公司上述业务的会计分录。

（2）计算金达公司6月主营业务收入总额。

任务四

【目的】练习收入、费用的核算。

【资料】甲公司为增值税一般纳税人，适用的增值税税率是17%，所得税税率是25%，2017年12月甲公司发生如下交易或事项：

（1）12月5日，向乙公司销售商品一批，开出的增值税专用发票上注明的价款为60万元，增值税税额为10.2万元，销售商品实际成本为45万元。提货单和增值税专用发票已交购货方，并收到购货方开出的商业承兑汇票。

（2）12月10日，向丙公司销售A材料一批。该批处理的销售价格为5万元，增值税税额为0.85万元，销售材料实际成本为4万元。A材料已发出，销售款项存入银行。

（3）12月18日，结转固定资产净收益8万元。

（4）12月31日，计提公司管理部门固定资产折旧5万元，摊销公司管理部门使用的无形资产成本8万元。

（5）12月31日，确认本月应交的城市维护建设税2万元，教育费附加1万元。

（6）12月31日，确认本年所得税费用75万元。

假定除上述资料外，不考虑其他相关因素。

【要求】编制甲公司相应的会计分录。

任务五

【目的】练习政府补助的核算。

【资料】某企业2017年5月发生下列政府补助业务：

（1）2017年5月5日，收到一笔用于企业以后5年期间的因与治理环境相关的收入600万元。

（2）2017年5月10日，收到一笔用于补偿企业已发生的相关费用200万元。

（3）2017年5月15日，收到国家1 200万元的政府补助用于购买一台先进生产设备，6月20日，企业用1 200万元购买了一台先进生产设备并投入使用。假定该设备采用年限平均法计提折旧，无残值，设备预计使用期限为5年。

【要求】根据上述资料，编制企业2017年度与政府补助相关的会计分录，涉及固定资产的，编制2017年7月固定资产计提折旧的会计分录。

五、案例分析

【资料】据某市税务官员介绍，该市房地产企业偷逃税可谓“八仙过海，各显神通”：一是在预售楼盘时故意延迟缴纳税款，或不按合同约定时间确认收入，以各种理由拖延缴纳企业所得税。二是连续滚动开发项目，项目决算期又有意无意地滞后，导致成本难以理清，企业所得税应纳税所得额难以确定，利润黑洞惊人。三是采取“体外循环法”，将预收的售房款收入放在其他公司银行账户上，隐瞒收入；或将预收房款等挂在往来账面上，使缴纳的税款变成往来流动资金，偷逃营业税和企业所得税。四是将更名费、拖交房款押金、罚息收入、没收的违约保证金、定金等收入计入营业外收入或往来账户，未计入应税营业额一并申报纳税；有的将包销代销商品房手续费支出直接从售楼款收入中抵减，以从销售代理商处收取的楼款净额作为计税营业额，以此少缴营业税。以上的各种行为造成了国家大量的税收损失。

【要求】 根据上述资料，提出相应对策。

项目九　主管会计岗位核算

任务一　主管会计岗位核算任务与业务流程

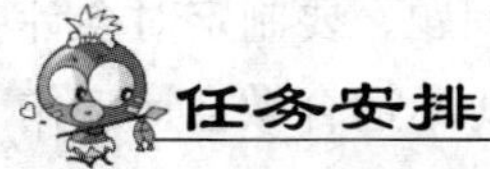

- 了解主管会计岗位的核算任务与业务流程。

学习情境　主管会计岗位核算任务与业务流程

中太集团财务部的主管会计退休了，领导决定由工作经验比较丰富的张会计师接任主管会计。那么，主管会计岗位具体做什么呢？

知识准备

一、主管会计岗位有哪些核算任务

（1）设置会计科目。会计科目是对会计对象的具体内容进行分类而形成的项目，是填制会计凭证、设置账户和编制会计报表的基础。

按照《企业会计制度》或《企业会计准则》的规定，根据企业的需要设置会计科目。设置会计科目应当满足以下要求：

第一，符合企业组织形式和生产经营的特点，能够正确反映经济业务内容。

第二，为编制会计报表和加强经营管理提供所需的信息和经济指标。

第三，简单明确，便于使用。

（2）设置和登记总账。根据企业设置的会计科目，设置和登记总账，总账不仅能够全面、总括地反映经济业务情况，并为会计报表的编制提供资料，同时也对其所属的各明细账起控制作用。

（3）组织人员进行财产清查。对公司的财产物资，每季度或至少每年应进行一次清查盘点，做到账实相符。发现盘盈、盘亏、损毁等资产物资要及时报主管领导进行账务处

理。及时清理债权债务，凡在 3 个月以上未清理的债权债务，每季列出明细与经办人核对，并写明未收、未付的原因，报公司总经理审批后进行有关处理。

（4）督促缴纳各种税金。认真研究税法，督促足额上缴。对于企业应上缴的税金、费用等款项，要按照国家税法规定进行严格审查，督促办理解缴手续，不得因个人工作失误造成公司经济损失。做到按期足额上缴，不挤占、不挪用、不拖欠、不截留，积极组织完成各项上缴任务。

（5）按时编制会计报表。按报表名称、内容、时间、报送部门、编制要求，及时准确编制各类会计报表。按月编报收、支情况等内部报表。

（6）组织会计人员学习、考核调配人员。要建立学习制度，组织会计人员学习业务技术，不断提高会计人员的业务水平。定期召开专业研讨会，研究工作问题。要制定对会计人员的考核办法，按期进行考核。参与研究会计人员的任用和调配。对不适合做会计工作的人员，要提出建议，进行调整；对不能胜任会计工作的人员，要帮助其培养提高，或者另行安排适当的工作。

二、主管会计岗位业务流程是什么

主管会计岗位的业务流程包括 6 部分：①稽核各种凭证；②登记各种总账；③进行财产清查；④计算缴纳各种税金；⑤试算平衡；⑥编制各种会计报表。具体内容如图 9－1 所示。

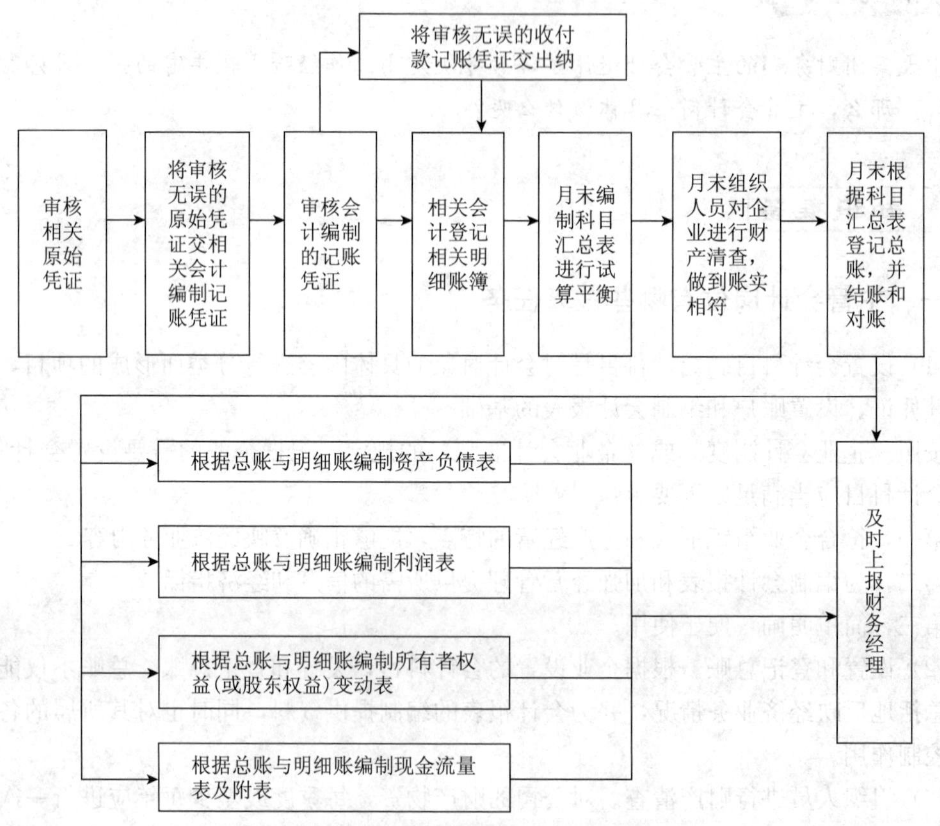

图 9－1　主管会计岗位业务流程

任务二　会计稽核

- 了解会计稽核的内容。
- 理解会计稽核的重要性。

学习情境一　会计稽核的重要性

张会计师带了一个实习生叫张惠，张惠很好学，不懂就问。她发现每到月底就会有专门的人员来检查发票、凭证等，张会计师告诉她这些人是在做稽核工作。那么，为什么要进行会计稽核？对稽核人员有什么业务要求？稽核的主要工作内容是什么？

一、什么是会计稽核

稽核是稽查和复核的简称。会计稽核是会计机构本身对于会计核算工作进行的一种自我检查或审核工作。建立会计机构内部稽核制度，其目的在于防止会计核算工作上的差错和有关人员的舞弊。通过稽核，对日常会计核算工作中出现的疏忽、错误等及时加以纠正或制止，以提高会计核算工作的质量。会计稽核是会计工作的重要内容，也是规范会计行为、提高会计资料质量的重要保证。因此，我国《会计法》强调各单位应该建立、健全内部稽核制度。

二、会计稽核的对象是什么

会计稽核对象是各会计岗位业务包括出纳核算岗位、往来核算岗位、存货核算岗位、资产核算岗位、职工薪酬核算岗位、资金核算岗位、财务成本核算岗位等。

三、会计稽核有哪些要求

（1）各级财务部门必须设立稽核岗位。有条件的单位需设立专职稽核员，会计人员较少的单位，由主管会计兼任稽核员，但出纳人员不得兼管稽核工作。

（2）稽核人员必须具备较高的政治素质和业务素质，且需由会计师以上职称的人员担任。

（3）稽核人员必须依据国家有关政策、法律及企业规章制度等有关规定对所发生的会计事项进行稽核，严把稽核关。对不合法、内容不真实、手续不完备、数字不准确的原始凭证予以退回，要求其更正、补充。对内容不完整、数字不准确、会计科目使用不当的记账凭证要求更正。

（4）所有会计凭证必须经过稽核人员稽核后，才能据以记账；所有支出，必须经稽核人员稽核后，出纳人员才能付款。对于无计划或超计划的项目开支，稽核人员有权拒绝支付。对不符合规定的收入项目应提出意见或拒绝办理。

（5）稽核人员在对经济业务进行审核和监督过程中，若发现异常情况必须及时处理，并向领导汇报。

学习情境二　会计稽核的内容

一天，稽核人员找到张惠，指出她本月一笔购进甲材料时支付的6 000元运杂费计入了管理费用，而这笔运杂费本应该计入甲材料的成本。还有一笔账是购进材料91 000元，她凭证上记成了19 000元。张惠惊出一身汗，羞愧自责的同时，心想，幸亏有稽核人员……那么稽核人员一般从哪些方面审核会计凭证呢？

一、原始凭证如何稽核

1. 原始凭证稽核的内容

（1）真实性和完整性。审核经济业务事项的实质是否与企业经营范围相符，相关手续和凭证内容是否齐全，如名称、品名、数量、单价、金额、日期、编号、印章等。

（2）合法性和合理性。审核有没有违反国家法律法规的规定，收支是否符合企业的各项管理制度，内容有无涂改、刮擦、褪色的痕迹。

（3）及时性和正确性。取得凭据的时效符不符合规定，有没有超过会计结算期，凭证各项的填写是否规范，数量单价金额的计算是否正确。

2. 原始凭证稽核举例

原始凭证稽核举例，如图9－2所示。

××市增值税专用发票

开票日期：20××年2月3 日　　　　No.01643375

购货单位	名称	宏大机床厂			纳税人登记号	3570248546	
	地址、电话	68352048			开户银行及账号	开发银行3255787221	
商品或应税劳务名称		计量单位	数量	单价	金额	税率(%)	税额
圆钢φ25mm		公斤	1 500	4	6 000	17	1 020
圆钢φ10mm		公斤	1 000	4	4 000	17	680
合计			2 500		10 000		1 700
价税合计(大写)		仟 佰 拾壹万壹仟柒佰零拾零元零角零分				¥11 700	
销售单位	名称	黎明钢厂			纳税人登记号	0765445712	
	地址、电话	85302819			开户银行及账号	工商银行2879643521	

销货单位(章)　收款人 李敏　复核 张林　开票人 洪顺

图 9－2　原始凭证稽核

【学中做】某公司 2008 年 12 月 1 日购入两台不需要安装的生产用设备。取得两张销货单位和运输单位的发票，如图 9－3 所示，该如何对所取得的发票进行稽核？

6100033141　　　　山东省增值税专用发票

开票日期：2008年12月1日　　　　No.0087206

购货单位	名称	大阳机床有限责任公司	纳税人登记号	453122890635288
	地址、电话	嵩山路100号　5568343	开户银行及账号	嵩山路办事处 325666

商品或劳务名称	计量单位	数量	单价	金额 千	百	十	万	千	百	十	元	角	分	税率(%)	税额 百	十	万	千	百	十	元	角	分
万能磨床	台	2	280 000		¥	5	6	0	0	0	0	0	0	17		¥	9	5	2	0	0	0	0
合计					¥	5	6	0	0	0	0	0	0			¥	9	5	2	0	0	0	0

价税合计（大写）	陆拾伍万伍仟贰佰元整		（小写）¥655 200	
销货单位	名称	淄博市重型机械厂	纳税人登记号	600762171468975
	地址、电话	老城区66号　6183642	开户银行及账号	老城区办事处 6589423

第二联发票联购货方记账凭证

收款人：于方　　复核：赵林　　开票人：李宏　　销货单位（未盖章无效）

淄博市工业企业统一发票

客户名称：大阳机床有限责任公司　　　　　　　　　　　　　　　　2008 年12月5日

品名规格	单位	数量	单价	金额	金额							备注
					万	千	百	十	元	角	分	现金收讫
运杂费						¥	8	6	0	0	0	
合计						¥	8	6	0	0	0	
合计金额（大写）：捌佰陆拾元整												

发票第二联

填票人：王力　　　　　　　　　　　　收款人：张继红

图 9－3　销货发票和运输发票

二、记账凭证如何稽核

1. 记账凭证稽核内容

（1）填制凭证的日期是否正确。

（2）凭证是否编号，编号是否正确。

（3）经济业务摘要是否清楚，是否正确地反映了经济业务的基本内容。

（4）会计科目的使用是否正确；总账科目和明细科目是否填列齐全，应借应贷的会计账户（包括二级或明细账户）对应关系是否清晰。

（5）记账凭证所列金额计算是否准确，书写是否清楚、符合要求。

（6）记账凭证是否附有原始凭证，记账凭证的经济内容是否与所附原始凭证的内容相同，所附原始凭证的张数与记账凭证上填写的张数是否相符。

（7）填制凭证人员、稽核人员、记账人员、会计机构负责人、会计主管人员的签名或盖章是否齐全。

2. 记账凭证稽核举例

记账凭证稽核举例，如图 9－4 所示。

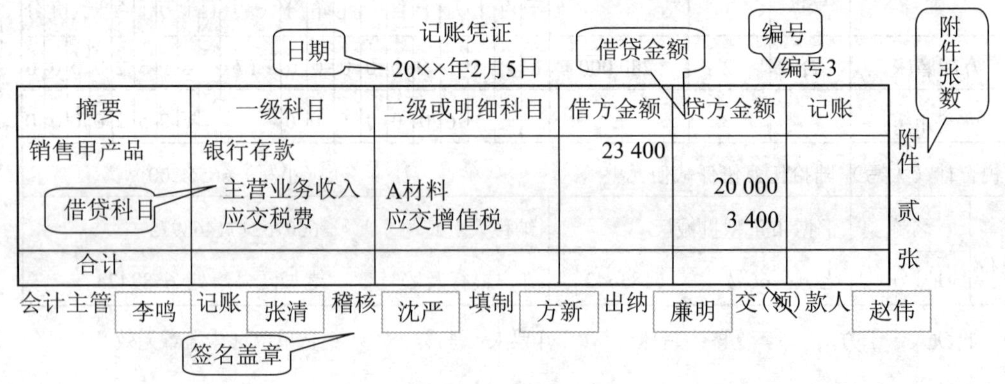
记账凭证

20××年2月5日　　编号3

摘要	一级科目	二级或明细科目	借方金额	贷方金额	记账
销售甲产品	银行存款		23 400		
	主营业务收入	A材料		20 000	
	应交税费	应交增值税		3 400	
合计					

附件贰张

会计主管 李鸣　记账 张清　稽核 沈严　填制 方新　出纳 廉明　交(领)款人 赵伟

图 9－4　记账凭证稽核

三、会计账簿如何稽核

1. 会计账簿的稽核内容

(1) 账簿的设置是否合法、适用。

(2) 是否根据审核无误的会计凭证记账，是否符合记账规则。

(3) 运用更正错误的方法是否规范。

(4) 账证、账账、账表是否相符。

2. 会计账簿稽核举例

会计账簿稽核举例，如图 9－5 所示。

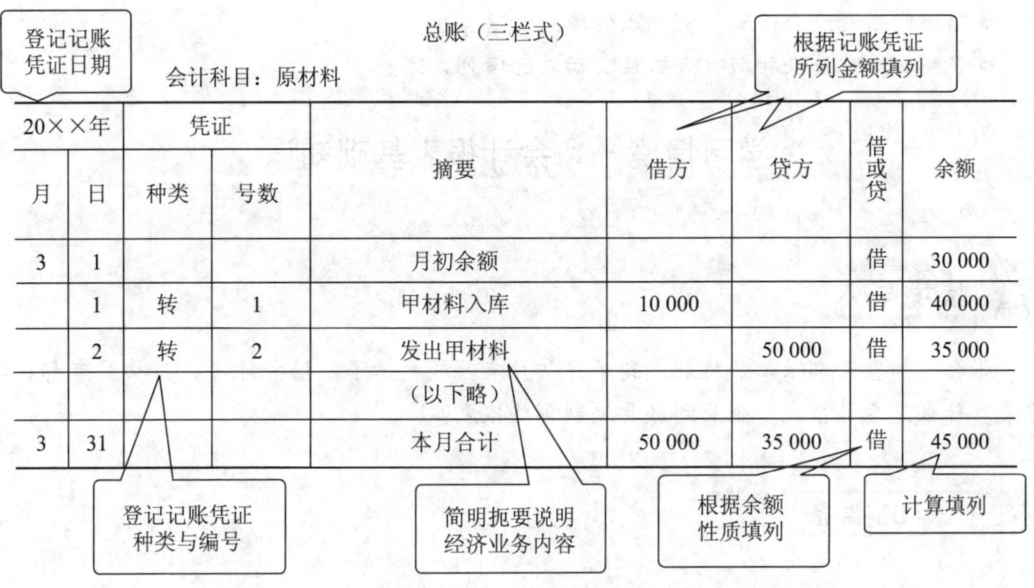

总账（三栏式）

会计科目：原材料

20××年		凭证		摘要	借方	贷方	借或贷	余额
月	日	种类	号数					
3	1			月初余额			借	30 000
	1	转	1	甲材料入库	10 000		借	40 000
	2	转	2	发出甲材料		50 000	借	35 000
				（以下略）				
3	31			本月合计	50 000	35 000	借	45 000

图 9－5　会计账簿稽核

四、会计报表如何稽核

会计报表的稽核内容如下：

(1) 是否根据完整无误的会计账簿及有关资料编制，报表格式是否统一。

(2) 账表是否相符，表与表之间的钩稽关系是否衔接。

(3) 审核报表是否数字真实、计算准确、内容完整、说明清楚。

(4) 相关责任人的签字和盖章是否齐全。

任务三　会计报表的编制

任务安排

- 了解会计报表的编制目的。
- 理解会计报表的编制要求与注意事项。
- 掌握资产负债表、利润表、现金流量表和所有者权益变动表的概念及报表格式。
- 熟练掌握资产负债表、利润表的填列方法。
- 了解现金流量表和所有者权益变动表的填列方法。

学习情境一　会计报表基础知识

情境导入

张会计师整天都很忙，特别是到了月初月末，就更忙了，张会计师在月初月末都在做报表。什么是会计报表？企业到底要编制哪些报表？

知识准备

一、什么是会计报表

会计报表是指企业对外提供的反映企业某一特定日期的财务状况和某一会计期间的经营成果、现金流量等会计信息的文件。

会计园地

财务报告与会计报表的组成内容

财务报告（又称财务会计报告）是提供会计信息的重要手段，包括会计报表和其他应当在财务报告中披露的相关信息和资料。财务报告包括会计报表、会计报表附注。企业的会计报表至少应当包括资产负债表、利润表、现金流量表、所有者权益（或股东权益）变动表和报表附注，即“四表一注”。

二、编制会计报表的目的是什么

会计报表的编制目的是为会计报表使用者做出经济决策提供与企业财务状况经营成果和现金流量等有关的会计信息。

会计报表使用者通常包括：投资者、债权人、政府及其有关部门和社会公众等。

（1）企业的投资者（股东）主要关注投资的内在风险和投资报酬。

（2）企业的债权人主要关注提供的资金是否安全，自己的债权是否能够到期如数收回。

（3）政府相关机构关注的是国家资源分配和运用情况，需要了解与经济政策的制度、国民收入的统计等有关方面的信息。

（4）企业管理者关注的是企业财务状况的好坏、经营业绩的大小及现金流动情况。

（5）企业职工关注的是企业为其所提供的就业机会及稳定性、劳动报酬高低和职工福利好坏等方面的资料。

（6）社会公众或潜在投资者主要关注企业的兴衰及发展情况。

三、会计报表编制的一般要求有哪些

为了保证会计信息的质量，充分发挥会计报表的作用，编制会计报表的一般要求如下：

（1）数字真实。会计报表中各项指标数字必须根据真实可靠的账簿资料整理编制，这样才能保证企业会计报表所提供的信息是有用的。因此，编表人员要做到以下几点：

①将报告期内所有的经济业务全部登记入账并核对无误，然后根据核对无误的账簿记录编制会计报表。

②报表编制之前，必须核对账目，做到账证相符、账账相符、账实相符，以保证会计报表所反映的信息真实、客观。

③各种会计报表之间及同一会计报表各项指标之间，存在钩稽关系的数字要核对相符，前后期报表之间的数字应相互衔接。

（2）内容完整。只有完整、全面地反映企业经营活动，提供完整的会计信息资料，才能满足各有关方面对会计信息的需要，使报表使用者做出正确的决策。因此，会计报表必须按照统一的规定进行填报。

（3）计算准确。为了保证会计报表资料的准确性，报表的数字必须计算准确，各项指标的计算方法、计算口径应与《企业会计准则》相一致，不准任意增加或减少。

（4）报送及时。为了保证会计报表的及时性，企业在编制会计报表时必须遵守期限规定，做到报送及时，以便有关方面及时掌握企业的财务状况和经营成果。为此，会计部门要同企业有关部门密切配合，加强日常核算工作，保证在会计期间结束后，及时编制按期报送会计报表。

戏说“会计报表”与“电脑”

俗话说，“借钱难，用钱更难”。企业要用好钱就要“把钱花在点子上”。这就要求现代企业的经营者在运用资金时，随时注意根据各种资金的性质、结构和营运的需要，合理分配，使之能周转如流，避免风险，达到赢利的目的。资金运用是事关企业存亡的问题。

如果把上市公司比喻成一台电脑，那么资产负债相当于硬件，赢利机制是软件，而现金流量相当于电脑的能量系统。资产负债表反映公司的硬件配置，利润表反映的是公司的软件运行，现金流量表反映的是能量流动。资产负债表反映电脑硬件稳健不稳健，利润表反映的是电脑软件运行顺畅不顺畅，现金流量表反映的是电脑能量充足不充足和流动性强劲不强劲。所以，这三张会计报表从三个方面立体地反映了整个公司系统的运作情况。

学习情境二　资产负债表的编制

银广夏公司全称为广夏（银川）实业股份有限公司，现证券简称为 ST 广夏(000557)。1994 年 6 月上市的银广夏公司，曾因其骄人的业绩和诱人的前景而被称为“中国第一蓝筹股”。2001 年 8 月，《财经》杂志发表“银广夏陷阱”一文，银广夏虚构财务报表事件被曝光。2002 年 5 月中国证监会对银广夏的行政处罚决定书认定，公司自 1998—2001 年累计虚增利润 77 156.70 万元，其中：1998 年虚增 1776.10 万元，由于主要控股子公司天津广夏 1998 年及之前年度的财务资料丢失，利润真实性无法确定；1999 年虚增 17 781.86 万元，实际亏损 5 003.20 万元；2000 年虚增 56 704.74 万元，实际亏损 14 940.10 万元；2001 年 1—6 月虚增 894 万元，实际亏损 2 557.10 万元。从原料购进到生产、销售、出口等环节，公司伪造了全部单据，包括销售合同和发票、银行票据、海关出口报关单和所得税免税文件。

银广夏虚构财务报表事件让我们震惊，那么财务报表具体应该怎样编制呢！

知识准备

一、什么是资产负债表

资产负债表是总括反映企业某一特定日期财务状况的会计报表。所谓财务状况，是指企业在某一特定日期资产、负债和所有者权益的余额情况及其相互关系。

资产负债表反映了企业以往的经营活动对资产、负债和所有者权益的累积影响。管理当局、投资者、债权人和其他会计报表使用人通过资产负债表可以了解企业资产、负债和所有者权益结构是否合理，企业的财务实力如何，偿债能力如何等。通过对前后几期资产负债表的分析对比，可以看出企业财务状况的发展趋势，为制定决策提供依据。

会计园地

资产负债表的格式和内容

目前国际上流行的资产负债表格式有账户式和报告式两种，按照会计制度的规定，我国企业填报的资产负债表采用账户式。账户式资产负债表根据“资产＝负债＋所有者权益”的会计等式，将资产项目列在表的左边，负债和所有者权益项目列在表的右边。左边的资产各项目按流动性由大到小顺序排列；右边的负债各项目按清偿债务的先后顺序排列，所有者权益各项目按永久性递减的顺序排列。

二、资产负债表如何编制

资产负债表的表首部分有报表的名称、编制单位、编制日期和金额单位；表身包括资产、负债、所有者权益各项目金额，是资产负债表的主要部分；表尾主要包括备注资料等。资产负债表是静态报表，编制日期为报告期末最后一天的日期。我国资产负债表主体部分的各项目都列有“年初余额”和“期末余额”两个栏目，是一种比较资产负债表。

1. “年初余额”栏如何填列

表中“年初余额”栏内各项目数字，应根据上年末资产负债表“期末余额”栏内所列数字填列。如果本年度资产负债表各项目的名称和内容同上年不一致的，应对上年年末资产负债表相关项目的名称和数字按照本年度的规定进行调整，按调整后的数字填入本表“年初余额”栏内。

2. “期末余额”栏如何填列

“期末余额”可分月末、季末和年末的数字。根据资产、负债、所有者权益类科目余额填列，填列方法与具体内容主要有以下几种情况。

（1）根据总账账户期末余额直接填列。

①“交易性金融资产”项目。反映企业为交易目的而持有的债券投资、股票投资、基金投资等交易性金融资产的公允价值。本项目应根据“交易性金融资产”账户的期末借方余额填列。

②“应收票据”项目。反映企业收到的未到期，且未向银行贴现的商业承兑汇票和银行承兑汇票。本项目应根据“应收票据”账户期末借方余额填列。

③“应收利息”项目。反映企业持有的交易性金融资产、持有至到期投资、可供出售金融资产等应收取的利息。本项目应根据“应收利息”账户期末借方余额填列。

④“应收股利”项目。反映企业应收取的现金股利和应收取其他单位分配的利润。本项目根据“应收股利”账户期末余额填列。

⑤“工程物资”项目。反映企业各项工程尚未使用的工程物资的实际成本。本项目应根据“工程物资”科目的期末余额填列。

⑥“固定资产清理”项目。反映企业因出售、毁损、报废等原因转入清理但尚未完毕的固定资产的账面净值，以及固定资产清理过程中所发生的清理费用和变价收入等各项金额的差额。本项目应根据“固定资产清理”账户的期末借方余额填列。如果“固定资产清理”为贷方余额以“－”号填列。

⑦“递延所得税资产”项目。反映企业确认的可抵扣暂时性差异产生的递延所得税资产的账面价值。本项目应根据“递延所得税资产”账户的期末借方余额填列。

⑧“短期借款”项目。反映企业借入尚未归还的期限在1年以内（含1年）的借款。本项目应根据“短期借款”账户期末贷方余额填列。

⑨“交易性金融负债”项目。反映企业发行短期债券等所形成的交易性金融负债公允价值。本项目根据“交易性金融负债”账户期末余额填列。

⑩“应付票据”项目。反映企业为了抵付货款等而开出并承兑的、尚未到期付款的应付票据，包括银行承兑汇票和商业承兑汇票。本项目应根据“应付票据”账户的期末余额填列。

⑪“应付职工薪酬”项目。反映企业应付未付的工资和社会保险费等职工薪酬。本项目应根据“应付职工薪酬”账户的期末贷方余额填列，如果“应付职工薪酬”账户期末为借方余额，以“－”填列。

⑫“应交税费”项目。反映企业期末未交、多交或未抵扣的各种税金。本项目应根据“应交税费”账户的期末贷方余额填列，如果“应交税费”账户期末为借方余额，以“－”填列。

⑬“应付利息”项目。反映企业应付未付的各种利息。本项目根据“应付利息”账户期末余额填列。

⑭“应付股利”项目。反映企业尚未支付的现金股利或利润。本项目应根据“应付股利”账户的期末余额填列。

⑮“其他应付款”项目。反映企业所有应付和暂收其他单位和个人的款项。本项目应根据“其他应付款”账户的期末余额填列。

⑯“预计负债”项目。反映企业计提的各种预计负债。本项目根据“预计负债”账户期末余额填列。

⑰“递延所得税负债”项目。反映企业根据应纳税暂时性差异确认的递延所得税负债。本项目根据“递延所得税负债”账户期末余额填列。

⑱“实收资本（或股本）”项目。反映企业各投资者实际投入的资本总额。本项目应根据“股本（实收资本）”账户的期末余额填列。

⑲“资本公积”项目。反映企业资本公积的期末余额。本项目应根据“资本公积”账户的期末余额填列，其中“库存股”按“库存股”账户余额填列。

⑳“盈余公积”项目。反映企业盈余公积的期末余额。本项目应根据“盈余公积”账户的期末余额填列。

(2) 根据有关总账账户期末余额计算填列。

①“货币资金”项目。反映企业库存现金、银行基本存款户存款、银行一般存款户存款、外埠存款、银行汇票存款等的合计数。

“货币资金”项目=“库存现金”+“银行存款”+“其他货币资金”

②“存货”项目反映企业期末在库、在途和加工中的各项存货的实际成本，根据下列有关账户期末借方余额、贷方余额相抵后的差额填列。

“存货”项目=“原材料”+“材料采购”(或“在途物资”)+“生产成本”+“制造费用”+“周转材料”+“委托加工物资”+“自制半成品”+“库存商品”+“发出商品”+“受托代销商品”-“代销商品款”+“材料成本差异”借方(-贷方)-“商品进销差价”期末贷方余额-“存货跌价准备”

③“未分配利润”项目。反映企业尚未分配的利润。本项目应根据“本年利润”账户和“利润分配”账户的期末余额计算填列，如果为未弥补的亏损，在本项目内以“-”填列。

“未分配利润”项目=“利润分配”+“本年利润”(贷方用正数，借方用负数)

(3) 根据总账有关明细账户余额计算填列。

①“应收账款”项目和“预收款项”项目。

“应收账款”项目反映企业因销售商品和提供劳务而应向购买单位收取的各种款项，是企业的一项资产。本项目应根据“应收账款”和“预收账款”账户所属各明细账户的期末借方余额合计，减去“坏账准备”账户中有关应收账款计提的坏账准备期末余额后的金额填列。

“预收款项”项目反映企业预收购买单位的货款，是企业的一项负债。本项目根据“应收账款”和“预收账款”账户所属各明细账户的期末贷方余额合计金额填列。

【做中学】企业“应收账款”有三个明细账户：“应收账款——A公司”期末借方余额50 000元；“应收账款——B公司”期末借方余额2 000元；“应收账款——C公司”期末贷方余额30 000元。“预收账款”有一个明细账户，期末贷方余额8 000元。假设应收账款相应的坏账准备为500元。该企业资产负债表中，“应收账款”“预收账款”项目填列的金额计算如下：

“应收账款”项目=50 000+2 000-500=51 500(元)

“预收账款”项目=30 000+8 000=38 000(元)

②“预付款项”项目和“应付账款”项目。

“预付款项”项目反映企业预付供应单位的款项，是企业的一项资产。本项目根据“预付账款”和“应付账款”账户所属各明细账户的期末借方余额合计金额填列。

“应付账款”项目反映企业购买原材料或接受劳务应付供应单位的款项，是企业的一项负债。本项目根据“预付账款”和“应付账款”账户所属各明细账户的期末贷方余额合计金额填列。

【学中做】企业“应付账款”有两个明细账户：“应付账款——A公司”期末贷方余额30 000元；“应付账款——B公司”期末借方余额8 000元。“预付账款”有两个明细账户：“预付账款——C公司”期末借方余额40 000元；“预付账款——D公司”期末贷方余额

2 000元。请问资产负债表中，“应付账款”项目、“预付账款”项目各填多少？

（4）根据总账和明细账账户余额分析计算填列。

①“一年内到期的非流动资产”项目。反映企业非流动资产项目中在一年内到期的金额，包括一年内到期的持有至到期投资、长期待摊费用和一年内可收回的长期应收款。本项目应根据上述账户分析计算后填列。

②“持有至到期投资”项目。反映企业持有至到期投资的摊余价值。本项目根据“持有至到期投资”账户期末余额，减去一年内到期的投资部分和“持有至到期投资减值准备”账户期末余额后填列。

【做中学】某企业“持有至到期投资”账户借方余额为6 000 000元，其中包括2015年5月购入的三年期国库券4 000 000元，2016年12月购入的三年期企业债券2 000 000元。持有至到期投资未发现减值。在编制年度资产负债表时，“一年内到期的非流动资产”和“持有至到期投资”项目填列的金额计算如下：

在编制2017年度的资产负债表时：

“一年内到期的非流动资产”项目＝4 000 000（元）

“持有至到期投资”项目＝6 000 000－4 000 000＝2 000 000（元）

③“长期待摊费用”项目。反映企业尚未摊销的摊销期限在1年以上（不含1年）的各项费用。本项目应根据“长期待摊费用”账户的期末余额减去将于1年内（含1年）摊销的数额后的金额填列。

【做中学】某企业“长期待摊费用”账户借方余额为70 000元，长期待摊费用中含将于半年内摊销的金额30 000元。在编制年度资产负债表时，“长期待摊费用”项目填列的金额计算如下：

“长期待摊费用”项目＝70 000－30 000＝40 000（元）

于半年内摊销的金额30 000元记入“一年内到期的非流动资产”项目。

④“一年内到期的非流动负债”项目。反映企业各种非流动负债在一年之内到期的金额，包括一年内到期的长期借款、长期应付款和应付债券。本项目应根据上述账户分析计算后填列。

⑤“长期借款”项目。反映企业借入尚未归还的一年期以上（不含一年）的各期借款。本项目应根据“长期借款”账户的期末余额减去一年内到期部分的金额填列。

⑥“应付债券”项目。反映企业尚未偿还的长期债券摊余价值。本项目根据“应付债券”账户期末余额减去一年内到期部分的金额填列。

【学中做】企业“长期借款”账户的期末贷方余额为9 000 000元，其中2015年6月借入的三年期借款4 000 000元，其余为2016年年末借入的三年期借款。“应付债券”的贷方余额为800 000元，均为2015年年底发行的五年期企业债券。假设企业没有其他长期负债，在编制企业2017年度的资产负债表时，“一年内到期的非流动负债”项目、“长期借款”项目、“应付债券”项目填列的金额各是多少？

⑦“长期应付款”项目。反映企业除长期借款、应付债券以外的各种长期应付款。本项目应根据“长期应付款”账户的期末余额，减去“未确认融资费用”账户期末余额和一年内到期部分的长期应付款后填列。

（5）根据有关账户余额减去其备抵账户余额后的净额填列。

①“存货”项目。根据“存货”账户期末余额，减去“存货跌价准备”期末余额后的净额填列。

②“应收账款”项目。根据“应收账款”账户的期末余额，减去“坏账准备”账户期末余额后的净额填列。

③“其他应收款”项目。反映企业对其他单位和个人应收和暂付的款项，减去已计提的坏账准备后的净额。本项目根据“其他应收款”账户的期末余额，减去“坏账准备”账户中有关其他应收款计提的坏账准备期末余额后的金额填列。

④“持有至到期投资”项目。反映企业准备持有至到期的债券投资。本项目根据“持有至到期投资”账户的期末余额扣除“持有至到期投资减值准备”账户期末余额后的净额填列。

⑤“长期股权投资”项目。反映企业期末持有的采用成本法和权益法核算的长期股权投资的实际价值。本项目根据“长期股权投资”账户的期末余额，扣减“长期股权投资减值准备”账户余额后的净额填列。

⑥“投资性房地产”项目。反映企业持有的、为赚取租金或资本增值，或者两者兼有的房地产。采用成本模式计算投资性房地产的，本项目根据“投资性房地产”账户的期末余额扣减“投资性房地产累计折旧”或“投资性房地产累计摊销”，以及“投资性房地产减值准备”账户期末余额后的净额填列；采用公允价值模式计量投资性房地产的，本项目根据“投资性房地产”账户期末余额直接填列。

⑦“固定资产”项目。反映企业固定资产的净值。本项目根据“固定资产”账户期末余额，减去“累计折旧”和“固定资产减值准备”账户期末余额后的净额填列。

⑧“在建工程”项目。反映企业尚未达到预定可使用状态的在建工程价值。本项目根据“在建工程”账户期末余额，减去“在建工程减值准备”账户期末余额后填列。

⑨“工程物资”项目。反映企业为在建工程准备的各种物资的价值。本项目根据“工程物资”账户期末余额，减去“工程物资减值准备”账户期末余额后填列。

⑩“无形资产”项目。反映企业持有的各项无形资产的净值。本项目根据“无形资产”账户期末余额，减去“累计摊销”和“无形资产减值准备”账户的期末余额后的净额填列。

会计园地

编制资产负债表应当注意的问题

（1）应注意会计账户与报表项目的对应关系。由于资产负债表各项目与会计账户名称并不完全一一对应，因此在填制资产负债表时，要严格按照编制要求进行编制，保证会计报表的客观真实。

（2）资产价值必须按实际成本反映。由于会计处理方法企业有可选择的余地，因此，在编制资产负债表时，资产的价值必须按实际成本反映，而不管企业平时的会计核算采用何种方法。

（3）注意准确运用数字符号。编制资产负债表时，凡是报表项目中没有对应项目的，该项目如果出现相反方向余额，应以“—”号填列在资产负债表中。如“应交税费”“应付职工薪酬”等，出现借方余额时，应以“—”号填入报表相应的项目内。凡是报表项目中有对应项目的，该项目出现相反方向余额的，应在对应项目中反映，不以“—”号填列。如“应收账款”与“预收账款”，“应付账款”与“预付账款”。

(4) 注意不包括在资产负债表中的项目。按照资产的定义，能够给企业带来经济利益是资产的主要特征，不能给企业带来经济利益的资产不应反映在企业的资产负债表中。因此，“待处理财产损溢”账户余额不在资产负债表中反映。如果期末该账户还有未转销的金额，应及时报批处理。

【做中学】北京华新公司2017年度有关科目余额如表9-1所示。

表9-1　　**总账及明细账账户期末余额表**　　单位：元

科目名称	借或贷	金额	科目名称	借或贷	金额
库存现金	借	600	短期借款	贷	50 000
银行存款	借	75 575	应付票据	贷	4 600
交易性金融资产	借	41 600	应付账款	贷	65 000
应收账款	借	168 000	预收账款	贷	88 900
其中：丙公司	借	10 000	其中：甲公司	贷	91 400
丁公司	借	158 000	乙公司	借	2 500
坏账准备	贷	8 400	应付职工薪酬	贷	31 625
其他应收款	借	6 000	应付利息	贷	27 000
材料采购	借	18 000	应交税费	贷	3 750
原材料	借	350 000	长期借款	贷	330 000
库存商品	借	150 000	实收资本	贷	900 000
生产成本	借	0	资本公积	贷	28 000
固定资产	借	865 000	盈余公积	贷	75 000
累计折旧	贷	35 000	利润分配	贷	36 000
长期待摊费用	借	8 500			
合计		1 639 875			1 639 875

各总账账户中，坏账准备的余额8 400元均为按应收账款余额计提数；长期负债中没有一年内将要到期的长期负债。

编制资产负债表，如表9-2所示。

企业2017年度的资产负债表中，“年初数”栏的数字是按2016年度的资产负债表的“期末数”计入（2016年度的数字表略），“期末数”栏数字，按照资产负债表的编制原理计算得出。

(1)“货币资金”项目金额＝“库存现金”余额＋“银行存款”余额

＝600＋75 575＝76 175（元）

(2)“应收账款”项目金额＝“应收账款”余额－“坏账准备”余额＋“预收账款”明细账户期末借方余额＝168 000－8 400＋2 500＝162 100（元）

(3)“存货”项目金额＝“材料采购”余额＋“原材料”余额＋“库存商品”余额＋“生产成本”＝18 000＋350 000＋150 000＋0＝51 8000（元）

(4)“固定资产”项目金额＝“固定资产”余额－“累计折旧”余额

＝865 000－35 000＝830 000（元）

表 9－2　　**资产负债表**　　**会企 01 表**

编制单位：北京华新公司　　**2017 年 12 月 31 日**　　金额单位：元

资产	年初余额	期末余额	负债和所有者权益（或股东权益）	年初余额	期末余额
流动资产：	（略）		流动负债：	（略）	
货币资金		76 175	短期借款		50 000
交易性金融资产		41 600	交易性金融负债		0
应收票据		0	应付票据		4 600
应收账款		162 100	应付账款		65 000
预付款项		0	预收款项		91 400
应收利息		0	应付职工薪酬		31 625
应收股利		0	应交税费		3 750
其他应收款		6 000	应付利息		27 000
存货		518 000	应付股利		0
一年内到期的非流动资产		0	其他应付款		0
其他流动资产		0	一年内到期的非流动负债		0
流动资产合计		803 875	其他流动负债		0
非流动资产：			流动负债合计		273 375
可供出售金融资产		0	非流动负债：		
持有至到期投资		0	长期借款		330 000
长期应收款		0	应付债券		0
长期股权投资		0	长期应付款		0
投资性房地产		0	专项应付款		0

续 表

资产	年初余额	期末余额	负债和所有者权益（或股东权益）	年初余额	期末余额
固定资产		830 000	递延所得税负债		0
在建工程		0	预计负债		0
工程物资		0	其他非流动负债		0
固定资产清理		0	非流动负债合计		330 000
生产性生物资产		0	负债合计		603 375
油气资产		0	所有者权益（或股东权益）		
无形资产		0	实收资本（或股本）		900 000
开发支出		0	资本公积		28 000
商誉		0	减：库存股		0
长期待摊费用		8 500	盈余公积		75 000
递延所得税资产		0	未分配利润		36 000
其他非流动资产		0	所有者权益（或股东权益）合计		1 039 000
非流动资产合计		838 500			
资产总计		1 642 375	负债和所有者权益（或股东权益）总计		1 642 375

单位负责人：刘东　　财会负责人：王涵　　复核：李楠　　制表：赵柯

萨蒂扬公司的造假之路

2009年1月7日，印度萨蒂扬公司创始人和董事会主席Raju宣布辞职。他在给董事会的信中披露，在过去很多年里，他一直进行财务造假，虚增利润。他在信中承认：

（1）截至2008年9月30日，资产负债表上11亿美元现金中的94%，即10.4亿美元是不存在的。

（2）截至2008年9月30日，资产负债表上7 535万美元的利息是不存在的。

（3）截至2008年9月30日，有未经披露的表外负债2.46亿美元。

（4）截至2008年9月30日，资产负债表上虚增负债9 820万美元。

他是如何造假的呢？他在信中举例进行了说明：

2008 年 6—9 月，公司报告的收入为 5.41 亿美元，运营利润 1.3 亿美元，运营利润率为 24%，而实际上公司收入 4.23 亿美元，运营利润 1 222 万美元，运营利润率为 3%。所以，收入虚增 1.2 亿美元，运营利润虚增 1.18 亿美元，运营利润率虚增了 21 个百分点。仅此一项，一个季度现金就虚增 1.18 亿美元。

一旦造假，就没有回头路了。用 Raju 的话讲“就好像骑上了一只老虎，不知道如何下来而不被吃掉”。这真是“骑虎难下”。为了掩盖造假并维持运营，Raju 尝试了各种方式。由于长时间造假，公司不断增长的资金需求让实际的现金不够运营。Raju 就只好用公司股票作抵押，借了 2.46 亿美元用来维持公司运营。

为了进一步掩盖现金造假，Raju 想出了一个绝妙的办法。2008 年 12 月 16 日，萨蒂扬公司宣布以 16 亿美元购买 Raju 家族的一个建筑公司。这样一来，公司的虚假现金就变成了虚假资产，从而完全掩盖了造假的痕迹。萨蒂扬公司从此可以忘记过去，重新开始。但是，人算不如天算，由于建筑公司与萨蒂扬公司的 IT 外包主业相差太远，而且这个交易明显是管理层左手倒右手。公司的股东极为不满，纷纷抛售投票，公司股价大跌。由于 2.46 亿美元贷款的抵押物是公司股票，股票跌了，公司就必须增加抵押物。而萨蒂扬公司却无法增加抵押，所以发放贷款方就抛售股票，进一步让股价暴跌。到了最后，萨蒂扬公司的造假再也无法维持，东窗事发。

财务造假，属于无本万利。只要改几个数字，股价就可以暴涨，管理层就可以从中获得真金白银的利润。这就像是可卡因毒品，一旦吸上了，就几乎无法戒掉，也就走上了一条无法回头的路。

资料来源：http：//blog. sina. com. cn/barrons

学习情境三　利润表的编制

张惠跟着张会计师编制完资产负债表后，松了一口气。张会计师告诉张惠资产负债表很重要，现在的行内人士对资产负债表非常关注，但是第二大报表也不能忽视，毕竟利润是企业领导业绩的体现之一。

知识准备

一、什么是利润表

利润表是反映企业一定会计期间经营成果的会计报表。利润表是一张动态报表。利润表的编制依据是“收入一费用=利润”。

常见的利润表结构主要有单步式和多步式两种。我国《企业会计准则》规定，企业利润表应采用多步式结构，按年报送的多步式利润表的格式如表 9－3 所示。

表 9－3　　利润表（多步式）　　会企 02 表

编制单位：　　年　月　　单位：元

项目	本期金额	上期金额
一、营业收入		
减：营业成本		
税金及附加		
销售费用		
管理费用		
财务费用（收益以“－”号填列）		
资产减值损失		
加：公允价值变动损益（损失以“－”号填列）		
投资收益（损失以“－”号填列）		
其中：对联营企业和合营企业的投资收益		
二、营业利润（亏损以“－”号填列）		
加：营业外收入		
减：营业外支出		
其中：非流动资产处置净损失（净收益以“－”号填列）		
三、利润总额（亏损总额以“－”号填列）		
减：所得税费用		
四、净利润（损失以“－”号填列）		
五、其他综合收益的税后净额		
六、综合收益总额		
七、每股收益：		
（一）基本每股收益		
（二）稀释每股收益		

二、利润表是如何编制的

按照我国企业利润表的格式要求，利润表中的“本期金额”栏根据各损益类科目的本期实际发生额分析填列；“上期金额”栏根据上年同期企业利润表“本期金额”栏内所列数字填列。如果本年利润表各项目名称和内容同上年同期利润表各项目的名称和内容不一致时，应按照本年度的规定对上年该期企业利润表各项目的名称和金额进行调整。

(1)“营业收入”项目。反映企业的主营业务和其他业务所确认的收入。本项目由“主营业务收入”和“其他业务收入”科目的发生额分析计算填列。

(2)“营业成本”项目。反映企业主营业务和其他业务发生的实际成本。本项目由“主营业务成本”和“其他业务成本”科目的发生额分析计算填列。

(3)“税金及附加”项目。反映企业负担的消费税、城市维护建设税、资源税、土地增值税和教育费附加等。本项目根据“税金及附加”科目的发生额分析计算填列。

(4)“销售费用”项目。反映企业在销售商品、提供劳务过程中发生的广告费和随同产品出售不单独计价的包装物等费用，以及企业专设的销售机构人员的工资、业务费等经费。本项目根据“销售费用”科目的发生额分析计算填列。

(5)“管理费用”项目。反映企业发生的各项管理费用。本项目根据“管理费用”科目的发生额填列。

(6)“财务费用”项目。反映企业筹集生产经营资金发生的筹资费用。本项目根据“财务费用”科目的发生额分析计算填列。

(7)“资产减值损失”项目。反映企业各项资产发生的减值损失。本项目根据“资产减值损失”科目的发生额填列。

(8)“公允价值变动收益”项目。反映企业交易性金融资产等因公允价值变动形成的应计入当期损益的利得或损失。本项目根据“公允价值变动损益”科目的发生额计算填列，如为净损失，则以“－”号填列。

(9)“投资收益”项目。反映企业以各种方式对外投资取得的收益。本项目根据“投资收益”科目的发生额分析计算填列。如为投资净损失，则以“－”号填列。

(10)“营业利润”项目，反映企业实现的营业利润。如为亏损，本项目以“－”号填列。

(11)“营业外收入”项目。反映企业发生的与企业生产经营活动没有直接关系的各种收入。本项目根据“营业外收入”科目的发生额填列。

(12)“营业外支出”项目。反映与企业生产经营活动没有直接关系，但应从企业实现的利润总额中扣除的支出。本项目根据“营业外支出”科目的发生额填列。

(13)“利润总额”项目，反映企业实现的利润。如为亏损，本项目以“－”号填列。

(14)“所得税费用”项目。反映企业确认的应从当期利润总额中扣除的所得税费用。本项目根据“所得税费用”科目的发生额填列。

(15)“净利润”项目，反映企业实现的净利润。如为亏损，本项目以“－”号填列。

(16)“每股收益”项目，包括基本每股收益和稀释每股收益两项指标，反映普通股或潜在普通股已公开交易的企业，以及正处在公开发行普通股或潜在普通股过程中的企业的每股收益信息。

(17)“其他综合收益的税后净额”项目，反映企业根据企业会计准则规定未在损益中确认的各项利得和损失扣除所得税影响后的净额。

会计园地

利润表中的计算

(1)“营业利润”项目。

营业利润=营业收入-营业成本-税金及附加-销售费用-管理费用-财务费用-资产减值损失+公允价值变动收益（-公允价值变动损失）+投资收益（-投资损失）

(2)“利润总额”项目。

利润总额=营业利润+营业外收入-营业外支出

(3)“净利润”项目。

净利润=利润总额-所得税费用

(4)“基本每股收益”项目。

基本每股收益=归属于普通股股东的当期净利润÷当期发行在外普通股的加权平均数

发行在外普通股加权平均数=期初发行在外普通股股数+当期新发行普通股股数×已发行时间÷报告期时间-当期回购普通股股数×已回购时间÷报告期时间

(5)“稀释每股收益”项目。

稀释每股收益=归属于普通股股东的当期净利润÷假定稀释性潜在普通股转换为已发行普通股的前提下普通股股数的加权平均数

【做中学】北京华新公司2017年度有关损益类账户的本年发生额如表9-4所示。

表9-4 **损益类账户本期发生额** 单位：元

账户	借方发生额	贷方发生额
主营业务收入	10 000	620 000
主营业务成本	372 000	5 000
税金及附加	23 000	
管理费用	41 000	
财务费用	9 800	1 000
销售费用	26 000	
投资收益		38 000
营业外收入		18 000
营业外支出	7 100	
其他业务收入		39 000
其他业务成本	22 000	
所得税费用	52 725	

根据表 9－4 中资料，编制 2017 年度的利润表如表 9－5 所示。

表 9－5　　**利润表**　　**会企 02 表**

编制单位：北京华新公司　　2010 年　　金额单位：元

项目	本期金额	上期金额
一、营业收入	649 000	（略）
减：营业成本	389 000	
税金及附加	23 000	
销售费用	26 000	
管理费用	41 000	
财务费用（收益以“—”号填列）	8 800	
资产减值损失	0	
加：公允价值变动损益（损失以“—”号填列）	0	
投资收益（损失以“—”号填列）	38 000	
其中：对联营企业和合营企业的投资收益	38 000	
二、营业利润（亏损以“—”号填列）	199 200	
加：营业外收入	18 000	
减：营业外支出	7 100	
其中：非流动资产处置损失	0	
三、利润总额（亏损总额以“—”号填列）	210 100	
减：所得税费用	52 725	
四、净利润（损失以“—”号填列）	157 375	
五、其他综合收益		
六、综合收益总额		
七、每股收益：	（略）	
（一）基本每股收益		
（二）稀释每股收益		

单位负责人：刘东　　财会负责人：王涵　　复核：李楠　　制表：赵柯

力拓集团净利润相当可观

力拓介绍：铁矿石“三巨头”是力拓、必和必拓，以及巴西淡水河谷。力拓是一家跨国性矿产及资源集团，1873年在西班牙成立。1962—1997年，该公司兼并了数家全球有影响力的矿业公司，并在2000年成功收购了澳大利亚北方矿业公司，成为在勘探、开采和加工矿产资源方面的全球佼佼者。目前该公司总部在英国，澳大利亚总部设于墨尔本，名列2003—2004年澳大利亚十大企业第九位。在力拓公司业务中，澳大利亚业务占45%。

力拓数据：矿业巨头力拓集团2011年2月10日公布2010年财务报告显示，由于全球经济复苏带动铁矿石、铜等原材料价格大涨，力拓去年实现净利润143.24亿美元，同比增长194%。

数据显示，去年力拓集团铁矿石业务实现销售收入240.24亿美元，同比增长90.7%，实现净利润101.89亿美元，同比增长146.9%。铜业务实现净利润25.34亿美元，同比增长34.9%。铝业务实现净利润7.73亿美元，而2009年该集团铝业务亏损5.6亿美元。

数据分析：力拓在一份声明中称，2010年铜、钼、铝、黄金的价格分别同比上涨47%、45%、31%和26%。该集团去年将债务规模缩减到43亿美元，比2009年189亿美元的债务下降了约77%。

力拓表示，将给股民再次派发每股63美分的红利。这样，2010年力拓共派发了每股108美分的红利，比之前承诺的多出20%。该公司还将在2012年前回购50亿美元的股票。

力拓首席执行官艾博表示，新兴市场需求的强劲增长、大宗商品供应趋紧，使公司业绩前景良好。

资料来源：百度百科

学习情境四　现金流量表的编制

张惠知道现在的很多公司都要编制现金流量表，而且这个表很难做，不仅有直接法和间接法，还有正表和补充资料，最让人头疼，真希望张会计师能教一些技巧给她。

知识准备

一、什么是现金流量表

现金流量表是指反映企业在一定会计期间现金和现金等价物流入和流出的报表。

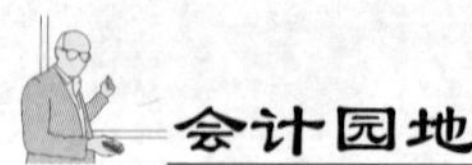

现金流量表的作用

第一，有助于投资者、债权人评估企业未来的现金流量。

第二，有助于投资者、债权人评估企业偿还债务、支付股利和对外筹资的能力。

第三，有助于会计报表使用者分析本期净利与经营活动现金流量之间差异的原因。

第四，有助于报表使用者评估报告期内与现金有关和无关的投资及筹资活动。

二、现金流量表的编制基础有哪些

（1）库存现金。库存现金是指企业持有的可随时用于支付的现金限额，与企业会计核算中“库存现金”科目所包括的内容基本一致。

（2）银行存款。银行存款是指企业存在金融机构随时可以用于支付的存款，与企业会计核算中的“银行存款”科目所包括的内容基本一致。存放在金融机构的定期存款不属于广义的现金范围。如果通知金融机构便可支取的定期存款，属于现金流量表中的现金范围内。

（3）其他货币资金。其他货币资金是指企业存入在金融机构有特定用途的资金，如外埠存款、银行汇票存款、银行本票存款、信用证保证金存款、信用卡存款等。与企业会计核算中“其他货币资金”科目所包括的内容基本一致。

（4）现金等价物。现金等价物是指企业持有的期限短、流动性强、易于转换为已知金额现金，价值变动风险很小的短期投资。一般是指从购买之日起，3个月到期的债券投资。

三、现金流量如何分类

现金流量是指企业一定时期的现金及现金等价物流入和流出的数量。按照企业经营业务发生的性质现金流量分为以下几类：

（1）经营活动产生的现金流量。经营活动是指企业投资活动和筹资活动以外的所有交易和事项。包括销售商品、提供劳务、购买货物、接受劳务、缴纳税费等。

（2）投资活动产生的现金流量。投资活动是指企业长期资产的购建和不包括在现金等价物范围的投资及其处置活动。这里的长期资产是指固定资产、在建工程、无形资产、其他资产等持有期限超过1年或1个营业周期以上的资产。

（3）筹资活动产生的现金流量。筹资活动是指导致企业资本及债务规模和构成发生变化的活动。这里所说的资本包括实收资本（或股本）、资本溢价（或股本溢价）；债务是指对外举债，包括向银行借款和发行债券。

四、现金流量表的内容和结构有哪些

我国企业的现金流量表包括现金流量表正表和补充资料两部分。

1. 现金流量表正表

正表是现金流量表的主体，采用报告式结构，企业一定会计期间现金流量的信息主要由正表提供。正表按照现金流量表的性质，依次反映经营活动产生的现金流量、投资活动产生的现金流量和筹资活动产生的现金流量，最后汇总反映企业现金及现金等价物净增加额。如果有外币现金流量或有境外子公司的现金流量折算为人民币的企业，在正表中还应单设“汇率变动对现金及现金等价物的影响”项目，来反映企业外币现金流量及境外子公司的现金流量折算为人民币时，所采用的现金流量发生日的即期汇率或按照系统合理的方法确定的、与现金流量发生日即期汇率近似汇率折算的人民币金额，与“现金及现金等价物净增加额”中外币现金净增加额按期末汇率折算的人民币金额之间的差额。

2. 现金流量表补充资料

补充资料包括3部分内容：①将净利润调节为经营活动的现金流量（按间接法编制的经营活动现金流量）；②不涉及现金收支的重大投资和筹资活动；③现金及现金等价物净变动情况。现金流量表正表及补充资料如表9－6所示。

表9－6 **现金流量表** **会企03表**

编制单位： 年 月 单位：元

项目	本年金额	上年金额
一、经营活动产生的现金流量：		
销售商品、提供劳务收到的现金		
收到税费返还		
收到的其他与经营活动有关的现金		
经营活动现金流入小计		
购买商品、接受劳务支付的现金		
支付给职工及为职工支付的现金		
支付的各项税费		
支付的其他与经营活动有关的现金		
经营活动现金流出小计		
经营活动产生的现金流量净额		
二、投资活动产生的现金流量：		
收回投资收到的现金		
取得投资收益收到的现金		
处置固定资产、无形资产和其他长期资产收回的现金净额		
处置子公司及其他营业单位收到的现金净额		
收到其他与投资活动有关的现金		
投资活动现金流入小计		
购建固定资产、无形资产和其他长期资产支付的现金		
投资支付的现金		
取得子公司及其他营业单位支付的现金净额		
支付的其他与投资活动有关的现金		

续　表

项目	本年金额	上年金额
投资活动现金流出小计		
投资活动产生的现金流量净额		
三、筹资活动产生的现金流量：		
吸收投资收到的现金		
借款收到的现金		
收到的其他与筹资活动有关的现金		
筹资活动现金流入小计		
偿还债务支付的现金		
分配股利、利润或偿付利息支付的现金		
支付的其他与筹资活动有关的现金		
筹资活动现金流出小计		
筹资活动产生的现金流量净额		
四、汇率变动对现金及现金等价物的影响		
五、现金及现金等价物净增加额		
加：期初现金及现金等价物余额		
六、期末现金及现金等价物余额		
补充资料	本年金额	上年金额
1. 将净利润调节为经营活动现金流量：		
净利润		
加：资产减值准备		
固定资产折旧		
无形资产摊销		
长期待摊费用摊销		
处置固定资产、无形资产和其他长期资产的损失（收益以“—”号填列）		
固定资产报废损失（收益以“—”号填列）		
公允价值变动损失（收益以“—”号填列）		
财务费用（收益以“—”号填列）		
投资损失（收益以“—”号填列）		
递延所得税资产减少（增加以“—”号填列）		
递延所得税负债增加（减少以“—”号填列）		
存货的减少（增加以“—”号填列）		

续　表

补充资料	本年金额	上年金额
经营性应收项目的减少（增加以“－”号填列）		
经营性应付项目的增加（减少以“－”号填列）		
其他		
经营活动产生的现金流量净额		
2. 不涉及现金收支的重大投资和筹资活动：		
债务转为资本		
一年内到期的可转换公司债券		
融资租入固定资产		
3. 现金及现金等价物净变动情况：		
现金的期末余额		
减：现金的期初余额		
加：现金等价物的期末余额		
减：现金等价物的期初余额		
现金及现金等价物净增加额		

五、现金流量表的编制方法有哪些

1. 直接法和间接法

在企业编制现金流量表过程中，投资活动和筹资活动产生的现金流量一般采用“直接法”填列。而经营活动现金流量可以说明企业在不动用外部资金的情况下，由经营活动产生的现金流量是否能够偿还负债、支付股利和对外投资。因此，经营活动产生的现金流量可以采用“直接法”和“间接法”两种方法反映。

直接法是指通过现金收入和现金支出的主要类别直接反映来自企业经营活动的现金流量的一种列报方法。一般以“利润表”中的营业收入为起点，将所有以权责发生制为基础计算的营业收入和营业费用项目转换为以收付实现制为基础计算的结果，从而计算出经营活动产生的净现金流量。

间接法就是以企业报告期内按照权责发生制计算的净利润为起点，经过对有关项目的调整，转换为按照收付实现制计算出来的企业当期经营活动产生的现金净流量的方法。

2. 工作底稿法、T形账户法和分析填列法

在编制现金流量表时，企业还可以根据业务量的大小及复杂程度，采用工作底稿法、T形账户法，或者直接根据有关科目的记录分析计算填列。

（1）工作底稿法。工作底稿法是以工作底稿为手段，以利润表和资产负债表数据为基础，结合有关科目的记录，对现金流量表的每一项目进行分析并编制调整分录，从而编制出现现金流量表的一种方法。

（2）T形账户法。T形账户法是以利润表和资产负债表为基础，结合有关科目的记录，对现金流量表的每一项目进行分析并编制调整分录，通过“T形账户”编制出现金流量表的一种方法。

（3）分析填列法。分析填列法是直接根据资产负债表、利润表和有关会计科目明细账的记录，分析计算出现金流量表各项目的金额，并据以编制现金流量表的一种方法。

六、现金流量表各项目的内容是如何填列的

以本期实际发生的经济业务为依据用直接法计算填列现金流量表各项目。

1. 经营活动产生的现金流量各项目如何填列

（1）“销售商品、提供劳务收到的现金”项目，该项目反映企业本期销售商品、提供劳务实际收到的现金（含销售收入和应向购买者收取的增值税销项税额），包括本期销售商品、提供劳务收到的现金，以及前期销售商品、提供劳务本期收到的现金和本期预收的款项，扣除本期退回本期销售的商品和前期销售本期退回的商品支付的现金。

销售商品、提供劳务收到的现金＝当期销售商品、提供劳务收到的现金＋当期收回前期的应收账款和应收票据＋当期收到的预收账款－当期销售退回而支付的现金＋当期收回前期核销的坏账损失

【做中学】A公司本期发生下列有关的经济业务：

①销售产品一批价款为20 000元，销项税额为3 400元，贷款及增值税收到并存入银行。

②销售产品一批价款为100 000元，销项税额17 000元，贷款及增值税均未收到。

③收回上年的应收账款9 000元（含增值税销项税额）存入银行。

④收到商品的预收款6 000元存入银行。

⑤将未到期的应收票据向银行贴现，面值为192 500元，贴现利息13 090元，实际收到贴现收入116 410元存入银行。

⑥发生销售商品退回，企业以银行存款退回商品款22 000元。

销售商品、提供劳务收到的现金＝①（20 000＋3 400）＋③9 000＋④6 000＋⑤116 410－⑥22 000＝132 810（元）

（2）“收到的税费返还”项目。该项目反映企业收到返还的各种税费，包括收到返还的增值税、消费税、关税、所得税、教育费附加等。

【做中学】A公司前期出口一批商品，已缴纳增值税，按规定应退增值税6 000元，前期未退，本期收到并存入银行；本期收到的教育费附加返还费51 000元存入银行。

本期收到的税费返还＝6 000＋51 000＝57 000（元）

（3）“收到的其他与经营活动有关的现金”项目。该项目反映企业除上述各项目外，收到的其他与经营活动有关的现金流入。如罚款收入、流动资产损失中由个人赔偿的现金收入、经营性租赁的租金、收到的押金、收到退还的其他应收款等。

（4）“购买商品、接受劳务支付的现金”项目，该项目反映企业因购买商品、接受劳务实际支付的现金，包括本期购买商品（材料）、接受劳务支付的现金（包括支付的增值税进项税额），以及本期支付前期购入商品、接受劳务的未付款和本期预付款项，减去本

期发生的购货退回收到的现金。企业代购代销业务支付的现金，也在本项目反映。

购买商品、接受劳务支付的现金＝当期购买商品、接受劳务支付的现金＋当期支付前期的应付账款和应付票据＋当期预付账款－当期因购货退回收到的现金

【做中学】A公司2010年发生下列有关的经济业务：

①购买材料价款200 000元，进项税额34 000元，以银行存款支出。

②购买材料价款为30 000元，进项税额5 100元，货款与增值税尚未支付。

③用银行汇票支付材料价款及增值税，收到银行转来的银行汇票多余款收账通知，退回余额15 000元，材料价款500 000元，增值税85 000元。

④以银行存款预付购材料的货款40 000元。

⑤以银行存款支付到期的应付票据，到期值为86 500元（含增值税进项税额）。

⑥购买工程用工程物资350 000元（含增值税），款项已用银行存款支付。

购买商品、接受劳务支付的现金＝①（200 000＋34 000）＋③（500 000＋85 000）＋④40 000＋⑤86 500＝945 500（元）

(5)“支付给职工及为职工支付的现金”项目，该项目反映企业实际支付给职工和为职工支付的现金，包括本期实际支付给职工的工资、奖金、各种津贴和补贴等，以及为职工支付的其他费用。不包括支付给离退休人员的各项费用及支付给在建工程人员的工资及其他费用。企业支付给离退休人员的各项费用在“支付其他与经营活动有关的现金”项目中反映；支付给在建工程人员的工资及其他费用，在“购建固定资产、无形资产和其他长期资产支付的现金”项目中反映。

企业为职工支付的养老、失业等社会保险基金、补充养老保险、住房公积金、支付给职工的住房困难补助，以及企业支付给职工或为职工支付的其他福利费用，应按职工的工作性质和服务对象，分别在本项目和“购建固定资产、无形资产和其他长期资产支付的现金”项目反映。

【做中学】A公司本期实际支付工资及相关款项如下：

①公司本年实际支付工资及各种奖金、津贴共1 200 000元，其中，在建工程员工工资300 000元。

②支付离退休人员工资320 000元。

③支付职工困难补助200 000元。

④支付职工养老保险380 000元。

支付给职工及为职工支付的现金＝①（1 200 000－300 000）＋③200 000＋④380 000＝1 480 000（元）

(6)“支付的各项税费”项目，该项目反映企业按规定支付的各种税费，包括企业本期发生并支付的税费，以及本期支付以前各期发生的税费和本期预交的税费，包括支付的所得税、支付给税务机关的消费税、土地增值税、房产税、车船税、印花税、教育费附加、矿产资源补偿费等，但不包括计入固定资产价值实际支付的耕地占用税，也不包括本期退回的增值税、所得税。本期退回的增值税、所得税在“收到的税费返还”项目中反映。

(7)“支付的其他与经营活动有关的现金”项目，该项目反映企业除上述主要项目外，

支付的其他与经营活动有关的现金流出，如罚款支出、支付的差旅费、支付的业务招待费、支付的保险费、支付的经营性租金、退还的押金等，其他现金流出如价值较大的，应单列项目反映。

2. 投资活动产生的现金流量各项目如何填列

(1)“收回投资收到的现金”项目，该项目反映企业出售、转让或到期收回除现金等价物以外的交易性金融资产、长期股权投资而收到的现金，以及收回长期债权投资的本金而收到的现金。转让交易性金融资产、长期股权投资的投资本金及与投资本金一起实际取得的投资收益均在本项目反映；不包括长期债权投资收回的利息，以及收回的非现金资产。

(2)“取得投资收益收到的现金”项目，该项目反映企业因各种投资而分得的现金股利、利润、利息等。

(3)“处置固定资产、无形资产和其他长期资产收回的现金净额”项目，该项目反映企业外置固定资产、无形资产和其他长期资产所取得的现金，扣除为外置这些资产而支付的有关费用后的净额。由于自然灾害所造成的固定资产等长期资产损失而收到的保险赔偿收入，也在本项目反映。

(4)“处置子公司及其他营业单位收到的现金净额”项目，该项目反映出售子公司及其他营业单位取得的收入减去相关处置费用后的净额。

(5)“收到其他与投资活动有关的现金”项目，该项目反映企业除了上述各项目以外，收到的其他与投资活动有关的现金流入。比如，企业收回购买股票和债券时支付的已宣告但尚未领取的现金股利或已到付息期但尚未领取的债券利息。如果其他与投资活动有关的现金流入金额较大，应单列项目反映。

【做中学】A公司2017年发生如下与投资活动现金流入有关的经济业务：

①公司将持有的交易性金融资产出售，收到本金50 000元，投资收益10 000元，均存入银行。

②公司因调整投资策略，出售一项长期股权投资，该投资本金为600 000元，转让收到580 000元，已经存入银行。

③公司某持有至到期投资的债券到期，收回本金300 000元，债券利息50 000元。

④企业将持有长期股权投资期间，实际分得的现金股利35 000元存入银行。

⑤企业出售设备一台，收到价款280 000元存入银行，设备的原价360 000元，已提折旧80 000元，设备已由购入单位运走。

⑥报废设备一台，设备的原价130 000元，已提折旧120 000元，以现金支付清理费1 800元，以现金收取残值变现收入2 600元，该设备已清理完毕。

根据上述资料，计算投资流入的各项目如下：

收回投资收到的现金＝①（50 000＋10 000）＋②580 000＋③300 000＝940 000（元）

取得投资收益收到的现金＝③50 000＋④35 000＝85 000（元）

处置固定资产、无形资产和其他长期资产收回的现金净额＝⑤280 000＋⑥（2 600－1 800)＝280 800（元）

(6)“购建固定资产、无形资产和其他长期资产支付的现金”项目，该项目反映企业购买、建造固定资产、无形资产和其他长期资产而支付的现金，以及用现金支付的应由在建工程和无形资产负担的职工薪酬，不包括为购建固定资产而发生的借款利息资本化的部分，以及融资租入固定资产支付的租赁款。企业支付的借款利息和融资租入固定资产支付的租赁费，在筹资活动产生的现金流量中反映。分期付款方式购建的固定资产，首次付款支付的现金在本项目中反映，以后各项支付的现金在筹资活动的“支付的其他与筹资活动有关的现金”项目中反映。

（7）“投资支付的现金”项目，该项目反映企业对外进行现金等价物以外的权益性投资和债权性投资所支付的现金，以及支付的佣金、手续费等附加费用。需要注意的是，企业购买股票或债权时，实际支付的价款中包括的已宣告但尚未发放的现金股利或已到付息期但尚未领取的债券利息，属于垫付款项，应在投资活动的“支付的其他与投资活动有关的现金”项目中反映；收回购买股票和债券时支付的已宣告但尚未发放的现金股利或已到付息期但尚未领取的债券利息，属于垫付款项的收回，应在投资活动的“收到其他与投资活动有关的现金”项目中反映。

（8）“取得子公司及其他营业单位支付的现金净额”项目，该项目反映企业购买子公司及其他营业单位出价中以现金支付的部分，扣除子公司及其他营业单位持有的现金及现金等价物后的净额。

（9）“支付的其他与投资活动有关的现金”项目，该项目反映企业除上述各项以外，支付的其他与投资活动有关的现金流出，如果某项其他与投资活动有关的现金流出金额较大，应单列项目反映。

3. 筹资活动产生的现金流量各项目如何填列

（1）“吸收投资收到的现金”项目，该项目反映企业以发行股票、债券等方式筹集资金实际收到的款项净额（发行收入减去支付的佣金、手续费、宣传费等发行费用后的净额）。企业以发行股票、债券等方式筹集资金而由企业直接支付的审计、咨询等费用在“支付的其他与筹资活动有关的现金”项目中反映，不从本项目内扣除。

（2）取得“借款收到的现金”项目，该项目反映企业举借各种短期、长期借款实际收到的现金。

（3）“收到其他与筹资活动有关的现金”项目，该项目反映企业除上述各项目外所收到其他与筹资活动有关的现金流入，如接受现金捐赠等。如果其他现金流入金额较大，应单列项目反映。

（4）“偿还债务支付的现金”项目，该项目反映企业偿还债务本金所实际支付的现金数额，包括归还金融企业的借款本金、偿付企业到期的债券本金等。企业因借款而发生的利息支出，不在本项目中反映，列入“分配股利、利润或偿付利息支付的现金”项目中。

（5）“分配股利、利润或偿付利息支付的现金”项目，该项目反映企业当期实际支付的现金股利、支付给其他投资者的利润或用现金支付的借款利息、债券利息等。需要注意的是不同用途的借款利息，不管会计核算上是计入“在建工程”还是“财务费用”，因借款支出的利息均在本项目中反映。

（6）“支付的其他与筹资活动有关的现金”项目，该项目反映企业除上述各项目外支付的其他与筹资活动有关的现金流出，如捐赠现金支出、融资租入固定资产支付的租赁费等。如果其他现金流出金额较大，应当单列项目反映。

【**做中学**】A 公司 2017 年发生如下与筹资活动现金流入有关的经济业务：

①企业发行股票 20 000 000 股，每股面值 1 元，发行价格 2.2 元，发行手续费按发行收入的 2% 支付，发行费用共计 880 000 元，企业取得发行股票的发行净收入存入银行。

②企业经批准发行长期债券，债券面值为 1 000 000 元，实际发行价格为 1 200 000 元，证券公司按发行收入的 3% 计手续费 36 000 元，手续费直接从发行收入中扣除。由证券公司代为支付宣传费及印刷费共计 6 000 元，从发行收入中扣除。企业以银行存款直接支付的审计费 2 000 元。企业已收到发行债券的款项净额。

③从银行取得短期借款 160 000 元，已经划入企业账户。

④企业接受现金捐赠 200 000 元。

根据上述资料，计算企业筹资活动现金流入和流出各项目如下：

吸收投资收到的现金＝①（20 000 000×2.2－880 000）＋②（1200 000－36 000－6 000)＝44 278 000（元）

支付的其他与筹资活动有关的现金＝②2 000（元）

借款收到的现金＝③160 000（元）

收到其他与筹资活动有关的现金＝④200 000（元）

4. 汇率变动对现金及现金等价物的影响如何填列

该项目反映企业外币现金流量及境外子公司的现金流量折算为人民币时，所采用的现金流量发生日的汇率或按照系统合理的方法确定的、与现金流量发生日汇率近似汇率折算的人民币金额与“现金及现金等价物净增加额”中的外币现金净增加额按期末汇率折算的人民币金额之间的差额。

在编制现金流量表时，可逐笔计算外汇业务发生的汇率变动对现金及现金等价物的影响；对当期发生外币业务较多的企业，也可不必逐笔计算汇率变动对现金及现金等价物的影响，可以通过现金流量表补充资料中“现金及现金等价物净增加额”数量与现金流量表中“经营活动产生的现金流量净额”、“投资活动产生的现金流量净额”、“筹资活动产生的现金流量净额”三项之和比较，其差额即为“汇率变动对现金及现金等价物的影响”项目的金额。

5. 现金流量表补充资料如何填列

现金流量表补充资料中，主要讨论如何采用间接法填列“将净利润调节为经营活动现金流量”。

企业在现金流量表补充资料中，通过债权债务变动、存货变动、应计及递延项目、投资和筹资等与现金流量相关的收益或费用项目的调整，考虑收益是否已经收到或费用是否实际支出，将净利润调节到经营活动的现金流量。需要调整的项目可分为四大类：一是实际没有支付现金的费用，如计提的各项资产减值准备、计提的固定资产折旧、无形资产摊销、长期待摊费用摊销等项目；二是实际没有收到现金的收益；三是不属于经营活动的损益，如投资损益、固定资产报废损失、财务费用等项目；四是经营性应收应付项目的增减变动，如经营性应收项目和经营性应付项目。

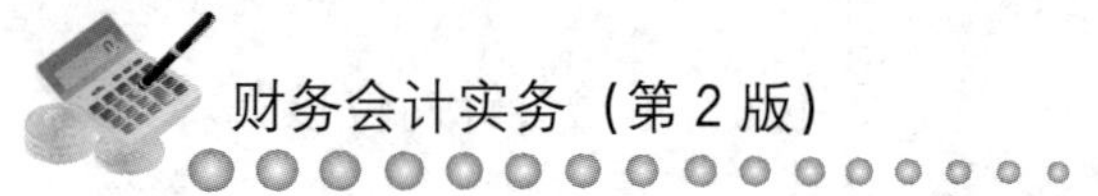

学习情境五　所有者权益变动表的编制

难怪人家说会计是月初月末忙，报表那么多，做了一张又一张。2007年以前，公司所有者权益变动情况是以资产负债表附表形式予以体现的。新准则颁布后，要求上市公司于2007年正式对外呈报所有者权益变动表，所有者权益变动表成为与资产负债表、利润表和现金流量表并列披露的第四张财务报表。这个所有者权益变动表怎么填啊？

一、什么是所有者权益变动表

所有者权益变动表是指反映构成企业所有者权益各组成部分增减变动情况的报表。所有者权益变动表不仅应当全面反映一定时期内所有者权益总量的增减变动，还应当包括所有者权益增减变动的重要结构性信息，使报表使用者准确理解所有者权益增减变动的根源。

所有者权益变动表反映哪些信息

在所有者权益变动表上，企业编制的所有者权益变动表至少应当单独反映下列项目的信息：

（1）综合收益总额。

（2）会计政策变更和差错更正的累积影响金额。

（3）所有者投入资本和向所有者分配利润等。

（4）提取的盈余公积。

（5）实收资本或股本、资本公积、盈余公积、未分配利润的期初和期末余额及其调节情况。

根据《企业会计准则第30号——财务报表列报》的规定，企业需要提供比较的所有者权益变动表。因此，所有者权益变动表就各项目分为“本年金额”和“上年金额”两栏分别填列。所有者权益变动表的具体格式如表9－7所示。

表 9－7　　所有者权益变动表　　会企 04 表

编制单位：　　年度　　单位：元

项目	本年金额							上年金额						
	实收资本（或股本）	资本公积	减：库存股	其他综合收益	盈余公积	未分配利润	所有者权益合计	实收资本（或股本）	资本公积	减：库存股	其他综合收益	盈余公积	未分配利润	所有者权益合计
一、上年年末余额														
加：会计政策变更														
前期差错更正														
二、本年年初余额														
三、本年增减变动金额（减少以“－”号填列）														
（一）综合收益总额														
（二）所有者投入和减少资本														
1. 所有者投入资本														
2. 股份支付计入所有者权益变动的金额														
3. 其他														
（三）利润分配														
1. 提取盈余公积														
2. 对所有者（或股东）的分配														

续 表

项目	本年金额							上年金额						
	实收资本（或股本）	资本公积	减：库存股	其他综合收益	盈余公积	未分配利润	所有者权益合计	实收资本（或股本）	资本公积	减：库存股	其他综合收益	盈余公积	未分配利润	所有者权益合计
3. 其他														
（四）所有者权益内部结转														
1. 资本公积转增资本（或股本）														
2. 盈余公积转增资本（或股本）														
3. 盈余公积转弥补亏损														
4. 其他														
四、本年年末余额														

二、所有者权益变动表各项目如何列报

(1)“上年年末余额”项目，该项目反映企业上年资产负债表中实收资本（或股本）、资本公积、库存股、其他综合收益、盈余公积、未分配利润的年末余额。

(2)“会计政策变更”和“前期差错更正”项目，反映企业采用追溯调整法处理的会计政策变更的累积影响金额和采用追溯重述法处理的会计差错更正的累积影响金额。

(3)“本年增减变动额”项目。

①“综合收益总额”项目，该项目反映企业净利润和其他综合收益扣除所得税影响后的净额相加后的合计金额。

②“所有者投入和减少资本”项目，反映企业当年所有者投入的资本和减少的资本。

a.“所有者投入资本”项目，该项目反映企业接受投资者投入形成的实收资本（或股本）和资本溢价或股本溢价。

b.“股份支付计入所有者权益的金额”项目，该项目反映企业处于等待期中的权益结算的股份支付当年计入资本公积的金额。

③“利润分配”下各项目，反映企业当年的利润分配金额。

a.“提取盈余公积”项目，该项目反映企业按照规定提取的盈余公积。

b.“对所有者（或股东）的分配”项目，该项目反映企业对所有者（或股东）分配的利润（或股利）的金额。

④“所有者权益内部结转”下各项目，反映企业构成所有者权益的组成部分之间的增减变动情况。

a.“资本公积转增资本（或股本）”项目，该项目反映企业以资本公积转增资本或股本的金额。

b.“盈余公积转增资本（或股本）”项目，该项目反映企业以盈余公积转增资本或股本的金额。

c.“盈余公积弥补亏损”项目，该项目反映企业以盈余公积弥补亏损的金额。

三、“上年金额”栏如何列报

“上年金额”栏内各项数字，应根据上年度所有者权益变动表“本年金额”栏内所列数字填列。如果上年度所有者权益变动表规定的各个项目的名称和内容同本年度不一致，应对上年度所有者权益变动表各项目的名称和数字按本年度的规定进行调整，填入所有者权益变动表“上年金额”栏内。

四、“本年金额”栏如何列报

“本年金额”栏内各项数字一般应根据“实收资本（或股本）”、“资本公积”、“盈余公积”、“利润分配”、“库存股”、“以前年度损益调整”等科目的发生额分析填列。

学习情境六　附注

会计报表是企业财务信息的浓缩，单靠几张表告诉信息使用者相关信息还是不够的，需要一些文字来对会计报表本身无法或难以充分表达的内容和项目所作的补充说明和详细解释。因此，会计准则规定还得要编制会计报表附注。那要对哪些内容进行进一步描述和说明呢？又如何表达呢？

一、什么是附注

附注是对资产负债表、利润表、现金流量表和所有者权益变动表等报表中列示项目的文字描述或明细资料，以及对未能在这些报表中列示项目的说明等。

财务报表中的数字是经过分类与汇总后的结果，是对企业发生的经济业务的高度简化和浓缩，如果没有形成这些数字所使用的会计政策所必需的披露，财务报表就不可能充分发挥效用。因此，附注与资产负债表、利润表、现金流量表、所有者权益变动表等报表具有同等重要性，是财务报表的重要组成部分。报表使用者了解企业的财务状况、经营成果和现金流量，应当全面阅读附注。

附注披露的基本要求

附注披露应满足以下基本要求：

(1) 附注披露的信息应是定量、定性信息的结合，从而能从量和质两个角度对企业经济事项完整地进行反映，满足信息使用者的决策需求。

(2) 附注应当按照一定的结构进行系统合理的排列和分类，有序地披露信息。

(3) 附注相关信息应当与资产负债表、利润表、现金流量表和所有者权益变动表等报表中列示的项目相互参照，帮助使用者联系相关联的信息，从整体上更好地理解会计报表。

二、附注披露的内容有哪些

附注是财务报表的重要组成部分。企业应按照如下顺序披露附注的内容。

(1) 企业的基本情况。包括企业注册地、组织形式和总部地址，企业的业务性质和主要经营活动，母公司及集团最终母公司的名称，财务报告的批准报出者和财务报告批准报出日。

此外，营业期限有限的企业，还应当披露有关营业期限的信息。

(2) 财务报表的编制基础。财务报表编制基础是指财务报表是在持续经营基础上还是非持续经营基础上编制的。企业一般是在持续经营基础上编制财务报表，清算、破产属于非持续经营基础。

(3) 遵循企业会计准则的声明。企业应当声明编制的会计报表符合《企业会计准则》的要求，真实、完整地反映企业的财务状况、经营成果和现金流量等有关信息，以此明确企业编制会计报表所依据的制度基础。

(4) 重要会计政策和会计估计。根据会计报表列报准则的规定，企业应当披露采用的重要会计政策和会计估计，不重要的会计政策和会计可以不披露。

(5) 会计政策和会计估计变更及差错更正的说明。

(6) 报表重要项目的说明。企业应当以文字和数字描述相结合，尽可能以列表形式披露报表重要项目的构成或当期增减变动情况，并且报表重要项目的明细金额合计应当与报表项目金额相衔接。在披露顺序上，一般应当按照资产负债表、利润表、现金流量表、所有者权益变动表的顺序。

(7) 或有和承诺事项、资产负债表日后非调整事项、关联方关系及其交易等需要说明的事项，具体的披露要求须遵循相关准则的规定。

(8) 有助于财务报表使用者评价企业管理资本的目标、政策及程序的信息。

会计报表的核算是每个企业会计必须掌握的内容。要学会“四表一注”的编制，着

重于资产负债表、利润表。注意几个问题：第一，企业要重视会计主管的岗位职责。第二，报表资料的真实性是报表质量的生命线，不可造假，学生在学习时要学会编制的技巧和方法。第三，不但要会编制会计报表，还要会分析报表，从报表的分析中看出更多的信息。

任务检测

一、单选题

1. 下列会计报表中，属于反映企业某一特定时点的会计报表是（　　）。

A. 现金流量表　　B. 资产负债表

C. 利润表　　D. 股东权益变动表

2. 下列属于资产类科目的是（　　）。

A. 管理费用　　B. 销售费用　　C. 长期待摊费用　　D. 财务费用

3. 下列各项中，与企业经营活动现金流量无直接关系的费用支出是（　　）。

A. 广告费支出　　B. 差旅费支出

C. 业务招待费支出　　D. 借款利息支出

4. 下列经济业务会影响营业利润的是（　　）。

A. 存货减值损失的计提　　B. 固定资产的清理净损益

C. 无形资产所有权的转让损益　　D. 罚款支出

5. 某企业期末“应收账款”总账科目的借方余额为 6 000 元，其中“应收账款——甲公司”明细账科目期末借方余额 8 000 元，“应收账款——乙公司”明细科目期末贷方余额 2 000 元，则该企业期末资产负债表上“应收账款”项目应反映为（　　）元。

A. 6 000　　B. 8 000　　C. 2 000　　D. 10 000

二、多选题

1. 下列资产负债表项目中，应根据明细科目余额计算填列的项目有（　　）。

A. 预收款项　　B. 预付款项　　C. 短期借款　　D. 资本公积

E. 盈余公积

2. 资产负债表上的“货币资金”项目，应根据（　　）科目的期末余额填列。

A. 银行存款　　B. 短期借款　　C. 库存现金　　D. 其他货币资金

3. 下列各项现金流出，属于企业现金流量表中投资活动产生的现金流量的有(　　)。

A. 购买交易性金融资产　　B. 购买原材料

C. 分配股利或利润支付的现金　　D. 购买无形资产

4. 下列各项中，属于筹资活动现金流量的有（　　）。

A. 分配股利支付的现金　　B. 清偿长期借款支付的现金

C. 偿还债券利息支付的现金　　D. 清偿应付账款支付的现金

5. 企业的利润总额包括（　　）。

A. 投资净收益　　B. 营业利润　　C. 营业外收入　　D. 营业外支出

三、判断题

1. 利润表的“营业收入”项目包括主营业务与其他业务的收入。（　）

2. 资产负债表中，负债项目是按照清偿债务的先后顺序进行排列的。（　）

3. 企业出售固定资产应缴的营业税，应列入利润表的“税金及附加”项目。（　）

4. 所有者权益变动表是指反映一定期间内构成企业所有者权益各组成部分增减变动情况的报表。（　）

5. 会计报表附注是对在资产负债表、利润表、现金流量表和所有者权益变动表等报表中列示项目的文字描述或明细资料，以及对未能在这些报表中列示项目的说明等。（　）

四、实训任务

任务一

【目的】练习资产负债表相关内容的计算。

【资料】W股份有限公司2017年有关资料如下：

（1）1月1日部分总账及其所属明细账余额如表9-8所示。

表9-8　部分总账及其所属明细账余额　单位：万元

总账	明细账	借或贷	余额
应收账款	A公司	借	600
坏账准备		贷	30
长期股权投资	B公司	借	2 500
固定资产	厂房	借	3 000
累计折旧		贷	900
固定资产减值准备		贷	200
应付账款	C公司	借	150
	D公司	贷	1 050
长期借款	甲银行	贷	300

注：

①该公司未单独设置“预付账款”会计科目。

②表中长期借款为2016年10月1日从银行借入，借款期限2年，年利率5%，每年付息一次。

（2）2017年W股份有限公司发生如下业务：

①3月10日，收回上年已作为坏账转销的应收A公司账款70万元并存入银行。

②4月15日，收到C公司发来的材料一批并验收入库，增值税专用发票注明货款100万元，增值税17万元，其款项上年已预付。

③4月20日，对厂房进行更新改造，发生后续支出总计500万元，所替换的旧设施账面价值为300万元（该设施原价500万元，已提折旧167万元，已提减值准备33万元）。该厂房于12月30日达到预定可使用状态，其后续支出符合资本化条件。

④1至4月该厂房已计提折旧100万元。

⑤6月30日从乙银行借款200万元，期限3年，年利率6%，每半年付息一次。

⑥10月以票据结算的经济业务有（不考虑增值税）：持银行汇票购进材料500万元；持银行本票购进库存商品300万元；签发6个月的商业汇票购进物资800万元。

⑦12月31日，经计算本月应付职工工资200万元，应计提社会保险费50万元。同日，以银行存款预付下月住房租金2万元，该住房供公司高级管理人员免费居住。

⑧12月31日，经减值测试，应收A公司账款预计未来现金流量现值为400万元。

⑨W股份有限公司对B公司的长期股权投资采用权益法核算，其投资占B公司的表决权股份的30%。2017年B公司实现净利润9 000万元。长期股权投资在资产负债表日不存在减值迹象。

除上述资料外，不考虑其他因素。

【要求】根据以资料凭证，计算W股份有限公司2017年12月31日资产负债表下列项目的年末余额。

（1）应收账款；（2）预付款项；（3）长期股权投资；（4）固定资产；（5）应付票据；（6）应付账款；（7）应付职工薪酬；（8）长期借款。

任务二

【目的】练习资产负债表的编制。

【资料】AC公司2017年12月的科目汇总表有关资料如表9-9所示。

表9-9　　**总分类账户余额表**　　单位：元

科目名称	借方余额	科目名称	贷方余额
库存现金	600	短期借款	60 000
银行存款	821 445	应付票据	190 000
其他货币资金	8 300	应付账款	853 800
交易性金融资产	0	其他应付款	33 600
应收票据	45 000	应付职工薪酬	143 050
应收账款	800 000	应交税费	203 345
坏账准备	−2 400	应付股利	38 215
预付款项	50 000	长期借款	1 160 000
其他应收款	6 000	股本	5 000 000
材料采购	230 000	盈余公积	235 685
原材料	55 000	利润分配（未分配利润）	260 000
周转材料	31 750		
库存商品	1 183 000		
长期股权投资	350 000		
固定资产	3 401 000		

续 表

科目名称	借方余额	科目名称	贷方余额
累计折旧	−240 000		
在建工程	678 000		
工程物资	110 000		
无形资产	550 000		
长期待摊费用	100 000		
总计	8 177 695	总计	8 177 695

【要求】根据所给资料编制该公司2017年12月的资产负债表，填入表9－10中。

表9－10 **资产负债表** **会企01表**

编制单位： 年 月 日 单位：元

资产	年初数	期末数	负债及所有者权益	年初数	期末数
流动资产：	（略）		流动负债：	（略）	
货币资金			短期借款		
交易性金融资产			交易性金融负债		
应收票据			应付票据		
应收项款			应付账款		
预付款项			预收款项		
应收利息			应付职工薪酬		
应收股利			应交税费		
其他应收款			应付利息		
存货			应付股利		
一年内到期的非流动资产			其他应付款		
其他流动资产			一年内到期的非流动负债		
流动资产合计			其他流动负债		
非流动资产：			流动负债合计		
可供出售金融资产			非流动负债：		
持有至到期投资			长期借款		
长期应收款			应付债券		

续 表

资产	年初数	期末数	负债及所有者权益	年初数	期末数
长期股权投资			长期应付款		
投资性房地产			专项应付款		
固定资产			递延所得税负债		
在建工程			预计负债		
工程物资			其他非流动负债		
固定资产清理			非流动负债合计		
生产性生物资产			负债合计		
油气资产			所有者权益：		
无形资产			股本		
开发支出			资本公积		
商誉			减：库存股		
长期待摊费用			盈余公积		
递延所得税资产			未分配利润		
其他非流动资产			—		
非流动资产合计			所有者权益（或股东权益）合计		
资产总计			负债和所有者权益（或股东权益）总计		

任务三

【目的】练习利润表的编制。

【资料】广州东方电子公司 2017 年 12 月 31 日收入、费用账户的发生额资料如表 9-11 所示。

表 9-11　　收入、费用账户的发生额　　单位：元

账户	借方发生额	贷方发生额
主营业务收入	10 000	4 800 000
主营业务成本	2 720 000	5 000
税金及附加	160 000	
管理费用	124 000	
财务费用	50 000	

续 表

账户	借方发生额	贷方发生额
销售费用	250 000	
投资收益		32 000
营业外收入		46 000
营业外支出	6 800	
其他业务收入		360 000
其他业务成本	200 000	

该公司12月取得的“投资收益”中全部为国债利息收入，无其他纳税调整事项。

【要求】 据上述资料，编制广州东方电子公司2017年12月利润表，填入表9-12。

表9-12 **利润表** **会企02表**

编制单位： 年 月 单位：元

项目	本期金额	上期金额
一、营业收入		（略）
减：营业成本		
税金及附加		
销售费用		
管理费用		
财务费用（收益以“—”号填列）		
资产减值损失		
加：公允价值变动损益（损失以“—”号填列）		
投资收益（损失以“—”号填列）		
其中：对联营企业和合营企业的投资收益		
二、营业利润（亏损以“—”号填列）		
加：营业外收入		
减：营业外支出		
其中：非流动资产处置损失		
三、利润总额（亏损总额以“—”号填列）		
减：所得税费用		
四、净利润（损失以“—”号填列）		
五、其他综合收益的税后净额		

续　表

项目	本期 金额	上期 金额
六、综合收益总额		
七、每股收益：		
（一）基本每股收益		
（二）稀释每股收益		

任务四

【目的】练习现金流量表中计算销售商品、提供劳务收到的现金的计算。

【资料】某企业 2017 年度有关资料如下：

（1）应收账款项目：年初数 100 万元，年末数 120 万元。

（2）应收票据项目：年初数 40 万元，年末数 20 万元。

（3）预收账款项目：年初数 80 万元，年末数 90 万元。

（4）主营业务收入 6 000 万元。

（5）应交税金——应交增值税（销项税额）1 037 万元。

（6）其他有关资料如下：本期计提坏账准备 5 万元（该企业采用备抵法核算坏账损失），本期发生坏账回收 2 万元，应收票据贴现使"财务费用"账户产生借方发生额 3 万元，工程项目领用的本企业产品 100 万元，产生增值税销项税额 17 万元，收到客户用 11.7 万元商品（货款 10 万元，增值税 1.7 万元）抵偿前欠账款 12 万元。

【要求】根据上述资料，计算销售商品、提供劳务收到的现金。

任务五

【目的】练习现金流量表中计算购买商品、接受劳务支付的现金。

【资料】某企业 2017 年度有关资料如下：

（1）应付账款项目：年初数 100 万元，年末数 120 万元。

（2）应付票据项目：年初数 40 万元，年末数 20 万元。

（3）预付账款项目：年初数 80 万元，年末数 90 万元。

（4）主营业务成本 4 000 万元。

（5）存货项目的年初数为 100 万元，年末数为 80 万元。

（6）应交税金——应交增值税（进项税额）600 万元。

（7）其他有关资料如下：用固定资产偿还应付账款 10 万元，生产成本中直接工资项目含有本期发生的生产工人工资费用 100 万元，本期制造费用发生额为 60 万元（其中消耗的物料为 5 万元），工程项目领用的本企业产品 10 万元。

【要求】根据上述资料，计算购买商品、接受劳务支付的现金。

五、案例分析

【资料】回顾 2001 年的银广夏案例，银广夏公司 1998—2001 年期间累计虚构销售收入 104 963 万元，少计费用 4 845 万元，导致虚增利润 77 157 万元。其中：1998 年虚增利润1 776万元，由于财务资料丢失，1998年度利润真实性无法确定；1999年虚增利润17 782万元，实际亏损5 003万元；2000年虚增利润56 705万元，实际亏损14 940万元；2001年1—6月虚增利润894万元，实际亏损2 557万元。在利润表上虚增的利润实在惊人！

【要求】请查阅资料，该公司是通过什么样的手段虚增利润的？

参考文献

[1] 中华人民共和国财政部．企业会计准则［M］．上海：立信会计出版社，2017.

[2] 中华人民共和国财政部．企业会计准则——应用指南［M］．上海：立信会计出版社，2017.

[3] 财政部会计资格评价中心．中级会计实务［M］．北京：中国财政经济出版社，2017.

[4] 财政部会计资格评价中心．初级会计实务［M］．北京：中国财政经济出版社，2017.

[5] 全国注册税务师职业资格考试教材编写组．财务与会计［M］．北京：中国税务出版社，2017.

[6] 中国注册会计师协会．会计［M］．北京：中国财政经济出版社，2017.

[7] 李金茹，刘喜波．财务会计［M］．北京：机械工业出版社，2010.

[8] 汪静．财务会计［M］．北京：人民邮电出版社，2010.

[9] 企业会计准则编审委员会．企业会计准则案例讲解［M］．上海：立信会计出版社，2017.

[10] 新发布企业会计准则解读编写组．新发布企业会计准则解读［M］．上海：立信会计出版社，2015.

[11] 陈强．财务会计实务［M］．北京：清华大学出版社，2010.

[12] 刘东明．企业会计学［M］．北京：中国财政经济出版社，2010.